高麗末 政治史 研究

지은이 **홍영의**(洪榮義)는 1963년 전북 沃溝에서 태어나 국민대 국사학과에서 학부를 마치고, 석사, 박사학위를 받았다. 고려후기사와 고려의 수도였던 개경에 대해 관심을 두고 연구중이다. 세종대왕기념사업회, 국민대 박물관 연구원을 거쳐 현재 국민대·동덕여대에 출강하고 있다.

대표적인 글로는 「高麗後期 富戶層의 存在形態」(1992), 「고려전기 개경의 오부방리(五部坊里) 구획과 영역」(2000), 「고려시대 관련 역사소설의 대중성과 향후 전망」(2004), 『고려의 황도, 개경』(2002, 공저), 『한국생활사박물관 7, 8』(고려생활관 1, 2) (2002·2003, 공저) 등이 있다.

高麗末 政治史 研究

洪 榮 義

2005년 8월 17일 초판 1쇄 인쇄
2005년 8월 22일 초판 1쇄 발행

펴낸이·오일주
펴낸곳·도서출판 혜안
등록번호·제22-471호
등록일자·1993년 7월 30일

㉾ 121-836 서울시 마포구 서교동 326-26번지 102호
전화·3141-3711~2 / 팩시밀리·3141-3710
E-Mail hyeanpub@hanmail.net
ISBN 89-8494-251-0 93910

값 24,000 원

高麗末 政治史 研究

洪 榮 義

혜안

머리말

　이 책은 박사학위 논문인 『高麗末 新興儒臣의 成長과 政治運營論의 展開』를 일부 수정하여 펴낸 것이다. 책을 출간한다는 것은 필자에게 분에 넘치는 일임에 틀림없다. 그럼에도 불구하고 이 책을 펴내게 된 것은 지금까지의 공부를 정리하고, 앞으로 나가야 할 방향을 새롭게 고민해 보고자 하는 소박한 바람에서였다.

　필자가 고려말 전환기의 정치사를 공부하면서 끊임없이 고민한 것은 사람들의 관계와 그들의 계급적 위치였다. 그들이 어떻게 생각하고 행동하느냐에 따라 역사가 변화한다고 믿어 왔기 때문이다.

　한 시기의 권력구조와 정치세력에는 그 시기를 살았던 사람들의 의식과 사회성격이 반영되어 나타난다. 지배계급은 권력을 유지하기 위하여 機構를 整齊化하고, 당시 사회적 과제 또는 모순에 대처해 가면서 그에 걸맞은 권력구조를 만들어낸다. 그리고 사회적 과제 또는 모순을 어떻게 인식하느냐에 따라서 각각의 정치세력은 그들의 처지에 따라 논리, 이른바 經世論을 정치현실에 반영하기 위하여 끊임없이 다투면서 권력을 장악하려 한다. 그러므로 그 시기의 권력구조가 어떠한가 또는 그것이 어떻게 변했는가, 또 그 변화를 이끈 주도세력의 실체를 살펴보는 것은 그 시기의 사회성격을 파악하는 데 중요한 요소가 된다.

　필자가 바라본 14세기 후반의 정치사는 새로운 개혁세력으로 대두한 新興儒臣이 그들의 경세론을 정치에 반영해 가는 이른바 '改革'의 시기이다. 그런데 이 시기의 개혁 내용을 검토하는 과정에서 충목왕대 "聽斷

田民之訟·先必整治選法"을 요구한 과거문신세력과 창왕대 "正田制·擇人才"를 당시의 급무로 생각한 개혁파 신흥유신의 입장이 서로 다름을 주목하게 되었다.

이 같은 차이는 충목왕대 정치도감을 통한 개혁에 참여한 과거문신세력과 이때의 신흥유신을 달리 볼 수 있는 근거가 된다. 이러한 점은 개혁파 신흥유신이 私的 人事機構로 변질한 政房의 폐지와 같은 정치현안의 해결보다는 토지의 전면적인 재조정과 같은 보다 근본적인 사회경제의 모순에 대한 개혁을 우선하는 현실인식의 차이가 신흥유신 분기의 주요 기준이 될 수 있기 때문이다.

이 시기 신흥유신은 고려말 제 모순을 시정하려 하면서도 개혁의 방법과 강도에 있어서는 일정한 차이가 있었다. 당시 제 모순에 대한 문제의식과 그 해결방안을 강구했다고 하더라도 모든 신흥유신이 정치적 입장을 같이한 것은 아니었다. 오히려 그들에 의해 제기된 政治運營論을 둘러싸고 분기, 대립하였다. 이 과정에서 신흥유신 내의 개혁파 관인과 이성계를 중심한 武將勢力의 결합을 통하여 새로운 정치세력, 이른바 '改革派 新興儒臣'이라는 정치세력이 대두하기도 하였고, 이들에 의해 "正田制·擇人材"의 정치운영 방식이 모색되기도 하였다.

고려말 신흥유신의 대립은 결국 토지문제를 田民辨正 차원과 賦稅의 완화를 통하여 自營農 중심의 地主經營 안정으로 할 것인가, 私田改革을 통한 영세한 小農의 경제안정을 우선할 것인가에 따라 그 이해방향이 어디로 귀착되는가에 달려 있었다. 즉 對民施策에 있어서 토지제도의 개선과 收取體制의 완화를 통한 民生安定化와 새로운 토지제도에 기반한 賦稅收取의 강화를 통한 國家財政의 확대와 軍備의 증강을 도모하는 富國强兵策으로 나누어 볼 수 있을 것이며, 그 결과가 新興儒臣 내의 改革派에 의해 "正田制"라는 田制改革의 실현과정으로 나타났다.

또한 "整治選法"의 문제는 원간섭기 이후에 대두한 국왕측근세력과 친원세력의 정국주도가 私的 權力機構에 의존하게 되면서 정상적인 人

事權의 運營과 함께 官僚體制의 확립을 통하여 公的인 君臣關係의 회복을 위한 의도였다. 그러나 공민왕대 반원개혁 이후 새로이 설정된 대외관계에 따라 世祖舊制가 소멸되었음에도 불구하고, 여전히 국왕권의 강화를 목적으로 국왕의 측근을 육성하고 있었다. 더구나 대외정세에 따른 무장세력의 등장과 국왕권의 실추, 그리고 신돈의 집권은 그들이 추구한 정상적 관료체제가 아니었다. 따라서 일부의 과거문신세력은 신돈의 집권에 반발하기도 하였고, 成均館의 重營을 계기로 성장한 新興儒臣은 李齊賢·白文寶·李穡이 요구한 "罷政房"을 통하여 관제와 인사제도의 개혁을 요구하였다.

그러나 그들이 추구한 君臣關係의 회복을 통한 정상적인 관료체제의 운영은 정치의 주체로 참여해야 할 공민왕대 개혁정치와 우왕대 이인임의 정국독주 과정에서 소외되어 권력의 핵심에서 밀려남에 따라 실현되지 못하였다. 결국 위화도 회군 이후 정국주도권을 장악한 개혁파 趙浚·鄭道傳에 의해서 관료 중심의 "擇人才"의 방식으로 새로이 정리 발전되었다.

이러한 신흥유신 내의 개혁파와 개선파의 차이를 가장 잘 드러내는 것이 정치운영 주체로서의 국왕권에 대한 입장의 차이와 관료가 중심이 되는 정치체제의 구상이라 할 수 있다. 이를 달리 표현하면 君主 中心의 體制維持論과 宰相 中心의 體制改革論으로 나눌 수 있을 것이다. 이는 바로 개혁파가 제기한 '擇人才'의 실현 방식이자, 어떻게 국가를 운영할 것인가의 가장 기본적인 지배방식의 문제였으며 정치운영 방식의 대립이었다.

때문에 공양왕대 신흥유신 사이의 대립은 필연적으로 일어날 수밖에 없었다. 그 중 하나는 고려적 지배질서의 회복이라는 점에서 舊制를 원용한 君主 중심의 정치운영을 지향하였고, 또 다른 하나는 제도개혁을 통하여 宰相 중심의 정치운영론을 추구하였다. 이와 같은 차이는 고려 국가의 체제를 유지할 것인가, 아니면 체제변혁을 통하여 새로운 국가

8

건설을 목표로 설정한 그들의 정치적 지향성과 관련이 있다.

이렇게 생각해 보면 고려말 개혁의 주체세력인 신흥유신의 형성과 동향, 그 분기와 대립과정을 각 王代別로 살펴 정리할 수 있을 것이다. 그리고 신흥유신의 성장과정에서 제기한 개혁안을 시기에 따라 구분하여 연결시켜 보면, 신흥유신의 성장과 변화의 실상을 계기적으로 살펴볼 수 있을 것이며, 신흥유신의 성격이 보다 분명하게 드러날 것으로 보인다.

역사의 흐름 속에서 오랜 시간 동안 우리는 삶의 질을 높이려고 노력해 왔다. 그런데도 세상 사람들은 살기가 더 어려워졌다고 한다. 그러한 느낌이 계속되는 것은 아마도 앞서 살았던 이들보다 현재를 살아가는 우리 자신들의 만족이 더 크기 때문일 것이다. 더 나은 삶을 위한 끝없은 욕망이 自足하지 못하고 삶을 더 거칠게 만들어 왔던 것이다.

여기에 자유로울 수 없는 필자 역시 치열하게 살아왔다. 그런데 가끔 무엇을 위해 그렇게 살아왔던가를 자문해 볼 때마다 부끄럽기 짝이 없다. 이 시대를 살아가면서 주위의 친구들처럼 앞장서서 민주화 투쟁에 참여한 것도 아니고, 그렇다고 일찍 진로를 사회진출로 정하고 부지런히 일하며 이제 기반을 어느 정도 잡은 동료들처럼 남보란 듯 출세한 것도 아니어서 항상 가족과 친지를 대할 면목이 없었다.

지금 와서 생각해 보면, 필자 역시도 이 공부가 무엇을 해 줄 것으로 기대한 것은 아니었는데, 여기에 그렇게 매달린 것은 남들이 그렇게 열심히 살아왔던 것만큼, 내가 이 학문의 길을 밟으면서 옳고 그름을 판별해 가는 사이에 그래도 내가 열심히만 하면, 부지런히만 하면 어떻게 되겠지 하는 소박한 생각이 아니었나 싶다.

그렇게 시작한 학문의 길을 지금도 멈추지 못하고 있다. 내가 할 수 있는 유일한 명분이 되었기에 저버릴 수 없게 된 것이다. 남들이 보기에는 여유롭다고 여겨질지 모르겠으나 '閑中至樂'이라고 해야 할까, 오히려 세상에 드러내 놓고 즐기고 있다는 편이 나을 듯 싶다. 모두가 녹록치 않은 삶의 세상으로부터 자유롭지 못하다면, 나라도 세상의 삶으로부터 자유로워야 하지 않겠는가.

이 책이 나오기까지 필자는 지금까지 주위의 여러 분들로부터 너무나 큰 은혜를 입었다. 좋은 선생님을 만나 항상 따사로운 보살핌을 받아 왔다는 것은 아무나 누릴 수 있는 행복은 아니다. 이미 작고하신 許善道 선생님과 宋贊植 선생님께로부터 인간으로서 살아가야 할 덕목과 학문하는 방법을 배웠고, 趙東杰 선생님은 의리와 명분의 길을 가르쳐 주셨다. 金杜珍, 鄭萬祚 두 선생님은 자상함과 열정을 통해 항상 스승으로서의 그늘이 되어 주셨고, 학부와 대학원 시절부터 지금껏 애정어린 시선으로 이 길을 가도록 지도해 주신 박종기 선생님은 앞으로 평생을 함께해야 할 동지이시다. 그리고 보잘것 없는 학위논문을 꼼꼼히 살펴주신 閔賢九 선생님은 같은 길을 가면서도 항상 저만치 앞서 계신다. 필자의 빈약한 논리가 이 분들에게 누가 되지 않았으면 한다. 또한 특별한 인연으로 맺어진 동덕여대 김항수 선생님은 항상 필자를 배려해 주셨다. 이 자리를 빌어 고마움을 전하고 싶다. 아마 이 분들이 계시지 않았더라면 필자가 지금껏 이 길을 가지 못했을 것이다.

훌륭한 동학을 만난 것도 필자에게 있어서는 커다란 행운이다. 연구회에서 함께 토론하며 고민하던 박종진, 김기덕, 채웅석 선생님은 항상 필자의 하소연을 들어 주셨고, 이익주, 도현철 선생님은 같은 전공자로서 많은 조언을 해주었다. 그 외에 북악사학회를 이끌며 함께 고민하며 늘 힘이 되어주신 김용달, 조재곤 선배, 그리고 지우인 전병무와 이근호는 늘 곁에 있어주던 그런 사람들이었다.

아들의 뒷바라지를 위해 수십 년 동안 행상을 해야 했던 어머니, 동생을 위해 자신의 삶을 현실에 던져야 했던 누님, 그리고 동생들에게 언젠가 감사의 말씀을 올리고 싶었는데, 이제야 이 자리를 빌어 올린다. 그리고 안락한 삶 속에서 남편의 길을 가도록 도와준 아내와 두 아이들에게 고마움을 표한다. 이들의 희생이 없었더라면, 아마 필자는 지금껏 이

10

자리에 서 있지 못했을 것이다. 끝으로 이 책을 출판할 수 있도록 도와주신 혜안의 오일주 사장님을 비롯한 편집진 여러분에게도 감사의 말씀을 전한다.

2005년 4월 별을 바라보는 동네, 瞻星길 耳谷書室에서

필자 씀

목 차

표 목 차

제1장 緒 論

1. 問題提起와 展望

고려말 정치체제의 재편은 공민왕대로부터 비롯된 국내외적인 변화에 대응하는 것으로 시작되었다. 이 시기의 고려사회는 반원개혁을 단행한 공민왕의 즉위(1352) 이후 공양왕 4년(1392)까지 40여 년간에 걸쳐 원 간섭의 결과로 나타난 국내의 사회경제적 문제를 떠안고 있는 동시에 대외적으로 元·明 교체기에 따른 대외정세의 변화가 드러나고 있었다.

14세기 후반의 고려사회는 12세기이래 누적되어 온 제반 사회경제적 모순이 심화된 위에 원의 정치적 간섭으로 비롯된 많은 문제점들이 사회 전반에 걸쳐 드러나고 있었다. 이렇게 계급 모순과 민족 모순을 이중 모순구조로 가진 원간섭기에 새로운 정치세력으로 등장한 국왕의 嬖幸과 外戚 등 側近勢力과 親元勢力에 의해서 자행된 土地奪占, 紅巾賊이나 倭寇의 침입과 같은 문제는 국가재정의 궁핍을 가져왔을 뿐만 아니라 일반민의 생활에도 직접적인 영향을 미치고 있었다.

일반민들의 경우, 비록 고려국가의 공권력에 대항하여 12, 13세기처럼 농민항쟁을 일으키거나 활발한 草賊활동을 전개하여 적극적으로 저항하지는 못하였지만, 자신의 거주지를 떠나 流亡하거나 假倭의 형태로 대응하기도 하였다. 이는 비록 소극적인 저항의 형태에 머문 것이지만, 국가의 지배질서를 위협하는 것이었다.

 따라서 이 시기의 역사적 과제는 우선 100여 년간 지속된 元의 간섭을 배제하고 이로부터 비롯한 사회 전반의 여러 문제를 改革하는 데 있었다. 그러나 대내외적인 모순이 서로 얽혀있는 가운데, 국왕을 비롯한 지배층은 개혁에 대한 해결의 실마리를 찾기란 결코 쉬운 일이 아니었다. 이러한 국내외의 정치질서의 변화에 능동적으로 대처하기 위하여 국왕과 지배층은 어떠한 형태로든 해결방안을 마련해야 하였다.

 이 시기에 이루어진 대처방안의 노력은 원간섭기에 실시된 충렬왕 22년의 洪子藩의 '便民十八事', 충선왕의 2회에 걸친 即位·復位改革과 충목왕대의 整治都監을 통한 개혁 등이 구체적인 예라 할 수 있다. 충선왕의 재정확보책은 일정 부분 실효를 얻기도 하였지만, 당시에 취해진 재정확보 정책들은 대부분 수입감소와 지출증대에 따르는 부담 가중을 일시적으로 해결하기 위한 고식책에 불과한 것이었다. 또한 충목왕 3년의 정치도감을 통한 개혁은 원과 밀접하게 관련을 맺고 있는 친원세력에 의해서 자행된 불법적인 토지탈점의 폐단을 시정하려 한 것이었다. 그러나 개혁의 究治 대상이 친원세력이었으므로 원의 지지를 받았던 개혁조처가 친원세력의 반발과 원의 제지를 받아 결국 실패하는 양면적 한계성을 가지고 있었다.

 이때의 개혁주도세력은 성리학을 배우고 과거를 통해 관료로 진출한 사람들로 師弟關係나 座主·門生관계와 함께 血緣的으로 또는 婚姻關係를 통해 정치적 유대를 형성하고 있었다. 특히 이때 科擧制度가 개편되어 四書가 시험과목에 포함되었고, 이로부터 禮部試의 試官을 李齊賢을 중심으로 한 科擧文臣勢力-儒臣勢力들이 장악함으로써 그들의 정치기반을 재생산할 수 있었다. 이들이 개혁방안과 현실참여 의지를 공유하면서 현실정치에 참여하기 시작한 때는 충목왕의 즉위와 함께 대대적인 개혁안을 제출하면서부터였다.

 이들은 대원관계에서 事大에 입각한 世祖舊制의 준수를 목표로 하면서, 국내에서는 국왕의 측근세력에 의해 무너진 人事權의 정상적인 運

營을 통한 君臣關係의 회복과 田民辨正 등을 통한 民生의 안정을 추구한 것으로 보인다. 이러한 현실인식을 한 마디로 표현하면 크게 "聽斷田民之訟 必先整治選法"[1]으로 요약될 수 있으며, 이를 실현하기 위하여 "罷政房 復祿科田"[2]을 우선 요구하였던 것으로 보인다.

이들은 자신들의 입장을 관철시키고자 추진한 충목왕대 整治都監의 設置를 통한 개혁정치가 원의 압력으로 실패하고, 충정왕의 즉위로 개혁의 흐름이 일시 위축되었지만, 개혁성향을 지닌 공민왕의 즉위로 개혁에 대한 기대감이 적지 않았을 것이다. 이러한 이유로 이들은 공민왕을 적극 지지하였고, 공민왕의 개혁의지와 개혁정치에 편승하여 측근세력의 정치·경제적 영향력을 약화시키는 한편, 이들에 의하여 노정되었던 고려사회의 모순을 극복하고자 하였다.

그런데 공민왕은 원간섭기에 제기된 사회경제적 개혁과 國王權 强化를 통한 世祖舊制의 부정이라는 두 가지 과제 가운데 후자를 우선하였다. 특히 공민왕이 즉위 이후 燕邸隨從臣 계열의 側近勢力의 育成을 통하여 1차 목적인 국왕권 강화와 국왕 주도의 반원개혁을 단행한 점은 이를 입증해 준다.[3]

공민왕의 이러한 방식은 世祖舊制의 회복과 함께 정치안정을 통해 사회경제 개혁을 구상하였던 李齊賢 등 과거문신세력과는 다른 것이었다. 이런 차이로 개혁 성향의 과거문신세력은 정국운영 과정에서 상대적으로 위축될 수밖에 없었다. 더구나 이들이 지속적인 폐지를 요구한

---

1) 『高麗史節要』 권25, 충목왕 4년 정월, "金倫遂與李齊賢朴忠佐等耆老上疏曰 ……又至正七年 天子復命 脫歡等整治 殿下召脫歡等 宰相耆老議 所以奉行者 耆老以爲聽斷田民之訟 只爲整治之一事 必先整治選法".

2) 『高麗史節要』 권25, 충목왕 즉위년 5월, "金海君李齊賢 上書都堂曰……政房之名 起于權臣之世 非古制也 當革政房 歸之典理軍簿…請聞諸兩宮 罷食邑 還屬廣興倉 充其俸祿 京畿土田 除祖業口分 餘皆折給 爲祿科田 行之近五十年……".

3) 이익주, 「공민왕대 개혁의 추이와 신흥유신의 성장」, 『역사와 현실』 15, 1995, 30쪽 참조.

政房을 그대로 존속시키며 공민왕과 가까운 인물을 政房提調로 임명하고 人事權을 장악, 행사한 점은 그들의 정치활동을 제약하는 것이었다. 개혁에 대한 科擧文臣勢力-儒臣勢力의 지속적인 요구는 成均館 重營과 科擧制의 개편을 계기로 형성된 新興儒臣들이 신돈의 개혁에 참여하면서 정치세력화하는 가운데 실현을 전망할 수 있었다.

그러나 공민왕 20년 辛旽의 失脚을 계기로 정치활동을 제약받았던 권문세족과 무장세력이 재집권하게 되면서 신흥유신의 정치적 입지는 약화되었다. 공민왕은 子弟衛의 설치와 폐행의 등용을 통하여 국왕권을 강화한 반면, 都堂權의 강화를 계기로 무장세력이 정국의 주도권을 장악하면서 이인임과 최영 등이 새롭게 부상하게 된 때문이었다.

禑王代는 공민왕의 개혁정치의 실패와 그에 따른 문제점이 여러 부면에서 드러난 시기였다. 정국주도권을 장악한 李仁任과 신흥유신간의 갈등은 심화되고, 토지탈점과 국가재정의 부족, 민의 저항 등 여러 모순은 계속되고 있었다. 따라서 공민왕대 成均館의 重營을 계기로 성장한 이 시기의 개혁세력인 新興儒臣들은 정국주도와 함께 공민왕대 추진되어 왔던 개혁의 지속과 완성이라는 시대적 과제를 안고 있었다. 때문에 이들은 여러 모순에 대한 해결방안으로서 改革案을 제시하며, 그들의 정치적 입장을 실현하기 위하여 정국의 주도권을 장악해야 했다.

신흥유신들이 우왕대 이인임이 추진한 北元과의 외교재개 정책에 집단적으로 반대하며 유배를 간 것은 그러한 면을 보여주는 것이었다. 이들 가운데 우왕 초반 이인임과의 개인적인 관계로 재등용된 인물들은 우왕의 親政과 정상적인 인사행정의 개편 등 제도개선을 요구하는 등 꾸준히 정치활동을 하는 동안, 다른 한 계열의 신흥유신들은 우왕 후반부터 세력결집을 도모하면서 威化島 回軍과 昌王代 제기된 田制改革論을 전개한 것은 바로 그러한 정치운영 구조 안에서 일어난 필연적인 결과였다.[4] 그 결과 이성계와 연결된 일단의 정치세력인 '改革派 新興

---

4) 홍영의, 「高麗末 田制改革論의 基本方向과 그 性格」, 『國史館論叢』 95, 2001.

儒臣’5)은 새로운 국가건설로 그 목표가 설정되었고, 恭讓王代의 치열한 이념논쟁을 거쳐 세워진 朝鮮의 건국이 이에 해당한다.

따라서 14세기 후반의 政治史는 이와 같은 政治體制의 재편과정에서 대두한 新興儒臣이 그들의 입장을 정치에 반영해 가는 이른바 “改革政治”의 시기라고 할 수 있다. 신흥유신에 의해서 새로운 변화를 시도할 수 있게 된 배경에는 恭愍王代의 반원개혁과 내정개혁에 대한 성과가 반영된 한편, 신돈의 개혁에서 성균관 중영을 계기로 성장한 일부의 新興官僚群-‘新進文臣勢力’(이하 新興儒臣)이 정치세력화하면서 가능한 것이었다.6)

이러한 점 때문에 필자 역시 신흥유신의 성장에 관심을 두고 일련의 연구를 통하여 공민왕대 정치세력의 실체와 개혁정치의 성격, 고려말 신흥유신의 추이와 분기 문제를 살펴본 바가 있다.7) 이 과정에서 해명되어야 할 몇 가지 의문을 가지게 되었다.

첫째, 공민왕의 정치운영 방식과 국왕주도의 내정개혁이 원간섭기 국

---

5) 위화도 회군 이후 체제변혁적 정치세력을 국한하여 “改革派 新興儒臣”이라 한 것은 다음의 이유에서이다. 즉, 고려후기의 사회변동을 인정하고, 그 변화를 수용한 세력이 어느 시점에서 어떤 계층의 사람들이었는가 하는 점을 주목하고자 한다. 즉, 이들이 관료로 진출하여 정책결정 과정에 참여하고 자신들의 사회경제적 이해관계를 世族과 대립하면서 정치적으로 관철시키는 시기는 여말 田制改革 과정에서 찾아지며, 전제개혁 과정에서 독자적인 정치세력을 형성하고 世族과 대립하였던 이들은 家門이나 血緣, 學緣과는 관계없이 참여하였고, 이들이 여말 조선 건국의 주도세력으로 대다수가 이어지고 있으며, 이들은 개혁지향적인 인물들로 전제개혁을 주도하는 한편으로 조선왕조를 개창하였다는 점에서 일반 관료인 士大夫와의 차별성이 필요하다면, “개혁파 신흥유신”이라고 부르는 것도 적절하다고 보인다.

6) 閔賢九, 「辛旽의 執權과 그 政治的 性格」(上・下), 『歷史學報』 38, 40, 1968 ; 閔賢九, 「高麗 恭愍王의 反元的 改革政治에 대한 일고찰 - 배경과 발단 - 」, 『震檀學報』 68, 1989.

7) 洪榮義, 「恭愍王 初期 改革政治와 政治勢力의 推移」(上・下), 『史學研究』 42, 43・44합집, 1990, 1992 ; 洪榮義, 「고려말 신흥유신의 추이와 분기」, 『역사와 현실』 15, 1995.

왕의 정치운영 방식과 동일한 것인가에 대한 것이다. 또한 신돈의 등용 목적과 이 과정에서 공민왕과 辛旽에 의해서 개혁의 주체세력으로 여겨졌던 李齊賢을 비롯한 科擧文臣들이 부정적으로 인식, 비판을 받게 되었던 까닭과 成均館 重營을 통하여 新興儒臣勢力을 육성한 이유에 대한 것이다.

이러한 고민은 14세기 전반 원간섭기 개혁과 원 간섭을 벗어난 공민왕대 반원개혁 이후의 내정개혁과는 일정한 차별을 가질 수밖에 없고, 개혁을 주도한 과거문신세력의 정치적 성향 역시 공민왕대 후반에 성장한 신흥유신과는 큰 차이가 있을 것으로 생각되었기 때문이다. 그리고 그 차별성은 우·창왕과 공양왕대 신흥유신의 정국주도화 과정에서 제기한 정치운영론에 그대로 반영되었을 것으로 보인다.

둘째, 공민왕대 성균관 중영을 계기로 성장한 신흥유신들에 의해서 우왕대 정국주도가 이루어지지 못한 이유가 궁금하였다. 물론 李仁任의 北元 외교 재개정책과 관련하여 집단적으로 반발하며 유배되는 등 정치 일선에서 물러난 때문이기도 하지만, 우왕대 이인임의 族黨 등용과 都堂 중심의 정치운영 방식에 대한 신흥유신들의 입장이 서로 달랐던 것은 아니었을까? 그러한 이유로 신흥유신 가운데 일부는 이인임 정권에 적극적으로 참여하면서 우왕의 親政과 인사권의 정비 등 제도개선을 요구하는 한편, 일부의 신흥유신들은 여전히 이인임 정권에 반발하면서 정계에서 소외되었던 것으로 보인다. 때문에 국왕권 회복을 시도했던 우왕은 신흥유신보다는 측근세력의 육성에 보다 더 적극적이었을 것이다.

이와 같은 권력구조 하에서 이인임 정권에 참여한 이들의 정치적 성향과 한계는 우왕대 후반 정계에 복귀하여 정치활동을 재개했던 인물들과는 일정한 차별성이 있었던 것으로 보인다. 이러한 차이가 신흥유신 간의 정치적 의견을 달리하는 계기가 되었고, 신흥유신이 분기되는 하나의 원인이 되었을 것이라는 점이다.

이러한 의문에 대한 해명이 불확실한 까닭은 우왕대가 신흥유신의 성장과 분기와 관련하여 중요한 시기임에도 불구하고 이에 대한 연구가 보다 치밀하게 진전되지 못한 때문이라고 여겨진다. 물론 우왕대 이후의 『高麗史』·『高麗史節要』 등의 기본 사료가 왜곡된 측면도 있겠지만, 우왕대 신흥유신은 정치적으로 위축되었으므로 그들의 개혁안이 국정에 반영되지 않았을 것으로 파악하여 큰 의미를 부여하지 않은 요인도 있다. 때문에 우왕대 정국운영의 실체가 밝혀져야 하며, 신흥유신이 요구한 制度改善策의 성격을 드러내어야 할 것으로 보인다. 그리고 우왕대 후반에 참여한 신흥유신이 왜 林堅味·廉興邦을 제거한 親禑王세력인 崔瑩과 결합하지 않고 이성계와 연결되는지에 대한 명확한 규명이 있어야 할 것으로 보인다.

셋째, 창왕대는 신흥유신이 田制改革 논의 과정에서 分岐한 것으로 알려져 있다.[8] 그러나 그들의 분기의 시점과 원인에 대해서는 구체적으로 지적된 바가 없다. 다만 전제개혁 단계에서 그들의 차이를 지적할 따름이다. 하지만 이미 이성계와 연결되어 있던 일부의 신흥유신은 우왕대 이인임 정권에 참여한 이들과는 일정한 거리를 둔 것으로 보이며, 실제로 이들과 차별을 강조하기 위하여 우왕대의 제도개선책보다 더 적극적인 개혁안을 제시하고 있었다. 전제개혁론의 전개와 전면적인 職制改革과 같은 제도의 개혁은 이러한 일환이라고 생각한다.

그런데 이 과정에서 충목왕대 "聽斷田民之訟·先必整治選法"을 요구한 과거문신세력과 창왕대 "正田制·擇人才"[9]를 당시의 급무로 생각한 개혁파 신흥유신의 입장이 서로 다름을 주목하게 되었다. 이와 같은 차이는 충목왕대 정치도감을 통한 개혁에 참여한 과거문신세력과 이때의 개혁세력을 달리 볼 수 있는 근거가 된다. 이러한 점은 개혁파 신흥유신이 私的 人事機構로 변질한 政房의 폐지와 같은 정치현안의 해결

---

8) 홍영의, 「고려말 신흥유신의 추이와 분기」, 『역사와 현실』 15, 1995.
9) 『高麗史節要』 권25, 창왕 즉위년 7월, "大司憲趙浚等 上書曰 正田制而足國用 厚民生 擇人才而振紀綱擧政令 此當今之急務也".

22

보다는 토지의 전면적인 재조정과 같은 보다 근본적인 사회경제의 모순에 대한 개혁을 우선하는 현실인식의 차이가 신흥유신의 분기의 주요 기준이 될 수도 있을 것으로 보인다.

실제로 우왕대 정치에 참여한 신흥유신들 가운데 인사문제와 같은 제도개선을 요구하는 改善派가 존재한 것이 사실이며, 기왕의 연구에서도 이미 지적된 바이기도 하다.

때문에 공양왕대 신흥유신 사이의 대립은 필연적으로 일어날 수밖에 없었을 것이다. 그 중 하나는 고려적 지배질서의 회복이라는 점에서 舊制를 원용한 君主 중심의 정치운영을 지향하였을 것이고, 또 다른 하나는 제도개혁을 통하여 宰相 중심의 정치운영론을 추구한 것으로 보인다.10) 이와 같은 차이는 고려 국가의 체제를 유지할 것인가, 아니면 체제변혁을 통하여 새로운 국가 건설을 목표로 설정할 것인가에 대한 그들의 정치적 지향성과 관련이 있을 것이다.

이렇게 생각해 보면 고려말 개혁의 주체세력인 신흥유신의 형성과 동향, 분기와 대립과정을 각 왕대별로 살펴 정리할 수 있을 것이다. 그리고 신흥유신의 성장과정에서 제기한 개혁안을 시기에 따라 구분하여 연결시켜 보면, 신흥유신의 성장과 변화의 실상을 계기적으로 살펴볼 수 있을 것이다. 여기에 각 시기 국왕들의 정국운영 방식과 함께 신흥유신이 제기한 개혁안을 면밀히 검토하여 그들이 추구한 정치운영론의 상관관계를 해명한다면, 고려말 정치상을 보다 가깝게 이해할 수 있을 것으로 기대된다. 물론 이 과정에서 각각의 정치세력에 대한 범주화도 함께 고려해야 할 것으로 여겨진다.

---

10) 都賢喆, 『高麗末 士大夫의 政治思想硏究』, 一潮閣, 1999.

2. 研究現況과 課題

14세기 고려말 정치사 연구는 조선왕조의 건국과 관련하여 이 방면의 연구자들에게 항상 관심의 대상이 되어왔다. 일찍부터 李相佰에 의해서 조선 건국의 당위성이 지적된 가운데[11] 이 시기 정치세력을 주목한 연구자들은 고려후기의 정치적 지배세력으로서 權門世族과 新興士大夫를 설정하고, 개념 및 성격 규명과 더불어 두 세력간의 대립과 갈등을 통해 조선의 건국의 역사적 의의를 이해하려는 연구태도는 그동안 학계의 주된 흐름을 형성했다.[12] 특히 1960년대 초에 李佑成에 의해[13] 제기된 사대부에 대한 假說은 고려말 정치 지배세력 연구에 커다란 영향을 주었으며, 대부분의 연구가 사대부의 정치적 실체와 세력집단을 밝히는 데 주력하였다. 그 결과로서 '新進官人'들이 政房을 통해 진출하였고,[14] 恭愍王 때 辛旽의 개혁을 계기로 '新進文臣勢力'이 정치세력으로 대두하였으며,[15] 朝鮮의 건국이 '改革派 新進儒臣'들에 의한 것이라고 하였다.[16] 이것들은 모두 사대부의 정치적 성장과 관련된 것이었다.

더욱이 元干涉期의 '改革政治'에 대한 연구가 진행되면서 그것들이 士大夫에 의한 것이었다는 점에 대체로 의견을 같이함으로써[17] 사대부

11) 李相佰,「高麗末 朝鮮初에 있어서의 李成桂 一派의 田制改革運動과 그 實積」,『東洋學報』28-1, 1941 ;『李朝建國의 研究』, 乙酉文化社, 1949.
12) 閔賢九,「高麗後期 權門世族의 成立」,『湖南文化研究』6, 1974 ; 閔賢九,「高麗後期의 權門世族」,『한국사』8, 1974.
13) 李佑成,「麗代百姓考」,『歷史學報』14, 1961 ; 李佑成,「高麗朝의 吏에 대하여」,『歷史學報』23, 1964 ; 李佑成,「高麗의 永業田」,『歷史學報』28, 1965.
14) 金潤坤,「麗末鮮初의 尙瑞司」,『歷史學報』25, 1964.
15) 閔賢九,「辛旽의 執權과 그 政治的 性格」(上·下),『歷史學報』38·40, 1968.
16) 韓永愚,「朝鮮王朝의 政治·經濟基盤」,『한국사』9, 국사편찬위원회, 1973 ;『朝鮮前期社會經濟研究』, 乙酉文化社, 1983.
17) 李起男,「忠宣王의 改革과 詞林院의 設置」,『歷史學報』52, 1971 ; 金潤坤,「新興士大夫의 擡頭」,『한국사』8, 국사편찬위원회, 1974 ; 閔賢九,「整治都監의 設置經緯」,『國民大論文集』11, 1977 ; 閔賢九,「整治都監의 性格」,『東方

는 고려후기에 사회경제 모순을 개혁하고자 했던 세력이라는 인식이 더해졌고, 이것이 元干涉期 士大夫의 성격을 가장 잘 보여주는 특징으로 자리잡았다.

여기에 고려후기 농업생산력의 발달과 그에 따른 사회변동이 士大夫가 성장할 수 있는 사회경제적 배경으로 주목되고,18) 朱子性理學의 도입에 관한 연구를 통해 士大夫의 사상적 기반에 대한 이해의 폭을 넓힐 수 있게 되었다.19)

이와 같은 1960, 70년대의 연구의 결과로서 무인정권 때 중소지주이자 향리 출신 계층에서 진출한 '能文能吏'의 신진 관인층인 사대부들이 원간섭기 및 고려말을 거치면서 성리학을 수용하고 14세기 농업생산력의 발전을 주도하면서 모순의 주체인 세족과 대립하는 가운데, 충선왕대 詞林院의 개혁과 충목왕대 整治都監의 개혁에 참여 성장하면서, 공민왕 16년 성균관 중영을 계기로 정치세력으로 결집한 신흥사대부는 위화도 회군에 성공한 신흥무장세력인 이성계와 연결되어 정치 주도권을 장악하고 창·공양왕대 전제개혁을 비롯한 여러 개혁안을 제시하며 개혁의 완성으로서 조선왕조를 개창하였다는 것이다. 물론 신흥사대부 내에서도 입장의 차이에 따라 穩健派와 急進派로 나뉘어졌는데, 조선왕조의 건국은 보다 급진적인 신흥사대부에 의해 이룩되었다는 것이 일반적인 통설이었다.

이렇게 14세기 정치사 연구의 유효한 방법으로 진행되어 왔던 권문세족 대 신흥사대부의 대립구도는 무인집권기 '能文能吏'에서 성장해 온 신흥사대부에 의한 권문세족 중심의 체제를 부정하는 반원개혁으로 이

學志』23·24합집, 1980 ; 盧鏞弼, 「洪子藩의 '便民十八事'에 대한 硏究」, 『歷史學報』102, 1984.

18) 李泰鎭, 「14·5세기 農業技術의 발달과 新興士族」, 『東洋學』9, 1978.
19) 鄭玉子, 「麗末 朱子性理學의 導入에 대한 試考」, 『震檀學報』51, 1981 ; 文喆永, 「麗末 新興士大夫들의 新儒學 수용과 그 특징」, 『韓國文化』3, 1982 ; 高惠玲, 『14世紀 高麗 士大夫의 性理學 受容과 稼亭 李穀』, 梨花女大 博士學位論文, 1992 ; 邊東明, 『高麗後期性理學受容研究』, 一潮閣, 1995.

해하게 되었고, 결국 권문세족=대지주=불교=친원세력, 신흥사대부=중소
지주=성리학=반원세력이라는 이분법적 시각을 제공하는 계기가 되었다.

이처럼 士大夫의 실체가 이후 여러 분야의 연구를 통해 일단 그 존재
가 확인되고, 개념과 범주가 점차 구체화되었다고 할 수 있다. 바꿔 말
하면 士大夫에 대한 가설이 오늘날까지 40여 년 동안 고려후기의 정치
사, 사회경제사, 사상사 연구의 유효한 방법이었음을 뜻한다.[20]

이러한 점은 14세기 개혁의 배경과 내용, 이 시기 역사발전의 주체로
서 개혁세력에 대한 보다 면밀한 검토가 이루어지지 않았던데 연유한
것이었다.[21] 더구나 권문세족과 신흥사대부의 실체에 대한 실증적인 연
구가 충분히 이루어진 것이 아니었기 때문에 1980년대 후반부터 이에
대한 비판이 제기되면서 새로운 검증이 요구되었다.

권문세족과 신흥사대부의 개념과 범주가 재검토되는 가운데, 고려말
사회변동의 주체세력에 대한 역사적 평가를 조선왕조 개창의 역사성과
관련지어 지배층 내부의 계층적 변화로 볼 것인가, 아니면 단순한 정치
세력의 교체과정으로 볼 것인가에 대한 문제였다.

이후의 20여 년간의 연구는 이에 대한 해명과 함께 이 시기의 정치세
력인 사대부에 대한 기원 및 형성시기, 출신성분, 사회경제적 기반, 불교
와 성리학에 대한 사상적 기반, 용어 및 범주와 그들의 정치적 성향을
알 수 있는 개혁안 등 여러 문제에 다양한 견해가 제시되면서 기왕의
통설이 설득력을 잃게 되었다.

그러한 견해 가운데 하나로 사대부는 官途에 오르는 데 신분적 제약
을 받지 않은 계층인 '士族' 출신의 관료를 의미하며, 忠烈王 때 賤系
출신 인물의 정계진출에 강한 불만을 표시하면서 정치세력화한 존재이
며,[22] 종래의 세족으로 파악하였던 忠宣王의 복위교서(1308)에 보이는

---

20) 박종기, 「14세기의 고려사회 - 원 간섭기의 이해문제」, 『14세기 고려의 정치와
    사회』, 민음사, 1994.
21) 이에 대한 지적은 고려말 정치사연구반, 「고려말 정치상황과 신흥유신」, 『역사
    와 현실』 15, 1995에서 이미 다루어진 바 있다.

'宰相之宗'은 대부분 왕비나 재상, 그리고 다수의 과거합격자를 배출한 가문이었으므로, 이들이 곧 전형적인 사대부라고 하는 의견이 제시되기도 하였다.[23] 또한 사대부는 일반 관인을 의미하고 권문세족도 개혁에 참여하였다고 하는 점에서 권문세족에 대응되는 세력이 될 수 없으며, 그나마 여말에 갈수록 그 영향력이 쇠퇴하여 조선의 건국에 주도적인 역할을 담당하지 못했다고 하였다.[24]

이와 같은 신흥사대부의 역사성에 대한 비판에도 불구하고, 신흥사대부에 대한 가설이 비록 완벽한 것은 아니더라도 조선의 건국과정과 연관지어 생각할 때 사대부가 고려후기 여타의 지배층과 구분되는 것은 사실이며,[25] 사대부는 시대적 여건에 따라 그 성격에 있어서 차이를 보이는데 3시기로 구분하여 볼 필요가 있다고 하거나,[26] 사대부의 용어가 적절치 못하다고 해서 그 존재가 부정되는 것은 아니라고 하였다.[27]

이러한 입장 때문에 종래의 신흥사대부로 지칭되던 공민왕 때 성균관 중영을 계기로 정치세력화한 신진문신세력을 '新興官人',[28] '新進官僚',[29] '新進(興)士類',[30] '新興士族'[31] 등으로 불리어져 왔으며, 최근에는

---

22) 金塘澤, 「忠烈王의 復位과정을 통해 본 賤系 출신 관료와 '士族' 출신 관료의 정치적 갈등 - '士大夫'의 개념에 대한 검토 - 」, 『東亞研究』 17, 1989.

23) 金塘澤, 「忠宣王의 復位教書에 보이는 '宰相之宗'에 대하여」, 『歷史學報』 131, 1991.

24) 金光哲, 『高麗後期 世族層研究』, 동아대출판부, 1992.

25) 鄭杜熙, 「朝鮮前期 支配勢力의 形成과 變遷 - 그 研究史的인 成果와 課題 - 」, 『韓國社會發展史論』, 一潮閣, 1992.

26) 高惠玲, 「고려후기 士大夫의 개념과 성격」, 『擇窩許善道先生停年紀念 韓國史學論叢』, 1992 ; 『高麗後期 士大夫와 性理學 受容』, 一潮閣, 2001.

27) 이익주, 「고려후기 사대부와 권문세족에 대한 새로운 이해」, 『역사와 현실』 8, 1992.

28) 金潤坤, 「麗末鮮初 尚書司」, 『歷史學報』 52, 1964.

29) 李起男, 「忠宣王의 改革과 詞林院의 設置」, 『歷史學報』 52, 1971.

30) 金泰永, 「高麗後期 士類層의 現實認識」, 『創作과 批評』 44, 1977 ; 朴龍雲, 「權門勢族·新進士類의 성립과 개혁운동」, 『高麗時代史(下)』, 1987 ; 李亨雨, 『高麗 禑王代의 政治的 推移와 政治勢力 研究』, 고려대 박사학위논문, 1999.

'新興儒臣'[32]이라는 용어로 대신하기도 하였다.

1990년대에 들어서 원간섭기 이후의 사회성격과 정치구조에 대한 구체적인 해명 작업으로 행해진 이른바 "14세기 개혁정치"의 성격 문제에 주목하면서 새롭게 부각되었다. 당대 개혁안으로 제시된 忠烈王代 洪子藩의 '便民十八事'(1296), 忠宣王의 즉위교서(1298)·복위교서(1308), 忠肅王 5년(1318)과 12년(1325)의 교서, 그리고 忠穆王代의 整治都監 활동, 14세기 후반 恭愍王代의 개혁정치의 양상 등이 주요 연구과제로 부각되면서 이 시기 정치사 연구에 일정한 방향성이 제시되었다.

그 결과, 14세기 원간섭기의 개혁은 당시의 사회경제적 모순으로 일어난 민의 유망과 저항에 직면한 세족과 신진관료를 포함한 지배층 전체의 자구책에 불과한 것으로 토지분급제의 전면 재조정, 稅制의 근본적인 개혁, 농장과 賜給田 혁파 등에 대한 근본적인 개혁시행이 이루어진 것은 아니며, 주로 前王의 側近勢力을 제거하려는 정치적 목적이 다분한 것이며, 이때의 개혁 또한 원의 묵인과 용인 하에 이루어진 것으로 보았다.[33]

---

31) 李泰鎭, 「高麗末·朝鮮初의 社會變化」, 『震檀學報』 55, 1983.
32) 이익주는 '新興儒臣'이라는 용어를 사용한 이유에 대하여 '고려후기에 주자성리학을 배우고 과거에 합격한 사람'을 이렇게 지칭한 선례가 있기 때문이라고 하였다(韓㳓劤, 『韓國通史』, 1970, 197쪽 ; 浜中昇, 앞 논문, 1986, 60쪽 참조). 또한 이 신흥유신은 '신흥사대부'에서 연상되는 계층적인 의미는 내포하고 있지 않은 것으로, 실제로 고려후기에 성리학 수용이나 과거 급제가 특정한 계층을 중심으로 이루어졌다고 볼 근거는 없는 것이지만, 신흥유신의 범주가 역사적으로 의미가 있다고 보는 이유는 충목왕대 이후 여말에 이르기까지 성리학자로서의 정치이념과 현실참여 의지를 공유한 이들이 사제관계나 좌주·문생 관계를 통해 세력을 결집하고 개혁정치를 지향하면서 하나의 정치세력을 형성하였던 것으로 나타나기 때문이라고 하였다(이익주, 「공민왕대 개혁의 추이와 신흥유신의 성장」, 『역사와 현실』 15, 1995, 43쪽).
新興儒臣에 대한 용어를 사용한 논문은 浜中昇, 「고려말기정치사서설」, 『역사평론』 437, 1986 ; 이익주, 「공민왕대 개혁의 추이와 신흥유신의 성장」, 『역사와 현실』 15, 1995 ; 홍영의, 「고려말 신흥유신의 추이와 분기」, 『역사와 현실』 15, 1995가 참고된다.

　이러한 인식은 기존의 권문세족과 신흥사대부가 대립하는 과정에서 원간섭기의 개혁정치를 반원개혁으로 이해한 입장을 비판하고, 14세기 전반 고려사회의 모순구조 속에서 民의 저항에 대한 대응차원에서 이루어진 개혁정치로 파악한 것이었다.[34]

　더구나 원간섭기에 추진된 개혁의 성격을 정치적 목적에 우선하여 추진된 것으로 본다면, 그것은 元간섭에서 벗어난 이후의 여말에 실시된 개혁과는 일정한 차별성이 있고, 이러한 차별성은 사대부가 정치세력화하는 시점과 밀접한 관련이 있는 것이 된다. 사대부가 정치세력화하는 시점은 공민왕 16년 성균관이 중영된 이후임을 감안한다면 공민왕대 이전까지의 사대부는 독자적인 정치세력으로 정국을 주도하지 못했으며, 중소지주로서의 자신의 이해를 집단적으로 관철시키지 못한 것으로 이해될 수 있을 것이다. 그러므로 비록 원간섭기의 신진관료들이 성리학에 기반하여 개혁에 참여하였더라도 개별적인 방식으로 참여한 것에 불과하며, 실제로 원간섭기 많은 신진관료들이 세족화하였으므로 개혁의 성격도 한계를 지닐 수 밖에 없는 것이다.[35]

　이렇게 제기된 14세기의 개혁정치 문제는 이 시기 정치동향과 연관되면서 주요한 연구방법의 하나로 자리잡게 되었다. 특히 공민왕대 개혁정치의 전개과정뿐만 아니라 조선의 건국을 주도한 신흥사대부의 정치세력화라는 관점에서 연구자의 관심을 끌기에 충분하였다.

　閔賢九에 의해서 공민왕 16년 辛旽 執權期에 成均館 重營을 계기로 士大夫가 처음으로 독자세력화 했다고 파악된 이후, 공민왕대 반포된 4

---

33) 박종기, 「14세기의 고려사회 - 원 간섭기의 이해문제」, 『14세기 고려의 정치와 사회』, 1994, 24쪽.

34) 洪榮義, 「恭愍王 初期 改革政治와 政治勢力의 推移」(上·下), 『史學硏究』42, 43·44합집, 1990, 1992 ; 權寧國, 「14세기 전반 '개혁정치'의 내용과 그 성격」, 『역사와 현실』 7, 1992 참조.

35) 이에 대한 연구사 검토는 고려말 정치사연구반, 「고려말 정치사 연구동향」, 『역사와 현실』 12, 1994 ; 「고려말 정치상황과 신흥유신」, 『역사와 현실』 15, 1995가 참고된다.

차례의 개혁교서 및 辛旽 執權期에 실시된 개혁의 내용과 성격규명에
개별적인 연구가 지속되면서 공민왕대 개혁정치에 대한 성격을 조망할
수 있게 되었다.

공민왕대의 연구는 閔賢九에 의해서 辛旽의 집권과정과 그에서 비롯
된 개혁내용과 개혁추진세력이 규명된 이후,[36] 각각의 改革敎書에 대한
내용검토와 그 의미,[37] 공민왕대의 주요 인물에 대한 성향 및 정치활동
분석,[38] 공민왕대에 새로이 나타나는 제도와 그 논의과정에 대한 연

36) 閔賢九, 「辛旽의 執權과 그 政治的 性格」(上・下), 『歷史學報』38, 40, 1968.
37) 洪榮義, 「恭愍王 初期 改革政治와 政治勢力의 推移」(上・下), 『史學硏究』42,
    43・44합집, 1990, 1992 ; 閔賢九, 「高麗 恭愍王의 反元的 改革政治에 대한 일
    고찰 - 배경과 발단 - 」, 『震檀學報』68, 1989 ; 黃乙順, 『高麗 恭愍王代의 改革
    과 그 性格에 관한 硏究』, 동아대 박사학위논문, 1989 ; 閔賢九, 「高麗 恭愍王
    代 反元的 改革政治의 展開過程」, 『擇窩許善道先生停年紀念 韓國史學論叢』,
    일조각, 1991 ; 白仁鎬, 「恭愍王 20년의 改革과 그 性格」, 『考古歷史學志』7,
    1991 ; 金基德, 「14세기 후반 개혁정치의 내용과 그 성격」, 『14세기 고려의 정
    치와 사회』, 민음사, 1994 ; 최연식, 「공민왕의 정치적 지향과 정치운영」, 『역사
    와 현실』15, 1995.
38) 閔賢九, 「益齋 李齊賢의 政治活動 - 恭愍王代를 중심으로 - 」, 『震檀學報』51,
    1981 ; 李淑京, 「李齊賢勢力의 形成과 그 役割 - 恭愍王 前期(1351~1365) 改
    革政治의 추진과 관련하여」, 『韓國史硏究』64, 1989 ; 朱碩煥, 「辛旽의 執權과
    失脚」, 『史叢』30, 1986 ; 李啓杓, 「辛旽의 華嚴信仰과 恭愍王」, 『全南史學』
    창간호, 1987 ; 姜恩卿, 「高麗後期 辛旽의 政治改革과 理想國家」, 『韓國史學
    報』9, 2000 ; 閔賢九, 「白文寶硏究」, 『東洋學』17, 1987 ; 李南隆, 「白文寶의
    性理學 受容과 排佛論」, 『韓國史硏究』74, 1991 ; 李映珍, 「高麗後期 恭愍王
    代의 白文寶의 현실인식 - 백문보의 施政 8箚子를 중심으로 - 」, 『宇松趙東杰
    先生停年紀念 韓國史學史論叢』, 1997 ; 劉英淑, 「圓證國師 普愚와 恭愍王의
    改革政治」, 『韓國史論』20, 국사편찬위원회, 1990 ; 李相宣, 「恭愍王과 普愚」,
    『李載龒博士還曆紀念 韓國史學論叢』, 1990 ; 閔賢九, 「政治家로서의 恭愍
    王」, 『亞細亞學報』100, 1998 ; 洪榮義, 「恭愍王의 反元政策과 廉悌臣의 군사
    활동 - 國防改革을 중심으로 - 」, 『軍史』23, 1991 ; 朴漢男, 「恭愍王代 倭寇侵
    入과 禹玄寶의 上恭愍疏」, 『軍史』34, 1997 ; 都賢喆, 「牧隱 李穡의 政治思想
    硏究」, 『韓國思想史學』3, 1990 ; 宋昌漢, 「牧隱 李穡의 斥佛論에 대하여 - 恭
    愍王 元年 4월의 上疏文을 중심으로 - 」, 『大丘史學』59, 2000.

구,[39] 元·明 交替期의 事大論에 따른 對外關係의 방향성과[40] 공민왕 대의 반원세력과 무장세력에 대한 구체적인 논증들이[41] 제시되기도 하였다.

이러한 연구 경향은 크게는 공민왕의 위상과 관련하여 國王權의 문제, 즉 공민왕 자신의 개혁주도와 추진세력의 성향 문제에 초점이 맞추어졌으며, 작게는 개혁교서 내용의 분석과 그 성격에 대한 규명에 관심을 둔 것이었다.

閔賢九는 일련의 연구를 통하여 국왕으로서 공민왕의 위상을 강조하는 한편, '燕邸隨從功臣'과 '誅奇轍功臣'에 주목하면서 反元改革이 燕邸隨從臣과 국왕의 嬖幸과 外戚 등 측근들에 의해 주도된 것으로 이해하였다.[42] 또한 공민왕 14년 辛旽의 등장과 더불어 개혁이 본격화되었

39) 李永東, 「忠勇衛考」, 『육군제삼사관학교논문집』 13, 1981 ; 李用柱, 「恭愍王代의 子弟衛에 관한 小硏究」, 『南都泳博士華甲紀念 史學論叢』, 1984 ; 金大中, 「高麗 恭愍王代 京軍의 再建試圖」, 『軍史』 21, 1990 ; 申千湜, 「高麗後期 敎育政策과 國子監運營」, 『明知史論』 6, 1994 ; 田丙武, 「高麗 恭愍王代 銀錢鑄造論의 擡頭와 그 性格」, 『北岳史論』 6, 1998 ; 車美嬉, 「高麗末期 恭愍王代의 科擧制 改革」, 『祥明史學』 7, 1999.

40) 盧啓鉉, 「高麗 恭愍王 初期 復興外交政策」, 『방송통신대 논문집』 15, 1992 ; 김순자, 「고려말 대중국관계의 변화와 신흥유신의 사대론」, 『역사와 현실』 15, 1995 ; 金順子, 「元·明交替와 對中國關係의 變化」, 『麗末鮮初 對元·明關係 硏究』, 연세대 박사학위논문, 1999 ; 金惠苑, 「高麗 恭愍王代의 對外政策과 漢人群雄」, 『白山學報』 51, 1999 ; 金惠苑, 「麗末 國際情勢의 變動과 藩王擁立運動」, 『高麗後期 藩王硏究』, 이화여대 박사학위논문, 1998.

41) 閔賢九, 「高麗 恭愍王代의 「誅奇轍功臣」에 대한 檢討 : 反元的 改革政治의 主導勢力」, 『李基白先生古稀紀念 韓國史學論叢』, 일조각, 1994 ; 이익주, 「공민왕대 개혁의 추이와 신흥유신의 성장」, 『역사와 현실』 15, 1995 ; 金塘澤, 「高麗 恭愍王初의 武將勢力 - 공민왕 3년(1354) 元에 파견된 武將을 중심으로 -」, 『韓國史硏究』 93, 1996 ; 蔡守煥, 「高麗 恭愍王代의 改革과 정치적 支配勢力」, 『史學硏究』 55·56합집, 1998 ; 李亨雨, 「高麗 恭愍王代의 政治的 추이와 武將勢力」, 『軍史』 39, 1999.

42) 閔賢九, 「高麗 恭愍王의 反元的 改革政治에 대한 一考察 - 背景과 發端 -」, 『震檀學報』 68, 1989 ; 閔賢九, 「高麗 恭愍王代 反元的 改革政治의 展開過

으며, 崔瑩의 펌출, 무장세력의 제거와 같은 정치세력의 교체는 지배층 내에서의 세력교체에 지나지 않는다고 보았다.

따라서 새로운 권력구성은 무장세력의 집권 하에서 비주류를 이루고 있던 세력이 새로이 등장하거나 구세력의 연합으로 이루어졌고, 이러한 일련의 조치는 공민왕에 의해 주도된 것이라 하였다. 그러나 대내외적 관계의 변화에 따라 신돈과 공민왕 사이의 균열이 생기게 되어 그의 정치적 위상의 변화와 함께 몰락을 가져왔고, 신돈 몰락 이후의 정치적 재편성은 일군의 무장세력이 다시 대두하게 하였으며, 이는 신돈 집권 이전으로 복구하는 것을 의미한다고 하였다. 그럼에도 주목되는 점은 鄭夢周, 鄭道傳 등 신진문신세력의 성장이 있었고, 무장세력의 하나인 李成桂가 정계로의 진출이 나타난 것이라고 지적하였다.[43]

李淑京은 대체로 성리학을 수용한 宰樞들이 중심이 되어 개혁정책을 立案하고, 그외의 관리들은 諫諍이나 彈劾을 통해 이를 적극 실행하였으며, 이들은 대부분 신흥가문이나 한미한 가문 출신이며 향리 집안 출신도 다수 있다고 보고, 李齊賢과 姻戚관계로 맺어져 있거나, 서로간의 姻戚 交友관계로 이루어져 있다고 하였다.[44] 白仁鎬 역시 개혁추진세력으로 신돈 실각 이후 정치적 재편성 과정에서 등장한 20년 이전의 개혁에 참여한 現職者와 20년 전후로 개혁상소를 올린 인물로, 이들은 현실인식을 위한 학문적 소양을 바탕으로 弊政에 대한 개혁의지를 가지고 있는 文翰職 관계자가 주축이 되었다고 보았다.[45]

李益柱는 공민왕 16년 성균관에 등용된 '新興儒臣'[46]은 座主·門生

程」,『擇窩許善道先生停年紀念 韓國史學論叢』, 一潮閣, 1993 ; 閔賢九,「高麗 恭愍王代의「誅奇徹功臣」에 대한 檢討 : 反元的 改革政治의 主導勢力」,『李基白先生古稀紀念 韓國史學論叢(上)』, 一潮閣, 1994.
43) 閔賢九,「辛旽의 執權과 그 政治的 性格」(上·下),『歷史學報』38, 40, 1968.
44) 李淑京,「李齊賢勢力의 形成과 그 役割 - 恭愍王 前期(1351~1365) 改革政治의 추진과 관련하여」,『韓國史研究』64, 1989.
45) 白仁鎬,「恭愍王 20년의 改革과 그 性格」,『考古歷史學志』7, 1991.
46) 이익주는 新興儒臣의 개념에 대하여 고려후기에 성리학자로서 과거에 급제한

관계로 형성된 세력으로서 주자성리학으로 무장하여 그 傳授를 매개로
師弟관계를 형성했으며, 적극적인 현실참여 의지를 가지고 있었는데,
이들의 입장은 원의 간섭을 현실적으로 인정하고 주로 제도개혁보다 관
리의 자질과 교화의 필요성을 강조하고 불법행위를 근절시킴으로써 제
반 문제를 해결할 수 있었다고 보았다.[47]

한편, 공민왕대에 추진된 내정개혁의 성격과 이를 추진한 세력에 초
점을 둔 洪榮義와 金基德은 공민왕대 4차례에 걸쳐 제시된 내정개혁안
은 주로 초기에는 國王權의 강화를 목적으로 하는 民生安定策과 반원
개혁을 염두에 둔 國防强化策, 또는 民心收拾策 등으로 이해하였다. 내
정개혁의 성격 역시 원간섭기 이래의 제모순을 해결하려는 방안으로 제
시된 것으로 보는 한편, 국왕권의 강화를 위한 對民施策이었음을 강조
하였다.[48] 그리고 개혁의 主體 내지 主導勢力 역시 공민왕의 側近勢力
으로 이해하였다.[49] 이러한 점은 李淑京의 李齊賢 勢力,[50] 白仁鎬의
新進文臣勢力[51]을 개혁추진세력으로 본 것과는 큰 차이가 있다.

위와 같은 공민왕대 개혁정치와 정치세력의 연구성과에도 불구하고
몇 가지 측면에서 논의가 진행될 필요가 있거나, 새로운 검증을 요구하
는 것도 드러났다. 특히 新興士大夫란 용어 대신 '新興儒臣'으로 표현한

관료들로, 사회경제적 기반을 기준으로 구분되는 세족과 사대부가 모두 포함
되는 개념으로 파악하는 한편, 이들은 성리학자로서의 현실 인식을 바탕으로
개혁의지를 공유하였고, 좌주·문생 관계를 통해 집단을 형성해 나갈 수 있었
으며, 전제개혁 당시에는 독자적인 정치세력으로 등장할 수 있었던 것이라 보
았다(이익주, 「고려말 신흥유신의 성장과 조선건국」, 『역사와 현실』 29, 1998,
40쪽).

47) 이익주, 「공민왕대 개혁의 추이와 신흥유신의 성장」, 『역사와 현실』 15, 1995.
48) 洪榮義, 「恭愍王 初期 改革政治와 政治勢力의 推移」(上·下), 『史學硏究』 42,
43·44합, 1990, 1992 ; 金基德, 「14세기 후반 개혁정치의 내용과 그 성격」, 『14
세기 고려의 정치와 사회』, 민음사, 1994.
49) 홍영의, 앞 논문.
50) 이숙경, 앞 논문.
51) 백인호, 앞 논문.

용어의 타당성 여부뿐만 아니라, 이 시기 정치세력의 범주화가 신흥유
신 등 개혁세력에 국한된 까닭에 여타의 정치세력에 대한 면밀한 분석
이 이루어지지 않았다. 그 결과 정국의 主導勢力과 改革의 주체세력을
정확히 파악하지 못하였고, 그들의 정치적 지향성을 드러내지 못하였다.
이는 주로 공민왕대의 개혁을 反元改革으로만 이해하고 반원개혁세력
과 정국주도세력을 '改革勢力'으로 동일시한 까닭이다.

또한 辛旽 執權期에 성장한 新興儒臣의 정치적 결속이 가능했던 이
유가 어디에 있는지가 불분명하다. 기존의 세력에 대한 반발과 신돈의
後援 하에 이루어진 成均館 重營이 계기가 되었던 것은 사실이지만, 오
히려 공민왕의 정국주도와 비정상적으로 운영되는 人事機構에 대한 반
발, 그리고 당시 戰時體制라는 비상시에 급부상한 武將勢力의 정국주
도는 분명히 정상적인 官僚體制의 運用을 추구한 그들에게 정치적 위
기로 인식되었기 때문이다.

아울러 공민왕대의 개혁정치가 지향한 바가 무엇이었는가를 검토할
필요가 있다. 공민왕이 反元改革과 內政改革을 실시하면서 표방한 '祖
宗之法'의 回復과 "一國更始"에서 잘 드러나 있지만, 공민왕의 주도 하
에 이루어진 反元과 內政改革은 필연적으로 주체세력과 이를 수용해야
하는 정치세력간의 반발을 가져왔을 것이므로 이에 따른 정치적 대립은
어떠한 양상으로 변화하는가를 살펴볼 필요가 있다.

기존의 연구에서는 대략적으로 이 시기의 개혁을 사회경제적 모순에
대한 해결책으로 이해되고 있으나, 실질적으로는 공민왕과 그 측근세력
의 정치운영 방식과 이를 부정하는 정치세력의 이해방향과 밀접하게 연
관되어 있을 것으로 보인다. 그 결과로 側近勢力 이외의 '離世獨立之
人'으로 표현된 辛旽과 등용, 新興儒臣의 성장과 같은 정치세력의 변화
가 나타났던 것이다.

따라서 이 시기의 연구방향은 공민왕대 다양한 형태로 정치에 참여한
정치세력에 대한 범주화와 아울러 그들의 정치운영론의 차이를 찾아내

는 작업도 중요한 일이다. 그들이 추구한 정치적 성향이나 지향점에 대
한 구체적인 논증들이 필요하다고 여겨진다. 이러한 점은 원간섭기 국
왕의 측근정치와 공민왕이 추구한 정치운영 방식의 차이와 밀접하게 연
관되어 있기 때문이다.

恭愍王의 갑작스런 죽음으로 恭愍王代의 개혁정치가 좌절되는 가운
데, 李仁任에 의해 어린 나이로 즉위한 禑王의 정치행태는 기존의 정치
질서와는 다른 것이었다. 이인임의 권력독점에 따른 인사행정의 문란과
불법적인 토지겸병은 사회적 문제로 표면화되었고, 고려 정부에 대한
민의 동요도 나타나기 시작했다. 따라서 이 시기의 정치세력은 이러한
정치현실을 극복하고 새로운 지배질서의 회복을 위해 그 대안을 모색해
야만 하였다.

우왕대의 정치상황에 대한 검토는 고려에서 조선으로 이어지는 과정
속에서 반드시 이루어져야 할 과제였다. 그럼에도 불구하고 고려말의
연구가 대부분 공민왕대에 집중된 까닭으로 개별적이고 단속적으로 이
루어지다가 최근에 이르러서야 본격적으로 다루어졌다.

朴天植, 高惠玲의 李仁任 政權의 성격 규명에서 출발한 우왕대 연구
는 盧明鎬에 의해서 世族大臣이 광범위하게 뒤얽힌 李仁任·林堅味·
廉興邦의 族黨勢力에 의해 주도되었다는[52] 것에 주목하여 林堅味와
武將勢力이었던 崔瑩, 池奫 등도 독자세력을 형성했다고 보는 연구가
진행되었다.[53]

이와 아울러 崔瑩과 李成桂의 세력기반과 집권과정 그리고 威化島
回軍의 推進勢力에 대한 검토가 이루어지기도 하였다.[54] 또한 이 시기

52) 盧明鎬, 「高麗後期 族黨勢力」, 『李載龒博士還曆紀念韓國史論叢』, 1995.
53) 姜芝嫣, 『高麗 禑王代(1374년~88년) 政治勢力의 硏究』, 이화여대 박사학위논
문, 1995 ; 李亨雨, 『高麗 禑王代의 政治的 推移와 政治勢力 硏究』, 고려대 박
사학위논문, 1999.
54) 朴天植, 「戊辰回軍功臣의 冊封顚末과 그 性格」, 『全北史學』 3, 1979 ; 姜芝嫣,
「威化島回軍과 그 推進勢力에 대한 검토」, 『梨花史學硏究』 20·21, 1995 ; 金
塘澤, 「高麗 禑王代 李成桂와 鄭夢周·鄭道傳의 정치적 결합」, 『歷史學報』

국왕권과 관련하여 우왕의 정치행태와 그의 側近勢力 및 新興儒臣의 分岐 문제에 주안점을 두어 그들의 정치성향을 분석하기도 하였다.[55] 그리고 우왕대의 對外關係를 통한 신흥유신의 事大論과[56] 儒生과 武將이라는 두 대립세력의 정치적 갈등관계로[57] 외교관계가 변화하였음을 살펴보기도 하였다.

우왕대의 정치동향에 대한 연구는 이인임 정권의 성격을 해명하는 작업에서 비롯하였다. 朴天植은 우왕대 정치구조의 특성을 '武將聯立政權體制'로 파악하여 신돈 등장 이전의 정국과 연결된다는 점에서 복고적이며, 이인임을 대표적 권문세족으로 보고 우왕대 정치구조를 이인임과 최영의 연합정권으로 이해하여 정치권력의 향방을 이인임과 최영의 執政强化期, 兩頭體制期, 그 밖에 이인임계 세력의 跋扈期 등 3단계로 설정하였다.[58]

高惠玲은 이인임의 대외정책에서 친원의 표방은 곧 반원을 의미하는 것이 아니며, 양단적인 외교를 통하여 그 자신의 정권 안정과 국가 안정을 도모하는 실리 외교 추구의 한 예라 보면서 신진세력의 축출은 정권 확립을 위한 조치라고 보았다. 그리고 이인임은 權門世族이 아니라 고려후기에 중앙으로 진출한 신진사대부 가문 출신이며, 그의 정권을 舊勢力과 新進勢力의 갈등 속에서 이루어진 과도기적인 정권으로 이해하였다.[59]

158, 1998 ; 柳昌圭, 「高麗末 崔瑩勢力의 形成과 遼東攻略」, 『歷史學報』 143, 1994 ; 柳昌圭, 『李成桂勢力과 朝鮮建國』, 서강대 박사학위논문, 1995.

55) 홍영의, 「고려말 신흥유신의 추이와 분기」, 『역사와 현실』 15, 1995 ; 이형우, 「우왕의 왕권강화 노력과 그 좌절」, 『역사와 현실』 23, 1997.

56) 김순자, 「고려말 대중국관계의 변화와 신흥유신의 사대론」, 『역사와 현실』 15, 1995.

57) 金塘澤, 「高麗 禑王 元年(1375) 元과의 외교관계 再開를 둘러싼 정치세력간의 갈등」, 『震檀學報』 83, 1997.

58) 朴天植, 앞 논문.

59) 高惠玲, 「李仁任政權에 대한 一考察」, 『歷史學報』 91, 1981.

우왕대의 초기 연구 경향은 주로 집권 인물인 李仁任과 林堅味, 崔瑩
등에 초점이 두어졌던 반면, 이후의 연구는 개혁세력으로서의 新興儒臣
의 추이와 禑王의 國王權이 새롭게 주목되면서 우왕대를 바라보는 인
식의 변화가 생기기 시작하였다.

鄭治憲은 먼저 기존의 新進士大夫라는 용어 대신 '科擧文臣勢力'이
라는 용어를 사용하면서 공민왕대 黨與化한 이들은 우왕 원년에 대부분
유배를 당한 뒤, 외교활동을 계기로 정계에 복귀하였고, 武將勢力을 견
제하기 위하여 우왕의 親政을 요구하며 무장에 의한 인사권 장악을 비
판하였다고 하였다. 우왕 역시 자신의 위치를 굳건하게 만들기 위해 무
장세력의 대응세력으로서 과거문신세력의 성장에 우호적일 수밖에 없
었고, 이런 이유로 과거문신세력은 우왕대 후반에는 무장세력에 의해
쉽게 좌절되지 않을 정도로 성장하였다고 이해하였다.[60]

洪榮義는 우왕대 新興儒臣의 추이와 분기를 다루는 과정에서 우왕
초반의 정국운영을 주도했던 인물들은 당여의 형태로 결집하였던 공민
왕대 성장한 무장들, 권문세족으로 대표되는 이인임 등을 중심한 문신
관료로 구분짓고, 그들이 자신들의 정국주도에 반대하는 세력들을 순차
적으로 모두 제거하였는데, 대표적인 예가 신흥유신이라고 하였다. 또한
이인임의 권력장악은 대외관계의 변화에 따른 신흥유신의 반발과 집권
세력 상호간의 도태를 전제로 성립된 것임을 지적하는 한편, 우왕 재위
후반 다시 정계에 진출한 신흥유신은 정치적 결속을 강화하기 위하여
우왕에 대한 親政要求와 人事權의 정비를 주장하였다고 하였다. 그 결
과 신흥유신들의 재등장은 이들의 요구에 따른 우왕의 친정 의지와 연
결되어 가능한 것이었으며, 우왕 7년과 10년 사이에 정계에 재진출한 신
흥유신이 정국 주도세력으로 정치전면에 재등장할 수 있었던 것은 우왕
14년 최영과 이성계가 共助體制를 이루어 이인임 세력을 제거하는 것
이 그 계기가 되었다고 하였다.[61]

---

60) 鄭治憲, 「麗末鮮初 科擧文臣勢力의 政治動向」, 『韓國學報』 64, 1991.

위의 연구를 바탕으로 姜芝嫣은 이인임 집권기 정치세력의 정국동향을 검토하는 가운데 국왕으로서의 우왕에 대한 역할을 강조하는 한편, 이인임에 의한 권력편중과 그로 인한 정국 독주는 각 정치세력간의 내적 갈등을 초래하여 일어난 사건에 우왕의 정치적 입장과 긴밀하게 연결되어 있다고 보았다. 그 결과로 反李仁任 세력은 이인임 세력에 의해 모두 숙청되었고, 그 과정에서 최영의 비중이 강화되는 한편, 林堅味와 廉興邦이 독자세력을 구축함으로써 이인임 권력기반의 축소를 낳게 되었다고 이해하였다.[62]

李亨雨는 성리학의 수용여부에 상관없이 형성된 '新進士類'란 용어를 사용하면서 이인임 등 우왕 추대세력과 최영 등 무장세력이 연립정권을 형성하여 당시 최고 관부였던 都評議使司(都堂)를 중심으로 정치를 운영하였다는 사실을 주목하고, 우왕의 정치적 역할과 연립정권의 구조와 운영원리, 그리고 新進士類와의 정치적 역학관계 등을 통하여 우왕대는 고위관료 등 기득권세력들이 政爭을 거듭한 시기로 보기도 하였다. 그 과정에서 무장세력이 희생되었고, 결국 무장세력 중 이성계가 막강한 군사적 기반 위에 新進士類를 자기세력화하는데 성공하여 최후 승리자가 되었고, 그 결과 조선의 건국을 이룰 수 있었다고 이해하기도 하였다.[63]

최근의 崔俸準의 연구는 기존의 연구성과에서 보이는 문제점을 보완하여 우왕대 사대부의 성장 기반에 대하여 살펴보고자 한 것이었다. 우왕대 사대부의 성장과정과 분기가 갖는 의미를 해명하기 위하여 고려말 사대부간의 좌주·문생관계와 혼인관계, 그리고 同類意識을 공민왕 16년 정치세력화하는 시점부터 우왕 14년 분기까지의 사대부의 동향에 대하여 검토하였다. 그 결과 그들간의 사회경제적 지위에 주목하고 李穡

---

61) 홍영의, 「고려말 신흥유신의 추이와 분기」, 『역사와 현실』 15, 1995.

62) 姜芝嫣, 「李仁任 執權期 政治勢力과 政局動向」, 『梨花史學硏究』 22, 1995.

63) 李亨雨, 『高麗 禑王代의 政治的 推移와 政治勢力 硏究』, 고려대 박사학위논문, 1999.

과 李崇仁·金九容·權近 등은 매우 좋은 가문에서 태어나 윤택한 생활을 해왔던 반면, 鄭道傳·李詹·尹紹宗 등은 좋은 배경을 가지지 못하였으며, 그들은 우왕 원년 이후 유배기간에 가졌던 경험에서도 분기의 소지를 안고 있었는데, 오랫동안 재야생활을 하면서 지방민의 실상을 직접 보고 앞서 정계에 복귀한 이들과는 다른 현실인식을 할 수 있었으며, 개혁의 방향성을 설정하였다고 보았다. 그 결과 우왕대 일련의 과정을 거쳐 조선을 건국하는 주체인 정도전 계열의 사대부가 형성되었으며, 이들이 이후의 정쟁 과정에서 승리하였다는 점에서 한국 중세사상 중요한 전환점으로 이해하고 있다.[64]

이렇게 국왕으로서의 우왕과 우왕대의 정치상황을 새롭게 조망하고자 하는 최근 연구의 결과에도 불구하고, 이들의 연구는 각각의 정치세력에 대한 범주와 정치활동에 치우친 나머지 그들이 정국주도 과정에서 대립할 수밖에 없었던 정국운영 방식과 그 차이를 드러내지 못하였다. 이러한 점은 우왕대의 정치세력을 개별적으로 나누어 보고, 그들 세력간의 교체가 단순히 권력투쟁의 결과로 이루어진 것으로 파악한 때문이었다. 그러므로 국왕권 강화 시도와 이에 따른 정치세력간의 갈등 역시 주목되어야 할 것으로 보인다.

昌王과 恭讓王代의 출발점이 된 우왕 14년 威化島 回軍 이후 조선 건국과정까지의 4년간은 정치사적 측면에서 政爭의 시기로 파악된다. 신흥유신 사이에 高麗라는 국가의 위상과 국왕에 대한 인식이 변화하면서 고려왕조를 유지할 것인가, 새로운 왕조를 세울 것인가에 대한 서로 다른 입장이 서로 치열하게 대립하였던 까닭이다.

그러나 이 시기의 연구는 威化島 回軍과 추진세력,[65] 공양왕 3년

---

64) 崔儞準, 「高麗 禑王代 士大夫의 成長과 分岐」, 『學林』 24, 2003.
65) 許興植, 「高麗末 李成桂(1335~1408)의 세력기반」, 『高柄翊先生回甲紀念 史學論叢』, 1984 ; 柳昌圭, 「李成桂의 軍事的 基盤 - 東北面을 중심으로 - 」, 『震檀學報』 58, 1984 ; 姜芝嫣, 「威化島 回軍과 그 推進勢力에 대한 검토」, 『梨花史學研究』 20·21合, 1993.

(1391)까지의 정치세력간의 치열한 대립과 이 과정에서 일어난 金佇와
尹彝·李初와 같은 사건의 추이나, 이 시기의 정치세력을 조선 건국과
관련한 舊勢力에 주목하였다.66) 또한 科田法 실시의 전단계로서 田制
改革論을 검토하는 가운데 私田의 성격이나 운영원리에 집중적인 연구
가 진행되었다.67) 이러한 경향은 이 시기가 조선 건국의 단초라는 점에
서 고려사 연구자보다는 조선사 연구자가 주 관심의 대상으로 주목하고
있었던 데 기인한다.

따라서 창왕·공양왕대에 대한 연구는 그만큼 이 시기 연구자의 관심
정도가 작았다는 반증이며, 정치세력에 대한 연구 역시 상대적으로 이
전 시기보다 적을 수밖에 없었다. 더구나 대부분의 연구가 주로 조선의
건국과 관련하여 개별적인 사건이나 인물 연구에 초점을 둔 때문에 창
왕과 공양왕대에 대한 정치사 연구는 최근에 와서야 시작되었다고 보아
도 좋을 것이다.

이 시기의 연구는 李亨雨에 의해서 鄭夢周의 정치활동이 주목된68)

---

66) 趙啓纘, 「朝鮮建國과 尹彝·李初事件」, 『斗溪李丙燾博士九旬紀念韓國史學
論叢』, 1987 ; 金塘澤, 「高麗 昌王 元年(1389)의 金佇事件」, 『全南史學』 12,
1999.
67) 이에 대한 연구는 다음의 논문이 참고된다. 李景植, 「高麗末 私田問題」, 『東方
學志』 40, 1984 ; 李景植, 「高麗末 私田의 家産化와 私田救弊論」, 『歷史教育』
35, 1984, ; 李景植, 「高麗末 私田救弊法과 科田法」, 『東方學志』 42, 1984(이상
李景植, 『朝鮮前期 土地制度史研究』, 一潮閣, 1986 재수록) ; 洪承基, 「高麗末
兼併에 대하여」, 『史學研究』 39, 1987 ; 洪承基, 「高麗時代의 私田」, 『李丙燾
博士九旬紀念 韓國史學論叢』, 1987 ; 姜晋哲, 「高麗末期 私田改革과 그 成
果」, 『震檀學報』 65, 1988 ; 『韓國中世土地所有研究』, 一潮閣, 1989 ; 金琪燮,
「高麗末 私田救弊論者들의 田柴科 인식과 그 한계」, 『歷史學報』 127, 1990 ;
朴京安, 「麗末 儒者들의 田制 改革論에 대하여」, 『東方學志』 85, 1994 ; 『高麗
後期 土地制度研究』, 혜안, 1996 ; 朴京安, 「高麗後期 土地問題와 '祖宗田制
'」, 『韓國 古代·中世의 支配體制와 農民』, 1997 ; 金塘澤, 「高麗末 私田改
革」, 『韓國史研究』 104, 1999 ; 李淑京, 「고려말 冒受賜牌田과 兼幷」, 『實學思
想研究』 10·11, 1999 ; 洪榮義, 「高麗末 田制改革論의 基本方向과 그 性格」,
『國史館論叢』 95, 2001.

이후, 劉璟娥에 의해서 정몽주의 同助勢力에 대한 정치성향을 검토하는 가운데 정치세력의 동향에 대한 연구가 본격적으로 주목되기 시작하였다. 정몽주 개인의 정치활동과 사상, 교우관계를 살피고, 이성계 세력의 易姓革命의 의도를 확인하고 그 세력에서 이탈한 인물들로 형성된 정몽주 세력의 범주화를 시도하는 한편 그들의 현실인식과 개혁안을 통하여 혁명 세력과의 차별성을 드러내어 보고자 하기도 하였다.69)

李益柱는 新興儒臣의 성장과 조선 건국에 주목하면서 신흥유신의 내부의 분열과 대립은 우왕대의 정치에 대한 평가 및 앞으로의 개혁 일정에 대한 이견에서 비롯된 것으로, 전자는 창왕 옹립의 문제로, 후자는 전제개혁의 문제로 각각 표출되었다고 보았다. 그 결과 고려후기에 성장한 새로운 사회세력-사대부가 전제개혁을 둘러싼 논쟁 과정에서 신흥유신 내부의 개혁파, 즉 개혁론자 신흥유신이라는 이름의 정치세력으로 등장한 것으로 이해하였다. 또한 공양왕대에는 개혁의 방법을 둘러싸고 개혁론자 신흥유신 내부에서 또 한 차례의 분열이 있었으며, 그 결과 전제개혁 당시 대립했던 구세력과 이색 계열의 신흥유신은 물론 개혁파 신흥유신 가운데 정몽주 계열과 대결하면서 조선 건국세력이 형성된 것으로 파악하였다.70)

한편, 고려말 우왕 14년(1388) 위화도 회군 이후 공양왕 3년(1391) 科田法 제정에 이르는 과정에서 제기된 田制改革論에 대한 연구는 당대 정치체제와 관련하여 전제개혁안이 나오게 된 정치적 배경과 그것의 이행추이 및 과전법의 실시 배경에 초점을 둔 것이었다.71) 그리하여 여말

68) 李亨雨,「鄭夢周의 政治活動에 대한 一考察」,『史學硏究』41, 1990.
69) 劉璟娥,『鄭夢周의 政治活動 硏究』, 이화여대 박사학위논문, 1996.
70) 이익주,「고려말 신흥유신의 성장과 조선건국」,『역사와 현실』29, 1998.
71) 周藤吉之,「高麗朝에서 朝鮮初期에 이르는 田制改革」,『東亞學』3, 1940 ; 李相佰,「高麗의 田制改革運動과 李成桂와의 關係」,『東洋學報』1, 1941 ; 李相佰,「李成桂의 田制改革運動과 그 實績」,『震檀學報』15, 1941(이상 李相佰,『李朝建國의 硏究』, 乙酉文化社, 1949 재수록) ; 千寬宇,「科田法과 그 崩壞 - 朝鮮初期 土地制度 一斑」,『韓國土地制度史(下)』, 고려대 민족문화연구소,

의 전제개혁론은 주로 고려후기 토지지배체제의 문란에서 기인한 것이지만, 그것은 결국 조선왕조의 건국에 앞서 실시된 토지지배관계의 제도적 장치로써 科田法體制가 이루어진 것으로 파악하였다.

창·공양왕대의 정치사 연구가 근래에 주목되기 시작한 것은 개혁적인 신흥유신에 의해 이루어진 조선 건국의 역사적 의의를 부각시키기 위한 노력으로 이해될 수 있을 것이다. 그러나 개별적으로 이루어진 이 시기의 정치세력의 동향과 범주화 작업은 아직 제대로 이루어졌다고는 할 수 없다. 또한 그들간의 정치적 갈등 역시 정쟁의 차원에서 논의될 따름이다. 이들의 정치적 입장의 차이나 현실인식을 정치사상적 흐름에서 뿐만 아니라 정국 주도세력으로서의 정치운영론이 부각되어질 필요가 있다.

이상의 기존 연구에서는 권문세족을 제거하며 조선 건국의 주체세력으로 성장한 신흥사대부에 대한 개념과 범주, 그들의 정치세력화 과정이 어느 정도 정리되었음에도[72] 불구하고, 그들의 분기 시점과 원인에 대해서는 아직까지 해명되지 못하고 있다. 다만, 新興儒臣이 우왕의 親政요구와 人事權의 정비 등을 주장하면서 다시 정계에 등장하였고, 우왕 14년에 李仁任 세력이 제거되고 威化島 回軍을 통하여 정국 주도세력으로 등장했다고 이해한 것이 있을 따름이다.[73]

전제개혁과 관련하여 일찍이 조선 건국의 주체세력으로 그들의 분기에 주목한 李相佰은 新勢力과 舊勢力의 이해 갈등이 정치운동으로 표

1965 ; 千寬宇, 『近世朝鮮史研究』, 一潮閣, 1979 ; 浜中 昇, 「高麗末期 田制改革에 對하여」, 『朝鮮史研究會論文集』 13, 1976 ; 金泰永, 「科田法의 成立과 그 性格」, 『韓國史研究』 37, 1982 ; 金泰永, 『朝鮮前期 土地制度史研究』, 知識産業社, 1983 등 朝鮮初期 科田法 연구자가 그러한 성향을 지닌 것으로 이해된다.

72) 이에 대한 연구는 고려말 정치사연구반, 「고려말 정치사 연구동향」, 『역사와 현실』 12, 1994 ; 「고려말 정치상황과 신흥유신」, 『역사와 현실』 15, 1995가 참고된다.

73) 홍영의, 「고려말 신흥유신의 추이와 분기」, 『역사와 현실』 15, 1995.

면화된 것은 田制改革 운동이며, 여말선초의 모든 정치적 사상적 갈등은 기본적으로 전제개혁을 둘러싼 이해 대립으로 본 이래,[74] 李景植은 改革論者들은 토지제도를 전면 개혁하여 모든 私田을 혁파하고 이를 일단 국가의 公田으로 환수한 뒤 다시 재분배할 것을 주장한 반면, 改善論者들은 사전의 존재를 그대로 인정한 가운데 이를 둘러싸고 일어나는 불법행위를 금지시킴으로써 사회경제적 안정을 추구하였던 것으로 파악하였다.[75]

사상적인 측면에서 李泰鎭은 온건파와 개혁파의 대립은 『周禮』와 『春秋』의 사상적인 차이에서 근원한다는[76] 先驗的인 이론을 제시하였으며, 이를 통하여 都賢喆은 이 시기 사대부들이 수용한 朱子學의 學問體系와 그를 통한 정치·사회운영 방안을 살펴 고려의 지배질서를 유지하려는 李穡 계열의 舊法派 사대부와 朱子學을 통하여 法과 制度를 급진적으로 개혁하려는 鄭道傳 계열의 新法派로 分岐하였다[77]고 제시되기도 하였다. 이와 아울러 君主修身書의 하나인 『大學衍義』의 이해과정이나 『周官六翼』의 편찬 목적에서도 개혁파 사대부의 개혁방향과 일치한다는 점에서 일정한 차이가 있다고 논증하였다.[78]

또한 이 시기 정치제도와 관련하여 都評議使司(都堂)[79]·政房과 尙

---

74) 李相佰, 「高麗末 李朝初에 있어서의 李成桂一派의 田制改革運動과 그 實積」, 『東洋學報』 28-1, 1941 ; 『李朝建國의 研究』, 1949.

75) 李景植, 「高麗末 私田捄弊策과 科田法」, 『東方學志』 42, 1984 ; 『朝鮮前期土地制度史研究』, 1986.

76) 李泰鎭, 「朋黨政治 成立의 역사적 배경」, 『朝鮮儒敎社會論』, 知識産業社, 1989.

77) 都賢喆, 『高麗末 士大夫의 政治思想研究』, 一潮閣, 1999.

78) 池斗煥, 「朝鮮前期 君子小人論議 -『大學論議』王安石論을 中心으로 -」, 『泰東古典研究』 9, 1993 ; 池斗煥, 「朝鮮前期 『大學衍義』이해과정」, 『泰東古典研究』 10, 1993 ; 邊東明, 「高麗後期 性理學 受用階層의 政治思想 - 尹澤과 『大學衍義』를 중심으로 -」, 『高麗後期 性理學受容研究』, 一潮閣, 1995 ; 김인호, 「여말선초 군주수신론과 『大學衍義』」, 『역사와 현실』 29, 1998 ; 김인호, 「金祉의 『周官六翼』 편찬과 성격」, 『역사와 현실』 40, 2001.

瑞司를[80] 비롯하여 趙浚과 鄭道傳의 官制改革案에 주목하고[81] 공양왕대 官制改編의 의미를 사대부 중심의 宰相과 六卿을 중시한 것임을 확인하기도 하였다.

이상의 고려말 정치사 연구는 그동안의 많은 연구성과에도 불구하고 아직까지 미진한 부분이 적지 않게 남아있는 것 또한 사실이다. 먼저 신흥유신의 형성 및 성장과정에 따른 변화상에 대한 접근이 이루어져야 할 것으로 보인다. 이와 아울러 이들의 정치운영론에 대한 시기별 차이를 검토해야 할 것으로 보인다. 그리하여 공민왕과 공양왕대에 이르는 국왕의 정치운영 방식과 정치세력간의 입장, 그리고 신흥유신이 제기한 정치운영론의 수용 여부와 갈등양상을 주목하여 이 시기 정국운영 형태를 살펴본다면, 이 시기 신흥유신의 분기 시점과 원인을 이해하는 실마리를 제공할 것으로 생각한다.

3. 硏究範圍와 方法

한 시기의 권력구조와 정치세력에는 그 시기의 사회성격이 반영되어 나타난다. 지배계급은 권력을 유지하기 위하여 機構를 整齊化하고, 당시 사회적 과제 또는 모순에 대처해 가면서 그에 걸맞는 권력구조를 만

---

79) 趙啓纘, 「朝鮮建國과 都評議使司」, 『釜山史學』 8, 1984 ; 金昌賢, 「高麗後期 都評議使司 體制의 성립과 발전」, 『史學硏究』 54, 1997 ; 金光哲, 「高麗後期 都評議使司 硏究」, 『한국중세사연구』 5, 1998.

80) 金昌賢, 「고려말기 政房의 변화와 提調의 등장」, 『史叢』 44, 1995 ; 金昌賢, 「高麗末 尙瑞司의 구성과 역할」, 『民族文化』 44, 1995 ; 金潤坤, 「麗末鮮初의 尙瑞司」, 『歷史學報』 25, 1964.

81) 張得振, 「趙浚의 政治活動과 그 思想」, 『史學硏究』 38, 1984 ; 柳昌圭, 「高麗末 趙浚과 鄭道傳의 改革 방안」, 『國史學論叢』 46, 1993 ; 朴宰佑, 「高麗 恭讓王代 官制改革과 權力構造」, 『震檀學報』 81, 1996 ; 金昌賢, 「고려말조선초 정치체제 개편의 방향과 그 의미」, 『史叢』 47, 1998.

들어낸다. 그리고 사회적 과제 또는 모순을 어떻게 인식하느냐에 따라서 각각의 정치세력은 그들의 처지에 따라 논리-이른바 經世論을 정치현실에 반영하기 위하여 끊임없이 다투면서 권력을 장악하려 한다. 그러므로 그 시기의 권력구조가 어떠한가 또는 그것이 어떻게 변했는가, 또 그 변화를 이끈 주도세력의 실체를 살펴보는 것은 그 시기의 사회성격을 파악하는 데 중요한 요소가 된다.

이와 관련하여 지금까지 고려말 정치사에 대한 연구는 주로 정치세력, 정치제도(기구), 개혁안의 성격을 규명하는 데 많은 비중이 두어졌다. 그 결과 권문세족과 신흥사대부의 개념 문제와 관련하여 개별적인 인물의 정치적 성향이나, 그들의 권력기반을 유지하는 제도적 장치로서 정치제도에 주목하였다. 또한 이 시기를 "개혁정치기"로 파악하면서 국왕을 비롯한 지배층의 개혁 내용을 검토하여 그 의미를 찾으려 하였다.

이러한 연구경향은 정치사를 이해하는 지극히 당연한 방법론이었다. 고려말 연구자들은 이를 토대로 하여 이 시기 정치권력을 주도한 계층이 신흥사대부층임을 동의하게 되었고, 이들에 의해서 농업생산력의 발전이 이루어졌으며, 중세 경제체제의 축인 토지제도의 틀을 재편성한 것으로 이해하였다. 이런 가설을 기반으로 조선의 성립이 중세사회의 재편과정 혹은 변화과정을 수용한 것임을 드러내고자 한 것이었으며, 조선 건국기에 해당하는 14, 15세기를 사회발전기로 보려는 입장이었다.[82]

이러한 시각은 일면 이 시기의 역사상을 파악하는데 유효한 것임에는 틀림없으나, 조선의 성립을 근세사회의 성립으로 볼 것인가 아니면 중세사회 내부의 발전으로 볼 것인가 하는 문제에 봉착하게 되면, 이를 긍정하든 하지 않던 간에 이 시기 사회를 바라보는 입장이 모호해진다. 사

---

82) 이에 대한 논쟁사는 이익주, 「권문세족과 사대부」, 『한국역사입문②』, 풀빛, 1995 ; 박재우, 「고려말 정치사 연구동향」, 『역사와 현실』 12, 1994 ; 박재우, 「고려말 정치상황과 신흥유신」, 『역사와 현실』 15, 1995 ; 도현철, 「조선왕조 성립에 대한 평가」, 『한국전근대사의 주요 쟁점』, 역사비평사, 2002를 참고할 것.

회변동사적 측면에서 또는 조선시대사에서 보면 지극히 당연한 것이지만, 조선 건국의 역사적 의의를 지나치게 합리화한 점만은 부인할 수 없다. 이 때문에 오히려 고려사회가 시대적 모순을 해결하지 못하고 멸망하는 미분화된 사회로 귀결된 것은 아닌가하는 생각이다. 물론 앞서의 입론을 부정하는 것은 아니지만, 고려말 정치사에 대한 연구가 그동안 사대부의 성격 규명에 매몰되어 이를 검증하는 논쟁이 활발하게 이루어지지 못한 이유이기도 하다. 실상 지금까지의 고려말 정치사 연구가 다른 시대에 비하여 본격적으로 다루어지고 이에 대한 연구성과의 축적과 진전이 있었던 것도 아니었다.

정말 고려사회가 내적 변화를 수용하지 못하고 조선 건국으로 멸망할 수밖에 없었던 것일까? 또 조선 건국으로 500여 년을 이어온 고려적인 특질은 단절되고 곧바로 조선적인 특성으로 전환, 정착될 수 있을 것인가? 이러한 愚問은 역사발전론에서 보면 결과론적인 해석이 되고 말지만, 이에 대한 진지한 고민과 반성이 필요하다고 여겨진다. 고려말의 정치사에 대한 올바른 이해를 바탕으로 새로운 주제에 대한 방법론을 제시하고 재검증하는 작업이 이루어져야 할 것으로 보여진다.[83] 이를 통하여 고려사회와 조선사회의 이질성과 동질성이 드러날 때 비로소 여말선초로의 전환, 이행의 역사적 특질을 찾을 수 있을 것으로 여겨진다.

이러한 문제의식은 신흥유신의 정치적 실체와 정치세력간의 갈등관

---

83) 이에 대한 지적으로 고려후기 인물사반(한국역사연구회)에서 개혁정치와 왕조의 변동문제를 합리적으로 설명하기 위하여 성리학 수용의 사회사상적 의미나 수용으로 사상계 전반의 지형 변화에 대한 검토가 이루어진 것은 이 시기 정치사 연구의 방향성을 제시하여 준다고 하겠다. 이 연구에서 주목되는 점은 朱子가 集註한『四書』의 科擧 科目化, 원과 고려를 천자와 제후국으로 보는 세계관의 형성, 修己治人論에 바탕한 治者의 책임론 즉 經世論의 대두, 학문에 바탕한 君主의 聖學과 실천성을 강조한 經明修行의 관료상이 대두하는 사실 등을 그 지표로 하여 사서가 과거 과목으로 채택되는 충목왕대인 1340년대를 성리학이 뿌리내리는 시기로 본것이다(박종기,「원간섭기 유교지식인의 사상적 지형」,『역사와 현실』49, 2003).

계에서 보여진 정치 사건과 함께 권력기구로서의 정치, 군사제도를 검토해야 하는 어려운 작업이지만, 14세기 후반의 고려말 정치사에 대한 새로운 인식을 통하여 이 시기 지배층의 현실인식 즉, 고려사회의 내적 변화를 수반한 사회경제적 측면인 신분제의 변동 양상과 상공업의 변화, 그리고 儒佛 교체기에 따른 사상적 변화 및 원·명 교체에 대한 대외인식의 방향성 등에 대한 지배층의 입장을 구조적으로 이해할 수 있는 출발점이 될 것이기 때문이다.

때문에 이 글에서 대상으로 한 고려말 정치사 연구동향과 과제의 초점은 주로 당시 사회변화에 대한 지배층의 대응방식, 달리 표현하면 정치개혁 방식과 그것을 둘러싼 정치세력간의 갈등과 대립과정에 두어진 것이다. 달리 말하자면 정치운영론으로 표현할 수 있을 것이다. 신흥유신으로 대별되는 이 시기의 정치 주도세력은 고려말 제 모순을 시정하려 하면서도 개혁의 방법과 강도에 있어서는 일정한 차이가 있었을 것으로 보았다. 당시 제 모순에 대한 문제의식과 그 해결방안을 강구했다고 하더라도 모든 신흥유신이 정치적 입장을 같이한 것은 아니라는 점이다. 權門世族에 의한 폐단을 시정하려 하면서도 개혁의 방법과 정도에 대해서는 견해를 달리하고 있었다. 오히려 그들에 의해 제기된 政治運營論을 둘러싸고 분기, 대립하였다.

특히 정치운영 과정에서 側近세력의 등용을 통하여 國王權 중심으로 權力構造를 개편하려는 노력과 이에 반발하는 政治勢力의 갈등관계 뿐만 아니라 사회경제적 제 모순의 해결을 국가 차원의 문제로 인식하거나 아니면 부차적인 것으로 보는 측면들, 그리고 元·明의 對外關係에 있어서는 각각의 名分論에 따라 그 方向을 수립하는 예에서 구체적으로 나타나고 있었다. 이를 달리 표현하면 政治支配 秩序의 위상을 君臣關係나 士庶關係의 재조정을 통하여 국가체제를 확립하려는 측면과 이를 실현하는 과정에서 제기된 富國强兵에 대한 인식의 차이가 그들의 對民施策에 어떻게 반영되는가로 설명될 수 있을 것이다.

이러한 점은 田制改革의 실시, 官制改編과 地方制度와 같은 제도개혁의 추진과정에서 분명한 차이를 보이고 있는 점에서도 알 수 있다. 이 과정에서 신흥유신 내의 개혁파 관인과 이성계를 중심한 武將勢力의 결합을 통하여 새로운 정치세력, 이른바 "改革派 新興儒臣"이라는 정치세력이 대두하기도 하였고, 이들에 의해 "正田制·擇人才"의 정치운영방식이 모색되기도 하였다.

따라서 이 시기의 新興儒臣이 제기한 政治運營論에 대하여 본 글의 논지를 다음과 같이 설정하였다. 원간섭기로부터 제기된 정치·사회경제적 제 모순에 대한 해결방안을 제시한 李齊賢으로 대표되는 改革儒臣-科擧文臣 세력이 지향한 현실인식은 대원관계에서 世祖舊制의 준수를 목표로 측근정치 구조에 의해서 무너진 관료체제의 정상화와 田民辨正 등을 통한 民生의 안정을 추구한 것으로 보았다. 이러한 인식은 이제현 등이 충목왕대부터 끊임없이 요구한 "聽斷田民之訟·必先整治選法"으로 요약될 수 있을 것이다.

충목왕대 科擧文臣勢力이 요구한 "聽斷田民之訟"으로 정리된 토지문제의 해결방식은 고려말 新興儒臣들에 의해 고려후기이래의 사회경제적 모순의 원인은 결국 土地奪占과 倭寇侵入 등으로 생산기반을 잃거나[恒産], 윤리도덕[恒心]을 잃게 된 민의 생활에 있다고 보고, 그들을 보호해주기 위하여 그 해결방안으로써 儒敎를 체득한 守令의 책임의식과 經世論을 강구하였다.

그러나 여말 신흥유신의 이러한 공통 인식에도 불구하고 그들 내부의 대립은 결국 토지문제를 田民辨正 차원과 賦稅의 완화를 통하여 自營農 중심의 地主經營 안정으로 할 것인가, 私田改革을 통한 영세한 小農의 경제안정을 우선할 것인가에 따라 그 이해방향이 어디로 귀착되는가에 달려 있었다. 즉 對民施策에 있어서 토지제도의 개선과 收取體制의 완화를 통한 民生安定化와 새로운 토지제도에 기반한 賦稅收取의 강화를 통한 國家財政의 확대와 軍備의 증강을 도모하는 富國强兵策으로 나누어 볼 수 있을 것이며, 그 결과가 新興儒臣 내의 改革派에 의해 "正田制"라는 田制改革의 실현과정으로 나타났다고 보았다.

또한 "整治選法"의 문제는 원간섭기 이후에 대두한 국왕 측근세력과 친원세력의 정국주도가 私的 權力機構에 의존하게 되면서 정상적인 人事權의 運營과 함께 官僚體制의 확립을 통하여 公的인 君臣關係의 회복을 위한 의도였다. 그러나 공민왕대 반원개혁 이후 새로이 설정된 대외관계에 따라 世祖舊制가 소멸되었음에도 불구하고, 여전히 국왕권의 강화를 목적으로 국왕의 측근을 육성하고 있었다. 더구나 대외정세에 따른 무장세력의 등장과 국왕권의 실추, 그리고 신돈의 집권은 그들이 추구한 정상정적 관료체제가 아니었다. 따라서 일부의 과거문신세력은 이에 반발하여 신돈집권에 반발하기도 하였고, 成均館의 重營을 계기로 성장한 新興儒臣은 李齊賢·白文寶·李穡이 요구한 "罷政房"을 통하여 관제와 인사제도의 개혁을 줄기차게 요구하기도 하였던 것이다.

그러나 그들이 추구한 君臣關係의 회복을 통한 정상적인 관료체제의 운영은 정치의 주체로 참여해야 할 공민왕대 개혁정치와 우왕대 이인임의 정국독주 과정에서 소외되어 권력의 핵심에서 밀려남에 따라 실현될 수 없었다. 결국 위화도 회군과 최영의 제거를 계기로 정국주도권을 장악하면서 실현을 전망하게 되었던 것이다. 이 과정에서 인사권의 회복을 목적으로 "罷政房"을 주장한 과거문신세력들이 추구한 국왕을 중심으로 한 정상적인 관료체제의 회복이라는 제도개혁의 명분은 고려말 新興儒臣 개혁파의 趙浚, 鄭道傳에 의해서 관료 중심의 "擇人才"의 방식으로 새로이 정리 발전되었을 것으로 보았다.

이러한 신흥유신내의 개혁파와 개선파의 차이를 가장 잘 드러내는 것이 정치운영 주체로서의 국왕권에 대한 입장의 차이와 관료가 중심이 되는 정치체제의 구상이라 할 수 있다. 이를 달리 표현하면 君主 中心의 體制維持論과 宰相 中心의 體制改革論으로 나눌 수 있을 것인데, 이는 바로 개혁파가 제기한 "擇人才"의 실현 방식이자, 어떻게 국가를

운영할 것인가의 가장 기본적인 지배방식의 문제였으며 정치운영 방식
의 대립이었다.

그러므로 공민왕대 이후 성장한 新興儒臣의 분기 원인이 국가체제의
확립과정에서 제기한 "正田制 擇人才"의 실현 방식의 차이에서 비롯되
었으며, 그 결과 富國強兵을 목표로 對民施策과정에서 國家 對 民을
우선하는 계열과 官僚 對 民을 우선하는 계열로 나누어질 수 있을 것이
다. 즉 民生安定에 대한 여러 방안을 국가에서 주도하느냐와 개별적인
관료에 의해서 행해지느냐에 따라 현실인식의 차이가 나타나고, 이를
반영하는 과정에서 정국 주도세력간에 분기, 대립하였을 것으로 판단된
다.

이상과 같은 立論은 이미 앞서 이루어진 고려말의 정치사에 대한 연
구를 바탕으로 설정된 것이다. 이를 토대로 하는 본 연구는 14세기 후반
의 공민왕대로부터 고려의 멸망에 이르는 공양왕대까지의 高麗末 政治
史를 "新興儒臣의 成長"에 초점을 두고 그들이 제기한 '政治運營論'을
중심으로 각 시기별 특징과 그 차이를 찾아보려고 한 것이다. 이를 바탕
으로 고려말 側近政治의 이해와 이 시기 都堂權의 운용방식, 신흥유신
의 分岐의 시점과 원인의 문제, 제도개선론과 개혁론에서 원용한 『周
禮』의 이해과정 문제 등에 대해서도 관심을 두고자 한다.

이러한 의도는 14세기 후반에 추진된 개혁과 개혁의 실현 방법을 둘
러싼 정치세력의 동향뿐만 아니라 신흥유신에 의해서 제기된 정치운영
론의 지향점을 살펴봄으로써 고려말 개혁정치의 역사적 의의를 찾아보
는 데 그 목적이 있다고 하겠다.

본고는 이상과 같은 목표를 위하여 다음과 같이 장을 구성하였다. 고
려말 14세기 후반의 공민왕대(1351~1374)부터 우왕·창왕대(1374~
1389), 공양왕대(1389~1392)에 이르는 시기의 新興儒臣의 成長 過程과
이들에 의해 제기된 政治運營論을 주 연구대상으로 삼았으며, 서론과
결론을 제외한 4장으로 구성하였다.

2장에서는 恭愍王代 政局運營과 新興儒臣의 形成에 대하여 검토한다. 이를 위하여 우선 공민왕대를 측근세력의 변화가 일어나는 辛旽의 登用 이전과 이후로 크게 두 시기로 나누어 보았다.

공민왕대의 전반기는 側近의 育成을 통한 國王權 强化와 이를 바탕으로 국왕주도의 반원개혁과 내정개혁이 추진된 시기이다. 따라서 공민왕이 추구한 정국운영 방식의 하나인 국왕 중심의 정국주도가 가능할 수 있었던 배경을 살펴 볼 필요가 있다. 또한 공민왕이 반원개혁을 통하여 실시된 내정개혁의 의미도 함께 검토되어야 할 것이다. 이를 통하여 14세기 후반의 이른바 "개혁정치"의 의미를 규명할 수 있을 뿐만 아니라, 공민왕대의 정치운영 방식의 성격과 개혁을 둘러싼 정치세력간의 갈등관계를 밝힐 수 있을 것이기 때문이다.

후반기는 辛旽의 登用을 통한 對民安定策이 추진되고, 신흥유신이 형성된 시기이다. 신돈의 등용은 국왕권을 제약하는 武將勢力의 정국주도와 紅巾賊의 침입과 興王寺의 亂 이후 실추된 국왕권을 회복하는 노력으로 이해된다. 따라서 신돈 집권기에 실시된 田民辨正事業의 추진과 내정개혁의 추진 배경을 民生安定 차원에서 이루어진 것임을 밝히고자 하였다.

이 과정에서 成均館 重營을 계기로 성장한 新興儒臣의 정치적 결집이 가능했던 이유를 科擧制 개편과 관련하여 살펴 볼 필요가 있다. 아울러 辛旽의 제거 과정에서 제기된 정국 운영상의 문제를 都評議使司의 운영권 강화를 통해서 해결하려는 공민왕의 의도도 함께 고려해야 할 것으로 보인다.

이러한 구분은 공민왕의 정치운영 방식과 개혁과정에서 신흥유신이 형성될 수밖에 없었던 배경을 밝히고, 그것이 신돈의 등용을 통해 신흥유신의 정치세력화가 가능할 수 있었던 기반을 찾고자 한 때문이다.

3장은 禑王代 政局運營과 신흥유신의 動向을 다루려고 한다. 우왕대를 전기와 후기 두 시기로 구분하여 전기에서는 李仁任 정권하에서 운영된 都堂中心의 정치운영과 국왕권 회복을 시도한 우왕의 입장을 검토하였다.

이를 바탕으로 공민왕대 형성된 신흥유신과 도당 구성원간의 대립과 숙청, 그리고 우왕의 측근세력 육성 노력을 구체적으로 드러낼 수 있으며, 우왕의 내정개혁안을 통해 우왕대 초반의 정치운영 방식을 찾을 수 있을 것이다. 또한 우왕대 후반에 제도개선을 요구하는 신흥유신의 방향성을 알 수 있을 것이다.

후기에서는 북원과의 외교재개에 반대하며 일시 정계에서 물러나 있던 신흥유신의 동향과 더불어 신흥유신의 정치참여 과정과 추이를 검토함으로써 신흥유신 내부의 차이와 성격을 드러내고자 하였다. 또한 그들이 제기한 제도개선책을 통해 정치운영론의 내용을 분석하여 보았다.

이를 통하여 우왕대의 정치상황을 이해하고, 이인임·최영 정권의 성립과 몰락과정, 그리고 威化島 回軍의 배경과 아울러 田制改革이 제기될 수밖에 없었던 시대적 조건 등을 살펴볼 수 있을 것이다.

4장에서는 昌王代의 '개혁파' 新興儒臣의 결집과 政局主導가 가능했던 이유가 무엇인지를 검토하고자 한다. 威化島 回軍 이후의 '개혁파' 신흥유신의 結集과 新興儒臣 내부의 分岐 과정을 살피고, 또한 창왕옹립 과정에서 보이는 신흥유신의 정치적 갈등관계를 분기의 시점으로, 이 과정에서 제기된 관제개편이나, 田制改革論에서 보이는 이들의 차이를 분기의 원인으로 밝히고자 한다.

이를 위해 창왕대 국왕의 敎書 형식으로 추진된 내정개혁과 신흥유신의 개혁파가 제기한 정치운영론의 상호 연관성을 살피고, 이 시기 신흥유신의 정치 지향성을 찾아보고자 하였다.

5장에서는 恭讓王代 新興儒臣 내부의 대립과 政治運營論의 方向을 검토하고자 하였다. 먼저 신흥유신의 분기 이후의 대립과 갈등양상을 공양왕대 정국의 추이와 함께 살펴보고자 하였다. 신흥유신 내부의 분열과 이념적 대립의 원인은 고려의 지배질서를 인정하느냐와 부정할 것인가에 있다고 보았다. 이 과정에서 전개된 田制改革은 고려사회에 대한 현실인식과 입장을 보여주는 출발점이며, 정치제도 개혁에서 보여지는 人事制度論과 같은 문제는 정상적인 관료체제의 회복과 관련한 정치적 입장의 차이를 보여주는 것으로 생각한다.

그리고 정치체제 운영 방식의 변화과정에서 나타난 신흥유신의 대립과 그들이 추구한 정치이념을 국왕권의 행사를 인정하는 王朝維持論과 이를 제약하려는 體制改革論의 두 입장으로 구분하고, 이 과정에서 제기된 君主 중심과 宰相 중심의 政治體制論을 다루어 보고자 한다.

이상의 본 연구가 가지는 의의는 첫째, 恭愍王과 恭讓王代에 이르는 고려말의 정치사를 체계화하여 이 시기의 政治勢力을 범주화하고 그들의 정치적 성향을 구분하였다는 점이다. 또한 공민왕대 內政改革의 내용과 성격의 분석을 통하여 이 시기 지배질서의 모순에 대한 해결방식이 정치세력간의 이해방향에 따라 변질되어졌고, 그 때문에 정치세력의 갈등이 첨예화하고 있었다는 점과 그 결과로 辛旽의 執權과 新興儒臣의 정치참여가 가능했다는 점을 밝혔다.

둘째, 공민왕대 이후 공양왕대의 신흥유신들의 上疏 분석을 통하여 政治運營論을 정리하였다. 그리하여 이 시기 모순에 대한 해결의지로 공민왕대에는 국왕 주도하에 빈번한 내정개혁을 단행하여 대처한 반면, 우왕대는 李仁任 政權의 정치적 한계로 이를 받아들이거나 수습하지 못하고 대안 역시 근본적이지 못한 까닭에 결과적으로 崔瑩이나 新興儒臣의 반발을 가져올 수밖에 없었다는 점 등을 지적하였다.

셋째, 신흥유신간의 분기와 대립이 개혁방식과 내용의 강도에 따라 國家體制를 확립하는 가운데 富國强兵을 목표로 하였지만 그들 내부에서는 일정한 차이를 드러낼 수밖에 없었으며, 이러한 차이는 신흥유신이 정국의 주도세력으로 자리한 昌王・恭讓王代에 드러난 것이 아니라 이미 恭愍王代부터 제기된 정치구조의 모순에서 출발하였다는 점 등을 지적하였다.

이러한 의의에도 불구하고 이 연구에서는 다음과 같은 한계도 드러나고 있다. 우선 공민왕대 정치세력을 세밀하게 범주화하고 각각의 정치세력에 대한 정치성향이나 政治運營論을 이전 시기와 비교하여 크게 부각하지 못하였다. 특히 14세기 후반의 개혁 내용과 14세기 전반의 개혁 내용을 상세하게 검토하지 못하였다. 그리고 우왕대의 정치세력에 대해서도 李仁任이나 崔瑩 등에 집중된 나머지 그 외의 인물들의 정치적 성향에 대하여는 깊이 있게 다루어지지 못하였다. 또한 이 시기 新興儒臣으로 지칭되는 여러 인물에 대한 政治思想的 측면과 같은 것에는 종합적인 접근이 이루어지지 못하였다. 이 시기 사회변동과 함께 각 개인의 사상이 어떻게 정치현실에 반영되는가를 진지하게 살펴보아야 할 것으로 생각되지만, 이러한 여러 한계점은 향후 지속적인 연구를 통하여 보완할 것이다.

제2장 恭愍王代 政局運營과 新興儒臣의 形成

1. 側近 中心 國王權 强化와 反元改革

1) '燕邸隨從臣'의 側近 育成과 國王權 强化

고려말 恭愍王代는 反元改革이 전개되고 改革政治가 시도되었던 시기로 잘 알려져 있으며, 이 때문에 공민왕은 이 같은 변혁을 주도한 君王으로 평가되고 있다. 따라서 정치적 변혁기로서의 공민왕대와 그 주도적 존재인 改革君主로서의 공민왕은 늘 주목의 대상이 되어 왔다.[1]

恭愍王은 1351년 원 順帝의 命에 의하여 왕위에 올랐다. 공민왕의 즉위는 이전의 고려 국왕들과는 달리 2차례에 걸친 왕위계승 경쟁 뒤에 이루어졌다.[2] 한번은 忠惠王대에 있었지만, 그리 큰 문제는 되지 못하였고, 또 한번은 충목왕의 사후에 일어났다.

1348년 충목왕이 재위 4년만에 12세의 어린 나이로 죽자, 그의 母인 德寧公主는 奇轍과 王煦를 攝行征東省事로 임명하여 왕위의 闕位로 초래된 정치적 공백을 메우도록 하였다.[3] 王煦 등은 護軍 申元普를 원에 보내 충목왕의 죽음을 알리는[4] 동시에 곧바로 李齊賢을 원에 보내

---

1) 閔賢九, 「政治家로서의 恭愍王 - 在位 前半期의 행적에 보이는 改革君主로서의 면모」, 『亞細亞研究』 100, 1998.
2) 閔賢九, 「高麗 恭愍王의 卽位背景」, 『韓㳓劤博士停年紀念 史學論叢』, 1981.
3) 『高麗史』 권37, 충목왕 4년 12월 丁卯.
4) 『高麗史』 권37, 충목왕 4년 12월 丙子.

56

어 새 국왕을 간택해 줄 것을 요청하고 왕위를 계승할 후보자로서 충혜
왕의 同母弟인 王祺(공민왕)와 忠惠王의 庶子이며, 忠穆王의 이복동생
인 王眡(충정왕)를 내세웠다.[5] 이러한 사정 때문에 왕후 등은 고려 국
왕을 揀擇하는 데 있어서 元帝의 마음에 달려 있다고 말하고, 百姓들의
바라는[民望] 바를 따르라고 강조하였다.[6]

고려 국왕의 왕위계승자로서 2인을 동시에 거론한 것은 물론 충목왕
의 嫡長子가 없는 이유도 있겠지만, 원의 황실과 혈연적 관계를 맺고
있는 적당한 왕위 계승권자가 없었던 데 있었다. 원은 충목왕이 죽은 두
달 뒤인 1349년 2월에 왕저의 入朝를 명하고[7] 이미 宿衛 중인 왕기와
함께 燕京에 머물게 하는 한편, 3개월이 지난 5월에서야 왕저에게 왕의
嗣承을 명하였다.[8]

고려는 왕저의 왕위계승으로 5개월만에 闕位 상태를 벗어나게 되었
지만, 忠穆王의 이복동생인 왕저가 삼촌인 王祺를 제치고 12세의 어린
나이로 왕위에 올랐던 것은 당시 원과 고려의 정치현실과 밀접하게 관
련되어 있었다.[9]

---

5)『高麗史』권37, 충목왕 4년 12월 己卯.
6)『高麗史節要』권25, 충목왕 4년 12월.
7)『高麗史』권37, 충정왕 원년 2월 甲戌.
8)『高麗史』권37, 충정왕 원년 5월 戊戌.
9) 이때 충정왕을 추대하였던 계열은 대부분 친원세력과 충정왕의 外戚勢力이었
   다. 이들은 세 부류로 파악되는데, 첫째, 친원세력으로서 盧頙과 崔濡를 들 수
   있고, 둘째 忠惠王의 嬖幸세력으로서 忠惠王妃 德寧公主의 신임을 받는 孫守
   卿과 李君侅(嵒), 셋째 왕저의 母后인 禧妃 尹氏의 배후세력으로서 閔思平과
   尹時遇가 존재하고 있었다(『高麗史』권37, 충정왕 원년 2월 甲戌). 이상의 세
   부류의 세력은 각기 입장을 달리하면서도 왕저를 추대함으로써 정치적 이득을
   볼 수 있는 사람들이었다. 그런 이유로 臺官과 典法官의 반대를 무릅쓰고(『高
   麗史』권37, 충정왕 원년 2월 甲戌) 왕저를 奉行하고 원에 들어가 활발한 정치
   공작을 벌였던 것으로 보여진다. 민현구는 원의 정치세력과 긴밀한 유대를 맺
   고 있었던 노책과 최유 등 친원세력이 포함된 왕저 지지세력이 국내 정치세력
   이 왕위계승 후보자로 지지한 王祺를 제치고 왕위에 올릴 수 있었다고 보았다
   (閔賢九,「高麗 恭愍王의 卽位背景」,『韓㳓劤博士停年紀念 史學論叢』, 1981).

한편, 왕기를 추대하려 했던 계열은 대부분 과거를 통해 관료로 진출한 인물들이었다. 權準을 비롯한 耆舊大臣들은 원에 上書하여 왕기를 왕으로 세울 것을 요청하였고,10) 李穀은 왕기의 즉위를 주장한 때문에 불안을 느껴 關東으로 유람을 떠났으며,11) 李承老·尹澤은 民望이 왕기에게 돌아가 있다고 하여 직접 원의 中書省에 상서하여 그 즉위를 요청하면서 '幼君'인 王昕의 부적격을 주장하다가 지방으로 좌천되었다.12) 金敬直은 왕위계승과 관련하여 왕저를 비난했다는 이유로 杖流되어 섬으로 유배를 당하기도 하였다.13)

權準은 權溥의 아들로 祖父인 權呾 때부터 권문세족의 대표적 가문 출신으로 과거에 합격하여 충선왕대부터 정치활동을 하였으며, 그의 외손녀가 충혜왕에게 納妃되어 和妃로 책봉된 후 吉昌府院君에 봉해진 사람이었다.14)

李穀은 韓山郡吏 李自成의 아들이며 李穡의 아버지로 충숙왕 때 과거에 합격하고 충숙왕 복위 1년(1317)에는 원에서 征東省 鄕試에 수석으로, 殿試에서 차석으로 급제하며 원에서 文名을 떨쳤고, 貢女를 징발하지 말도록 원에 요구하는 등 적극적인 정치활동을 하던 사람이었다.15)

尹澤은 어려서부터 항상 '范文正公(范曾淹)의 天下의 근심을 먼저 근심하고 천하의 즐거움을 뒤로 즐겨 한다'는 글귀를 암송할 정도로 성리학에 조예가 있었다. 충숙왕 4년에 과거에 합격하여 京山府 司祿으로 정치활동을 시작하였으나, 나이 45세에 겨우 9품직에 머물 정도로 그의 정치적 입지는 크지 않았던 것으로 보인다.16)

10) 『高麗史』 권107, 열전20 權呾附 權準傳.
11) 『高麗史』 권109, 열전22 李穀傳.
12) 『高麗史節要』 권26, 충정왕 원년 추7월.
13) 『高麗史』 권26, 충정왕 원년 추7월 甲辰 ; 권108, 列傳23 金倫附 金敬直傳.
14) 『高麗史』 권107, 열전20 權呾附 權準傳.
15) 『高麗史』 권109, 열전22 李穀傳.
16) 『高麗史』 권106, 열전19 尹諧附 尹澤傳.

58

윤택과 입장을 함께 한 이승로나 김경직은 과거합격 여부가 불분명하지만, 金敬直은 金賆의 손자이며 金倫의 아들이다. 김변은 충렬왕 16년(1290) 鄭可臣과 함께 同知貢擧로 科擧를 주관한 인물이었으며,[17] 김륜은 충목왕 때 李齊賢·朴忠佐와 함께 충혜왕의 폐행인 康允忠의 罪狀을 상소한 사람이었다.[18] 이렇게 공민왕을 지지하는 이들 대부분은 당시 性理學을 매개로 科擧를 통해 座主·門生 관계를 맺고 있었던 것으로 보인다.

이와 같은 성격을 토대로 하는 科擧文臣 세력이 공민왕을 적극적으로 추대한 이유에는 이전의 국왕들과는 달리 원과의 정치적으로나 혈연적 관계가 그다지 긴밀치 않았고, 개혁지향성을 보인 공민왕의 개인적 성향도 이들의 호감을 사기에 충분하였다. 더욱이 공민왕의 주위에는 친원세력으로 구분될 만한 인물이 존재하고 있지 않다는 점 역시 자신들의 정치적 입장과 동일한 것으로 이해하였을 것이다.

이들은 주로 과거를 통해 진출한 관료였던 까닭에 이 시기 국왕을 중심으로 이루어졌던 側近政治에 대하여 부정적 인식을 갖고 있었다. 더구나 그러한 측근 가운데 상당수는 원의 帝室과 朝廷의 관료와 직, 간접적으로 연결되어 그의 권위를 배경으로 고려에서 강력한 영향력을 행사하는 친원세력들이 포함되어 있었다. 이들의 존재는 과거문신세력의 정치활동에 상당히 부담스러운 것이었고, 때문에 당연히 왕기를 적합한 왕위계승자로 추대하고, 그가 왕위에 오를 경우 자신들의 정국주도가 가능할 것으로 판단하였을 것이다.

그러나 忠穆王 死後 忠定王과의 왕위계승 경쟁에서 패배한 공민왕은 그대로 원에 머물면서, 충정왕 원년 10월에 원의 魏王 阿木哥의 孫女인 魯國公主와 婚姻하여 元帝室의 駙馬 지위를 획득하고, 원의 帝室과 조정에 정치적 입장을 강화할 목적에서 적극적으로 친원세력을 자신의 지

17)『高麗史』권73, 지27 선거1 選場 충렬왕 16년 5월 ; 권103, 열전16 金就礪附 金文衍·金賆傳.
18)『高麗史』권108, 열전23 金倫附 金敬直傳.

지 기반으로 끌어들였다. 그 대표적 인물이 奇皇后와 趙日新이었다. 이러한 가운데 충정왕 추대세력내의 갈등과 권력관계의 변화, 그리고 이 시기 본격화되는 왜구침입 등의 정치적 변화에 힘입어 충정왕을 폐위시키고 왕위에 오를 수 있었다.[19]

원에서 즉위한 공민왕은 李齊賢을 攝政丞 權斷征東省事로 임명하여[20] 충정왕의 측근과 지지세력에 대하여 일단의 정치적 肅淸을 단행케 하고[21] 요직개편을 단행하였다.[22] 공민왕은 고려 국내정치가 어느 정도 안정된 상태에서 귀국하고자 하였던 것이다. 이때 요직개편을 통해 등장한 인물을 표로 만들어 보면 <표 1>과 같다.

<표 1> 恭愍王 卽位年 11월 人事改編을 통한 要職 登用人物

	人物名	卽位以前 官職	卽位年 11월 除授官職	元年 10월 除授官職	恭愍王과의 關係		비고
					燕邸 隨從臣	國內推 戴勢力	
要職 除授者	李齊賢	經史都監提調(충목4)	都僉議政丞	右政丞		○	과거
	李蒙哥	參理(충목1)	判三司事	判三司事(6)	○		
	曹益淸	濟州按撫使(충혜후1)	贊成事	左政丞	○		
	全允藏	僉議參理(충목4)	贊成事	?	○		
	趙日新	?	贊成事·參理	贊成事(6)·判三司事(9)·左政丞判軍簿監察事	○		음서
	趙 瑜	參理(충정3)	參理	贊成事	?		
	康得龍	三司右左使(충정3)	三司右左使	三司右左使	?		
	崔天澤	參理(충정3)	三司右左使	評理	?		
	李公遂	判密直司事·政堂文學(충정1)	政堂文學	三司右使		?	과거
	韓可貴	?	判開城府事	判開城府事	○		
	金逸逢	?	判密直司事	評理	○		
	李衍宗	軍簿判書(충목4)	密直事兼監察大夫	?		?	과거

19) 『高麗史』 권37, 忠定王 3년 10월 ; 『高麗史節要』 권26, 충정왕 3년 10월 史臣曰.
20) 『高麗史』 권38, 공민왕 즉위년 10월.
21) 『高麗史』 권110, 열전23 李齊賢傳 ; 권38, 공민왕 즉위년 11월 乙亥.
22) 『高麗史』 권38, 공민왕 즉위년 11월 ; 『高麗史節要』 권26, 공민왕 즉위년 11월.

要職除授者	金 普	?	知密直司事	評理	○		
	洪由道	?	同知密直司事	?	○		과거
	鄭 頫	成均丞(충혜즉위)	知密直司事	知密直司事(6)	○		
	金敬直	前密直(충정1)	密直副使	?		○	
	李成瑞	密直副使(충정3)	密直副使	同知密直司事	?		
	尹 澤	光陽監務(충정1)	密直提學	開城尹(致仕)		○	과거
	崔德林	?	左右代言	知申事·判密直司事	○		
	李 濟	?	左右代言	密直提學	○		
	金得培	?	左右副代言	?	○		과거
	柳 淑	前代言(?)	左右副代言	?	○		과거
	孫 琦	前僉議評理(충혜후2)	平海府院君	政丞(致仕)	○		
	朴仁幹	判密直司事(충혜후4)	咸陽君(追封)		○		과거
總					15	3(6명 미상)	24명

<표 1>에서 보는 바와 같이, 공민왕의 즉위 당시 중요 관직제수자는 공민왕이 왕이 되기 전 그와 함께 하였던 趙日新·曹益淸·全允藏 등 燕邸隨從臣을 중심으로 한 계열과 공민왕을 충정왕과의 왕위계승 경쟁에서 적극적으로 지지했거나, 충정왕대의 정치운영에 비판적이었던 李齊賢·尹澤·李成瑞 등의 국내 정치세력을 들 수 있다. 국내에서 공민왕을 추대한 李齊賢과 尹澤과 같은 인물이 이때 다시 재임명되고 있는 점으로 보아, 이들도 충정왕의 정치적 비판세력으로 존재하고 있다가 공민왕에 의해서 다시 등용된 것으로 보인다.

이때 임명된 官職除授者 24명 가운데 15명이 侍從臣이다. 이들은 원의 首都에 머물러 있는 동안 공민왕을 왕위에 오르게 한 인물들이었다.[23] 이러한 점은 공민왕이 이들을 중심으로 정국을 구성할 정도로 侍從臣에 대한 의존이 컸다는 것을 의미한다. 더구나 원에서 머물면서 공민왕의 즉위에 관여했던 趙日新이 批目을 가지고 들어오는 점은[24] 그

---

23) 『高麗史』 권38, 공민왕 원년 6월 壬寅.
24) 『高麗史』 권38, 공민왕 즉위년 11월 ; 『高麗史節要』 권26, 공민왕 즉위년 11월.

가 人事에 영향을 미쳤음을 보여주는 것이다.

따라서 공민왕 즉위년 11월의 要職改編은 燕邸隨從臣을 중심으로 하는 한편, 국내의 공민왕 推戴勢力이 중심을 이루고 있었다. 그러나 두 계열의 정치세력은 궁극적으로 정치적 입장을 달리할 수밖에 없었다. 특히 연저수종신의 경우 원과 밀접하게 관련을 맺은 親元的 성향을 지닌 사람들이었다. 趙日新과 曺益淸[25]이 그 대표적 존재였다.

이렇게 자신의 지지세력으로 요직개편을 단행한 공민왕은 이를 바탕으로 即位敎書를 반포하여 자신의 개혁의지를 천명하였다.[26] 그러나 이 즉위교서를 반포하기에 앞서 1개월 전에 공민왕은 원간섭기의 여러 국왕들과는 다른 일단의 정치적 행동을 보여주고 있다.

李衍宗의 諫言에 따라 자신이 하고 있던 몽고풍의 辮髮과 胡服을 풀어 버린 점은[27] 고려의 풍속을 따름으로써 '不改土風'의 원칙을[28] 유지하려는 자세를 보여주는 것이며, 한편으로는 이를 통하여 국내 정치세력에게 원에 대한 자신의 입장을 드러내고자 한 것이다. 이는 공민왕이 즉위교서를 반포하기에 앞서 원과 친원세력의 반응을 살펴보려는 정치적 의도가 다분한 것이다.[29]

이와 같은 공민왕의 원에 대한 정치적 입장은 이후 내정개혁에 그대로 반영되었다. 공민왕 원년 2월의 내정개혁안을 정리하면 <표 2>와 같다.

---

25) 『高麗史』 권108, 열전21 曺益淸傳 ; 권36, 충혜왕 복위 4년 3월 乙亥.

26) 『高麗史』 권38, 공민왕 원년 2월 丙子 ; 『高麗史節要』 권26, 공민왕 원년 2월.

27) 『高麗史節要』 권26, 공민왕 원년 춘정월.

28) 『高麗史』 권25, 원종 1년 8월 壬子 ; 권31, 충렬왕 25년 10월 丙寅 ; 권32, 충렬왕 28년 12월 壬午 ; 『稼亭集』 권1, 策文.

29) 충목왕대 이후의 계속적인 개혁정치에 대한 의욕의 좌절은 결국 원과 친원세력에 대한 반원의식이 성숙되었을 가능성도 있으며, 공민왕의 개인적인 반원 감정도 있었을 것으로 짐작된다. 특히 即位敎書에서 자신의 어머니를 뵌지 11년이 넘었는데, 이제 겨우 相見할 수 있었다고 所懷를 말한 점은 그러한 면을 엿볼 수 있지 않을까 한다.

<표 2> 恭愍王 元年 2月의 內政改革案 一覽

내용분석 성격	분류	항목	구분	내 용	개혁안 전문	출 전	비고
政治問題	政治運營	祀典問題	4	國王의 宗廟親祭	夫宗廟之重 祭享之誠 固所自盡 嘗遣近臣 齎銀物 備宗器 修祠宇 其薦時食 予將親莅	세가	
				歷代先王의 尊號 山陵守護人	自太祖以至歷代先王 宜上德號其守山陵人戶 有逃者 官爲之推還 復其徭役 諸陵直 謹守厥職 禁樵牧 樹松檟 以明予奉先追遠之意		
				社稷 諸祠의 尊物 名山大川神廟의 尊號	社稷諸祠 凡奠物 務盡蠲潔 名山大川 及神廟 載祀典者 亦加德號		
				箕子廟 修理 忠義 享祀	箕子 受封於此 敎化禮樂 遺澤至今 宜令平壤府 修祠奉祀 其餘忠義之祀 並如舊儀		
		人事行政	6	言路와 諫爭의 확대	且近代 近習蔽 所以下情不得上通 以致誤主 如代言 轉對所司申覆 不可不親 書筵之侍 虎賁之衛 不可不擇 然則正人君子 常宜在側 言官拂士 何有不通 其設施之規 仰有司 集議申聞	세가	
				歷代功臣子孫 褒賞	太祖開國功臣・歷代功臣・忠宣忠肅兩代功臣子孫 並加甄錄 其身見在者 皆從優賞		
				扈從功臣 冊封	予 十年于朝 從臣 終始一心 功力尤著者 頗已官而賞之 有司 依遵舊典 錄勞施行 光山君 金仁衍・密直使朴仁幹 及政丞王煦 不幸先沒 予甚悼之 宜加贈諡 錄其子孫		
				赦免措置	自至正十二年二月初二日昧爽以前 除不忠・不孝・謀故劫殺 但犯上國罪條外 境內罪囚 咸有除之		
				敎育機能 强化	敎曰 學校・庠序 風化之源 國學 名存實無 十二徒・東西學堂 頹毁不修 宜令葺治 養育生徒 其有能通一經者 錄名以聞	선거2 학교	
				人才選拔	敎曰 山林鄕曲 如有經明行修 茂才苦節之士 按廉使 以聞典理軍簿 隨才擢用	선거3 천거지제	
經濟問題	土地問題	土地奪占	1	田民詞訟 期日內 評決	田民詞訟 日繁 仰監察典法都官 先擧仍執據 執田民於元告人 取甘結 限日平決 誣告者 反坐其罪 其權豪仍據執者 亦當知過 歸還本主 否者理罪	세가	
		山林川澤	1	春夏 3,4月 放火 田獵禁止	又毋焚山林 毋殺孩虫 毋麛毋卵 載諸月令今後 春夏三四月內 諸人 毋得放火田獵 違者痛理		

大분류	中분류	小분류	數	내용	원문	출전1	출전2
經濟問題	祿俸問題	祿俸마련	1	비용을 마련하여 선비에게 祿俸을 더 줄 것	下旨 重祿勸士 國初 盖有成法 中世以降 井地不均 公府漸耗 官吏 不足以養廉 欲望其礪 節 難矣 有司 祛不急之官 禁兼幷之家 以實倉廩 以增俸祿	식화3 녹봉	
	收取問題	貢納弊端	1	京住人 貢物 先納 貸納의 弊端是正	下宥旨 諸官司 外郡貢賦未輸者 先徵郡人住京者 住京者 稱貸而倍收於民 又先二三年 或四五年 徵其貢賦 弊莫甚焉 今後 凡貢賦 守令·按廉 及期送納 監察 嚴加體察 以除民害	식화1 공부	
社會問題	佛教問題		1 (3)	禪教寺院 土地조세와 奴婢의 요역으로 重修에 대비	先祖王代 創置禪教寺院 所以裨補地德 以利國家 今多頹圮 只有遺基 其有土田者 收其租 有臧獲者 收其庸 以備重修	세가	
				裨補寺院의 濫設 禁止	又遵太祖信書 諸人 毋得擅起寺舍		
				度牒制實施	爲僧者 必須度牒 不許居家		
	民生安定	奢侈	1	奢侈風潮 禁止	絲花紅大燭 無益之費 莫此爲甚 忠宣王 嘗有禁令 此後 宜令禁斷 有敢違者 監察司 擧劾其罪	세가	
		旌表	1	美風强調	孝子·順孫·義夫·節婦 依例旌表 以美風化	세가	
		借貸	1 (2)	高利貸 弊端 是正	宥旨 公私息錢 雖積年月 止還一本一利 其寺院 常住息錢 取利不等 或過二分 有司 量宜定法 毋使任意取息	식화2 차대	세가
				貧民子女 放還	貧民 鬻子女 如過三年不放者 監察司·按廉使 痛加理罪		
		賑恤	3	貢賦 免除	下旨 諸官司貢賦 自庚寅年以前 一切蠲免	식화3 은면지제	
				租稅 免除	宥旨 西海·平壤道 近年 風水爲孼 凡被災州縣 量其輕重 免其租稅	식화3 재면지제	
				鰥寡孤獨·篤疾者·廢疾者 賑恤	宥旨 鰥寡孤獨·篤疾·癈疾 官爲賑恤 毋令失所	식화3 환과고독	세가
		刑罰	1 (3)	刑罰의 濫刑禁止	教曰內外官吏 未取諸囚招辭 面縛亂打 傷肌膚 害性命 予甚憫焉 今後 毋得法外亂刑 違者罪之	형법1 직제	
				軍人避役	其軍人逃役者 隨所犯杖之		세가
				吏民有罪者 處罰	吏民有罪者 亦加笞杖 並勿罰布 貪汚犯贓者 不在此限		
國防問題	倭寇問題		1	倭寇防備 計策者 褒賞	倭賊寇邊 屠燒室屋 搶奪漕船 皆由防守失律 儲待無素 其有能爲策者 許令條奏 擇善從之 優加賞賚	세가	
			1	戰功者褒賞	前後征戰有功者 典理·軍簿 並加官爵 自募追捕者 兩班 超三等官之 賤者 賜錢 州郡被擄掠者 官爲檢其虛實輕重 與減賦稅	세가	

國防問題	軍糧問題	1	軍糧確保	下旨 前者 以軍糧不足 權借米糒 以百石 准四十石 其數過重 今改定 十石 准三石 百石 准三十石 今月二十二日 輪匙下送 其不從國令人員 仰軍粮色處分 開閉以時 在數並沒入	병2 둔전	
합		25 (30)				

　　<표 2>에서 보는 바와 같이, 공민왕 원년 2월의 내정개혁안은 모두 25개항이다. 이를 분야별로 나누어 보면, 크게 政治(10)·經濟(4)·社會(8)·國防(3) 등이다.[30] 정치 부분에서 주목되는 것은 원과의 정치적 관계를 고려하면서 우선적으로 충정왕의 폐위에 따른 공민왕의 즉위를 정당화하는 데 있었다.

　　그러한 예의 하나가 祀典문제인 宗廟, 社稷에 대하여 奉先追遠의 뜻을 강조하고 종묘제사에 공민왕이 親祭하겠다는 것이다. 이는 국왕이 정치를 親執하겠다는 의사표시와 짝하는 것으로서, 이후의 모든 정사를 국왕 중심으로 운영하겠다는 것을 표명한 것이다.

　　그리고 歷代功臣과 扈從者의 대우와 赦免조치는 이전의 국왕들에게서 보여지는 것과 큰 차이가 없다. 그러나 여기에서 충선·충숙왕만을 언급한 이유는 충혜왕과 충목왕, 충정왕으로 이어지는 왕위계승의 系譜를 단절하는 의미도 된다. 결국 충정왕의 왕위를 인정하지 않겠다는 의도이며, 공민왕 자신의 왕위계승을 정당화하려는 정치적 의도였다.

　　인사행정의 문제 가운데 十二徒와 東西學堂의 修理, 그리고 山林鄕曲의 우수한 人才를 각 지방의 按廉使가 살펴서 典理와 軍簿에서 登用하라고 한 것과 代言과 각 해당 官司의 諫諍을 중시한 점이 주목된다. 공민왕이 僉議·監察·典法司·開城府·選軍都官은 決訟한 바를 5일

---

30) 이에 대한 자세한 내용은 洪榮義, 「恭愍王 初期 改革政治와 政治勢力의 推移」(上·下), 『史學硏究』42, 43·44합집, 1990, 1992 ; 閔賢九, 「高麗 恭愍王의 反元的 改革政治에 대한 일고찰 - 배경과 발단 - 」, 『震檀學報』68, 1989 ; 金基德, 「14세기 후반 개혁정치의 내용과 그 성격」, 『14세기 고려의 정치와 사회』, 민음사, 1994 등이 참고된다.

에 한 번씩 奏啓하도록 한 것이나,[31] 書筵을 열어 僉議·監察에게 施
政의 得失과 民間의 利害에 대하여 直言을 꺼리지 말라고[32] 한 것을
보면, 국왕 주도의 정치운영을 추구한 공민왕의 의도가 반영된 것이다.

이러한 공민왕의 學校와 인재 등용의 조처에 대하여 白文寶와 李穡
은 十科擧士之制의 실시와 國學의 중요성을 강조하여 官吏 選拔의 改
善과 人才養成을 요구하였다.

典理判書로 인사를 담당하고 있던 白文寶는[33] "爲政의 要領은 사람
을 얻는데 있는 것"이라며, 人才登用은 宋 司馬光이 주장한 바 官員의
職務를 師表, 顧問, 臺諫, 將帥 등 10科로 구분짓고, 1科의 行動이 순수
하여 남의 師表가 될 수 있는 자부터 10科의 行動이 法度에 합치하여
전례가 될만한 자에 이르기까지 人物의 資質과 識見에 따라 그에 부합
되도록 選任하되, 3品 이상 職事官과 6品 이상 侍從官의 薦擧에 따르
도록 할 것과 人事行政은 당초 典理司와 軍簿司에서 담당하다가 뒤에
政房에서 맡아 왔는데, 근래 원칙이 크게 무너져서 前職者가 나라에 가
득차고, 奔競者가 매우 많아졌으며, 불필요한 官署의 설치로 冗員이 증
대되고 都目이 빈번해지게 되었으니, 官署를 減倂하고, 冗員을 淘汰시
키고, 都目을 合錄시켜 名利를 다투는 길을 끊음으로써 是正될 수 있는

---

31) 『高麗史』 권38, 공민왕 원년 8월.
32) 『高麗史節要』 권26, 공민왕 원년 8월.
33) 백문보는 15세 및 20세에 각각 權溥와 白頤正, 禹倬에게 修學하였고, 李齊
賢은 그의 座主였다. 이로 보면 安珦으로부터 단서가 열리는 성리학의 수용과
전파에 절대적으로 중요한 역할을 한 사람들이 모두 그의 스승으로 망라되는
셈이다. 교유관계는 李穀·尹澤·李仁復(李崇仁의 堂叔)·安輔·李達尊(이
제현의 子)·李達衷(이제현의 堂姪)·閔思平(金九容의 외조부)·李嵒·鄭輔
등이다. 백문보가 교유했던 인물들은 대체로 당시 고려사회에 별다른 보수적
기반을 지니지 않은 채 새로이 수용되는 성리학을 수학한 儒學者群으로서 그
들은 모두 과거를 통해 관리로 진출하였으며, 공민왕의 두터운 신임을 받아 樞
要職에 올랐다. 따라서 백문보도 성리학을 수용한 과거급제자라는 점에서 신
흥유신의 일원이며, 그들과 정치적 거취를 함께 할 수 있었던 것이다(閔賢九,
「白文寶研究」, 『東洋學』 17, 1987).

것이라고 하였다.34)

이와 같은 白文寶의 薦擧制는 孔子가 '그대가 아는 人物을 薦擧하라'
고 한 말을 引用하면서 開陳한 것이고, 또한 10科의 區分에 의한 천거
는 司馬光의 獻議를 바탕으로 한 것이었던 만큼, 그는 中國의 古制를
이상으로 보면서, 宋儒의 政策論을 援用하였던 것으로 이해된다.35)

따라서 백문보가 제기한 10科의 擧士之制와 政房의 문란에 따른 정
상적인 都目 운용과 銓注權 행사 문제는 관리선발의 정상적인 운영이
라는 틀에서 그 모순을 개선, 보완하려는 것이다. 그것은 천거제에 입각
하여 薦擧權을 행사할 수 있는 3品 이상의 職事官과 국왕과 관계된 6品
이상의 侍從官 가운데는 국왕의 측근세력과 시종공신 등 다양한 정치세
력이 공존하는 가운데 어느 한 세력의 독점적 운용은 다른 세력들의 반
발을 초래하므로, 자신들과 정치적 입장을 같이하는 인물의 등용을 통
하여 다른 세력과 균형관계를 유지하려는 의도로 보인다. 이는 王權强
化를 도모하는 동시에 정상적인 인사권의 행사를 통하여 신진관료의 원
활한 진출을 돕고자 한 것이었다.

李穡의 國學振興策은 공민왕 원년(1352) 3월에 服中上疏 5개항(田
制, 國防, 國學, 佛敎, 國王의 修省)의 하나로써 "國學은 風化의 근원이
며 인재는 政敎의 근본이 되므로 인재를 양성하지 않으면 그 근본이 견
고하지 못하고, 이로써 이를 깨끗이 치우지 않으면 그 근원이 반드시 맑
지 못할 것"이라고 지적하고, 朋徒가 解散되고 齋舍가 무너지는 학교
교육의 부진에는 學者가 官祿만을 구하려고 彫章琢句에만 마음을 쓰
고, 벼슬에 오른 자도 及第한 이가 아니며 及第한 경우에도 國學을 經

---

34) 『高麗史』 권75, 지29 선거3 銓注 選法 공민왕 원년 3월, "典理判書 白文寶上
書曰".

35) 李男隨는 이 시기 2대 改革施策의 하나인 政房革罷과 관련하여 宋의 司馬光
이 주장한 薦擧制度인 十科擧士制에 입각한 새로운 人才登用策을 시행하도
록 건의한 것은 王權强化와 함께 新興儒臣勢力의 확대를 꾀하고자 한 것이라
보았다(李男隨, 「白文寶의 性理學 受容과 排佛論」, 『韓國史研究』 74, 1991,
29쪽).

由한 사람이 아니기 때문이라는 것이다. 따라서 鄕校와 學堂에서 인재를 선발해서 12徒에 올리고, 12도에서는 이를 考課하여 成均館에서 學習토록 하고 반드시 國學을 경유하지 않으면 科擧에 응시하지 못하도록 하는 규제를 두어 성균관을 중시하는 것이었다.[36]

학교는 이른바 "風化之源"으로 새로운 사상의 보급이나 국가정책을 실현하기 위한 장치로써, 국가가 필요로 하는 관리의 양성과 그 사회가 지향하고자 하는 유교적 이념을 확대하는 기능을 담당하는 곳이다. 이와 같은 학교진흥책은 충렬왕, 충선왕, 충숙왕 등 여러 국왕들에 의해서 추진되어 왔으며, 공민왕 12년, 20년의 내정개혁에서도 계속적으로 지적되고 있었다.

경제문제는 주로 민생문제와 관련된 것이다. 監察・典法・都監으로 하여금 田民의 詞訟을 期日內 評決하고 權豪 등에 의해 탈점된 田民을 本主에게 돌려주도록 할 것, 春夏 3・4월에 山林의 放火와 田獵을 금지하고[37] 이를 어기는 자는 법에 따라 다스릴 것, 선비에게 줄 녹봉을 마련하여 줄 것, 京住人의 貢賦貸納에 따른 폐단을 시정할 것 등이다.

그리고 불필요한 관원의 汰去와 權勢家에 의한 土地兼併을 禁하는 조처를 취하고 있는데, 이러한 조처는 田制의 문란으로 국가재정의 중요한 稅源인 公田이 점차 소모되어 관리의 祿俸조차 제대로 지급하지 못하는 실정에서 이를 해결하기 위한 것이다. 이후에도 監察司가 啓를 올려 諸君의 祿俸을 停止시키라고[38] 한 것과 諫官이 閹人으로 檢校官에 임명되어 食祿者가 매우 많다고 지적하여 모두 汰減을 請하고 있는 것에서도[39] 드러나고 있다. 또한 封伯할 때 이미 侍中이 된 자는 宰樞

36) 『高麗史』 권115, 열전28 李穡傳.
37) 春夏 3・4월의 방화와 전렵의 금지는 『禮記』의 1년 12월의 氣候와 매월의 시행할 政令을 기초한 年中行事表에 의거한 것이지만, 농업생산력과 權勢家의 사치로 지적된 전렵문제를 금한다는 의미로도 생각된다. 또한 공민왕의 佛敎信奉과도 밀접한 연관이 있을 것으로 보인다.
38) 『高麗史』 권38, 공민왕 원년 춘정월 庚戌.
39) 『高麗史』 권38, 공민왕 원년 6월 丁巳.

의 科를 따르고 그 나머지 伯은 異姓諸君의 科에 따르도록 하였다.40)

이와 같은 측면은 주로 불필요한 官員의 임용을 막고 녹봉의 과다한 지출을 줄여서 國家財政을 확보하려는 차원이었다. 이런 지적은 이미 李齊賢 등 당시 개혁 관료들은 충선왕 이후로 權門이 탈점한 祿科田을 辨正하여 돌려 주고, 제반 賜給田을 몰수하여 일반 관료의 녹과전을 확보하도록 주장하기도 하였다.41)

李穡은 국가재정의 부족을 토지제도 문란에서 비롯되었다고 보았다. 그는 토지제도 문란의 원인을 첫째, 豪强들의 불법적 토지겸병 때문에 田地의 境界가 바르지 않게 되었고 둘째, 一田의 田主가 여러 명으로 중복됨으로 인해 농민들에 대한 수탈이 과중하게 되었으므로, 그 해결 방안으로 충숙왕 원년 量田과정에서 작성된 甲寅柱案으로써 主를 삼고 公文朱筆을 참작하여 토지의 쟁탈이 그로 인하여 바르게 될 것이라고 하였다. 그리고 新開墾地에 대하여 課稅하고, 불법적인 賜牌田을 감축하고 농민을 안정시켜 국가재정을 충실히 할 것을 요구하였다.42) 이색은 賦稅 및 收租權 分給기준에 의거하여 여말의 전제를 바로 잡아야 된다는 점을 강조한 것이다.

이색의 주장은 공민왕대 이후 토지제도의 문란을 해결하는 데 일정한 기준이 되었을 것으로 짐작된다. 공민왕 2년 11월 田民別監을 楊廣·全羅·慶尙道에 나누어 보내 義成·德泉의 有備倉田 및 諸賜給田으로서 標內의 濫執한 公私田은 모두 推刷하여 本主에게 되돌려 주도록43) 한 조처는 그러한 예의 하나였다.

사회적 폐단은 당시 고려사회의 불안정 요인 중 가장 큰 문제였다. 이러한 사회 문란에 대하여 공민왕이 즉위교서에서 "時勢가 무너져서 風俗이 없어졌다"고 할 정도로 심각한 것이었다. 따라서 사회 모순과 폐단

40)『高麗史』권80, 지34 식화3 祿俸 공민왕 7년 5월 都評議使司啓.
41)『高麗史節要』권25, 충목왕 즉위년 5월, "金海君 李齊賢 都堂上書".
42)『高麗史』권115, 열전28 李穡傳.
43)『高麗史』권78, 지32 식화1 田制 經理 공민왕 2년 11월.

을 시정하려는 노력 역시 정치 문제 다음으로 많은 8개항의 개혁 조처
가 이루어지고 있다.

이 가운데 불교 폐단의 시정 노력은 李穡의 불교 폐단의 시정 요구와
이 해 5월에 이루어진 공민왕과 普愚와의 대화에서도 찾아진다. 이색은
불교의 폐단은 僧侶도 국가의 백성인데 놀고 먹는 자가 많게 되어서 일
어난 것으로 보고, 승려와 寺院의 증가를 엄격히 제한하여 良民을 확보
해야 할 것, 이미 중이 된 자는 度牒을 주고 度牒이 없는 자는 軍伍에
충당하고, 새로 창건한 절은 모두 철거케 하되 철거치 않는 자는 守令을
벌주어 良民으로 하여금 모두 승려가 되지 않도록 할 것을 주장하였
다.[44]

한편, 普愚는 공민왕이 法道를 물음에 "君王되는 도리는 교화를 닦아
밝히는 데 있는 것이지 반드시 부처를 믿는 데 있는 것은 아니다"라 하
고,[45] 다만 태조때에 설치한 寺社만을 개수하고 새로 절을 창건하지 말
라고 강조하고 있다. 보우의 지적에서도 알 수 있듯이 당시 佛敎寺院의
濫設은 사원의 토지겸병과 良人의 탈점, 그리고 高利貸의 폐단과 더불
어 사회적으로 커다란 문제를 야기시켰다.

이외에도 사회변화에 따른 사치풍조를 없애기 위하여 絲花紅과 大燭
의 사용 禁止를 명하고, 이를 어기는 자는 監察司에서 그 죄를 彈劾하
라고 강조하고 있다. 물론 충선왕 2년에 이러한 풍조를 금지하고자 禁
令으로 제한하기도 하였지만,[46] 정치적 변화로 제대로 그 효과를 거두
지는 못하였던 듯하다.

이러한 점은 공민왕 2년에 李齊賢이 주관한 科擧의 策問에서 "名田
을 받아 賦役을 지는 이가 1백에 두셋밖에 되지 않고, 豪富한 집은 그릇
을 金·銀으로 만들고 商人의 아내는 비단 옷을 입고 다니니 어찌 富하
다고 하지 않겠는가"라고 지적한 것은 사치문제의 심각성을 드러내 주

---

44) 『高麗史』 권115, 열전28 李穡傳.
45) 『高麗史節要』 권26, 공민왕 원년 5월.
46) 『高麗史』 권85, 지39 형법2 禁令 충선왕 2년.

는 것이다.[47]

아울러 高利貸의 폐단에 따른 지적으로, 개인적인 借貸와 더불어 국가에서 실시하는 公的 차대 역시 심각한 양상을 띠고 있음이 주목된다. 특히 刷卷都監의 폐단이 그 단적인 예이다. 국가의 官錢을 갚지 못한 백성의 親族이나 이웃에게까지 갚게 하고 원금의 배를 징수하여 사람들이 매우 고통스럽게 여길 정도였다. 金逸逢의 주장을 받아들여 쇄권도감 혁파가 이루어지도 하였지만,[48] 이러한 公私借貸의 폐단은 결국 일반민에게 그 피해를 더욱 가중시켰다. 빈민의 경우 그 자녀를 팔아 생활을 유지하거나, 본거지주를 떠나 流離하는 현상을 더욱 가속화시키는 요인이 되었다.

따라서 국가는 재정의 수입원인 일반민을 본 거주지에 안정시켜야 했으므로 곧 고리대의 완화, 쇄권도감의 폐지 등을 실시함으로써 민생안정을 꾀하고자 하였다. 이 시기 성행했던 불법적인 貢物의 先納 代納의 폐단과 고리대 문제는 14세기 전반의 개혁안에서도 똑같이 지적된 사항이지만, 이후 우왕 창왕대까지 계속해서 반복되어 지적되었다.

마지막으로 國防問題에서 주목되는 점은 왜구의 침입에 따른 防禦策의 마련과 軍糧의 確保를 강구한 것이다. 이러한 문제에 대하여 李穡은 都巡問使를 폐지할 것, 海戰의 전술로 江邊의 居民을 모집하여 賞與를 주고 長技로서 敵을 대적케 할 것, 武科를 실시할 것, 이미 僧이 된 자는 度牒을 주고 度牒이 없는 자는 軍伍에 충당할 것을 주장하였다.[49]

이색의 주장 가운데 주목되는 것은 武科의 설치를 통하여 智略과 무예를 갖춘 인재를 확보하여 유명무실한 諸衛의 軍卒을 정예병으로 길러 보충하자고 한 것이다. 그의 이러한 주장은 恭愍王 2년 윤4월에 都評議使司에 의해 試取방법 등이 구체적으로 제시되었고,[50] 공민왕 20

---

47)『東文選』권108, 雜著 李齊賢 策題④.
48)『高麗史節要』권26, 공민왕 2년 12월.
49)『高麗史』권115, 열전28 李穡傳.
50)『高麗史』권74, 지28 선거2 武科 공민왕 2년 윤4월.

년의 내정개혁에 그대로 보여지며 공민왕은 이때 成均館 및 鄕校에 文
武의 兩學의 설치를 명하고 있다.[51]

　이외에도 軍糧確保策의 하나로 국가가 軍糧의 부족으로 임시로 借貸
한 米麴에 대한 폐단이 심하여지자 차대의 법을 바꾸어 버린 조치이다.
이는 屯田이 권세가에 의하여 탈점되고 있는 현실에서 군량에 대한 차
대의 법을 바꾸면서 나머지 액수만이라도 확보하려는 절박한 상황에서
이루어진 것이었다.

　공민왕은 이러한 개혁조처를 지속적으로 추진하고자 諸都監을 설치
운영하기도 하였다.[52] 田民辨正都監, 禮儀推定都監, 推刷色 등이 그러
한 일환이었다. 공민왕 초기의 전민변정도감의 활동 역시 원과 직접 관
계를 맺지 않고 있었던 인물들에 한하여 어느 정도 실효를 거두고 있었
다. 그 대표적인 사례가 印承旦[53]과 金永煦[54]였다. 이들은 공민왕에게
전민변정도감의 혁파를 청한 사람들이었다.[55]

　전민변정도감의 추쇄사업은 공민왕 2년 楊廣, 全羅道에 田民別監을
파견하여 義成倉, 德泉倉의 田과 諸賜給田의 標內에서 불법적으로 가
지고 있는 公私田을 推刷하여 모두 本主에게 돌려주는 활동을 벌이기
도 한다.[56] 이로 볼 때 공민왕의 전민변정도감의 설치목적은 우선적으
로 국가재정을 확보하고 관리의 녹봉을 지급하기 위하여 임시적으로 설
치되었을 가능성이 크다고 여겨진다. 때문에 전민변정도감의 추쇄활동
이 이 이후에 보이지 않고 있다는 점은 이러한 이유로 생각된다.

　禮儀推正都監과 推刷色은 사실상 그 官員의 數나 담당 업무는 물론
그 활동을 파악할 만한 사료가 보이지 않는다. 다만 예의추정도감의 경

51)『高麗史』권74, 지28 선거2 學校 공민왕 20년 12월, "敎曰 文武之用 不可偏廢
　內自成均 外至鄕校 開設文武二學 養成人才 以備擢用".
52)『高麗史』권77, 지31 백관2 諸司都監各色.
53)『高麗史』권135, 열전36 嬖幸1 印侯傳.
54)『高麗史』권110, 열전13 金方慶傳.
55)『高麗史節要』권26, 공민왕 원년 8월.
56)『高麗史』권78, 지32 식화1 經理 공민왕 2년.

우 공민왕이 즉위한 다음 원년 1월에 李衍宗의 諫言으로 辯髮과 胡服
을 거두었다는 사실과 공민왕이 즉위교서에서 "시세가 무너져 풍속이
없어졌다"고 강조한 내용으로 미루어 보아 風俗의 矯正이나 儀式 및 禮
儀의 재정비와 관련한 사업을 하였던 것으로 짐작된다.[57]

推刷色의 경우 '推刷'라고 할 때 人物의 추쇄사업임을 알 수 있는데
그러한 사업은 田民辨正都監과 연관성을 갖는 것으로 여겨지며 奴婢와
관련된 사무를 관장하지 않았을까도 고려해 보아야 할 것이다. 특히 공
민왕이 決訟한 후에도 奴婢를 그대로 소유하여 내 놓기를 꺼리는 자는
4품 이상은 申聞하여 죄를 科하고 5품 이하는 杖을 때리고 流配시키라
는 규정을 下判한 것은[58] 이와 무관하지 않다.

실제로 공민왕 원년 2월에 단행한 내정개혁의 목적은 자신의 국왕권
의 강화와 함께 원간섭기하의 정치적 파행에서 나타났던 정치·사회·
경제적 모순을 완화하려는 것이었다. 이때의 내정개혁이 공민왕의 의지
가 반영된 것임에도 불구하고, 그 내용을 보면 대부분 구체적이지 못하
고 임시적인 對民施策이다. 제반 사회경제적 개혁은 국왕을 정점으로
하는 政治秩序의 回復이라는 정치적 의도를 뒷받침하는 부분적이고 제
한적인 성격의 것이라 할 수 있다.

부분적으로 田民辨正都監의 설치를 통하여 구체적인 인물을 究治하
는 등의 성과를 거두기도 했으나, 개혁을 추진할 만한 주체세력의 부재
로 큰 성과를 이룰 수는 없었다. 원년 개혁의 추진세력은 크게 공민왕의
즉위를 지지한 이들과 원에서 공민왕을 侍從하였던 사람들을 중심으로
구성되어 있었다. 그러나 이들 중에는 오히려 내정개혁의 대상이 될 자
들이 많이 있었으므로 개혁을 실제로 추진하기에는 무리가 있었다.

이러한 이유로 공민왕은 원년 2월에 政房革罷를 통하여 인사제도의
원칙을 준수하고, 그가 추구한 왕권강화를 목표로 趙日新과 같은 일부

---

57) 文炯萬, 『高麗諸司都監各色研究』, 동아대 박사학위논문, 1985, 42쪽.
58) 『高麗史』 권85, 지39 형법2 奴婢.

특정세력에 의해 장악된 人事權을 원래의 담당기관인 典理司와 軍簿司로 되돌리려고 하였다. 공민왕이 정방을 혁파하려는 목적은 일차적으로 원과 연결된 친원세력의 정치적 영향력을 차단하려는 것이었으므로 역시 강력한 대응을 보여주고 있다.[59] 측근 중심의 정국주도가 가져온 국왕권의 제약이라는 현실적 문제를 극복하는 한편으로 지속적인 개혁의 추진을 위해서 개혁지향적인 과거문신세력을 충원하기 위한 노력이었던 셈이다.

당시 典理判書로써 文官의 銓注權을 갖고 있던 白文寶가 選法改革의 上書를 올려 천거에 의한 인재 등용과 都目의 정상적인 실시를 통하여 인사행정의 중요성을 강조하였던 것은 이러한 공민왕의 의도를 뒷받침해 주는 것이다.[60]

정방의 置廢문제는 국왕권 강화를 뒷받침해 주는 국왕의 측근세력 육성과 밀접한 관련이 있다. 특히 원간섭기 대부분의 국왕들이 측근정치를 지향했으므로 왕권강화를 목적으로 국왕의 폐행들로 하여금 정방의 인사권을 장악하여 자신의 측근을 요직에 임명하고 있었다.[61] 때문에 국왕이 정방을 장악하거나 왕권이 강화되었을 때는 별 문제가 없다가 왕권이 약화되고 관료체제를 지향하는 문신의 권한이 정당한 인사권을 강조할 때는 늘 置廢의 대상이 되어 왔다.[62]

그러한 예로, 충목왕 즉위년 5월에 李齊賢과 李穀을 비롯한 과거문신들은 인사제도의 파행을 가져왔던 정방의 혁파와 함께 典理司와 軍簿司가 人事를 담당하는 古制의 회복을 주장하기도 하였다.[63] 이제현의

---

59) 실제로 정방에 속하고 있던 大護軍 成士達이 40여 명에게 사사로이 관직을 주자, 下獄시키기도 하였다(『高麗史節要』 권26, 공민왕 원년 9월).
60) 『高麗史』 권75, 지29 선거3 銓注 공민왕 원년 3월, "典理判書 白文寶上書曰".
61) 공민왕 역시 元年 정월에 典理司에서 役官의 選拔 文件을 올리자 親選하여 下判하였다는 것은 측근세력을 성장시키기 위한 노력이었다고 보여진다(『高麗史』 권75, 지29 선거3 役官之制 공민왕 원년 정월).
62) 이에 대한 연구는 金昌賢, 『高麗後期 政房研究』, 1988, 194~201쪽 참조.
63) 『高麗史節要』 권25, 충목왕 즉위년 5월, "金海君 李齊賢 上書都堂曰 및 判典

74

정방혁파 주장은 충목왕 즉위년 12월에 그의 주장에 동조하는 王煦가 수상이 되면서 실현을 보게 되었으나, 폐행들의 반발로 한 달여 만에 정방이 부활되고 政房提調가 도입되었다.

충목왕과 충정왕대에는 정방제조의 절반 이상과 실무진이 과거 출신이었지만 주도권은 폐행 출신의 정방제조가 장악하였다. 따라서 인사권에 대한 파행은 더욱 심화된 가운데 과거문신세력은 충목왕대의 整治都監을 통한 개혁정치가 실패하면서 정치활동이 더욱 위축될 수밖에 없었다. 金倫이 李齊賢·朴忠佐 등 耆老와 더불어 올린 상소에서 整治都監의 개혁 실패 원인이 정방의 존재에 있었다는 인식은 그러한 점을 반영한다.[64] 충정왕 3년 政房提調의 한 사람으로 정방에 참여하였던 三司右使 金光載의 건의에 의해서 다시 정방 혁파를 추진하지만[65] 존속되고 있었다.

따라서 백문보가 인사행정을 政房에서 담당하였기 때문에 選法의 원칙이 무너졌다고 보고, 정방의 폐지와 정당한 인사권의 행사를 주장한 것은 앞서 지적한 李齊賢 등과 같은 과거문신세력의 정국주도라는 입장에서 정상적인 관료의 인사를 통해 비정규 출신자의 요직 진출을 제약하려는 의도였다. 백문보의 제안은 정상적인 인사권의 행사라는 점에서 신진관료를 육성하는 배경이 되기도 한다.

조일신 제거 이후 공민왕은 인사권을 관장하는 정방의 핵심으로 공민왕 2년 정월에 洪彬, 洪彦博, 李公遂가 政房提調에 임명하고,[66] 3년 12월에 安輔가 密直提學兼 監察大夫로써 提調銓選事에 임명하고 있다.[67] 이러한 점은 과거문신세력의 정치적 입장을 강화해 주는 것을 의미한다. 공민왕 역시 이들의 개혁의지를 수용하는 동시에 국왕권을 제

校寺事 李穀 在元致書宰相曰".
64) 『高麗史節要』 권25, 충목왕 4년 정월.
65) 『高麗史』 권110, 열전23 金台鉉附 金光載傳.
66) 『高麗史』 권108, 열전21 洪彬傳.
67) 『高麗史』 권109, 열전22 安軸附 安輔傳.

약하는 친원세력의 정치활동을 제약할 수 있는 방법이었던 까닭이었다.

李穡이 공민왕 5년 정방의 혁파를 통하여 吏部·兵部의 銓選의 회복을 요구한 것에 대해, 공민왕이 5월에 정방의 永罷를 실시하고 李穡으로 하여금 吏部侍郎兼 兵部郎中에 임명하여 文武의 銓選을 담당하도록 한 점은68) 그러한 예의 하나라 할 수 있다.

이러한 분위기는 공민왕의 즉위와 더불어 이제현이 右政丞으로 존재하고, 그의 門生인 白文寶가 典理判書에 등용된 점은 이전의 충목왕대 整治官으로 활동하였던 개혁관료의 재등장이라는 점에서 그 맥락을 함께 하는 것이다. 하지만 이들의 정상적인 인사권의 회복에 대한 요구가 수용되었다고 하더라도 그들이 의도한 정국주도는 이루어지지 못하였다. 공민왕이 자신의 측근인 燕邸隨從臣들을 대거 요직에 등용하고, 그들에 의해 정국운영이 주도되었기 때문이었다.

따라서 정방의 置廢에 따른 銓注權의 확보노력은 정국 주도를 위한 정치세력간의 갈등이 첨예화되었는데, 趙日新이 가장 크게 반발하였다. 조일신은 "공민왕이 환국할 때 도와준 원 조정의 權臣과 寵臣들 가운데 인척관계가 되는 사람이 그들 親族에게 벼슬을 주도록 부탁을 받았는데, 典理軍簿로 하여금 銓選을 맡게 한다면 어떻게 원나라 조정의 사대부들을 다시 볼 수 있겠느냐"고 불만을 토로하며 辭職할 정도였다.69)

이렇게 조일신에 의하여 일방적으로 정국이 천단되면서 공민왕 원년 3월 경에는 대부분의 고위 관직자가 이에 대한 반발로 辭職하거나, 파면당하고 있다. 李齊賢이 趙日新을 꺼려 三上書 辭職을 올리고,70) 密直提學 尹澤이 時事를 논의하다가 받아들여지지 않자 開城尹으로 致仕하고 물러났으며,71) 또한 柳淑과 金得培가 중간에서 用事한다는 이

---

68) 『高麗史』 권115, 열전28 李穡傳 ; 권75, 지27 선거3 銓注 選法 공민왕 5년 6월 敎.
69) 『高麗史節要』 권26, 공민왕 원년 3월.
70) 『高麗史』 권110, 열전23 李齊賢傳 ; 『益齋亂藁』 권8, 乞退箋.
71) 『高麗史』 권38, 공민왕 원년 4월 丁巳 ; 권106, 열전19 尹諧附 尹澤傳.

유로 조일신에 의해 파면되고 있는 점은 그러한 예이다.[72]

조일신의 정치천단은 이미 공민왕의 嬖幸인 曹益淸과 全允藏이 조일신세력인 李衍宗에 의해 탄핵을 당하여 정치활동이 위축되어 있던 상황에서[73] 자신을 탄핵한 監察執義 金玤, 持平 郭忠秀 등을 이연종으로 하여금 이들을 탄핵 파직케 하는[74] 한편으로, 자신의 세력인 裵佺의 奴가 理問所에 잡혀 있자, 군사 50여 인을 보내어 풀어주고, 錄事 金德麟을 除名 禁錮시킬 정도였다.[75] 그러나 조일신의 정국주도와 정치적 위상 강화에 대하여 같은 친원세력인 奇氏一派에 의하여 견제를 받았다. 과거문신세력이 공민왕의 국왕 중심의 정치운영에 대한 불만과 조일신의 견제로 정치활동이 위축되는 동안 친원세력인 조일신과 기씨일파의 정국 주도권을 둘러싼 대립은 자연스러운 결과였다.

기씨일파는 이미 奇子敖의 딸이 원에 들어가 충숙왕 복위 2년(1333)에 고려인인 宦者 高龍普(蒙古名 透滿迭兒)의 힘으로 元帝室의 宮女가 되어 順帝의 총애를 받았는데, 그 후 기씨가 황태자 愛猶識理達臘을 낳아 정식으로 제2황후가 되었다.[76] 이렇게 되자 고려 국내에서 기씨의 세력은 크게 증대되어 정치적 영향력을 발휘하였다. 여기에 奇皇后의 오빠인 奇轍이 충목왕때 征東行省의 參知政事를 지내는 등 국내에서 유력한 정치적 지위를 확보하고 있었다. 그리고 李齊賢 등 국내에서 유수한 가문들과 通婚하면서[77] 정치적 기득권을 장악한 상태였다.

기씨일파에 의한 조일신의 견제는 奇轍의 동생인 奇轅이 李衍宗에게 趙日新을 탄핵하도록 한 점에서 알 수 있다.[78] 물론 조일신에 대한 비

---

72) 『高麗史』 권114, 열전25 柳淑傳.
73) 『高麗史』 권108, 열전21 曹益淸傳 ;『高麗史節要』 권26, 공민왕 원년 춘정월.
74) 『高麗史節要』 권26, 공민왕 원년 윤3월.
75) 『高麗史節要』 권26, 공민왕 원년 하4월.
76) 『高麗史』 권131, 열전44 奇轍傳 ;『新元史』 권104, 열전 惠宗完子忽都皇后傳.
77) 李齊賢은 그의 손자(李達尊의 女)가 奇氏(奇轍의 長子인 奇仁傑)와의 婚姻관계로 연관되어 있어서 그의 盛滿한 것을 꺼려하였다고 한다(『牧隱文集』 권16, 鷄林府院君 李公墓誌銘竝書).

행을 그대로 아뢰지 않는다고 李衍宗을 질책한 것이지만, 그 이면에는 이미 기씨일파가 조일신을 견제하려는 의도였다. 따라서 친원세력인 두 세력은 당연히 반발과 대립이 심하였을 것이고, 그러한 대립양상은 결국 조일신에 의한 기씨일파의 제거로 연결되어 나타났던 것이다.[79]

기씨일파의 제거는 공민왕 원년 9월 기해 밤에 전격적으로 단행하였다.[80] 조일신은 그의 여당인 鄭天起, 崔和尙, 張升亮 등과 閭里의 惡小를 모아 奇轍, 輪, 轅 등과 高龍普, 朴都羅大, 李壽山 등을 제거하려 하였지만, 이때 기원만이 피살되고 나머지 기씨세력은 모두 달아나고 말았다. 기씨일파의 제거에 실패한 조일신은 다시 '악의 무리'[諸惡輩]를 제거한다는 명분 아래 공민왕이 기거하고 있던 星入洞 離宮을 포위하여 당시 宿直하고 있던 判密直司事 崔德林, 上護軍 鄭桓, 護軍 鄭乙祥 등을 죽이고 왕을 협박하여 御寶를 열어 스스로 右政丞에 올랐다. 그리고 忽赤・巡軍에 명을 내려 기철 등을 수색케 하고 그의 族黨을 붙들어 옥에 가두어 버렸다.[81]

이 사건은 표면상 조일신이 친원세력인 기씨일파를 제거한다는 명분이었으나 원의 영향력을 배경으로 하는 두 세력간의 정치적 충돌로 보여지며, 국내에서의 정치적 우위를 독점하기 위한 조일신의 의도로 생각된다. 그러나 기씨일파의 제거에 실패한 조일신이 그의 여당을 난의 실패에 따른 책임을 돌려 제거한 후 자신의 정치적 위기를 모면하고자 하였다. 그리하여 다음날 대대적인 인사개편을 단행하고 있음이 주목된

---

78) 『高麗史節要』 권26, 공민왕 원년 3월.
79) 趙日新의 동조세력 가운데는 朴良衍・崔和尙・韓範・鄭天起・丘天祐・孫奴介 등 忠惠王의 嬖幸들이 들어 있다는 점은 忠惠王의 폐위와 그에 따른 자신들의 몰락이 元과 奇氏勢力에 의해 초래되었던 반감 때문이었을 것으로 짐작된다(홍영의, 앞 논문(하), 1992, 附錄1 恭愍王 元年 趙日新勢力 表 참조).
80) 『高麗史』 권38, 공민왕 원년 9월 己亥 ; 권131, 열전44 趙日新傳 ; 『高麗史節要』 권26, 공민왕 원년 9월 己亥.
81) 『高麗史』 권38, 공민왕 원년 9월 己亥 ; 권131, 열전44 趙日新傳 ; 『高麗史節要』 권26, 공민왕 원년 9월 庚子.

다.82) 이때의 인사개편은 조일신세력을 중심으로 이루어졌는데, 조일신
은 左政丞으로서 軍簿監察使의 직책을 가지고 있었다.83)

그럼에도 불구하고 조일신의 정국주도는 그리 오래갈 수 없었다. 이
미 공민왕은 普愚와의 대면에서도 군왕은 사특한 자를 제거하고 올바른
이를 등용하면[去邪用正] 나라를 다스리는데 어려울 것이 없을 것이라
는 충고를 들었고,84) 또한 국왕 중심의 정치운영을 추구한 공민왕 역시
조일신의 난에 따른 정치적 부담감을 갖고 있는 상태였다. 원 제실의 외
척으로써 자신의 즉위를 후원한 奇氏一派의 국내에서의 퇴장은 든든한
후원세력의 상실을 의미하는 것이며, 동시에 원의 정치적 간섭을 야기
시켜 자신의 왕위문제까지 연결되는 것이기 때문이었다.

공민왕은 현실적으로 불안한 정국상황을 계속 묵인할 수 없는 까닭에
조일신을 제거할 수밖에 없었다. 조일신이 난을 일으켜 內外를 호령함
에 조정의 신하들이 두려워하여 제대로 말 한마디 못하는 상태에서 공
민왕은 前左使 李仁復을 몰래 불러 조일신의 처리문제를 묻고, 이인복
에게 "天朝堂堂"의 충고를 들으면서 조일신의 제거를 결정하였던 듯하
다.85) 그리고 이튿날 行省에 가 耆老와 은밀히 모의하여86) 조일신을 처
단하려는 계획을 짜고, 그 다음날로 다시 행성에 가서 金添守에게 조일
신의 제거를 명령하고 있다.87) 공민왕이 행성을 찾은 이유는 분명치 않

---

82) 『高麗史』권38, 공민왕 원년 동10월 ; 권131, 열전44 趙日新傳 ;『高麗史節要』
　권26, 공민왕 원년 동10월.
83) 이외에도 裵天을 平壤道存撫使, 張元碩을 江陵道存撫使, 劉廣大를 鐵嶺防護
　使, 李壽長을 義州防禦使에 임명한 조치(『高麗史節要』권26, 공민왕 원년 10
　월 庚子)는 원과 접경하는 요지인 철령과 의주를 군사적으로 방비하여 차단시
　키는 동시에 그 배후지역인 강릉도와 평양도의 인심을 수습하고 통치를 강화
　시키는 특별조처로 원과의 군사적 충돌을 예상한 적극적 조처였던 것이다(閔
　賢九, 「高麗 恭愍王의 反元的 改革政治에 대한 一考察」, 『震檀學報』68,
　1989, 62쪽 참조).
84) 『高麗史節要』권26, 공민왕 원년 5월.
85) 『高麗史』권112, 열전25 李仁復傳.
86) 『高麗史』권38, 공민왕 원년 8월.

지만, 아마도 행성이 원과 직결된 기관이었기 때문에 행성에 속한 官員의 힘을 빌어 조일신의 처단을 꾀하려 한 것으로 짐작된다.[88]

조일신 난의 결과로 공민왕의 왕권강화를 통한 개혁정치는 잠시 중지되었다. 앞서 조일신이 제거하려 했던 기씨일파의 정치적 위상이 크게 강화되었기 때문이었다. 조일신의 제거 후 공민왕은 李齊賢을 다시 수상에 등용하여 사태의 뒷수습을 꾀하고, 원에 使臣을 보내 조일신 난에 따른 경과를 보고하는[89] 등 원의 동향을 보는 정치적인 위축을 가져왔다. 공민왕은 그가 즉위 후 두 번째 맞이하는 新年의 첫 거동을 奇皇后의 母親인 榮安王大夫人 李氏의 집으로 정할 정도였다.[90]

그러나 일련의 정치적 불안요인을 해결한 공민왕은 자신의 측근세력인 外戚, 嬖幸과 국내지지 세력을 대거 등용시켜 정국을 주도하게끔 하는 조처를 추진하였다. 이는 조일신의 정치천단으로 미약해진 왕권을 강화시켜 갈 수 있는 기반과 자신의 측근세력으로서 개혁의지를 다시금 재정비할 수 있는 여건이 동시에 마련되는 것이기도 하다. 공민왕 원년 10월 조일신 제거 이후의 인사개편과[91] 2년 춘정월에 단행된 인사개편을[92] 살펴보면 대체로 그러한 경향이 보인다.

---

87) 『高麗史節要』 권26, 공민왕 원년 10월.
88) 공민왕이 行省을 찾아야 하는 이유로는 趙日新의 제거에 필요한 軍士가 조일신에 의해서 장악되고 있었기 때문에 원의 직접적인 영향을 받는 행성이 조일신을 제거하는데 가장 효과적이라는 판단하에 이용하였던 듯하다.
89) 『高麗史』 권38, 공민왕 원년 11월 丙子 ; 권131, 열전44 趙日新傳.
90) 『高麗史』 권38, 공민왕 2년 정월 丙子.
91) 『高麗史』 권38, 공민왕 원년 10월 丙午 ; 『高麗史節要』 권26, 공민왕 원년 10월.
92) 『高麗史』 권38, 공민왕 2년 춘정월 戊子 ; 『高麗史節要』 권26, 공민왕 2년 춘정월.

<표 3> 恭愍王 元年 10월 및 2년 정월 人事改編 一覽

구분\시기	人物名	卽位前後 官職	원년10월 官職	以後 官職	恭愍王과의 關係		비고
					燕邸隨從臣	國內勢力	
元年 十月 丙午 要職 除授 者	李齊賢	都僉議政丞	右政丞	右政丞(3)		○	과거
	曹益淸	贊成事	左政丞	左政丞(2) 卒	○		
	柳濯	贊成事(충정3)	贊成事	贊成事(2)・高興府院君(3)	○		
	洪彦博	密直副使(공민1)	贊成事	贊成事(2)・左政丞(3)	外戚		과거
	金承澤	永昌君(충혜후3)	贊成事	中書平章事(致仕, 永昌君 7 卒)	?		
	趙瑜	參理	贊成事	判三司事(2)	?		
	李公遂	政堂文學(충정 1)	三司右使	贊成事(2)		○	과거
	文伯	?	同知密直司事	?	?		
	金光鉉	?	同知密直司事	左藏庫提點(2)		?	
	金鏞	鷹揚軍上護軍(공1)	密直提學	知都僉議司事(4) 濟州流配	○		
	崔源	開城尹(충정1)	密直副使	龍城君(3)	?		
	朴壽年	?	密直副使	僉議評理(3)	?		
	安輔	典法判書(충정?)	密直提學	密直提學(3)・政堂文學(4)		○	과거
	金玽	?	左右代言	?		○	
	田大有	?	左右代言	前密直提學(10)	?		
	元松壽	獻納(충목4)	左右副代言	知奏事(10)		○	과거
	金光利	?	左右副代言	?		○	
	高仲瑞	?	開城尹	?		○	
	李達衷	前成均祭酒(충목4)	典理判書	監察大夫(2)		○	과거
	全普門	版圖判書・上將軍(공1)	典理判書	同知密直司事(3)	○		
	車蒲溫	判司僕寺事(공1)	軍簿判書	龍山君(3)	○		
	安祐	?	軍簿判書	鷹揚軍上護軍(2)	○		
	李也先帖木兒	上護軍(공1)	版圖判書	密直使(2)	○		
	許禧	?	版圖判書	?	?		
	李成瑞	密直副使(공1)	密直副使(2)	尙書右僕射・楊廣道都巡問兼兵馬使(10)		?	
總	25명				7	8	15명

洪彬	理問	右政丞	卒		?	政房提調
曹益淸	?	左政丞	卒	○		
洪彦博	知申事(충목4)	贊成事	南陽君(2)·贊成事·左政丞(3)	外戚		政房提調
柳濯	全羅道萬戶(공민초)	贊成事	左政丞·高興府院君(3)·門下侍郞同中書門下平章事(7)	○		
李公遂	政堂文學(충정1)	贊成事	益山君(9)·平章事(10)	○		政房提調
李達衷	典理判書(공민1)	監察大夫	戶部尙書·東北面兵馬使(7)	○		
元顥	密直副使(충혜후3)·萬戶(충정3)	典理判書	贊成事(3)		?	문음
宋天逢	監察掌令·光陽監務(충목4)	監察執義	?	○		과거
金承矩	?	監察掌令	?		?	.
鄭國卿	左右獻納(충목4)	起居郎	?		?	
朴絢	?	左憲納	?		?	
呂涓	?	監察持平	?		?	
金成甲	?	監察持平	淸州牧使(10)		?	
總 13명				3	2	5(7미상)명

(좌측 세로: 2年正月要職除授者 / 總)

<표 3>에서 알 수 있듯이, 원년 10월 조일신의 제거 이후 단행된 인사개편에서는 이제현을 중심으로 한 개혁세력의 성장이 두드러진다. 李齊賢·安輔·李達衷·李公遂 등 4명이 고위관직을 제수받고 있으며, 공민왕의 外戚인 洪彦博·鄭䫨와 燕邸隨從臣 계열의 曹益淸·柳濯 등 9명이 부각되고 있다. 또 2년 춘정월의 인사개편에서 洪彬·洪彦博·李公遂가 인사권을 행사하는 政房提調에 임명되고 있다는 사실은 앞으로의 정국주도를 예상할 수 있는 대목이다.

앞서 살펴보았듯이, 공민왕 즉위 이후의 인사개편은 우선 왕권강화에 더 큰 비중을 두었다. 원간섭기라는 특수한 상황하에서 공민왕이 의도한 개혁을 시도하자면, 강력한 국왕권의 행사가 요구되었기 때문이었다. 공민왕대의 전반의 측근세력인 入元宿衛한 隨從臣僚들과 外戚을 중심으로 정국주도세력을 구성한 이유가 여기에 있다. 그러나 수종신의 대

부분은 공민왕 즉위 후 정치적 이득을 목적으로 수종했던 사람들로서 국왕권 강화에는 큰 힘이 되지 못하였다. 즉위 후 책봉된 공신 가운데는 趙日新과 같은 친원세력도 있었고, 柳淑·金得培와 같은 유학적 소양을 지닌 儒臣계열도 있었다. 이밖에 鄭世雲·睦仁吉·金澠·姜仲卿과 같은 하급 무인들도 있었다.

또한 연저수종신과 함께 왕의 측근을 이룬 세력은 외척들이었다. 대표적인 외척으로는 洪彦博과 慶千興, 金元命이 있었으며, 왕의 嬖幸과 같은 존재인 曺益淸과 全允藏 등이 있었다. 그리고 기타 세력으로는 安祐·黃裳과 같은 무장 출신도 있었는데, 이들은 원과 긴밀하게 연결되어 있는 사람들로서 入元 宿衛하는 동안 가까운 관계가 맺어질 수 있었다고 생각된다.93)

이들은 그들의 이해관계에 따라 공민왕을 지지했으므로 공민왕 즉위 후에는 어떠한 형태로든 각각의 정치적 이해관계에 따라 분열과정을 겪을 수밖에 없었다. 친원세력의 대표적 존재인 趙日新에 의해 정국이 주도되면서 曺益淸과 全允藏의 정치활동이 위축되고, 국내추대 세력의 대표인 李齊賢이나 侍從臣僚였던 柳淑과 金得培가 辭職이나 罷免당하고 있는 점은 이를 반증하는 것이 된다. 또한 원에서 공민왕의 즉위에 적극 후원했던 奇氏一派와의 대립 끝에 그들을 제거한다는 명분으로 일어난 조일신의 난은 그 갈등의 결과였다.

이와 같은 側近勢力 내의 내분과 갈등은 기씨일파가 제거되는 공민왕 5년까지 지속되었다. 친원세력이었던 奇轍·權謙·盧頙일파의 제거과정에서 燕邸隨從功臣이 포함되었던 것은 그러한 예에 속한다. 이들은 원에서 공민왕을 수종하면서 원의 정치세력과 일정한 관계를 맺고 있었으므로 자연히 친원적 성향을 띠고 있었다. 이러한 점은 원간섭기 국왕 측근세력과 동일한 것이다.

---

93) 閔賢九,「高麗 恭愍王의 卽位背景」,『韓㳓劤博士停年紀念史學論叢』, 1981, 806~807쪽, <표 5> 恭愍王의 燕邸隨從功臣 一覽表 ; 洪榮義, 앞 논문(하), 156쪽, 附錄 6 燕邸隨從臣 官歷一覽表 참조.

　그러나 공민왕의 주도하에 反元改革을 표방했을 때 국왕측근으로서
의 입장과 친원적 성향 사이의 갈등 속에서 어느 쪽을 선택하느냐에 따
라 그들의 입장도 상반되는 것이다. 이러한 차이가 결국 국왕 측근세력
의 분열로 나타나게 되었다. 국왕 측근세력이라고 해서 반드시 개혁과
부합하는 인물만 있었던 것이 아니라는 점을 반증하는 셈이다. 때문에
공민왕은 왕권강화나 개혁정치에 제약이 되면 언제든지 이들을 제거할
명분을 찾아 과감히 숙청했던 것이다. 그러한 점은 자신의 즉위에 가장
공이 컸던 조일신이 난을 일으킴으로써 자신의 국왕권 행사에 제약될
소지가 발생하자, 그를 신속히 제거하는 것으로도 짐작할 수 있다.

　국왕권을 위협하는 조일신 세력의 제거에 성공한 공민왕은 자신의 측
근세력인 外戚, 嬖幸과 국내지지 세력을 대거 등용시켜 정국을 주도하
게끔 하는 조처를 추진하였다. 이때의 인사개편에서 李齊賢을 비롯한
安輔・李達衷・李公遂 등의 과거 출신 개혁세력이 등용된 것은 공민왕
의 개혁의지를 계속적으로 추진하고자 하였던 것이고, 공민왕의 측근세
력인 외척, 폐행을 비롯한 연저수종신계열의 등장은 공민왕의 국왕권
강화와 밀접한 관련이 있어 보인다. 공민왕은 이 두 정치세력을 상호 견
제하여 왕권강화와 함께 개혁의지를 동시에 성취하려는 정치적 목적이
강하였다고 할 수 있다. 공민왕의 이러한 정국운영은 공민왕 5년 반원개
혁의 토대가 되기도 한다.

2) 國王主導의 反元改革과 '一國更始'의 試圖

　국왕권 강화를 목표로 이루어진 공민왕 주도의 정국 운영은 3년경부
터 새로운 국면을 맞이한다. 조일신의 난으로 잠시 위축된 奇氏 등 친원
세력의 정치적 공백을 틈타 친원적 성향을 지닌 蔡河中 등이[94) 새로이

---

94) 蔡河中은 元名이 哈刺帖木兒로 蔡洪哲의 庶子이다. 충숙왕때에 護軍이 되어
　　曹頔과 함께 瀋陽王 暠를 고려왕에 추대하려고 원의 사신 金家奴와 함께 귀
　　국하여, 원에서 심양왕을 高麗王으로 책봉했다고 속이고 원에 돌아가 충숙왕

등장한 때문이다.

趙日新의 제거 이후 새로운 정치세력으로 재등장한 채하중을 비롯한 李壽山, 奇輪, 奇完者不花, 崔濡 등은 이 해 7월까지 중요 관직을 차지하였다.[95] 더구나 채하중의 농간으로 원의 요청에 의해서 武將을 비롯한 臣僚 40여 인이 원에 파견되는 상황이었기 때문에[96] 이들의 등장은 그만큼 쉽사리 이루어질 수 있었다. 이러한 정치세력간의 변화는 공민왕의 측근세력과 이제현을 중심으로 한 개혁세력의 위축을 의미한다.

그러나 채하중을 비롯한 친원세력의 정치천단은 그리 오래가지 못하였다. 漢族의 반란으로 원의 요구에 의해서 南征軍으로 파견되었던 將帥들이 1년만에 귀국하여 원의 국내사정을 비교적 소상하게 보고하였기 때문이었다.[97]

그런 가운데 3년 12월에 원의 최고 실권자인 太師 脫脫이 실각하게 되었다.[98] 탈탈이 실각한 직후 3년 12월의 인사개편에서 채하중이 領都僉議司事로 물러나고, 우정승에 李齊賢, 좌정승에 洪彦博을 기용하는 것은 이와 같은 정세를 반영한 것으로 보인다.[99]

더구나 공민왕 4년 2월에 일어난 全羅道按廉使 鄭之祥 事件[100]은 이

에 대한 誣告의 글을 원 조정에 바치는 등의 행동을 하다가 충숙왕 복위 1년에 密直使를 역임하고, 충숙왕 복위 2년에는 江陵大君 祺(공민왕)를 扈從하여 원에 갔으며, 조적의 난때 충혜왕을 扈從한 공으로 司空 姜好禮 등과 함께 左, 右政丞으로 있으면서 政治都監의 拘治 대상이 되기도 하였던 친원적 인물이었다(『高麗史』 권125, 열전38 蔡河中傳).

95) 『高麗史節要』 권26, 공민왕 3년 6월.
96) 『高麗史』 권38, 공민왕 3년 5월 辛卯朔 ; 『高麗史節要』 권26, 공민왕 3년 6월 ; 『高麗史』 권125, 열전38 蔡河中傳.
97) 『高麗史』 권38, 공민왕 3년 11월 丁亥·乙巳 ; 『高麗史節要』 권26, 공민왕 3년 11월.
98) 『元史』 열전25, 脫脫傳.
99) 閔賢九, 「高麗 恭愍王의 反元的 改革政治에 대한 一考察」, 『震檀學報』 68, 1989, 68쪽.
100) 『高麗史』 권38, 공민왕 4년 2월 辛巳 ; 『高麗史節要』 권26, 공민왕 4년 2월 ; 『高麗史』 권114, 열전27 鄭之祥傳.

를 뒷받침해 주고 있다. 전라도 안렴사 정지상이 원의 御香使 埜思不花를 全州에서 拘引하고 그의 형 徐膺呂를 公州에서 죽인 사건이 발생하였다.[101] 이 사건의 처리문제에 있어서도 원의 입장이 크게 부각되지 못하고, 쉽사리 끝났다는 점은 원의 국내사정 때문에 그 정치적 영향력을 제대로 발휘하지 못하였다는 것을 의미한다.[102] 이를 계기로 공민왕과 측근세력은 국내에서의 친원세력의 제거와 원의 정치적 영향력의 배제라는 정치적 목적이 성숙될 수 있었다.

그러한 점은 공민왕 3년 원의 국내외적 정치변화에 기인한 것이었지만, 이때 원에 派征된 일단의 武將勢力들이 脫元을 인식하는 계기가 되었다.[103] 다음의 내용은 그러한 일면을 보여주는 것이다.

가을 7월에 柳濯·廉悌臣 등 40여 명이 군사 2천여 명을 이끌고 원나라로 가는데, 왕이 迎賓館에 거동하여 친히 이들을 사열하여 보냈다. 이들 일행이 압록강에 이르렀을 때, 康允忠이 여러 사람에게 모의하여 말하기를, "우리들이 친척과 헤어져서 조상의 무덤을 버리고 죽음의 땅에 나가 언제 돌아올 것인가. 精騎 50으로 서울로 되돌아가 출병을 처음 주장한 자를 목베고자 한다" 하고는 염제신에게 고하였다. 염제신이 말하기를, "그것은 옳은 생각이 아니다. 우리 임금은 하늘인데, 하늘을 피해 도망할 수 있겠는가. 또한 忠臣 義士가 어찌 두 마음을 가진 말이 있을 수 있는가"하고, 드디어 유탁 등과 함께 사잇길로 급히 들어갔다. 이때 원 나라에 소집된 40여 명은 모두 將相 중에 명망 있는 자들이고, 또한 정예한 병졸이 모두 정벌에 따라갔기 때문에 궁궐의 호위가 비었으므로 왕이 불안하고 두려워하여 西海道에 弓手를 모집하여 만일의 사태에 대비하였다(『高麗史節要』권26, 공민왕 3년 7월).

---

101) 鄭之祥은 일찍 원에서 공민왕을 시종한 측근인물이었고 이때 정지상이 한 말의 내용이 뒷날 반원정책을 단행할 때에 일어난 조처와 유사한 점에서 이미 이 사건은 공민왕의 반원정책 계획 도중에 발생한 사건으로 보여진다(閔賢九, 앞 논문, 1989, 69쪽 참조).

102) 『高麗史』권38, 공민왕 4년 5월 乙巳 ; 『高麗史節要』권26, 공민왕 4년 4월.

103) 『高麗史』권38, 공민왕 3년 6월 癸卯, 7월 癸亥.

위의 내용에서 알 수 있듯이, 출병을 처음 주장한 자를 목베자고 할 정도로 일단의 武將들은 親元勢力인 蔡河中에 대한 반감이 극명하게 보이고 있고, 또한 이들이 원을 도와 싸울 때, 李權・崔源이 戰死하고 崔瑩이 부상을 입는 등의 적지않은 피해를 입고 있었다. 이 때문에 무장들은 친원세력의 제거와 脫元이라는 현실적 문제를 쉽게 느꼈으리라고 생각된다.[104]

반원개혁의 추진인물이 燕邸隨從臣계열의 무장이라는 점은 이를 입증해 준다. 鄭世雲・車蒲溫・趙仁吉・安祐・黃裳 등은 연저수종신으로 誅奇轍功臣으로 冊封된 사람들이었다. 더구나 이때 東北面에서 친원세력으로 활동하던 李子春의 來朝는 반원을 단행할 수 있는 정치, 군사적 발판이 되었을 것이기 때문이다.[105] 반원개혁의 단행은 공민왕을 중심으로 한 측근세력이 5년 5월에 대표적 친원세력인 奇氏一派의 제거로부터 시작되었다.

奇氏一派는 조일신의 제거 이후 국내 정치를 간섭하는 대표적인 친원세력으로 자리하고 있었다.[106] 특히 공민왕 2년 7월에 기황후의 소생인 愛猷識理達臘이 황태자로 책봉되었다는 소식이 보고되면서[107] 그들

---

104) 이때 원에 出征한 將帥는 柳濯, 廉悌臣, 印瑭, 孫佛永, 崔雲起, 李芳實, 權謙, 車蒲溫, 姜允忠, 鄭世雲, 崔瑩, 李權, 羅英傑, 金鏞, 安祐, 崔源, 印安, 崔安守, 具貞, 趙忠信, 崔祿 등 21인이 『高麗史』 列傳에서 확인되며 그 나머지는 확인할 수 없다(홍영의, 「恭愍王의 反元政策과 廉悌臣의 軍事活動」, 『軍史』 23, 1991).
105) 『高麗史』 권38, 공민왕 4년 12월 ; 권39, 공민왕 5년 3월.
106) 이 무렵 기씨일족의 세력 확대는 그들의 관직진출에서도 두드러졌다. 공민왕 3년에 기철의 아우 奇輪은 贊成事에, 조카 奇完者不花는 三司左使에 오르고 있으며, 기철은 遼陽行省 平章事에 임명되어 있었다(『高麗史』 권131, 열전44 奇轍傳 및 『新元史』 表6 行省宰相年表 遼陽行省 至正 14年). 그 밖에 기철의 조카 여러 명이 원에서 주요 관직을 차지하고 있었다. 기씨 일족뿐만 아니라 그의 당여들도 많은 사람이 관직에 오르고 있었다(홍영의, 앞 논문(하), 1992, 附錄2 恭愍王 5年 奇・權・盧의 親元勢力 一覽 表 참조).
107) 『高麗史』 권38, 공민왕 2년 7월 乙亥.

의 영향력은 더욱 증대되었다. 때문에 고려에서는 새로이 元 皇后의 誕日에 사신을 보내 예물을 바치기 시작하였고,[108] 皇太子 冊封을 경축하는 뜻에서 공민왕이 원에 上書하여 기황후의 모친 李氏를 위하여 孝兒扎宴을 베풀 것을 요청하자,[109] 원에서 巒巒太子와 定安平章이 참석하는 큰 잔치가 베풀어졌고, 막대한 양의 비용을 고려에서 부담해야 할 정도였다.[110]

공민왕 5년에 들어와서도 奇轍一派의 정치적 입지는 국왕을 능가할 정도로 대단한 것이었다. 원은 기황후의 부친인 奇子敖를 敬王으로 冊封하는 詔書를 내렸고, 기철에게는 大司徒의 職銜을 주었다. 기철은 공민왕이 원으로부터 12자에 달하는 공신 호를 받은 데 대해 祝詩를 지으면서 稱臣하지 않음으로써 많은 파문이 일기도 하였으며,[111] 인사이동 때의 批目이 모두 奇氏와 원 사신의 요청대로 나온다고 할 정도였다.[112]

따라서 국왕권 회복을 목표로 추진한 반원개혁이 성공하기 위해서는 친원세력의 대표적 존재였던 기씨일파의 제거는 당연한 귀결이었다. '不軌를 도모하고 社稷을 위태롭게 했다'는[113] 명분을 내세우며 친원세력인 奇轍·權謙·盧頙 등의 제거로 시작된 공민왕의 반원개혁은 우선 국왕권에 걸림돌이 될 수 있는 정치세력의 일소에 있었다. 6월에는 前護軍 林仲甫에 의해서 告變된 충혜왕의 庶子인 釋器의 推戴를 모의한 혐의로 前政丞 孫守卿 등을 巡軍에 가두었다가 斬刑하며,[114] 왕위 계승권과 관련된 사람들을 모두 제거하면서 일단락되었다.[115]

---

108)『高麗史』권38, 공민왕 2년 5월 乙酉.
109)『高麗史』권131, 열전44 奇轍傳.
110)『高麗史』권38, 공민왕 2년 7월 辛巳.
111)『高麗史』권131, 열전44 奇轍傳.
112)『高麗史』권38, 공민왕 4년 9월 甲申.
113)『高麗史』권131, 열전44 奇轍傳.
114)『高麗史節要』권26, 공민왕 5년 6월 ; 홍영의, 앞 논문(하), 1992, 附錄3 恭愍王 釋器推戴勢力 一覽 表 참조.

친원세력의 제거로부터 시작된 반원개혁은 征東行中書省 理問所를
혁파하고,[116) 東北面·西北面의 舊土回復과[117) 諸軍의 萬戶·千戶·
百戶의 沒收[118) 그리고 6월 26일 至正年號의 사용금지와[119) 7월 9일의
官制改革 등의 조처를[120) 단행함으로써 이루어졌다. 그리고 8월에는 마
지막까지 친원세력의 하나로 남아있던 前政丞 蔡河中마저 謀逆 혐의로
유배하고 다음 해 6월에 誅殺하였다.[121)

이렇게 신속하게 奇轍, 權謙, 盧頙 등과 釋器를 추대하려는 孫守卿
一派, 蔡河中을 제거하는 데 성공한 공민왕은 5년 6월 26일에 교서를
반포하여 친원세력인 奇氏一派의 罪狀과[122) 釋器의 亂에 대하여 그 처
단의 명분을 밝히고[123) 고려왕조의 중흥을 다시금 꾀하고자 하였다.

이제부터는 法令을 밝히고 紀綱을 정돈하여 온 나라 사람이 함께 모
두가 새로이 출발할 것을 기약하노라(『高麗史節要』권26, 공민왕 5년 6
월 乙亥).

라고 하였듯이, '一國更始'로 표현된 공민왕의 내정개혁은 충렬왕대
원제국에 편입된 이후 공민왕 5년 이전에 나타났던 모든 변화와 모순을
부정하고 다시금 祖宗之法으로 되돌아가려는 공민왕의 개혁의지를 보
여주고 있다.

---

115) 『高麗史』권39, 공민왕 5년 6월, 추7월 乙酉.
116) 『高麗史』권39, 공민왕 5년 5월 丁酉.
117) 『高麗史』권38, 공민왕 3년 6월 辛卯 ; 『高麗史節要』권26, 공민왕 3년 11월 ;
　　 『高麗史』권38, 공민왕 4년 5월.
118) 『高麗史』권39, 공민왕 5년 5월 壬寅.
119) 『高麗史』권39, 공민왕 5년 6월 乙亥.
120) 『高麗史』권39, 공민왕 5년 7월 丁亥.
121) 『高麗史』권39, 공민왕 5년 8월 戊午, 6월 甲辰 ; 권135, 열전38 蔡河中傳 ; 홍
　　 영의, 앞 논문(하), 1992, 附錄4 恭愍王 6年 蔡河中勢力 一覽 表 참조.
122) 『高麗史節要』권26, 공민왕 5년 5월.
123) 『高麗史』권39, 공민왕 5년 10월 戊午 李仁復 上表 참조.

　　원의 외압과 국내 사회모순의 해결은 상호 밀접하게 관련된 것이었지
만, 이들 문제를 해결하는 우선순위는 먼저 원의 외압을 끊는 길이었다.
원년의 개혁시도와 그 시행과정에서의 한계를 절감한 공민왕은, 때마침
쇠망하는 원의 현실을 목도하고 강력한 반원개혁을 전격적으로 실시하
였다. 친원세력의 제거 이후 시행된 것이 5년 6월의 內政改革案이다. 이
를 정리하면 <표 4>와 같다.

<표 4> 恭愍王 5年 6月의 內政改革案 一覽

성격	분류	항목	내 용	개혁안 전문	출 전	비고
政治問題	政治運營	祀典問題 (3)	歷代先王의 尊號 山陵守護人	太祖 及歷代先王 加上尊號 修其祀事 務盡精潔 守陵人戶 復其傜役	세가	
			社稷 山川 諸祠의 尊號, 淫祀撤去	社稷山川諸祠在祀典者 亦加德號 其諸淫祀 一皆撤去		
			箕子廟 修理致祭	令平壤府 修營箕子祠宇 以時致祭	예1 길례소사 잡사	
		人事行政	政房革罷	敎曰 政房 設自權臣 豈爵人於朝之意 今宜永罷 其三品以下 與宰相 共議進退 七品以下 吏·兵部 擬議奏聞	선거3 선법	
			人才選拔	敎曰 懷才抱道 肥遁不仕者 所在官 錄其德行 敦遣赴朝	선거3 천거지제	
			員吏 決訟 多少로 殿最	敎 監察·典法 都官·長官 每朔課員吏決訟多少 至六朔 以殿最黜陟	선거3 고과지법	
			存撫·按廉·州縣官의 怠慢 단속	敎曰 存撫·按廉·州縣官 所以分憂共治者也 存撫·按廉 憑公營私 以害吾民 及罷軟不事事者 都評議司·監察司 聞奏黜削 州縣官員 不能其任 存撫·按廉 體察糾理	선거3 감사선용	
			歷代功臣子孫 襃賞	敎 太祖以來 歷代功臣 錄其子孫 優加獎用	선거3 공신자손	
			二罪(斬絞) 이하 일체 면제	二罪以下 一切除之 其轍·頍·守卿等 註誤連累者 亦從原免	세가	

經濟問題	土地問題	土地奪占	1	逞惡한 賊臣之奴 處罰	賊臣之奴 倚其主勢 占奪土田 役使平民 多聚良家子女 成群逞惡 存撫按廉 究治渠魁 撤毀屋舍 量罪罪之 良家子女 歸其父母 籍沒家産 以瞻國用 所占民戶 仍令安業 以從公役	세가
		山林川澤	1	山林川澤의 禁制解除 세를 낮춤	下旨 賊臣之黨 擅占山澤 重收其稅 國用日乏 民生益凋 自今 山林 屬繕工 澤梁 屬司宰 弛禁輕稅	식화1 공부 잡세
	祿俸問題	祿俸마련	1	鷄林福州京山府 綾羅布를 廣興倉에 보낼 것	敎曰 忠信重祿 所以勸士 宜令有司 宜加給 且鷄林·福州·京山府 所貢綾羅紬布 毋得納德泉庫 輸之廣興倉 以補百官之俸	식화3 녹봉
	收取問題	租稅	1	西北面 賦稅 軍需충당	下旨 一, 西北面土田 未嘗收租 委之防成 其來向矣 近來 權勢多所兼幷 自今 可官爲檢括 每一結 賦一石 以支軍須	식화1 조세
				斗斛을 같게 할 것	一, 古者 租稅之納 許民自量自槩 今之官吏 大斗剩量 民甚苦之, 其令州郡官 躬親監視 中外公私 同其斗斛	
		農桑	1	桑麻를 기를 것	敎曰 無衣無褐 何以卒歲 宜令中外人家 種桑藝麻 各以口數 爲率	식화2 농상
社會問題	佛敎問題	避役	1	避役防止로 度牒制施施	下敎 鄕·驛吏 及公私奴隸 規逃賦役 擅自爲僧 戶口日蹙 自今 非受度牒者 毋得私剃	형법2 금령
	民生安定	借貸	1	高利貸 弊端 是正	敎曰 富戶 稱貸取息 利中生利 貧民 朝不謀夕 典賣子女 甚可哀也 仰監察·典法司·按廉使·臨民官 盡心體察 凡利中息利者 悉皆禁斷	식화2 차대
		賑恤	2	鹽戶의 鹽稅布 3/1감면	敎曰 鹽戶 因倭寇 莫輸其貢 官未給鹽 民徒納布 爲害尤甚 自今年七月 至明年七月 其鹽稅布 三分減一	식화3 재면지제
				鰥寡孤獨·篤疾者·廢疾者 賑恤	敎曰 賊臣之家 所有米穀 減價糶賣 以救鰥寡孤獨·不能自存者	식화3 환과고독
國防問題	軍卒充員		1 (5)	行省 3所와 諸軍萬戶府에 예속된 丁口를 推刷	下敎曰 一 推刷行省三所·諸軍萬戶府 隷屬丁口 用備戎兵	병1 오군
				單丁은 從軍하지 말것	一, 征戍之卒 雙丁僉一丁 亦非得已 單丁可憫 勿使從軍	
				犯律僧 充軍할 것	一, 方今軍興 僧之犯律者 勒令還俗 以充行伍	

國防問題	軍卒充員		不法軍戶連立土地 推刷 募卒에게 支給	一, 國家 以田十七結 爲一足丁 給軍一丁 古者田賦之遺法也 凡軍戶 素所連立 爲人所奪者 許陳告還給 又奸詐之徒 雖無兒息 妄稱閑人 連立土田 無有限極 仰選軍別監 根究推刷 以募戍卒 其逆賊之田 計結爲丁 亦給募卒	병1 오군	
			逆賊之奴 土地籍沒 戍卒募集할 것	一, 各處逆賊之奴 自稱達魯花赤 奪人土田 役使良民 蓄積財産 其令所在官 籍沒 以募戍卒		
			各處의 別抄는 地域에 맞게 編制	教 各處加定別抄 不論老弱單丁 勒令遠戍 往來疲頓 轉相避逃 其令沿海軍民 悉充防戍 仍蠲徭役 遠地之民 代供其役 勿令赴防 兩得其便 且人之懷土 習俗固然 宜令東界 交州之軍 以戍雙城 北界西海 以戍鴨江 楊廣·全羅·慶尙 委以禦倭 其材勇者 選用無方	병2 진수	
	驛站整備	2	驛戶充當	下旨 置郵傳命 軍興所急 其令刷賊戶 及行省所占人物 從來不明者 悉充驛戶 不急鋪車鋪馬 一皆禁止	병2 역참	세가
			漕運不通에 따른 院館整備	漕運不通 凡所轉輸 皆從陸路 宜令有司 量地遠近 營立院館 復其土田	세가	
國防問題	屯田整備	1	屯田官 設置관리	教日, 一, 全羅道臨坡屯田 近來權勢之家 稱爲賜給 奪占殆盡 仰都評議使 別置屯田官 諸家占奪		
			沿海의 堤防을 쌓아 屯田을 개발할 것, 賊家와 行省이 점유한 人物로 屯田耕作	一, 皆復舊 沿海之地 築堤捍水 可作良田者 往往而有 宜令有司相地 用防倭之卒 爲之農夫 諸家賜給田 平衍膏腴 可屯田者 以賊家 及行省所占人物 分隊給地 以責其事 各道 凡古屯田處 皆用臨坡屯田之例	병2 역참	
	軍糧確保		廢亡寺院의 田租는 軍糧으로 충당	一, 外方州縣所有寺院 官吏收其田租 爲公用 所在皆是 今當軍興時 其亡寺院田租 皆給防護軍糧	병2 둔전	
합		22 (25)				

<표 4>에서 알 수 있듯이, 당시 내정개혁안은 모두 22개항이다. 이를 분야별로 나누어 보면 정치(9)·사회(4)·경제(5)·국방(4) 등이다.[124)]

먼저 정치와 관련한 祀典 문제는 크게 歷代先王 尊號와 守陵戶의 徭

---

124) 주 28)과 같음.

役 면제, 社稷·山川 諸祠의 德號를 가하고 淫祀를 없애고, 箕子廟 修理 및 致祭할 것 등으로 정리된다.

이러한 내용은 앞의 원년 개혁안과 크게 다르지 않다. 다만 모든 淫祀를 철폐하라는 것은 이전의 것과 다르다. 이 때의 음사가 정확히 어떤 것인지는 알 수 없으나, 대체로 무격에 의한 神祀, 祀典에 記載되어 있지 않거나 명분에 걸맞지 않은 대상에 대한 祭祀 등으로 이해할 수 있다. 음사의 폐지 조항이 들어 있다는 점은 당시 유교지식인의 입장이 반영되었을 것으로도 보인다.[125]

인사행정 문제는 懷才抱道肥遯者의 人才選拔, 員吏 決訟 多少로 殿最할 것, 存撫·按廉·州縣官의 怠慢 단속, 歷代功臣子孫 襃賞, 그리고 二罪(斬絞) 이하 일체 면로로 정리된다. 이 가운데 주목되는 것은 政房을 永罷하는 조처이다. 그러나 공민왕 12년 興王寺의 亂을 평정한 이후 柳濯·崔瑩·吳仁澤이 정방제조에 임명되고[126] 있는 것으로 보아, 이때 다시 정방이 설치되었음을 알 수 있다. 그리고 신돈 집권기에도 정방의 혁파는 포함되지 않으며, 오히려 그 존재가 확인된다.[127] 공민왕도 개혁을 추진할 측근세력을 유지하기 위하여 이전의 정방을 활용할 수밖에 없었던 때문이다.

또한 監察·典法·都官에게 員吏가 決訟의 처리를 신속하게 하였는가를 考課의 기준으로 삼도록 한 것 역시, 정사를 신속하게 처리하여 국정을 제대로 이끌어 가려는 의도였다. 공민왕은 4년에도 敎書로 모든 관원들에게 직무에 충실하고 재판하는 관원들은 억울한 사건을 심리하도록 당부하고, 이를 위반하는 자는 憲司에서 이를 추궁토록 한 바가 있었다.[128] 그리고 能力과 자질이 부족한 地方官吏에 대한 처벌을 강조하고 있다. 즉 存撫, 按廉使, 州縣官은 직분에 따라 지방을 다스리는 지방

---

125) 김기덕, 앞 논문, 454쪽 참조.
126) 『高麗史』 권111, 열전24 柳濯傳.
127) 『高麗史』 권111, 열전24 林樸傳.
128) 『高麗史』 권38, 공민왕 4년 춘정월 戊辰.

관임에도 불구하고 公務를 빙자하여 사사로이 營籍하여 지방민에게 피해를 주거나 무능한 자를 都評議使司와 監察司가 開進하여 黜削하고, 주현의 관원으로 그 책무를 다하지 못한 자는 존무, 안렴사가 體察糾理하라는 것이다. 이러한 점은 官吏의 考課와 選拔을 중시하는 내용이다.

공민왕이 일찍부터 안렴사와 존무사의 功過를 검사하도록 지시한 점으로 보아[129] 친원세력을 제거한 상황에서 그동안 이들과 연계되었던 안렴사, 존무사로 인한 피해도 그만큼 줄이려는 의도에서 비롯되었다. 특히 平壤道 存撫使 裵天・江陵道 存撫使 張元碩・楊廣道 按廉使 李資 등은 친원세력인 趙日新에 의해서 임명되었으며,[130] 江陵道 存撫使 金隨는 奇轍勢力인 金普와의 관계를 통하여 임명된 사람들이었다.[131] 그러나 지방 수령의 자질에 대한 문제는 5년 12월 都評議使司의 上言으로 다시 제기되었다.[132]

이러한 시도는 부분적이고 제한적인 것이어서 현실적으로 실현을 보기 힘들었고, 공민왕과 우왕대를 거치면서 더욱 어려워졌다. 더욱이 지방에 나간 수령은 "奪人田土"의 원인 제공자로 백성을 침탈, 지방 군현이 피폐하게 하였다. 또한 鄕吏가 숨거나 도주해 버리면 수령이 赴任을 포기하고 돌아가는[133] 사정이었다. 때문에 이 시기의 신흥유신들은 민이 유망하게 되는 원인 중의 하나가 적합한 인물이 수령이 되지 못하고, 또 그러한 수령이 수탈을 자행한다고 보았던 것이다.

경제문제는 逞惡한 賊臣之奴의 處罰, 山林川澤의 禁制를 解除하고 稅를 낮출 것, 雞林・福州・京山府에 들어오는 綾羅布를 廣興倉에 보낼 것, 西北面 賦稅를 軍需에 충당할 것, 斗斛을 통일할 것, 桑麻를 기

---

129) 『高麗史』 권38, 공민왕 즉위년 10월.
130) 『高麗史』 권131, 열전44 趙日新傳 ; 『高麗史節要』 권26, 공민왕 원년 9월 庚子.
131) 『高麗史』 권114, 열전27 金普傳.
132) 『高麗史』 권85, 지39 刑法2 禁令 공민왕 5년 12월.
133) 『稼亭集』 권6, 韓州重營客舍記, "聞吾吏民 往往竄伏 而邑塗荊棘 賓客無所歸 郡守莫知所爲 懷印而去".

94

르게 할 것 등을 지적하였다.

경제문제에 대한 개혁이 가능하였던 것은 이 무렵 점차 친원세력에 대한 축출과 견제가 뒷받침되었기 때문이다. 예컨대, 賊臣之奴가 그 주 인의 위세를 믿고 토지를 奪占하거나, 良家子女를 占取한 魁首를 存撫 使와 按廉使가 究治하게 하는 한편, 그 재산을 적몰하여 國用에 돌리고 점취한 民戶를 生業에 從事토록 하고 있다. 이러한 일련의 조처의 하나 로 賊臣之黨이 山澤을 奪占하여 國家財政이 부족해지자 이를 환수하 여 山林澤梁을 繕工司, 寺宰司에 각각 속하게 하고 그 관사의 재정으로 충당하도록 하였다.

賊臣之黨은 敎書頒布 직전에 誅殺한 奇轍, 權謙, 盧頙 일당을 지칭 하는 것이다. 이들은 각종 토지의 겸병이나 인구의 집중, 鹽稅의 독점, 高利貸, 山林川澤의 독점, 納稅거부, 뇌물수수 등 정치, 경제적인 利權 에 개입하여 부를 축적하고 있을 뿐만 아니라 사회경제적인 폐단을 야 기시키고 있는 존재들이었다.

사회 문제는 공민왕 원년의 9개항과 비교할 때 거의 절반에도 못미치 고 있지만, 주로 避役 문제와 高利貸의 폐단, 賑恤의 시행 등을 지적하 고 있다. 避役防止를 위해 度牒制를 實施할 것, 高利貸의 弊端을 是正 할 것, 鹽戶의 鹽稅布 3분의 1로 감면할 것, 鰥寡孤獨·篤疾者·癈疾 者를 賑恤하도록 강조하고 있다. 이러한 개혁은 내용적으로 경제적 개 혁의 연장선상에서 이해하여도 크게 무리는 없을 것이다.

이 가운데 주목되는 것은 高利貸의 폐단에 대한 지적으로, 富戶가 貸 를 칭하여 貧民에게 그 이익을 취하자 빈민이 그것을 갚지 못하여 심지 어 子女를 팔아서 그 이자에 대신하는 등의 폐단이 심하게 드러나 監 察, 典法司, 按廉使가 이를 살펴서 빈민에게 그 이득을 취하는 자를 엄 단하라고 지시하고 있다.

이때 부호는 權勢家나 상인뿐만 아니라 중앙과 지방에서 경제적 부 를 축적한 有力階層이라고 여겨진다. 물론 중앙에서는 권세가와 상인에 의해서 농장이 확대되었다고 보여지고 한편으로 지방에서의 부호는 대체로 14세기 農業技術의 발전과 함께 이에 따르는 물품의 잉여생산물을 매개로 하여 여기서 생기는 이득을 토대로 점차 토지를 확대하는 방법으로 경제적 기반을 축적해 가는 계층이었다.[134] 때문에 지방의 향리들은 점차로 자신들의 신분적 지위가 약화되어 가는 추세 속에서 경제적으로도 지방의 有力者, 즉 지방의 품관층에게 잠식당하는 열악한 상태에 처하게 되어 그 本據地를 떠나 유리하거나 권세가와 결탁하여 그들의 農場을 관리하는 정도로 전락한 상태에 이르렀던 것이다.

아울러 鹽戶에 대한 鹽稅布 減免문제는 鹽戶가 倭寇의 침입 때문에 貢賦로 납부해야 할 鹽이 부족해지자 나타난 일반민의 피해를 말하여 준다.[135] 충선왕대 재정확보책으로 실시된 소금 전매제는 생산과정과 유통과정 모두에 걸쳐 폐단이 드러나면서 점차 전매제 본래의 기능을 상실하게 되었다. 전매제하에서 소금의 구매는 소비자가 미리 鹽價를 납부하고 소금을 받게 되어 있었다. 그러나 생산자인 鹽戶에게 과중하게 책정된 공고 부담으로 인한 염호의 도망과 생산의 감소는 소금공급의 부족을 초래하여 소비자들은 소금은 받지 못하면서 염가만을 부담하게 되었다. 그 결과 염가는 鹽稅라는 새로운 稅目으로 전화되어 민의 부담은 그만큼 더 가중되었던 것이다.[136]

따라서 염을 받지 못한 일반민의 피해가 늘어나자 국가에서는 어쩔 수 없이 鹽稅布 3분의 1을 줄여 일반민의 원성을 무마하려는 조처였다. 그러한 점은 5년 6월 여러 道에 새로이 鹽鐵都監을 파견하려 했을 때, 파견 여부를 놓고 宰相과 臺省들이 논쟁을 벌이는 것은 이와 무관하지 않다. 이때 李穡과 李寶林은 病을 稱託하여 참여하지 않고 田祿生과

134) 洪榮義, 「高麗後期 富戶層의 存在形態」, 『擇窩許善道先生停年紀念 韓國史學論叢』, 1992.
135) 『高麗史』 권79, 지33 식화2 鹽法 공민왕 6년 9월.
136) 權寧國, 「14세기 榷鹽制의 成立과 運用」, 『韓國史論』 13, 1985 ; 姜順吉, 「忠宣王의 鹽法改革과 鹽戶」, 『韓國史研究』 48, 1985.

鄭樞만이 반대한 것으로 보이며, 左諫議 南兢과 左侍中 廉悌臣은 이미
정해진 것이라고 하여 그대로 추진하였다.[137]

마지막으로 국방과 관련한 개혁방안은 공민왕 원년과는 다른 상황에
서 추진된 것이다. 이때의 것은 국방력의 재정비 차원에서 시행된 4개항
으로 屯田官을 設置 관리할 것, 沿海의 堤防을 쌓아 屯田을 개발할 것,
賊家와 行省이 점유한 人物로 屯田을 耕作할 것, 廢亡寺院의 田租는
軍糧으로 충당할 것 등이다.

軍卒 充員과 各處의 別抄에 대하여 지역에 맞게 編制하도록 한 것은
앞서 살펴본 反元政策과 깊은 연관성을 가지고 있다. 더구나 비상시에
3家 1戶의 充軍을 모두 3家에서 壯丁을 징발하도록 한 조처는[138] 이와
무관하지 않다. 이러한 군졸의 확보 노력은 北界의 수복과 관련하여 그
방비의 부족한 軍事를 충당하고자 한 것이다.

한편, 이와는 별도로 실제 軍事行動에 따른 軍事力의 확보라는 측면
에서 忠勇衛의 설치와[139] 使臣을 여러 道에 파견하여 濟州人, 禾尺 ·
才人을 모아 防戍에 충당하도록[140]하고 있다. 忠勇衛의 설치는 강력한
軍事力을 갖추기 위하여 親衛隊의 성격을 지닌 4천명을 새로운 軍事體
制로 편성하여 국방력 강화에 비중을 두고 있는 것을 보여준다.[141]

이와 같은 국방개혁안은 11월에 廉悌臣에 의해서 다시 언급되고 있
다. 염제신은 3개항의 군사개혁안을 제시하였는데, 邊防之戍의 문제로
반년을 一期로 교대하여 복무토록 할 것,[142] 軍事가 親喪을 당하면 다
른 사람으로 대신하게 하고, 대신할 사람이 없으면 날짜를 계산하여 휴

---

137) 『高麗史』 권79, 지33 식화2 鹽法 공민왕 6년 9월.
138) 이는 恭愍王 卽位敎書 속에는 보이지 않는다. 다만 禑王 9년 8월에 李成桂가
    제시한 東北面 邊境의 安邊策에서 언급되어 있는데 이 내용도 공민왕의 국방
    개혁안의 일부라고 생각된다.
139) 『高麗史』 권81, 지35 병1 五軍 恭愍王 5년 11월.
140) 『高麗史』 권82, 지36 병2 鎭戍 恭愍王 5년 9월.
141) 李永東, 「忠勇衛考」, 『육군삼사관학교 논문집』 13, 1981.
142) 『高麗史』 권81, 지35 병1 五軍.

가를 주도록 할 것,[143] 屯田의 경영을 통해서만 군량수송의 수고로움을 덜고 군량을 확보할 수 있을 것, 정예한 군병만 요충지에 남겨두고 그 나머지 병사는 安州 등지로 옮겨 후방에 주둔케 할 것[144] 등으로 요약된다.[145] 이외에도 공민왕 7년 1월에 李齊賢은 城廓 修築時 農時를 염두에 두고, 食量과 板築之材를 철저히 준비하도록 요구하기도 하였다.[146]

이상의 공민왕 5년의 내정개혁에서 가장 두드러진 것은 軍事的 측면에서의 개혁이다. 특히 軍卒의 충당과 驛制의 정비, 軍糧의 확보는 이러한 점은 원과의 군사적 충돌에 대비하는 한편 왜구의 침입에 대한 현실적인 대비책의 의미가 있다.[147]

공민왕 5년을 전후한 반원개혁과 내정개혁의 실시로 원의 간섭에서 벗어나고자 하는 고려의 목표는 상당 부분 성공하였다. 공민왕이 주도한 반원개혁은 원에 의해 야기되는 모순을 시급히 차단하고, 그로 인해 내적인 사회문제의 해결을 전면적으로 시도하게 했다는 점에서 그 의의가 있다. 그러나 외적인 민족문제가 해결되었다고 해서 내적인 제반 사회문제가 쉽게 해결될 수 있는 것은 아니었다. 그것을 위해서는 먼저 개혁추진세력이 개혁을 추진할 수 있는 힘을 갖추어야 하며 아울러 그들에 의한 개혁안의 방향이 당시의 사회모순을 해결할 수 있는 근본적인 해결책이어야 하였다.

그런 면에서 5년의 개혁안은 이 두 가지 면에서 다 불충분하였다. 먼저 5년의 개혁추진세력은 원의 간섭에서 벗어나는 데에는 견해가 일치될 수 있었지만, 내정개혁에 있어서는 개혁의 추진세력도 대부분 개혁

---

143) 『高麗史』 권82, 지36 병2 屯田.
144) 『高麗史』 권82, 지36 병2 屯田.
145) 이에 대한 연구는 홍영의, 「恭愍王의 反元政策과 廉悌臣의 軍事活動 - 國防改革을 中心으로 - 」, 『軍史』 21, 1991이 참고된다.
146) 『高麗史』 권110, 열전23 李齊賢傳.
147) 洪榮義, 앞 논문, 1991.

의 대상이었으므로 강력히 추진할 수가 없었다. 그러므로 개혁안의 방향도 기본적으로 고려 舊制로의 복귀와 운영상의 잘못된 부분을 시정하는 선에서 머물고 있다. 일부 군사적인 면을 제외하고는 공민왕대의 개혁안도 제도운영상 드러나는 폐단이나 문제점만을 시정하는 수준에서 크게 벗어나지 못하였던 것이다. 더구나 반원개혁에 대한 원의 반발과 8년과 10년 紅巾賊의 두 차례 침입으로 개경이 함락하고 福州(安東)로 피신하는 사태가 발생하자, 원의 간섭에서 벗어나고자 하는 외적인 목표마저도 훼손된 채 결국 5년의 개혁은 실패로 돌아가고 말았다.

이렇게 공민왕 5년의 내정개혁이 반원개혁을 표방하였다고 하더라도 원과의 외교적인 단절을 의미하는 것은 아니었다. 공민왕은 元帝가 中書省斷事官 撤迪罕을 보내어 내린 詔書에서 大兵 80萬을 파병하겠다고 위협적 태도를 보이자,[148] 西北面兵馬使 印璫을 斬하여 撤迪罕 편에 表文을 올려[149] 그간에 있었던 일련의 사건을 무마하려고 한 점과 원에서 10월에 또다시 撤迪罕 등을 보내어 사건이 평정된 뒤에 보고치 않은 것을 이유로 들어 추궁하자,[150] 政堂文學 李仁復을 원에 보내어 당시 일련의 정치상황과 그에 따른 사건처리의 정당성을 보고하는 등[151] 일단의 정치적 무마조치를 취하고 있는 점에서 그러한 면을 엿볼 수 있다.

공민왕이 추진했던 반원개혁은 당연히 원과의 정치적 대립을 야기할 수 있었음에도 불구하고 개혁의 정당성을 강조, 주장할 수 있었던 이유에는 결국 원제국의 쇠퇴에 따른 고려의 대내외적 성장을 의미하기도 한다. 이러한 면은 이인복의 주장으로 원은 더 이상의 어떠한 정치적 제재조치를 취하지 않고 있음에서도 알 수 있다.

고려의 원에 대한 군사적 행동과 정치적 영향력 배제는 결국 앞서 살

---

148)『高麗史』권39, 공민왕 5년 6월 乙亥, 추7월 丁酉.
149)『高麗史』권39, 공민왕 5년 추7월 戊申.
150)『高麗史』권39, 공민왕 5년 동10월 甲寅.
151)『高麗史』권39, 공민왕 5년 동10월 戊午.

펴본 바대로 공민왕과 그의 측근세력에 의해 성공할 수 있었다. 이들은 친원세력의 제거와 반원개혁을 이끌어 간 주도세력이며, 공민왕의 外戚과 嬖幸, 燕邸隨從臣을 중심한 계열이었다. 이들의 대부분은 공민왕 8년 6월에 '定誅奇轍功臣'으로 책봉되는 인물들이라고 생각된다.[152]

3) 武將勢力의 擡頭와 '中興之理'의 施行

공민왕 8년 12월과 10년 10월 두 차례에 걸친 紅巾賊의 침입[153]과 倭寇의 잦은 침탈은 공민왕 초반에 이루어진 개혁정치가 후퇴하는 계기가 되었고 민생문제는 더욱 악화되어 갔다. 홍건적의 침입으로 개경 이북은 초토화되었으며, 三南地域에 침입한 왜구가 민간의 선박을 불태우고 미곡을 탈취하는 등 노략질을 일삼아 민생을 곤경에 빠뜨렸다.[154] 이와 같은 불안한 정국상황은 수도천도 논의가 제기되는 계기가 되었다.

10년 2월의 극심한 가뭄과 왜구의 침입, 8월의 홍수 등 민생의 어려움과 遷都가 사회를 혼란시키고 백성을 고통스럽게 할 것이라는 신하들의 반대에도 불구하고, 공민왕은 白岳에 궁궐을 짓기 시작하고, 마침내 백악의 新宮 즉 新京으로 移御하여 4개월 여를 머물렀다.[155] 당시 공민왕의 절박한 심정은 다음의 글에서도 나타나고 있다.

"내가 왕위에 오른 이래로 하늘을 두려워하고 백성을 사랑하며 先代의 遺訓을 반드시 준수하여 나라를 잘 다스리고자 하는 마음이 간절하

---

152) 『高麗史』 권39, 공민왕 8년 6월 丁亥. "誅奇轍功臣"에 대한 분석은 閔賢九에 의해 이미 이루어진 바 있다(閔賢九, 「高麗 恭愍王代의'誅奇徹功臣'에 대한 檢討 : 反元的 改革政治의 主導勢力」, 『李基白先生古稀紀念 韓國史學論叢』, 일조각, 1994).

153) 『高麗史節要』 권27, 공민왕 8년 12월조, 10년 10월조.

154) 『高麗史節要』 권27, 공민왕 9년 5월조.

155) 『高麗史』 권39, 공민왕 9년 7월 辛未, 11월 辛酉, 10년 3월 丁巳 ; 『高麗史節要』 권27, 공민왕 9년 11월 辛酉, 10년 3월 丁巳.

100

다. 그런데 때가 多難하여 恩德이 아래까지 못하고 兵亂이 계속 일어나
며 각종 災殃과 天災地變이 빈번히 발생하고 있다. 내가 이를 두려워하
여 道詵의 말을 들어 이 언덕에 자리잡았으니 이는 국가의 운명을 무궁
히 하려 함이다. 신하들과 백성들이 이 공사에 분주하게 동원되니 그 노
력과 비용이 실로 크다. 내가 어찌 나라를 근심하는 뜻을 모르겠는가.
그러나 이렇게 하지 않을 수 없다(『高麗史』권39, 공민왕 10년 2월 辛
卯)."

위 내용은 공민왕의 교서로 반포된 것이지만, 천도를 통하여 내우외
환의 어려움을 극복하려는 그의 의지를 읽을 수 있다. 그러한 노력에도
불구하고 공민왕은 개경으로 환도한 지 4개월 만인 다음 해인 11월 9일
江華로 천도하기 위하여 評理 李仁復을 開泰寺의 太祖眞影으로 보내
점치게 하였다.156) 그러나 大妃와 國人들의 반대에 직면하여 천도계획
은 보류되었다. 이와 같은 공민왕의 수도 천도 계획은 당시의 정치적 어
려움을 극복하려는 노력이었다.

그럼에도 불구하고 戰時體制가 지속되면서 지금까지 유지되었던 반
원노선도 유보하지 않을 수 없었다. 원과의 적대관계 지속은 결국 이중
의 적과 상대할 수 없는 상황이었던 것이다. 따라서 공민왕은 사신을 보
내어 원에 우호적인 자세를 보이고 정동행성도 복구시켰으며, 동왕 5년
에 개편했던 관제를 다시 원간섭기 때의 것으로 되돌려 놓았다.157)

이러한 전시체제의 지속과 개혁의 중단은 권력집단 내부의 변화를 가
져왔다. 공민왕 5년 개혁정치를 추진할 당시의 주체세력은 공민왕의 외
척과 '燕邸隨從功臣' 등의 측근세력이다. 이들은 전쟁을 겪으면서 '參戰
派'와 '非參戰派' 사이의 대립과 참전파의 상호갈등으로 세력이 약화되
는 경향을 보였다.158)

---

156)『高麗史節要』권27, 공민왕 11년 9월.
157)『高麗史』권39, 공민왕 10년 9월 庚申, 癸酉 ;『高麗史節要』권27, 공민왕 11년
    3월.
158) 閔賢九, 「辛旽의 執權과 그 政治的 성격(上)」,『歷史學報』38, 1968, 58쪽.

　더구나 홍건적과 왜구를 격퇴하는 데 공을 세운 무장세력이 전시체제가 지속되는 가운데 점차 권력집단으로 급부상한 점은 측근세력간 관계를 변화시키는 것을 의미한다.159) 1차 침입에서는 慶千興·安祐·金得培가, 2차 침입때는 洪彦博·金鏞·鄭世雲이 공을 세우며 부상하는 가운데, 측근세력의 하나인 김용에 의해서 또 한번의 분열과정을 겪게 되었다. 김용이 꾸민 三元帥의 살해사건과 興王寺의 亂이 그것이다.

　鄭世雲과 三元帥 살해사건은 김용이 왕의 편지를 위조해 안우·김득배·李芳實로 하여금 정세운을 살해케 한 다음, 그 죄를 그들에게 뒤집어 씌워 모두 제거한 것이다.160) 이후 김용에 의해서 다시 홍건적을 물리치고 福州(안동)로 피난하였다가 개경으로 돌아오는 도중인 11년 윤3월에 공민왕을 시해하려는 과정에서 발생한 興王寺의 亂161)은 공민왕의 국왕권을 근본적으로 위협하는 사건이었다.162)

　이 두 사건으로 공민왕의 국왕권을 지탱해 주던 국왕 측근세력의 주요 인물인 鄭世雲과 安祐·金得培·李芳實 등이 홍왕사 난의 주모자인 金鏞의 음모에 의하여 살해된 데 이어 왕의 외척으로 최대 후원자였던 洪彦博 마저 살해되자, 국왕권의 약화를 초래하였다. 비록 崔瑩·禹磾·楊伯淵 등에 의해서 곧바로 진압되기는 하였지만, 이 과정에서 공을 세웠던 최영 등 무장세력의 입지는 더욱 강화되고 있었기 때문이다.

　따라서 이후의 정국은 공민왕의 의도와는 다른 양상으로 변화할 가능성이 충분하였다. 공민왕은 이러한 정치적 위기상황에 직면하게 되었고, 다시 실추된 왕권강화와 전후 수습책으로서의 민생문제를 해결해야 하

159) 閔賢九, 앞 논문(상), 1968, 75쪽 참조.
160)『高麗史』권40, 공민왕 11년 정월 己巳 ; 권113, 열전26 鄭世雲傳 ; 권113, 열전26 安祐·李方實·金得培傳 ; 권131, 열전44 金鏞傳.
161)『高麗史節要』권27, 공민왕 11년 윤3월 辛未 ; 권111, 열전24 洪彦博傳 ; 권131, 열전44 반역5 金鏞傳.
162) 金鏞에 의해서 일어난 홍왕사의 난은 공민왕을 시해하고 반원정책을 철회하려 했던 것으로, 원과의 관계를 고려한 친원적 성향의 측근세력 일부가 반감을 보여준 것이라 생각된다(閔賢九, 앞 논문, 1968, 60쪽 참조).

82

102

였다. 불안한 정국을 타개하기 위해 유공자들에 대한 포상을 단행하는 '興王討賊功臣'의 책봉을 시행한 다음,163) 5월에 19개 항의 내정개혁 교서를 반포하였다.

마침 동왕 11년 3월 前史館 編修官 李韌의 時務10조를 올려 개혁을 주장한 것을164) 시작으로, 10월에 災變을 이유로 百官과 守令에게 정치의 잘잘못과 백성의 이해를 아뢰도록 명령을 내렸다.165) 이에 監察大夫 金續命, 右獻納 黃瑾 등은 5개항의 時政上疏를 올려 관작을 중히 여기고 아끼면 전후 좌우에 모두 바른 사람들이 있게 될 것, 세 전(殿 : 태후·왕·왕비의 궁전)의 宦者를 각각 10명씩만 두고 나머지는 모두 내보내고, 바른 사람과 단정한 선비들로 항상 옆에 모시게 할 것, 중의 무리가 궁중에 출입하는 것을 금하고 다시 經筵을 열 것, 부득이한 宗室이나 勳舊 이외에는 封爵을 허락하지 말고, 이미 封한 자의 작위도 거둘 것, 수령이 나갈 때에는 직접 불러보아 그 소문과 실상을 살펴서 적당치 못한 사람을 천거하였거든 반드시 천거한 자를 벌을 주도록 주장하기도 하였다.166)

또한 12월에는 密直提學 白文寶가 箚子의 형식을 빌어 개혁을 요구하기도 하였다.167) 백문보의 차자는 銓注를 공정하게 실시할 것(論銓

---

163) 『高麗史』 권40, 공민왕 12년 윤3월 乙酉 ; 『高麗史節要』 권27, 공민왕 11년 윤3월.
164) 『高麗史』 권40, 공민왕 11년 3월 乙亥.
165) 『高麗史』 권40, 공민왕 11년 10월 丙申 ; 『高麗史節要』 권27, 공민왕 11년 10월.
166) 『高麗史』 권40, 공민왕 11년 10월 丙申 ; 『高麗史節要』 권27, 공민왕 11년 10월.
167) 공민왕 11년의 箚子는 『高麗史』 撰者가 8조항으로 나누어 各志에 "恭愍王 十一年 密直提學白文寶上箚子曰"이라 하여 分載하고 있다. 『淡庵集』에는 分載된 『고려사』 各志의 條目名을 따서 論銓注, 論農桑, 論鹽法, 論借貸, 論祿俸, 論租稅, 論商賈라 하여 7항목만을 들고 있지만, 그것은 論經理라 할 수 있는 1항목을 누락시킨 때문이다. 이 箚子는 銓注에 관한 것을 제외하고는 모두 財政·經濟에 대하여 論及한 것들인데, 이는 당시 紅巾賊의 亂을 겪은 渦中에서

注), 牧場을 산골과 섬으로 옮기고, 京畿8縣의 土地를 士大夫의 祭田으로 지급할 것(論經理), 慶尙道의 漕運費가 많으므로 田地를 加給하여 줄 것(論租稅), 水車를 사용하여 농업생산력을 증대할 것(論農桑), 鹽布를 거둘 것(論鹽法), 高利貸의 禁止(論借貸), 녹봉을 重하게 하여 官吏의 생활안정을 꾀할 것(論祿俸), 商人稅를 거둘 것(論商賈) 등 8개 항목으로 이루어져 있는데,168) 대체로 당시 심각한 민생문제와 국가재정의 어려움을 해결하려는 방안이었다. 당시 백문보의 개혁안은 공민왕의 의도와 부합하는 것으로, 12년의 내정개혁안에 일정한 영향을 미쳤을 것이다.169)

　이와 같이 여러 신료로부터 대책을 받아들여 그 건의의 내용을 수용했는지는 불분명하지만, 공민왕 12년 5월에 반포된 개혁교서는 '忠臣義士'의 도움을 받아 전란을 극복할 수 있었음을 강조하고, 모든 관료들이 힘써 나라의 '中興之理'를 이룩하자고 당부하는 것으로 시작하고 있다.

　심각했던 民生問題와 國家財政問題를 반영하는 것이라 하겠다. 또한 이 차자는 각 항목마다 간결하고 구체적이며, 古今의 中國事情을 많이 인용하고 있음이 특징이라 할 수 있다(閔賢九, 「白文寶硏究」, 『東洋學』 17, 1987, 259~260쪽 참조).

168) 『淡庵逸集』 권2, 疏箚 論時政箚子. 백문보는 공민왕 11년 淸州 行在所에서 「拱北樓應製詩序」를 짓고, 時政을 論하는 箚子를 올린 다음, 政堂文學으로 승진되었던 것으로 추측되는데, 朝廷과 함께 還都했다가 興王寺의 亂이 일어난 뒤 12년 4월경에 다시금 時政箚子를 올린 것으로 보인다. 예컨대 홍건적의 난리를 당한 뒤에 백성이 살지를 못하니 마땅히 관후한 恩을 내리어 남은 백성에게 혜택을 줄 것, 天人 道德의 說로 강론하여서 聖學을 밝힐 것, 大小 州郡에 다시 事審官을 두어서 非行과 違法을 糾察케 할 것, 지금부터는 관에서 度牒을 주어야 비로소 出家케 하되 3丁이 되지 않은 자는 다 듣지 말게 할 것, 刑政을 農時에 맞게 처리할 것을 주장한 것이 그러한 예이다(『高麗史』 권112, 열전25 白文寶傳). 이 상소문은 뒷 부분이 缺落된 채 『淡庵集』에 「斥佛疏」란 題名으로 수록되어 있고, 그 대부분이 『高麗史』 白文寶傳에 올라 있다.

169) 閔賢九, 「白文寶硏究」, 『東洋學』 17, 1987 ; 李映珍, 「高麗後記 恭愍王代의 白文寶의 現實認識 - 白文寶의 時政 8箚子를 중심으로 - 」, 『于松趙東杰先生停年紀念 韓國史學史論叢』, 1997.

　5월에 교서를 내려 이르기를, "내가 왕위를 이어 받은 이래로 하늘을 두려워 하고 백성을 사랑하며 감히 조금이라도 정사에 게으르지 않았다. 그런데 정사는 뜻한 대로 되지 못하여 내란이 누차 일어나고 外寇도 재차 침입하였다. 깊이 생각하건대, 그 허물은 실로 나 자신에게 있다고 하겠다. 다행히 天地 神命과 宗廟 社稷의 神靈들의 보호와 忠臣 義士의 도움에 의거하여 능히 災變을 제어하고 오늘에 이르렀다. 還都의 초기인 오늘에 있어서도 하늘이 화를 그만 둘 것 같이 보이지 않아 별들의 이상한 조짐으로써 경고를 보이며 旱魃로써 재앙을 이루고 있다. 마땅히 먼저 내 자신을 책망하고 백성에게 은혜를 베풀어야 하겠다. 아! 너희 정부와 지방의 대소 관료들도 나를 잘 도와 모든 일에서 실효를 내도록 힘쓰고 공허한 형식을 일삼지 말아서 中興의 정치를 이룩하도록 하라"라고 하였다(『高麗史』권40, 공민왕 12년 5월 庚午).

　이러한 점은 1, 2차 紅巾賊의 侵入과 興王寺의 亂 중에 죽어간 사람들에 대한 慰撫 차원과 함께 이 과정에서 성장한 武將들에 대한 회유, 정치세력간의 갈등을 염두에 두고 언급한 것이다. 공민왕 12년 5월의 내정개혁안을 정리하면 <표 5>와 같다.

<표 5> 恭愍王 12年 5月의 內政改革案 一覽

내용 분석		구분 항목		내용	개혁안 전문	출 전	비고
성격	분류						
政治問題	政治運營	祀典問題	1	宗廟의 祭器와 禮服 修理	教日 國之大事 惟祀爲重 經亂以後 宗廟祭器禮服 多有虧缺 可刻日營造 以備情文 犧牲·粢盛 務要蠲潔	예1 길례대사 제릉	
		人事行政	4	教育을 통한 人才 양성과 豪强者가 奪占한 토지와 노비를 學校비용에 충당	教日 近因干戈 教養頗弛 自今 成均 十二徒 東西學堂 諸州郡鄕校 嚴加教誨 作成人才 其土田人口 或被豪强所兼幷者 官爲析辨 以瞻學用	선거2 학교	
				5품 이상 관리들의 적임자인 知人 천거	教日 守令賢否 民之休戚 係焉 今後 僉議·監察 及六曹五品以上 各擧所知 以備擢用 所擧非人 罪及擧主	선거2 수령선용	

政治問題	政治運營	人事行政		전쟁에서 죽은 軍史의 子孫 등용 강조	敎 陣亡軍吏子孫 屢命擢用 有司 視爲文具 予甚痛焉 各具姓名以聞	선거2 공신자손 서용	
				外吏가 雜科로써 出身하는 것을 금하고 正科(製述明經)에 赴擧토록 함	敎 比年 外吏 規免本役 多以雜科出身 以致鄕邑彫廢 自今 只許赴正科 毋令與於諸業	선거3 향직	
經濟問題	土地問題	土地奪占	1	都評議使司에서 經理의 시행을 다시 하고 公私에 유익토록 함	敎曰 田法弊久 國匱民貧 仰都評議使司 當於農隙 遴選官吏 改行經理 以便公私	식화1 경리	
		收取問題	1 (2)	外吏의 自量을 허용함	下敎 一, 祿轉自量之令 已嘗頒示 州縣之吏 視爲文具 弊復如前 宜令本管官司 務要親臨 毋得縱吏爲奸 京倉交納 亦許外吏自量	식화1 조세	
				各道의 存撫, 按廉이 각 項目의 토지의 元籍에 의거 收納하고 州縣吏의 作弊를 禁함	一, 諸宮司倉庫之奴 收租之弊 主典者 屢以爲言 今後 各道存撫·按廉 照依各項 田土元籍 及時收納 州縣之吏 如有容私 作弊 隨數倍償 痛行理罪		
	收取問題	鹽法	1	各道의 存撫, 按廉은 鹽戶의 소금 공급이후에 소비자의 納布를 허용할 것	敎曰 鹽法之設 本以裕國便民 法久弊生 反爲民患 宜令各道存撫·按廉使 取勘 鹽戶 見數給鹽 方許納布	식화2 염법	
社會問題	民生安定	借貸	1	辛丑年 11월 이전 負債는 탕감하고 그 자녀는 품삯을 계산하여 보모에 돌려보낼 것	敎曰 債負無文契 元借錢人 已物故者 斷自辛丑十一月以前 並不許追徵 其質 當子女者 計傭 令歸父母	식화2 차대	
		租稅減免	1 (4)	庚子年 이전의 州縣의 3稅雜貢의 追徵면제	下敎 一, 庚子年以前 諸道州縣 三稅雜貢 未到官者 並免追徵	식화3 은면지제	
				辛丑年 이후 籍沒된 집안의 토지는 軍需에 충당하고 빼앗긴 토지와 人民은 본래 주인에게 돌려줌	一, 辛丑以後 所沒諸家之田 悉充軍需 其所奪田土人民 悉還舊主		
				京畿의 公私田租 3년에 한하여 1/3로 경감	一, 畿甸之民 因亂流離 田野多荒 若非寬恤 何以招來 其京畿公私田租 限三年 三分減一		
				龍駒 以北의 諸驛의 柴炭貢을 3년동안 면제할 것	一, 自龍駒 以北諸驛 三道之衝 供費尤多 其柴炭貢 與免三年		驛站
		賑恤	1	鰥寡孤獨, 癈疾者에 대한 賑恤조치	下敎 鰥寡孤獨·癈疾之人 在所 當恤諸人 窮乏不能自存者 亦宜矜恤 所在官司 務加賑濟	식화3 환과고독	

社會問題	民生安定	刑法	1	田獵禁止할 것	教曰 比來 各處防禦軍官 率兵田獵 不以其時 敗傷胎卵 有乖仁政 仰諸道存撫·按廉使 痛行禁理	형법1 직제	
			1	中外의 罪囚를 날짜를 정[刻]하여 疏理하되 기필코 공평하게 다루도록 할 것	教曰 刑罰失中 民怨所萃 今後 中外之囚 毋得冤滯 刻日疏理 期致平允	형법2 휼형	
國防問題	倭寇問題	軍役및戰功者優待	1	陣亡軍戶의 雜役免除, 防戍軍의 徵發에 州縣吏의 作奸禁止, 70이상 戍役免除, 防戍 有功者 錄用할 것	下教, 陣亡軍戶 雜役 優加存恤, 州縣之吏 發兵防戍 免富差貧 以逞其欲 所在官司 痛行禁理, 七十以上 與免戍役, 庚寅以來 防戍有功者 存撫·按廉·體察 申聞錄用	병1 오군	
	軍糧問題	驛站整備	1	館驛의 원래 소속 토지를 탈점한 경우는 究治할 것 龍駒以北의 諸驛에 대한 柴炭貢 3년 免除	下教 各道館驛 比因多故 日益凋殘 其元屬土田 爲人所奪者 官爲究治 以安生業 龍駒以北諸驛 三道之衝 供費尤多 其柴炭貢與 免三年	병2 역참	
합			15(19)				

　<표 5>에서 알 수 있듯이, 공민왕 12년 5월의 내정개혁안은 모두 15개 항목으로 이루어져 있다. 이를 분야별로 나누어보면 크게 정치(5)·경제(6)·사회(2)·국방(2) 등이다. 우선 정치문제는 크게 祀典문제와 人事行政에 따른 官吏의 選拔, 學校의 運用에 대하여 제기되었다.

　祀典문제는 宗廟의 祭器와 禮服을 修理하도록 하고 있다. 인사행정은 敎育을 통한 人才 양성과 豪强者가 奪占한 토지와 노비를 學校 비용에 충당하도록 하고, 5품 이상 관리들의 적임자인 知人을 천거하도록 하였고, 전쟁에서 죽은 軍吏의 子孫을 등용하도록 강조하였으며, 外吏가 雜科로써 出身하는 것을 금하고 正科(製述明經)에 赴擧토록 하였다.

　이 가운데 주목되는 내용은 守令의 薦擧를 僉議·監察과 6曹의 5品 이상의 관원으로 하여금 적임자로 擢用할 만한 이를 천거하도록 한 것이다. 공민왕 원년에 10科 擧主制를 주장한 백문보의 주장에 대한 수용 여부를 떠나 薦擧와 관련해서는 앞서 원년, 5년에도 지속적으로 나오고 있으며, 공민왕 10년에는 宰相과 百官으로 하여금 賢良 2인씩을 천거케

한 사실도 보인다.[170] 그러나 이에 대하여 11년 10월에 臺諫들은 안면과 人情에 끌려서 천거되었기 때문에 적절한 사람이 천거되지 못하였으므로, 왕으로 하여금 守令을 引見할 때 그 名實을 따져서 천거할 만한 사람인가를 살피고, 그렇지 않으면 천거한 사람을 죄를 묻도록 하라고 하였다.[171]

공민왕대에 薦擧制를 운영하고 있었던 사실은 金元命의 천거에 의해 辛旽이 등용되는 점에서 단적으로 설명된다. 22년에는 都堂에 명하여 재주가 守令이 될 만한 자를 몇 사람씩 추천하라고 명령하고 있음에서[172] 이후에도 계속 시행되었다는 것을 알 수 있다. 공민왕 이전에도 관리의 천거제가 있었지만, 공민왕대에 특별히 천거제에 많은 관심을 둔 것은 공민왕의 뜻에 부합되어 개혁을 추진할 인재를 확보하고자 했기 때문이었다.[173] 이를 계기로 辛旽執權期에 신흥유신이 등장할 수 있는 배경이 되기도 한다.

그리고 陣亡軍吏子孫에 대한 敍用 조처는 국왕의 교서 반포시에 흔히 나오게 되는 의례적인 것이다. 그러나 공민왕대에는 전쟁이 많았던 시기여서 여러 차례에 걸쳐 擔當官司에 명령했음에도 불구하고[174] 제대로 이루어지지 않자, 아예 그들의 성명을 적어 보고하도록 하고 있다. 이러한 점은 홍건적의 침입과 開京의 收復 과정에서 목숨을 잃은 軍士들을 대우함으로서 '忠臣義士'의 힘입은 바에 의해서 전란을 극복할 수 있었음을 강조하는 한편 이 과정에서 대두한 武將勢力에 대한 예우차원에서 이루어진 것으로 보인다.

土地문제는 都評議使司에서 經理의 시행을 다시 하고 公私에 유익

---

170)『高麗史』권75, 지29 선거3 銓注 薦擧之制 공민왕 10년 2월.

171)『高麗史』권75, 지29 선거3 銓注 選用守令 공민왕 11년 10월 臺諫上言.

172)『高麗史』권75, 지29 선거3 銓注 選用守令 공민왕 22년 9월.

173) 김기덕,「14세기 후반 개혁정치의 내용과 그 성격」,『14세기 고려의 정치와 사회』, 1994, 461쪽 참조.

174)『高麗史』권39, 공민왕 10년 2월 辛卯.

하도록 할 것과 수취문제로 外吏의 自量을 허용하고, 各道의 存撫, 按
廉이 각 項目의 토지의 元籍에 의거 收納하고 州縣吏의 作弊를 禁하도
록 하였다.

鹽價의 納布 문제는 5년의 것과 함께 두 조항이 나오고 있다. 여기에
서는 各道의 存撫, 按廉은 鹽戶의 소금 공급 이후에 소비자의 納布를
허용할 것을 지시하고 있다. 이러한 점은 이미 白文寶의 지적에서도 보
인다. 즉, 布를 納入하여도 한 되의 鹽을 받지 못하게 되었으므로 鹽의
多寡로써 포의 數에 준하여 균등히 지급하고 이를 恒式으로 삼으라고
하였다.175)

사회문제는 借貸와 관련된 것으로, 辛丑年(1361) 11월 이전 負債는
탕감하고 그 자녀는 품삯을 계산하여 보모에 돌려보낼 것과 租稅 감면
으로 庚子年(1360) 이전의 州縣의 3稅雜貢의 追徵을 면제하고, 辛丑年
이후에 籍沒된 집안의 토지는 軍需에 충당하고 빼앗긴 토지와 人民은
본래 주인에게 돌려주도록 하고 있으며, 京畿의 公·私田租 3년에 한하
여 3분의 1로 경감하고, 龍駒 以北의 諸驛의 柴炭貢을 3년 동안 면제할
것과 鰥寡孤獨, 癈疾者에 대한 賑恤조치를 취하도록 하였다.

형법과 관련한 것으로는 田獵禁止할 것과 中外의 罪囚를 날짜를 정
[刻]하여 疏理하되 기필코 공평하게 다룰 것을 강조하고 있다.

국방문제는 陣亡軍戶의 雜役免除, 防戍軍의 徵發에 州縣吏의 作奸
禁止, 70이상 戍役免除, 防戍 有功者 錄用할 것과 館驛의 원래 소속 토
지를 탈점한 경우는 究治하도록 하였다. 이때의 개혁안은 5년에 비해
적극적이지 않아서 특별히 주목되는 조처는 보이지 않는다. 8년과 10년
의 홍건적 침입과 빈번한 왜구의 침입 등 일련의 어려운 군사상황에서
軍役制度의 복구 정돈은 생각하기 힘들었을 것이다. 따라서 士人이나
鄕吏는 관직을 주고, 宮司奴隸는 良人으로 해주거나 錢帛을 주는 조건
으로 軍人을 모집해야 하는 현실이었다.176) 이러한 상황에서 나온 개혁

---

175) 『高麗史』 권79, 지33 식화2 鹽法 공민왕 11년 白文寶箚子.

안이었으므로 그 내용 또한 특별한 것은 없다.

　이상의 공민왕 12년의 내정개혁은 정치, 경제, 사회, 국방 등 여러 부면의 내용을 대상으로 하고 있는 것이지만, 주로 경제문제와 관련된 對民施策이 대부분을 차지하고 있다. 이 점은 내정개혁의 의도가 戰後收拾策으로서 민생문제를 해결하기 위한 임시적인 것임을 말하여 준다. 더구나 개혁을 추진할 수 있는 주체세력이 권력갈등 과정에서 소멸된이상 개혁은 사실상 선언적인 의미에 불과할 뿐 그 내용면에서나 성과는 기대하기 어려운 형편이었다.

　한편, 공민왕 12년에 원에서는 공민왕을 폐하고 德興君을 즉위시킨다는 명분하에 고려를 침입해왔다. 이는 충정왕의 지지세력의 하나였던 崔濡가 奇皇后를 움직여 일어난 것이다.[177] 공민왕은 慶千興을 西北面都元帥로, 安遇慶을 都指揮使로 임명하여 파견하여 東·西北面에서 덕흥군의 침입에 대비하게 하는 한편,[178] 12년 11월에 또다시 '己亥擊走紅賊功臣'과 '斂兵濟師功臣'을 책봉하여 장수들을 독려하였다.[179] 이러한 공민왕의 독려에도 불구하고 고려군은 13년 정월 압록강을 건너온 崔濡의 군대를 격퇴시키지 못하고 한동안 고전하였다. 그러다가 왕이 贊成事 崔瑩을 都指揮使로 임명해 安州로 급파, 군사를 지휘하게 하면서부터 승기를 잡아[180] 최유가 이끄는 군대를 물리칠 수 있었다.[181]

　불안한 대원관계가 안정을 되찾은 것은 13년 9월에 원에서 돌아온 護軍 張子溫이 원에서 공민왕을 복위하고, 최유를 잡아 고려에 보내겠다는 보고를 접하면서부터였다.[182] 이어 덕흥군을 따르지 않은 洪淳·李

---

176)『高麗史』권81, 지35 병1 兵制 공민왕 10년 10월.
177)『高麗史』권40, 공민왕 11년 12월, 12년 5월, 7월, 13년 1월.
178)『高麗史節要』권27, 공민왕 12년 7월.
179)『高麗史』권40, 공민왕 12년 11월.
180)『新元史』권249, 열전 외국1 고려, "崔濡·塔思帖木兒 以大兵一萬 圍義州 爲崔瑩等 所敗一軍皆沒".
181)『高麗史節要』권28, 공민왕 13년 정월.
182)『高麗史節要』권28, 공민왕 13년 9월.

子松·金庾·黃大豆 등이 원에서 돌아오면서 그러한 사정은 더욱 명확해졌고, 다음 달에는 원에서 翰林學士承旨 奇田龍을 보내어 왕을 복위시켰고, 나아가 최유도 잡아 보냈다.[183] 원의 대고려정책의 변화로 공민왕은 왕위의 안정화를 도모할 수 있었으나, 한편으로는 국왕권의 실추를 가져왔다.

이렇게 공민왕의 왕위를 둘러싼 일련의 사건들은 필연적으로 군사들을 지휘하여 전쟁을 수행하였던 將帥들의 정치적 위상을 강화시켜 주었다. 공민왕 12년을 전후한 6종류의 武將勢力에 대한 功臣冊封은[184] 그들의 정치적 입지를 확고히 해 주는 계기가 되었다. 이로부터 정국주도가 무장 중심으로 이루어지기 시작하였고 최영은 무장세력의 대표적인 인물로 부상하였다.

이들의 공통적 속성은 武才를 가졌고, 科擧와 관계없이 門蔭이나 成衆愛馬를 거쳐 入仕하였으며, 실제 武人으로 활약해 온 점을 들 수 있다. 대체로 보수적인 勢家 출신인 이들은 왕과 특수한 관계에 있었던 것도 아니며, 다만 將帥로서 병력을 장악하고 있었던 이유에서 권력의 중심에 위치하게 된 것이다.[185] 다음의 사료는 그런 상황을 말하여 준다.

① (柳濯)이 侍中이 되어 評理 崔瑩, 密直副使 吳仁澤, 提調政房 崔昊로 더불어 바야흐로 임금의 총애를 받았다. 하루는 관직을 임명하는데 유탁이 말하기를 "마땅히 먼저 臺省을 선발해야 할 것이다"라고 하니, 최영이 갑자기 말하기를 "내 사람을 선발하겠다"하고 목소리를 거칠게 하면서 아전을 불러 말하기를 "亐達赤의 名簿를 가져오라"고 하였다. 유탁이 최영의 사양하지 않음을 미워하여 말과 낯빛이 바야흐로 거

---

183) 『高麗史節要』 권28, 공민왕 13년 10월.

184) 이때의 功臣冊封은 興王討賊功臣, 扶侍避難功臣, 辛丑扈從功臣, 建議集兵定難功臣, 僉兵輔佐功臣, 收復京城功臣 등 6종류의 것으로, 각각 1등공신들에게는 토지 100결과 노비 10구를, 2등공신들에게는 토지 50결과 노비 5구를 지급하는 대규모의 것이었다(『高麗史』 권40, 공민왕 12년 윤3월 乙酉).

185) 閔賢九, 앞 논문(상), 1968, 61쪽 참조.

칠어지니 吳仁澤이 말하기를 "대성을 어찌 迂達赤 중에서 선발할 수 있을 것인가? 모름지기 먼저 儒士와 명망있는 사람을 선발해야 할 것이다"라고 하였다. 두 사람의 방자함이 곁에 사람이 없는 것처럼 하니 유탁이 병으로 사양하고 참여하지 않았다(『高麗史』권111, 柳濯傳).

　② 慶千興과 崔瑩이 私兵을 거느리고 東郊에서 크게 사냥하였다.……왕이 判開城府事 李珣을 보내어 최영을 꾸짖기를, "경이 東西江 都指揮使가 되어 왜적이 昌陵에 들어와서 世祖의 초상을 가져갔는데도 경은 모르고 있었다. 金續命으로써 경을 대체하였음에도 경은 군사를 속명에게 주지 않고 그 군사를 거느리고 아무 때나 사냥하는 것은 무슨 까닭인가? 비록 내가 말하지 않더라도 大諫이 경을 용서하겠는가. 지금 경으로써 雞林尹을 삼으니 급히 임지로 가도록 하라" 하였다(『高麗史節要』권28, 공민왕 14년 5월조).

　위의 두 내용에서 알 수 있듯이, 柳濯이 공민왕 12년 5월에 左侍中에 임명되어[186] 인사권을 행사하려고 하자, 崔瑩과 吳仁澤에게 밀려 관리 임명에 대하여 주도권을 행사하지 못하고, 결국 스스로 병을 핑계로 인사에 참여하지 않고 있다.

　유탁은 高興府院君 柳淸臣의 손자로 공민왕 3년 3월에 벌써 左政丞의 지위에 올랐으며,[187] 원의 요청에 의해서 高郵의 張士誠 토벌에 참여하여 공을 세우기도 하였다. 또한 홍건적의 토벌 때에도 공을 인정받아 공민왕 12년 윤3월의 공신책봉 때 建議集兵靖難1等功臣과 僉兵輔佐1等功臣으로 책봉되고[188] 左侍中에 오른 인물이다. 그런 유탁이 최영과 오인택에 밀려 인사권을 행사하지 못한 이유는 위 내용상 최영과 오인택이 공민왕에게 총애를 받고 있었기 때문이기도 하지만, 최영과 오인택이 군사권을 장악하여 사병을 소유할 정도로 무장들은 독자적인

---

186) 『高麗史』권40, 공민왕 12년 5월 癸巳.
187) 『高麗史節要』권26, 공민왕 3년 3월.
188) 『高麗史』권40, 공민왕 12년 윤3월.

세력을 형성하고 있었기 때문이었다.[189]

이와 같은 무장세력의 대두는 국왕권을 제약하는 것이므로, 공민왕은 이를 부담스럽게 여기고 있었다. 공민왕은 자신의 의지와는 상관없는 무장 중심의 권력구조를 해체하는 방편으로 새로운 정치구조를 구상하고 이를 통하여 戰後體制의 復舊라는 현실문제를 해결하고자 하였다.[190]

이 과정에서 새로운 정치세력의 등용을 필요로 하였고, 이러한 가운데 신돈이 등용되었다. 신돈의 등용은 공민왕이 추구한 개혁의 지속이라는 점에서 이루어진 것이기 때문에 권력집단의 새로운 변화를 가져오게 된 것이다. 이러한 점은 국왕과 정치세력간의 갈등관계가 되는 요인이 되기도 하였고, 그들 세력간의 정치적 위축뿐만 아니라 자체의 결속도 요구되는 것이었다.

2. 辛旽의 登用과 田民辨正 中心의 對民安定

1) 辛旽의 執權과 '因循之弊'의 改革

공민왕은 아무런 정치적 기반을 가지고 있지 않던 '離世獨立之人'인 辛旽을 공민왕 14년에 전격적으로 등용하고, 그를 통해 개혁을 추진하였다. 辛旽이 처음 중앙에 등장한 것은 대체로 공민왕 8년(1359)을 전후하여 金元命의 천거를 받은 후부터였다. 김원명과 신돈의 관계가 어떻게 이루어졌는지는 불분명하지만, 어느 날 恭愍王의 꿈에 어떤 사람이 칼로 찌르려고 하자, 한 승려가 자신을 구해 준 꿈을 꾸고 이튿날 이것

---

189) 李亨雨, 「高麗 恭愍王代 政治的 推移와 武將勢力」, 『軍史』39, 1999, 33~34 쪽 참조.
190) 閔賢九는 辛旽의 登用 背景을 武將勢力의 대두와 그에 따른 政治體制의 變化, 그리고 이 가운데 나타나는 王權의 弱化現象에서 찾았다(閔賢九, 앞 논문, 1968, 71쪽).

을 太后에게 고하였는데, 마침 金元命이 辛旽을 소개해 주어 만나고 꿈
에서 자신을 구해준 승려와 그 용모가 매우 닮아서 기이하게 여겼다는
것이다. 그리하여 더불어 談論을 나누어 보니, 신돈이 聰慧하고 말을 잘
하여 문득 왕의 뜻에 맞았고, 그 뒤 자주 비밀히 宮中에 불러들여 그와
더불어 空理(佛道)를 談論하였다고 한다. 이에 공민왕이 더운 여름이나
추운 겨울에도 항상 한 가지 찢어진 장삼을 입고 있는 신돈을 보고 더
욱 重히 여겨 모든 衣服과 飮食을 보내었는데, 버선을 선물하더라도 반
드시 이마에 받들어 보낼 정도로 공경을 표시하였다는 것이다.[191]

　공민왕이 이렇게 신돈을 대우한 것은 아마도 공민왕의 개인적 好佛
태도도 있었겠지만, 공민왕의 ‘爲國之道’와 신돈의 현실인식이 공감대를
형성한 때문으로 보여진다. 더욱이 신돈이 기존의 종단과는 달리 쇠퇴
한 華嚴宗 계열의 승려였다는 점에서 왕권 강화와 밀접하게 관련되어
있다.

　당시 불교계는 권문세족의 적극적인 후원아래 臨濟宗의 普愚가 장악
하고 있었다.[192] 따라서 공민왕이 신돈을 자주 만나고 있었다는 점은 권
문세족과 정치적, 경제적으로 결탁하고 있던 당시 불교계의 현실에 대
한 반발이었던 셈이다. 때문에 당시 王師였던 보우는 신돈을 邪僧이라
고 폄하하면서 공민왕에게 신돈을 멀리해야 宗社가 안전할 것이라 충고
하였고,[193] 尹紹宗의 族僧인 夫日이라는 승려 역시 신돈을 피해 산속으
로 도망하면서, 윤소종에게 “신돈이 탐욕스럽고 포악하여 결국 나라를
그르칠 것”이라면서 그를 따르던 禪顯도 못마땅하게 여길 정도였다.[194]

---

191) 『高麗史』 권132, 열전45 반역6 辛旽傳.
192) 普愚는 1396년(恭愍王 5)에 王師로 책봉되어 圓融府에서 九山門을 통합하고
　　白丈淸規를 통해 불교계를 정화하는 한편, 親元勢力의 제거, 漢陽遷都 등 정
　　치문제에도 관여하였다. 그러나 辛旽이 공민왕대 중반에 등용되어 국정은 물
　　론 불교계를 장악하고 華嚴宗僧 千熙(1307~1382)와 禪顯을 國師·王師로 책
　　봉하여 普濟寺에서 文殊法會를 빈번히 設行하는 등 華嚴宗 세력을 구축하려
　　하였다.
193) 「太古寺圓證國師塔碑」, 『韓國金石全文』 下, 1230~1231.

공민왕과 신돈의 관계가 불교뿐만 아니라 정치현실 문제까지 이르게
되자, 기존 불교계뿐만 아니라 정치세력 내에서도 이를 경계하기 시작
했다. 李承慶이 신돈을 "국가를 어지럽게 할 자"라고 한 것이나, 鄭世雲
이 "요사한 중"이라 하였고,195) 重房에서도 "예로부터 緇流는 闕門에
들어갈 수 없는데, 지금 佛法을 崇信하여 출입에 방해가 없으니 이를
금지하도록" 청한 것에서도196) 알 수 있듯이, 신돈은 본격적으로 집권하
기 이전부터 政事에 관여한 것으로 보인다. 그런데 이때 신돈을 적대시
한 사람들이 이승경과 정세운, 그리고 중방이라는 점에서 주목을 끈다.
이승경과 정세운은 홍건적 침입때 활약했던 무장세력이자 공신들이었
으며, 중방은 바로 이들 무장세력이 모이는 곳이기도 하다.

이러한 점은 신돈의 정사 관여가 홍건적의 침입과 왜구를 격퇴하며
성장한 무장세력의 정국주도를 견제하는 데 있었던 것을 말하여 준
다.197) 이는 신돈이 집권하면서 대표적인 무장세력인 崔瑩을 먼저 제거
하는 데서도 알 수 있다.

이렇게 이승경·정세운이 신돈을 비판하며 죽이려 하자, 공민왕은 이
들로부터 비밀리에 피신하도록 도와 주었으며, 다시 머리를 깎고 수행
을 하다가 이승경과 정세운이 죽은 뒤 공민왕이 다시 불러들여 淸閑居
士의 號를 下賜하고 師傅라 칭하며 國事를 자문하도록 하였다. 즉 공민
왕 14년 師傅로 삼아 眞平侯로 봉하고, 守正履順論道燮理保世功臣 璧
上三韓三重大匡 領都僉議司事 判監察司事 鷲城府院君 提調僧錄司事
兼判書雲館事에 임명하여 모든 권력을 그에게 집중시켰다.

尹澤은 致仕하는 자리에서 이러한 공민왕의 태도에 대하여 비판하고
있다. 즉, 遷都의 잘못을 언급하면서, "사람을 씀은 政事의 근본이므로
어진 이를 進用하고 不肖한 이를 물리치기"를 당부하고, "일의 得失은

---

194) 『高麗史』 권132, 열전45 반역6 辛旽傳.
195) 『高麗史節要』 권28, 공민왕 14년 5월 ; 『高麗史』 권132, 열전45 반역6 辛旽傳.
196) 『高麗史』 권85, 지39 형법2 禁令 공민왕 8년 4월 重房曰.
197) 朱碩煥, 「辛旽의 執權과 失脚」, 『史叢』 30, 1986, 75~76쪽 참조.

임금의 뜻에 비록 그러함을 밝게 알아도 大臣에게 맡기고 곧 處理하지 않으면 알지 못하는 사이에 그 害가 이미 이루어져서 救하여도 미치지 못할 것"이라는 直言을 서슴치 않았다. 윤택의 직언은 바로 신돈을 지적한 것이고, 정치를 국왕이 직접 관여하기보다는 大臣에게 맡겨야 한다는 것을 강조한 것이다. 공민왕의 가장 가까운 측근인 侍中 洪彦博 조차도 "내가 미치지 못하는 것"이라고[198] 감탄할 정도로 당시 大臣들은 공민왕의 전제적 통치와 신돈의 정치 참여에 대하여 직접적인 불만을 토로하지 못하고 있었던 점을 반증해 주는 것이다.

이러한 비판에도 불구하고 공민왕이 신돈을 등용한 이유는 대체로 두 방향에서 생각해 볼 수 있다. 우선 공민왕 자신의 정치적 한계와 결과가 예상되는 현실에서 자신이 직접 왕권 확보와 지배체제의 재정비를 위해 대대적인 개혁을 추진하기에는 이해관계가 얽매어 있는 완강한 신하와 대립될 소지가 충분하였을 것이고, 여기에다 14년 2월에 難産 끝에 죽은 魯國公主에 대한 심정은,[199] 심약한 그에게 정치에 대한 회의를 품게 하였을 것이다. 때문에 자신이 전면에 나서 정국을 주도하기보다는 자신이 종교적으로 의지하고 있으며, 현실적으로 정치를 대리할 수 있는 믿을 만한 인물로 생각한 신돈을 파격적으로 등용하였던 것이다.

이와 같은 공민왕에 의한 신돈의 등용은 기존의 정치질서와는 다른 면모를 보여주는 것이다. 국왕측근세력을 통한 정치운영이 12년에 홍왕사의 난으로 실패하고, 공민왕의 측근세력이 거의 도태된 상황에서 이를 다시 원용하고자 할 때 파격적인 신돈의 등용이라는 방식밖에는 없었을 것이다. 제도를 통한 개혁, 그리고 제도에 입각한 개혁추진세력을 중심으로 정국을 운영하고 있는 점은 바로 공민왕의 의지를 반영하는 것이다.

그러나 공민왕의 절대적인 후원하에 국왕의 대행자로 자처하던 신돈

---

198) 『高麗史』 권106, 열전19 尹諧附 尹澤傳.
199) 『高麗史』 권41, 공민왕 14년 2월 甲辰 ; 권89, 열전2 后妃2 魯國大長公主傳.

116

은 이전의 측근세력들과는 구별될 정도로 강력한 권력을 행사하였지만, 국왕의 결단에 의해 하루 아침에 제거될 수밖에 없는 데서도 알 수 있듯이 국왕의 의지를 대행하는 대리자일 수밖에 없었다. 신돈 집권기에 중요 요직을 담당했던 사람들 대부분이 공민왕과 긴밀한 관계를 갖는 사람들로서 그들은 신돈이 제거되고 공민왕이 親政하게 된 이후에도 계속 정권의 핵심을 이루고 있었다.

그러므로 신돈 집권기는 본질적으로 국왕 측근들이 중심이 되어 정국을 운영한 시기로서 공민왕 초기의 정국운영 형태와 비슷한 것이다. 이러한 점은 이후 관료체제를 지향하는 개혁적 성향의 과거 출신 문신들의 비판의 대상이 되었다. 신돈의 정치주도에 반대했던 鄭樞·李存吾의 탄핵과 柳淑의 落鄕[200]은 그러한 면을 보여주는 것이다.

신돈의 집권과 동시에 가장 먼저 서두른 것은 무장세력의 축출이었다. 최영을 雞林尹으로 내쫓은[201] 것을 시작으로 무장으로서 宰樞의 반열에 있던 사람들을 유배하였다. 李龜壽·梁伯益 등을 유배하여 무장세력에게 타격을 가한 다음, 5월에는 金普를 시중으로 하는 인사개편을 단행하였다.[202] 이후에도 이전의 무장세력과 그 동조자들에 대한 숙청은 계속되었다. 같은 달 許猷·邊光秀·金貴 등이 유배되었고, 7월에는 최영·이귀수·양백익 등이 체포되어 그 작위와 家産을 몰수했다.[203]

공민왕이 이처럼 권력개편을 단행할 수 있었던 것은 무장세력 자체 내의 분열을 적절히 활용하고 군사적 기반을 확보할 수 있었기 때문에 가능한 것이었다. 전시체제가 지속되는 동안 권력집단으로 성장한 무장세력은 자체 결속력을 강화하지 않은 체 권력독점을 위해 대립, 분열하고 있었던 것으로 보인다.

---

200)『高麗史』권112, 열전25 柳淑傳.
201)『高麗史』권41, 공민왕 14년 5월.
202)『高麗史』권41, 공민왕 14년 5월 庚午.
203) 이상과 같은 무장세력의 숙청과정은『高麗史』권41, 공민왕 14년 5월 庚辰, 6월 庚寅·甲午·庚戌 ;『高麗史節要』권28, 공민왕 14년 7월조 참조.

이는 최영·경천흥 등이 집권할 때 파직 당했던 李春富·睦仁吉·吳仁澤 등이 신돈 집권기에 오히려 고위직에 발탁되고 있다는 점에서 짐작할 수 있다. 이들도 홍건적을 격퇴하고 흥왕사의 난을 진압하는 데 공을 세워 공신에 책봉되었던 인물들이었음에도 불구하고 최영집권기에 유배나 파직되었다는 것은 당시 무장세력 내부에서도 정국 주도권을 둘러싸고 그 이해관계에 따라 대립하고 있음을 말하여 준다.

그러나 신돈을 등용한 목적은 비단 무장세력의 제거를 통한 왕권 강화에 국한된 것은 아니었다. 신돈의 등용을 통하여 기존의 정치세력을 모두 억누르고 국왕 중심의 정국운영을 도모하려는 의도는 공민왕이 기존의 정치세력들을 평가한 것에서도 알 수 있다. 이와 관련하여 다음 기록이 주목된다.

　　처음에, 왕이 재위한 지 오래되었는데 재상들이 많이 뜻에 맞지 않으므로 일찍이 말하기를 "世臣大族은 친당이 뿌리처럼 이어져 있어 서로 허물을 가려주고, 草野新進은 감정을 감추고 행동을 꾸며 명망을 탐하다가 貴顯해지면 집안이 한미한 것을 부끄럽게 여기고 大族과 혼인하여 처음의 뜻을 다 버리며, 儒生은 유약하여 강직함이 적고 또 門生·座主·同年이라 칭하면서 黨을 만들고 私情을 따르니 이 셋은 모두 쓰지 못하겠다. 세상을 떠나 초연한 사람[離世獨立之人]을 얻어 크게 써서 머뭇거리며 고치지 않는 폐단[因循之弊]을 개혁하려고 생각하였다" 하였다(『高麗史』권132, 열전45 반역6 辛旽傳).

　　신돈이 왕에게 말하기를 "儒者들은 座主니 門生이니 하고 안팎으로 줄지어 있으면서 서로 간청하여 그 하고자 하는 바를 자행하는데, 李齊賢 같은 사람은 문생이 문하에서 또 문생을 봄으로써[門生門下見門生] 드디어 나라를 메운 도적이 되었으니, 유자들의 폐해가 이와 같습니다"(『高麗史』권110, 열전23 李齊賢傳).

공민왕과 신돈이 儒者가 座主·門生·同年이라 칭하면서 黨을 만든다고 비난한 데서도 알 수 있듯이, 기존의 정치세력에 대한 불만의 표현으로 '離世獨立之人'인 신돈을 등용하여 '因循之弊'를 개혁하려 하였다.

이로부터 '世臣大族' '草野新進' '儒生' 모두를 대상으로 하는 대대적인 개편작업이 이루어졌으며, 특히 세신대족에 대해서는 대규모 인사를 통해 관직에서 축출하는 조치가 이루어졌다. 그리고 무장을 대신하여 신돈을 중심으로 하는 새로운 세력이 등장함으로써 공민왕을 중심으로 한 권력집단의 개편은 일단 성공적으로 마무리 될 수 있었다.204)

특히 공민왕의 지지 아래 柳濯과 李仁任이 都堂에서 庶政을 맡고, 金蘭·任君輔·睦仁吉이 庶務를 장악하는 內宰樞制가 신설됨으로서205) 신돈의 집권을 가능케 하였다.

이러한 변화는 興王寺의 亂 이후 약화된 왕권을 회복한 공민왕이 다시 정국의 주도권을 장악하였음을 보여준다. 그러나 그 방법이 비정상적이었기 때문에 부작용 또한 적지 않았다. 그럼에도 불구하고 신돈이 집권한 직후부터 개혁이 추진되고 그것을 주도하면서 신돈 정권이 수년 동안 지탱할 수 있었던 것은 무엇보다도 공민왕의 강력한 개혁의지와 후원이 있었기에 가능한 것이었다. 곧 신돈의 개혁이 근본적으로 공민왕이 의도한 것이기 때문이다.

공민왕이 신돈을 등용한 첫 번째 이유가 정치세력을 재편하여 왕권을 강화하려는 것이었다면, 또 하나의 이유는 바로 '因循之弊'의 개혁에 있었다. 위 내용에서 보듯 공민왕은 세신대족과 초야신진·유생이 서로 연결되어 당파를 만드는 것이 개혁을 가로막고 있다는 인식을 가지고 있었고, 그 때문에 그들과 무관한 '離世獨立之人'을 등용하였던 것인 만큼 신돈의 등장은 처음부터 개혁과 밀접한 연관성이 있다.

"감히 명을 어기지 못하여 奸惡을 제거하고 賢良을 등용하여 三韓의 백성이 조금은 平康을 얻게 한 후에 장차 一衣一鉢로 山林에 들어가고

204) 이익주, 「공민왕대 개혁의 추이와 신흥유신의 성장」, 『역사와 현실』 15, 1995, 37쪽 참조.
205) 『高麗史』 권41, 공민왕 14년 5월 庚辰.

자"했던206) 신돈의 개혁은 개혁의 내용면에 있어서도 정치 사회 경제 등 각 분야에 걸친 포괄적이고도 종합적인 조처들이라 할 수 있다. 그러나 신돈 집권기의 내정개혁은 국왕의 교서 형식으로 특정 시기에 집중된 것은 아니다.

신돈 집권기에 취해진 조치는 內宰樞의 신설, 田民辨正都監의 설치를 통한 田民推定 사업, 成均館 重營, 관리의 勤務日數에 따른 循資格制의 실시, 科擧 운용에서의 親試와 관련된 것과 國防에 관련된 조항들이다. 우선 內宰樞에 대하여 다음의 사료를 살펴보자.

(공민왕 14년 5월 경신) 柳濯・李仁任에게 명령하여 都堂에서 庶政을 맡게 하고 金蘭・任君輔・睦仁吉에게는 宮中에서 庶務를 맡게 하였다 (『高麗史』 권41, 공민왕 14년 5월 庚辰).

라고 하여, 政所를 都堂과 宮中으로 구분하고 있는데, 그 중 궁중에서 집무하도록 한 기관이 內宰樞로 이해된다. 內宰樞란 그 용어에서 알 수 있듯이 宰臣과 樞臣의 일부가 宮內에서 機密事務를 비롯한 주요한 정무를 처결하여 사실상의 小都堂的 성격을 갖는 것이다. 그러나 개혁사업을 추진하기 위하여 실시된 내재추제는 왕 측근의 몇몇 재추를 선발하여 궁중에서 기무를 참여케 함으로써 도당의 권한을 제약하고 왕권을 강화하려는 하나의 변칙적인 제도였다. 신돈이 내재추제를 신설한 정치적 배경은 국왕권과 밀접한 관련을 갖고 있다.

공민왕 11년 왕이 楊廣道按廉使 李之泰에게 명하여 嬖人에게 公州倉米를 주도록 하자, 이지태가 왕명은 반드시 兩府를 통하여 내려야 되는데 지금은 그렇지 않다 하여 거부한 일이 있었고,207) 13년에는 豊儲倉事 鄭得年으로 하여금 閹人에게 쌀을 내리도록 하였는데, 양부를 들먹이며 거부한 일도 있었다.208) 이는 왕권이 都堂에 의하여 제약받은

206) 『高麗史』 권132, 열전45 반역6 辛旽傳.
207) 『高麗史』 권112, 열전25 柳淑傳.

사례들이다.

　이러한 정치적 한계는 대민안정을 통한 국왕권 강화를 목적으로 하는 개혁사업을 제대로 추진하기가 어려웠을 것으로 보인다. 또한 공민왕 14년 3월에는 재추급 35명이나 임명됨에 따라 그들의 권력도 강화되었다. 이러한 양부가 공민왕과 신돈의 개혁의지에 걸림돌이 되었을 것이다. 따라서 내재추제의 신설은 개혁에 소극적인 인물을 견제하고 공민왕의 측근 중심의 정치운영을 도모하기 위한 것이었다.

　신돈 집권기에 가장 중요한 사업은 공민왕 15년 5월 田民辨正都監의 설치를 통한 전민추정사업이다. 이 사업은 토지와 사람의 소유 문제를 바로잡는 것을 목표로 하였다는 점에서 일반 민의 생활안정과 직결되는 것이었고, 공민왕으로서도 국왕권의 확립을 위하여 추진된 개혁이었기 때문에 여러 개혁 조치들 중 가장 핵심이 된다. 당시 지배층 안에서의 농장 등 대토지소유 추세의 만연과 일반 농민층의 생활 파탄은 국가 재정의 고갈로 이어져 국가붕괴 위기에 직면하고 있었다. 이러한 모순에 대하여 공민왕은 탈점된 농민들의 땅을 되돌려 주고 불법적으로 노비가 된 사람들을 본래대로 良人化함으로써 국가 지배체제의 인적 물적 바탕을 보다 확실히 파악하고 마련할 필요가 있었다. 그러한 작업이 바로 田民推定事業이었고, 그 주관 부서는 田民辨整都監이다.

　　(공민왕 15년 5월) 辛旽이 田民辨整都監 두기를 청하여서 스스로 判事가 되어 中外에 榜하여 諭示하기를, "근자에 紀綱이 크게 무너져 貪墨함이 풍속으로 되어 宗廟, 學校, 倉庫, 寺社, 祿轉, 軍須田 및 國人의 世業의 田民을 豪强의 집이 奪占하기를 거의 다하여 혹은 이미 田主에게 돌릴 것을 판결한 것도 그대로 가지며 혹은 良民을 認定하여 노예로 삼으니 州縣, 驛吏, 官奴와 百姓의 役을 도피한 자들이 모두 다 빠져 숨어 크게 農莊을 두니 백성을 병들게 하고 나라를 여위게 하여 그 感應으로 水災와 旱災를 부르고 질병이 그치지 않으니 이제 都監을 두어 하

208) 『高麗史』 권113, 열전26 崔瑩傳.

여금 이를 推整케 하되 京中은 15일을, 諸道는 14일을 기한하여 그 잘
못을 알고 스스로 고치는 자는 묻지 않을 것이며 기한을 지나 일이 발각
되는 자는 糾察하여 다스리되 망령되이 고소하는 자는 도리어 죄줄 것
이다”라고 하였다(『高麗史』권131, 열전45 辛旽傳).

신돈은 공민왕의 권위를 대행하며 당시의 대표적 관료인 李春富와
李仁任을 휘하에 두고 전민추정사업을 이끌어 갔다. 물론 이와 같은 성
격의 전민추정사업은 원간섭기에도 개혁정치나 전민변정도감 등을 통
해 여러 차례 실시되었다. 하지만 그러한 개혁은 번번이 반대세력으로
말미암아 시도하기가 어려웠다. 이때 신돈에 의해서 강력하게 추진될
수 있었던 것은 세신대족을 배제한 가운데 추진되었으므로 그 성과면에
서 크게 다를 수 있었다.

신돈의 전민추정사업은 그 주도자의 열의나 사업의 성과 면에서 이전
과는 자못 다른 면을 보여준다. 신돈을 부정적으로 평가한『高麗史』편
찬자들 조차도 다음과 같이 기록을 남길 정도였다.

　이 슈이 발표되자 권세가들이 많이 빼앗은 땅과 백성들을 그 주인에
게 돌려주므로 온 나라가 기뻐하였다. 신돈이 하루 건너씩 도감에 나오
자 李仁任 李春富 이하의 말을 듣고 결단하였다. 신돈이 겉으로는 공평
한 척 꾸미면서 사람들에게 은혜를 사고자 무릇 천한 사람들이 양인되
기를 호소하면 한결같이 양인으로 되게 하니, 이에 노예가 주인을 배신
한 자들이 벌떼같이 일어나 “聖人이 나왔다” 하였다(『高麗史』권132,
열전45 辛旽傳).

신돈을 도덕적으로 비판하는 입장에서도 뇌물과 아첨 그리고 여자를
좋아하고 신하로서의 법도를 무시하고 호화주택을 과다하게 보유한 것
들만을 지적하였을 뿐 토지나 노비와 관련한 어떤 비리도 언급하지 않
고 있다. 또한 신돈 자신이 토지나 노비들을 축적했다는 흔적은 사료에
서도 드러나지 않는다. 신돈은 적어도 자신이 추진한 전민추정사업에

122

비교적 열성적으로 임하였던 것같다. 또한 그 성과 역시 일반 민 사이에
서 '聖人이 나왔다'고 칭송될 정도로 상당한 호응과 지지를 얻고 있었다.

그런데 『高麗史』의 林樸傳에는 이러한 평가와는 달리 해석된 내용이
나온다. 즉 "신돈에게 명하여 提調로 삼고 임박을 使로 삼았는데, 임박
은 平決한 바가 많았으나 신돈은 偏聽하여 辨正하지 못하였다. 때문에
寃屈한 사람이 頗多하였다"라고[209] 한 것이다. 이 내용은 신돈전의 '中
外欣然'이란[210] 기록과 판이하게 다른 것임을 알 수 있다. 여기서 사실
상 임박의 '平決'은 양측, 즉 천인과 權豪측을 공평하게 판결했다는 뜻
이 되고, 신돈의 '偏聽'은 천인의 입장에서 제소를 처리했음을 뜻한다.
이렇게 볼 때 '寃屈頗多'한 이들은 신돈의 그런 행위에 불만을 가진 권
호들이었다.

이러한 점은 공민왕 14년 5월에 설치된 '刑人推整都監'에서도 찾을
수 있다.[211] 이 형인추정도감은 가뭄과 같은 자연재해의 발생을 계기로
설치한 것이다. 공민왕과 신돈은 刑人들의 억울함을 씻어 주기 위하여
이를 설치한다고 그 이유를 밝히고 있지만, 그 이면에는 가뭄에 수반한
기근으로 동요된 민심을 안정시키고, 刑人 즉 권문의 노비로 전락한 일
반 민을 추쇄하여 그들의 경제적 기반을 약화시키려는 데 있었다. 추정
사업을 시작한 지 1년 6개월 후에 공민왕은 부처 앞에 꿇고 앉아 "금년
의 풍작은 실로 僉議가 음양을 고르게 다스린 데 인유된 것이다"라
고[212] 할 정도로 개혁사업은 실지로 성공을 거두고 있음을 말하여 준다.

循資格制는 品階 및 年限과 經歷에 따라 官職을 승진시키는 인사법
규로, 본래 고려는 1년 단위로 근무성적을 평정하는 差年法이 시행되어
왔으나 이 때에 와서 근무일수를 기준으로 성적을 평정하는 到宿法이
시행된 것이다.[213] 홍건적의 침입과 興王寺의 난 이후 무장세력들이 軍

------

209) 『高麗史』 권111, 열전24 林樸傳.
210) 『高麗史』 권132, 열전45 반역6 辛旽傳.
211) 『高麗史』 권41, 공민왕 14년 5월 甲戌 ; 권77, 지31 백관3 諸司都監各色.
212) 『高麗史』 권132, 열전45 반역6 辛旽傳.

功으로 급속히 성장하게 됨에 따라 관료체제상의 불균형을 초래하고 정상적인 국왕 중심의 권력질서의 확립을 저해하였다. 따라서 개인의 능력차를 인정하지 않고 단지 근무일수로 진급의 기준을 삼은 것은 軍功 중심의 평가를 지양하면서 이러한 무장세력들을 견제하기 위한 것이다.[214]

한편, 공민왕대 軍役體系 변화의 중요한 한 가지는 관인 출신의 閑散軍이라는 새로운 군대의 탄생이다.[215] 물론 이전에도 別武班에서 文武散職이 동원되었고, 원종, 충렬왕 때에 일본정벌을 위해 散職者들이 東征軍으로 동원된 사례가 있으며, 충숙왕 때에도 前銜散職과 在京兩班들로 鎭邊別抄를 조직했던 예들은 있으나 이는 특별조치였을 뿐이다. 그러나 공민왕대에는 그것이 조직화되었다는 점에서 차원을 달리한다고 생각된다.

上萬戶와 副萬戶의 설치와[216] 각 司·각 愛馬와 5府의 閑良 品官을 모두 5軍에 分屬시키는 조처는[217] 그러한 시도의 일단이다. 물론 관인 계층의 양적 확대와 지역적 확산에 대처하여 그들을 효과적으로 통제하려는 정치적 목적도 가지지만, 군사적으로도 상당한 의미를 갖는다. 軍人田을 바탕으로 하는 軍戶制를 복구시킬 수 없는 상황에서 비교적 부실한 군사를 확보하여 대처하는 것은 유용한 일이었기 때문이다. 이들 閑散官으로 차출된 군사는 閑散軍으로 불리면서 馬兵의 임무수행을 하고 있으며, 조선초까지 이어지고 있다.

萬戶府는 원래 원에서 설치한 원의 군사조직이었으나 공민왕 5년에

---

213) 고려 및 조선시기 관리의 고과 및 진급에 대한 인사법규에 대한 변천은 李成茂, 『朝鮮初期 兩班硏究』, 1980, 158~170쪽 참조.
214) 閔賢九, 앞 논문(하), 1968, 69~70쪽. 한편 朱碩煥은 무신뿐 아니라 유자출신의 관인들의 견제도 아울러 내포하고 있다고 보았다(주석환, 앞의 글, 92~93쪽).
215) 『高麗史』 권81, 지35 병1 병제 공민왕 16년 2월.
216) 『高麗史』 권81, 지35 병1 병제 공민왕 18년 11월.
217) 『高麗史』 권81, 지35 병1 병제 공민왕 18년 12월.

124

이들 원의 만호부는 모두 혁파되었으므로, 여기의 5萬戶府는 고려가 독자적으로 공민왕 18년 8월에 설치한 것을 말한다.218) 이 5만호부에 소속된 군이란 곧 翼軍이며, 上·副萬戶란 것은『世宗實錄 地理志』에는 上副千戶로 되어 있고 이치로 보더라도 萬戶府에 萬戶가 있고 그 밑의 翼軍에는 千戶가 있어야 하므로 상·부천호로 되어야 할 것이다. 본래 익군은 공민왕 18년 8월 5만호부가 설치될 때 그 예하에 조직되었던 것으로 새로이 긴장상태로 들어가게 된 원과의 관계에 대비하고자 한 것이다. 그런데 익군은 농민을 軍籍에 올린 兵農一致의 군대였다는 점에서 주목된다. 비록 당시에는 농민에게 새로운 부담을 지우는 결과가 되어서 1년도 못되어 폐지되고 말았지만, 농민을 기간으로 하는 전국적인 상비군적 군사조직의 시초였다는 점에서 중요한 의미를 갖는다고 하겠다.219)

이상의 신돈 집권기의 개혁은 내용면에서 이전의 개혁과 비슷하였지만 그 실천을 위한 모색은 강력하였다. 그 대표적인 것이 전민변정도감의 활동이다. 따라서 처음에는 호응도 있었고 성과도 자못 큰 것이었다. 그러나 그 내용의 본질은 앞에서 살펴본 바 탈점된 토지는 本主에게 돌려주고 은닉한 民戶는 국가의 공역대상으로 삼는, 쇄환에 의한 원상복구를 목표로 한 것이었다.

토지겸병의 현실과 그 발생의 구조적 모순은 그대로 묵인하면서 여기서 제기되는 표면적인 문제만 처리한다는 자세였다. 이는 소극적이고 지엽적인 대책이었으나, 사실 고려정부가 토지정책의 기본입장을 변경하지 않는 한 취할 수 있는 방도는 이것뿐이었다. 문제를 근본적으로 해결하기 위하여 이 시기 토지겸병의 원인인 賜牌田이나 農場의 폐지를 적극적으로 추진한다는 것은 불가능할 뿐더러, 이는 고려국왕이나 지배층의 기반을 스스로 허무는 것이므로 결국 고려국가의 부정을 뜻하는

218)『高麗史』권41, 공민왕 18년 8월 乙丑.
219) 閔賢九, 앞 논문(하), 1968, 67~69쪽 ;「高麗後期의 軍制」,『高麗軍制史』, 1983, 335~336쪽 참조.

것이었다. 비록 그런 한계는 있다고 하더라도 국가재정의 확보를 위해
서나 견디지 못하고 유망하는 민의 현실 앞에서 국가는 수습책을 마련
하지 않을 수 없었다. 그 중 신돈 집권기의 田民辨正事業은 소극적인
대책으로서는 가장 적극적으로 실천에 옮겨진 경우였다.

그러나 신돈의 이러한 제도 보완도 政房의 존속과 內宰樞制의 新設
등 파행적인 방식을 취할 수밖에 없었던 것이 당시의 현실이었고, 이러
한 제도개혁으로 충분히 뒷받침되지 못한 신돈의 개혁은 정상적인 관료
체제를 구상하였던 신흥유신의 비판과 권세가로 자리잡은 기득권세력
의 연합에 의해 실패로 끝나고 말았다.

2) 辛旽의 除去와 都堂의 位相 變化

공민왕을 대신하여 정국을 주도하던 辛旽에게 공민왕 18년경부터 전
개된 국내외 정세의 변화는 정치적으로 불리한 상황에 놓이게 하였다.
국내적으로는 影殿事業의 강행으로 국가재정의 궁핍과 이때 발생한 기
근은 일반 민의 곤궁화를 초래하고 있었다.

공민왕 15년부터 나타나는 正陵役의 記事는 공민왕 17, 18년에는 집
중적으로 보이는데, 협소하다는 이유로 헐고 다시 짓는 등의 役事가 되
풀이 되어 17년 한 해의 경우만 해도 8회에 이를 정도였다.[220] 이와 같
이 빈번하게 역사에 동원된 일반 민의 생활을 위협하는 것이었으며, 국
가재정 또한 궁핍하게 만들었다. 예컨대,

  왕이 正陵을 일으키고 雲菴寺로써 願刹을 삼아 僧에게 쌀을 날마다
30石씩 주고 무릇 供給品이 이르지 않음이 없었음에도 寺僧이 또 都堂
에 나와서 賓客 먹일 물자를 청구하니, 宰樞들이 그 청을 어기기 힘들
게 여겨서 都監米 50石을 실어 보내기로 의논하였다. 李成瑞가 휴가중
인데 吏가 牒을 받들고 서명하기를 청하니, 李成瑞가 탄식하면서 말하

---

220) 閔賢九, 앞 논문(하), 95쪽 참조.

기를, "내가 13세에 처음 벼슬하고 29세에 宰府에 들어가 지금 51세이다. 己亥의 旱과 辛丑의 賊을 만나서 凶荒과 亂離가 지극하였으나 창고가 고갈하여 俸祿을 주지 못함은 듣지 못하였는데 지금은 祿을 주지 못함에도 雲菴僧에는 오직 그 하고자 하는 대로 居僧을 供養키로 청하면 주고 役夫를 먹이기로 청하면 주었는데 또 賓客 먹일 비용을 주니 한정이 있는 재물로써 끝이 없는 要求대로 준다면 나라가 어찌 窮乏하지 않으리요. 내가 宰相의 자리에 있으니 가히 말하지 않을 수 없다" 하고 드디어 서명하지 않았다(『高麗史』 권114, 열전27 李成瑞傳).

위의 내용은 正陵의 役事가 시작되면서 願刹인 雲菴寺의 승려가 요구하는 대로 해주기 때문에 재정이 좀먹어 들어가고 창고는 텅비어 녹봉을 지급하지 못할 정도가 되었음을 말하여 준다. 이와 같은 국가재정의 부족은 또한 이 시기 빈번하게 발생한 凶作으로 인하여 稅收의 감소를 초래하면서 더욱 가중될 수 밖에 없었다.[221]

따라서 신돈의 실각과 죽음은 개혁정책의 부작용과 그의 집권기에 있었던 연속적인 자연재해를 이유로 외형상 나타나 있지만,[222] 사실상 관직에서 밀려나고 경제기반의 상실로 위기감을 느낀 권문세족과 유교정치 질서를 확립하려는 신흥유신의 불만에서 비롯되었다.

신돈의 집권에 대한 반발은 공민왕 15년(1366) 4월, 鄭樞·李存吾가 신돈을 '國有兩君'하다는 비판에서부터 시작되어,[223] 이듬해 10월에는 신돈을 제거하려는 모의가 발각될 정도로 확산되어 갔다. 이 사건에는 慶千興·趙希古 등 신돈 집권과정에서 제거된 인물들뿐만 아니라, 처음에는 신돈과 협조관계에 있던 김원명·목인길 등도 가담하였다.[224] 공민왕이 신돈을 적극 지원함으로써 모의에 가담했던 인물들을 유배하는

221) 閔賢九, 「辛旽의 執權과 그 政治的 性格(하)」, 『歷史學報』 41, 1969, 95쪽 참조.
222) 『高麗史節要』 권28, 공민왕 18년 5월.
223) 『高麗史』 권41, 공민왕 15년 4월 甲子.
224) 『高麗史節要』 권28, 공민왕 16년 10월.

것으로 사건은 일단락되었지만, 이후에도 반대세력의 저항은 계속되었다. 동왕 17년 10월에 다시 신돈을 제거하려는 사건이 발생하고 있었다. 이 사건은 金精·金興祖·趙思恭·兪思義·金齊顔·金龜寶·李元林·尹希宗 등이 주도하였다. 그러나 사전에 누설됨으로써 이들 가운데, 김정·김흥조·조사공·유사의 등은 유배되었다가 신돈에 의해 살해되었다.[225]

反신돈 세력에 의해서 이루어진 두 차례에 걸친 신돈 제거 음모는 그때마다 공민왕의 보호 때문에 실패하였다. 때문에 이들은 신돈의 존재를 부정하지 않으면 안되었다. 다음의 내용은 이를 짐작케 한다.

　選部議郎 李韌이 신돈이 반역을 모의한 것을 알고 성명을 숨겨 寒居士라 일컫고 글을 써 밤에 재상 金續命의 집에 보냈다. 김속명이 아뢰니, 왕이 명하여 신돈의 黨인 奇顯 등을 잡아 모두 목베었다(『高麗史節要』 권29, 공민왕 20년 7월).

이 기사의 내용으로 보면, 신돈의 제거는 이인이 김속명에게 보낸 投書가 계기가 되어 성공할 수 있었다. 김속명은 明德太后 洪氏의 外戚으로 1차 신돈제거 모의 때 축출된 金元命의 아우이기도 하였다. 따라서 그가 태후와 연결되어 반신돈 계열의 선두에 서서 신돈을 제거하려 했던 것으로 보인다. 원래 태후는 신돈과 사이가 좋지 못하였다.

공민왕 15년 8월에 있었던 연회에서 태후와 신돈의 대립은[226] 결국 공민왕 18년 5월 태후가 政事를 신하에 맡겨서 공이 있고 죄가 없는 이를 많이 죽이고, 土木의 役事를 일으켜 火氣를 상하게 하여 가뭄에 이르게 하였다고,[227] 공민왕에게 신돈의 執政을 힐책하는 데까지 이른 것으로 보아 태후와 권문세족을 중심한 반신돈 세력이 형성되면서 신돈과

---

225) 『高麗史節要』 권28, 공민왕 17년 10월.
226) 『高麗史節要』 권28, 공민왕 15년 8월.
227) 『高麗史節要』 권28, 공민왕 18년 5월.

는 대립관계에 있었을 것으로 보인다.

또한 成均館 重營을 계기로 성장한 신흥유신들은 자연재해가 신돈에게서 비롯되었다고 보고 王道政治의 실현을 주장하며, 공민왕에게 親政體制를 회복하도록 유도함으로서 신돈의 존재를 부정하고자 하였다.

이로부터 신돈은 정책수행에 일정 부분 제한을 받고 있다. 동왕 18년 2월의 5도 事審官의 부활 건의에 대한 상소를 불살라 버리거나,[228] 8월의 忠州로의 遷都 건의도 旱災를 이유로[229] 모두 거부당하고 있다.

이러한 점은 공민왕과 신돈의 관계가 변화하였음을 보여주는 것이라 할 수 있다. 때문에 공민왕은 동왕 19년 10월에 親政의 복귀를 선언하면서 추정사업의 평가를 '天道不順'에 의한 실정으로[230] 강조하고 있는 점은 그러한 분위기를 말하여주는 것이며, 이는 바로 신돈의 직책인 '판서운관사'에 대해 문책하는 것을 뜻한다.

한편, 신돈 집권 후반기부터는 변화하는 대륙정세에 적극적으로 대처하기 위하여 새로운 외교관계를 설정하고 있었다. 고려가 원과의 사대관계를 기본으로 하면서 漢人 群雄과도 활발하게 교류하던 관계는 공민왕 17년에 明이 燕京을 함락시키고 중국의 새로운 패자로 등장하면서 변하게 되었다.

따라서 공민왕 18년 4월 명에서 偰斯를 파견하여 명의 건국과 洪武帝의 즉위를 알리자, 고려는 즉시 北元과 단교하고,[231] 다음달에 至正年號의 사용을 중지하였다.[232] 그리고 명에 賀登極使를 비롯하여 賀正使, 聖節使, 千秋節使를 파견하는 한편, 19년 5월에는 誥命을 받았다.[233] 고명을 받자 고려는 북원 황제의 詔書를 가지고 온 사신을 살해

---

228) 『高麗史』 권75, 지29 선거3 銓注 事審官, 공민왕 18년 ; 『高麗史節要』 권28, 공민왕 18년 2월.
229) 『高麗史』 권41, 공민왕 18년 8월 乙丑 ; 『高麗史節要』 권28, 공민왕 18년 8월.
230) 『高麗史節要』 권28, 공민왕 18년 2월.
231) 『高麗史』 권41, 공민왕 18년 4월 壬辰.
232) 『高麗史』 권41, 공민왕 18년 5월 辛丑.
233) 『高麗史』 권42, 공민왕 19년 5월 甲寅.

하고[234] 원이 교부한 金印을 명에 바치는 것으로 명에 대한 사대를 분명히 하였다.[235]

이때 명의 洪武帝는 조서를 보내 왜구 침입으로 해변의 땅을 경작하지 않고 방기해서 민의 생활이 어렵다는 것, 왕의 聽政之所가 없어서 신하들에게 위엄을 보이지 못한다는 것, 왕이 불교에만 전념하는 것은 왕도에 어긋난다는 것, 산천 성황 제사에 쓰는 희생을 준비하지 않는다는 것, 明兵이 遼審까지 이르지 못하므로 고려가 방비하라는 것 등의 5가지 문제를 지적하였다.[236] 명이 이러한 내용의 문서를 전달하게 된 것은 친명 외교를 추진하고 있던 신흥유신의 작용에 의한 것으로 보이지만, 고려로서는 이를 방치할 수도 없는 상황에 직면하게 된다.[237]

공민왕은 이 조서를 받은 두 달 후에 명의 洪武年號를 시행하고, 正言 李詹의 상소에 의하여 6部와 臺省의 관원에게 六衙日에 친히 일을 아뢰도록 하고 史官으로 입시하도록 한 청을 따랐고,[238] 12월에는 처음으로 報平廳에 나가 정무를 보고 있음이 드러난다. 더구나 이 자리에서 諫議大夫 吳中陸에게 민간의 이해득실과 자신의 허물을 숨김없이 진술하도록 한 점은[239] 공민왕의 정치참여를 공식적으로 선언한 것으로 보인다. 또한 신돈이 제기한 貳衙日을 폐기하고 보평청의 時事를 기다리지 말고 곧 보고하도록[240] 한 점은 공민왕의 신돈에 대한 심경 변화를 의미하며, 신돈의 존재를 정식으로 부정하는 것이었다.

때문에 신돈은 왕의 마음을 읽고 정계에서 물러나려는 움직임을 보인

---

234) 『高麗史節要』 권28, 공민왕 18년 12월.
235) 『高麗史』 권42, 공민왕 19년 7월.
236) 『高麗史』 권42, 공민왕 19년 5월 甲寅.
237) 김순자, 「고려말 대중국관계의 변화와 신흥유신의 사대론」, 『역사와 현실』 15, 1995.
238) 『高麗史節要』 권29, 공민왕 19년 11월 ; 『高麗史』 권42, 공민왕 19년 11월 辛丑.
239) 『高麗史』 권42, 공민왕 19년 12월 丙寅.
240) 『高麗史』 권42, 공민왕 20년 3월 庚子.

다. 신돈이 李詹의 상소에 대하여 六衙日을 6일과 26일에 정사를 보는 貳衙日로 바꾸도록 청한[241] 이후 공민왕 19년 12월에 '왕이 신돈의 집에 행차하여 문병하였다'는[242] 것과 20년 윤3월의 侍中 이하로부터 散官에 이르기까지 各品이 모두 참여하여 2백 명이 모인 자리를 '僉議餞送'이라고 한 점,[243] 그리고 4월에 신돈을 위한 잔치에서도 신돈이 불안하게 여겨 대청으로 옮기고 왕을 청하여 이를 구경하였다는[244] 점 등에서 그러한 분위기를 엿볼 수 있다.

이후 신돈의 정치활동은 李韌의 投書에 의해서 제거되는 20년 7월까지 『高麗史』에 드러나지 않고 있다. 신돈을 제거하기 위한 표면적인 이유는 20년 7월에 '신돈이 스스로 暴威를 떨침이 너무 심함을 알고 왕이 자기를 꺼릴까 두려워 하여 드디어 반역을 도모하였다'고[245] 하였기 때문이었다.

이 사건을 계기로 공민왕은 신돈의 당여 7인을 처형하고 신돈의 아들 생일날 光明寺에서 飯僧 중인 그를 오게 하여 2일간 正陵에 감금하였다가 水原에 유배시켰다.[246] 그리고 사건 발설 5일만에 공민왕은 자신의 의도하에 등용시킨 신돈을 권문세족과 신흥유신들의 입장이 맞아 떨어진 상황하에서 반역의 죄로 몰아 林樸을 시켜 주살하였다. 신돈의 당여로 지목된 이들인 大護軍 李伯修 등 20여 명과 신돈의 2살 난 아이, 奇顯의 아들 仲平이 죽임을 당하고, 大司憲 孫湧과 이춘부의 아우인 光富·元富 등 16여 명이 杖流되었다.[247]

신돈에게 권력을 집중시키고 이를 통해 왕권을 유지, 강화해 왔던 공민왕은 이번에는 신돈을 숙청하여 국내외의 반발을 무마하면서 왕권을

---

241) 『高麗史節要』 권29, 공민왕 19년 12월.
242) 『高麗史』 권42, 공민왕 19년 12월 戊寅.
243) 『高麗史節要』 권29, 공민왕 20년 윤3월.
244) 『高麗史節要』 권29, 공민왕 20년 4월.
245) 『高麗史節要』 권29, 공민왕 20년 7월.
246) 『高麗史』 권132, 열전45 반역6 辛旽傳.
247) 『高麗史節要』 권29, 공민왕 20년 7월.

유지하는 방법을 선택한 것이다.

신돈 제거 이후 실시된 공민왕 20년 12월의 내정개혁의 배경은 우선, 신돈 집권기에 드러난 정치행태나 민생문제에 대한 정치세력의 비판을 사전에 막아보고자 했던 것으로 보인다. 공민왕은 약 7년간 신돈의 등용을 통하여 崔瑩 등 강력한 武將들을 축출하고 정계재편을 꾀하는 등 어느 정도 자신이 의도한 바를 달성하였다. 그러나 신돈의 집권이 장기간에 접어들면서 신돈의 권력이 지나치게 비대해지는 등 그에 따른 폐단이 누적되기 시작하면서, 이에 대한 비판이 제기되고 있었다.

더구나 공민왕 19년 11월에 올린 李詹의 현실비판 상소는 새로운 정국운영을 도모하는 계기가 되었으며, 결국 공민왕 자신이 親政을 하겠다는 의사표시를 하고,[248] 이어 신돈과 신돈 집권기에 형성된 권력층 상당수를 반역을 도모하였다는 이유로 제거하였다.[249]

따라서 공민왕은 신돈의 제거 이후 그의 집권과정에서 나타난 여러 폐단과 대외정세의 변화에 능동적으로 대처하고자, 20년 12월 4번째이자 마지막 개혁교서를 반포하였다.[250] 개혁을 표방하여 신돈 집권기의 정치행태나 민생문제에 대한 정치세력의 비판과 권력구조의 개편을 통하여 국내외의 정치질서에 대응하고자 했던 것이다.

공민왕은 자기반성을 통하여 우선 그동안의 정치가 올바르지 못했으며, 민생이 불안했음을 지적한 후 21개 항목에 이르는 개혁안을 반포하였다.[251] 이를 정리하면 <표 6>과 같다.

---

248) 『高麗史』 권42, 공민왕 19년 10월 己卯.

249) 『高麗史』 권43, 공민왕 20년 7월.

297) 『高麗史』 권43, 공민왕 20년 12월 己亥.

251) 이때의 개혁안의 분석은 白仁鎬, 「恭愍王 20년의 改革과 그 性格」, 『考古歷史學志』 7, 1991이 참고된다.

<표 6> 恭愍王 20年 12月의 內政改革案 一覽

내용 분석 성격	분류	항목		내용	개혁안 전문	출 전	비 고
政治問題	政治運營	祀典問題	8	母后 尊號加上을 위해 親行冊禮할 것	載惟聖善 母儀一國 德與年高 尊稱尙闕 宜擇吉辰 親行冊禮	세가	
				여러 사람의 말을 채택하여 中外에 布告할 것	又慮政事 有所未擧 民生 有所未安 博採群言 布告中外		
				都評議使가 社稷·宗廟의 大祀를 總理할 것	郊社·宗廟 祭祀爲大 仰都評議使 摠理其事 太常寺 管領太廟署·諸陵署·都祭庫·太樂署 檢察如儀 務極蠲潔		
				祭祀를 主管하는 官員을 擴充할 것	保擧園丘·籍田·社稷壇直 選揀諸陵殿直 充其祝史·齋郎 及將歌舞人樂工等 習學成才 司農寺 率其籍田·典廐 以備粢盛·酒醴·犧牲 毋致失誤 其有不如法者 司憲府 嚴行料理		
				名山大川에 尊號를 加上하고 致祭할 것	國內名山·大川 載在祀典 蕃加德號 致祭涓潔		
				太廟九室의 配享功臣 追贈할 것	太廟九室配享功臣 遺風餘烈 永世難忘 仰拘該官司 並加追贈		
				箕子祠宇를 修理하고 致祭할 것	命平壤府 修箕子祠宇 以時祭之	예1 길례대사 잡사	
				顯陵에 朔望祭를 行함	始復行朔望祭于顯陵	예1 길례대사 제릉	
		人事行政	2	成均館과 鄕校에 文武2學을 開設할 것	敎曰 文武之用 不可偏廢 內自成均 外至鄕校 開設文武二學 養成人才 以備擢用	선거2 학교	
				文은 3, 武官 5품이하의 官員으로 軍功에 따라 添設할 것	命左承宣金興慶曰 今兵革未偃 錢財罄渴 有軍功者 無以賞 添設文官三品 武官五品以下官 以賞軍功	선거3 첨설직	
經濟問題	收取	戶口	1	良賤 生口를 分揀하여 戶籍을 만들 것 60세가 되면 徭役을 면제할 것 東西兩界의 新附한 人戶에게 糧穀과 田土를 지급할 것	下敎 一, 本國戶口之法 近因播遷 皆失其舊 自壬子年爲始 并依舊制 良賤生口 分揀成籍 隨其式年 解納民部 以備參考 一, 單丁從役 自丙申年 已在禁限 官吏不體予意 役使如初 尤可憐憫 須給助役 毋令失業 年滿六十 免役 一, 東西兩界 新附人戶 理宜安集 其令都巡問使 給糧與田 無令失業	식화2 호구	형법 3호혼

經濟問題	農桑	1	守令의 考課를 種桑과 墾田의 多少로 黜陟할 것	敎曰, 農桑 衣食之本 諸道巡問・按廉 考其守令種桑・墾田多少 具名申聞 以憑黜陟	식화2 농상	
社會問題	借貸	1	高利貸의 弊端是正	敎曰 債負 止於一本一利 貪利之徒 不畏公法 取息無已 重困吾民 仰中外官司 取勘元契 果有違犯者 將本錢沒官 利錢 還付貸者 貧民 或有賣子女者 計傭償直 令還父母	식화1 차대	
	賑恤	1	有備倉을 설치하여 忠宣王의 제도를 회복토록 할 것	敎曰 救荒賑飢 王政所急 忠宣王 嘗置有備倉 又設烟戶米法 其慮甚遠 比來 名存實亡 殊失賑濟之意 其復忠宣王常平義倉之制	식화3 상평의창	
		1	洪武 3년(1370) 이전의 各道에서 밀린 賦稅 면제할 것	敎曰 民惟邦本 近來 軍國事繁 差發尤重 其免洪武三年以前 各道通欠賦稅	식화2 은면지제	
		1	鰥寡孤獨 賑恤할 것	下敎 鰥寡孤獨 仁政所先 宜加矜恤	식화3 환과고독	
		1	본래 소속하였던 田民을 도로 찾아 醫藥과 資糧을 넉넉하게 할 것, 守令은 그 醫師를 訪問하고 藥物을 모아서 民命을 救濟토록 할 것, 州郡으로 하여금 院館을 수리하고 땔 나무와 꼴을 貯藏하여 行旅에 편리토록 할 것	下敎 一, 東西大悲院 先王 本爲惠民而設 近年以來 主者 不爲用心 致使貧病・流離之人 無所仰給 予甚憫焉 仰都評議使司・司憲府 常加體察 取勘元屬田民 以瞻醫藥粥飯之資 一, 醫藥活人 仁政所先 國初 郡縣皆置醫師 民無夭扎 自今 守令其訪人 修合藥物 以濟民命 一, 近因倭寇 漕運不通 遠近輸轉 皆由陸路 其令州郡 修葺院館 儲峙薪蒭 以便行旅	식화3 수한역대 진대지제	
		1	諸司의 公事 移牒에 따른 수고로 백성이 병됨이 실로 많으므로 都評議司에 稟告하여 區處하도록 할 것, 僧이 되려는 자는 所在官司에 丁錢으로 50匹의 布를 바친 뒤에 祝髮을 허락할 것, 각處로 流離, 避役하는 人口를 鄕吏, 官寺, 津驛人을 제외한 나머지는 모두 差役에 충당할 것	敎曰 一, 百僚庶務 斷自都堂 近年 諸司 凡有公事 擅移諸存撫・按廉 遣人徵督 甚者 直牒州縣 病民實多 自今 並令稟都評議司 區處, 一, 諸人 未受度牒 不許出家 已嘗著令 主掌官司 奉行未至 致使丁口 規避身役 不修戒行 至敗敎門 今後 情願爲僧者 先赴所在官司 納訖丁錢五十匹布 方許祝髮 違者 罪師長父母 自鄕吏 及津驛公私有役人等 並行禁約 一, 民之流離 盖爲官吏無良 苟當差役 寧有彼此 今後 各處流移人口 除鄕吏官寺津驛人外 餘並仍舊當差	형법1 직제	

社會問題	民生安定	旌表	1	義夫·節婦·孝子·順孫을 旌表할 것	義夫·節婦·孝子·順孫 風俗所係 並行旌表	세가	
		徭役免除	1	60세 이상자 免除할 것	教日 單丁從役 自丙申年 已在禁限 官吏役使如初 尤可憐憫 須給助役 毋令失業 年滿六十 免役	형법1 호혼	
		禁令	1	屠殺禁止할 것	教日 無故宰殺 明有禁令 市井無賴之徒 州郡公須伎會之家 必用屠宰 有乖禮典 所在官司 比附前例 痛行禁斷	형법2 금령	
		恤刑	1	中路에 刑法者를 죽이는 中外 官吏의 罪를 決斷할 것,	教日 罰懲非死 民極于病 比來 中外官 曾不恤刑 既杖且贖 民何以堪 自今 毋得並行杖贖 如有違者 許諸人赴官陳訴 倍數徵還 刑罰 明有條例 不宜輕重出入 自逆臣擅柄 凡用笞杖 必中虛怯 既貶之後 陰囑管押之人 中路殺之 深爲慘毒 今後 中外執法官吏 敢有如此者 都評議使 申聞斷罪	형법2 휼형	
國防問題		軍卒待遇	1	選軍給田의 舊制回復, 戰功者 褒贈	教日 選軍給田 已有成法 近年 田制紊亂 府兵 不得受田 殊失募軍之意 其復舊制 兵興以來 戰亡將士 悉加褒贈 官其子孫 卒伍 則存恤其家	병1 오군	
		驛站問題	1	諸司의 轉輸를 驛戶에게 委託하는 일을 禁止할 것	教日 置郵 本爲傳命 近年諸司 凡有轉輸 皆委驛戶 致令人馬困斃 自今 都評議使司·諸道按廉 嚴加禁治`	병2 역참	
		屯田整備	1	軍人에게 耕種을 使役하여 軍糧輸送을 줄일 것	教日 屯田之法 有益軍需 仰都評議使 行移各道防禦大小員官 相其地利 役以軍入耕種 以省漕輓之費	병2 둔전	
합			25				

<표 6>에서 알 수 있듯이, 공민왕 20년 12월의 내정개혁안은 世家와 志의 항목을 포함하면 모두 25개 항목으로 이루어져 있지만,『高麗史』志의 것만 18개 항목이다. 이 가운데 戶婚의 경우는 호구의 내용과 중복되는 것이므로 이를 제외하면 실제로는 17개 조항에 이른다. 이를 분야별로 나누어보면 크게 정치(10)·경제(2)·사회(10)·국방(3) 등에 관련된 것이다.

정치와 관련한 것으로는 크게 祀典과 인사행정으로 구분된다. 祀典문제로는 母后 尊號加上을 위해 親行冊禮할 것, 政事를 위하여 널리 群言을 채택하여 中外에 布告할 것, 都評議使가 社稷·宗廟의 大祀를 總

理할 것, 祭祀를 主管하는 官員을 擴充할 것, 名山大川에 尊號를 加上
하고 致祭할 것, 太廟九室의 配享功臣 追贈할 것, 箕子祠宇를 修理하
고 致祭할 것, 顯陵에 朔望祭를 행할 것을 지적하였다.

人事行政 문제는 成均館과 鄕校에 文武 2學을 開設할 것, 文 3品, 武
官 5품 이하의 官員으로 軍功에 따라 添設하도록 조처하고 있다. 이 가
운데 첨설직은 공민왕 3년 이후 군공자를 포상하기 위하여 설치된 것이
었지만, 從軍하지 않은 자에게까지 포상하여 그 수를 헤아릴 수 없을 정
도에 이르게 되어 우왕대 정치적인 문제로까지 인식되기도 하였다.252)

경제 문제는 收取와 관련된 것으로, 2개 항목밖에 제시되지 않았다.
이러한 점은 이전의 교서와는 많은 차이를 보인다. 良賤生口를 分揀하
여 戶籍을 만들 것, 60세가 되면 徭役을 면제할 것, 東西兩界의 新附한
人戶에게 糧穀과 田土를 지급할 것, 守令의 考課를 種桑과 墾田의 多
少로 黜陟할 것을 강조하고 있다.

이 가운데 良賤生口를 分揀成籍하라는 것은 良人의 奴婢化를 막고
노비가 된 양인의 신분을 환원하기 위한 의도가 포함되어 있는 것으로,
이는 문란해진 戶口法을 변정 형식을 통해 본래대로 쇄환하는 방식이었
다. 그러나 이러한 쇄환작업은 신분적 혼란이 오랫동안 진전되어 온 상
황에서는 실행되기 어려운 것이며, 더욱이 홍건적의 침입으로 戶籍이
亡失된 상황에서는 그 고증 또한 불가능한 것이었다.

결국 신분적 혼란을 극복하는 개혁의 방향은 현실을 긍정적으로 받아
들이면서 권세가의 세력기반을 분쇄하고 貢戶를 확보하는 선에서 신분
적 지배체제의 정리를 마무리짓는 대로 귀결될 수밖에 없었으며, 그것
이 뒤에 공양왕 2년에 지배층을 兩班層에 고정하고 賤流層은 그 私屬
人인 奴婢에 한정함으로써 결과적으로 公役層을 확보하는 것으로 해결
하고자 한 兩班戶籍 정리의 시도였던 셈이다.253)

252) 『高麗史節要』 권30, 우왕 2년 정월 ; 『高麗史節要』 권30, 우왕 2년 9월.
253) 김기덕, 앞 논문, 471~472쪽 참조.

한편, 東西 兩界의 新附人戶의 문제 역시 국토의 수복과 함께 새로 편입된 戶일 것이므로, 그들에 대한 호구 파악과 함께 생계유지를 위하여 식량과 토지를 지급케 하고 있다.

사회문제는 민생과 관련된 것으로, 高利貸의 弊端是正과 賑恤을 강조하고 있다. 有備倉을 설치하여 忠宣王의 제도를 회복토록 할 것, 洪武 3년(1370) 이전의 各道에서 밀린 賦稅 면제할 것, 鰥寡孤獨을 賑恤할 것, 본래 소속하였던 田民을 도로 찾아 醫藥과 資糧을 넉넉하게 할 것, 守令은 그 醫師를 訪問하고 藥物을 모아서 民命을 救濟토록 할 것, 州郡으로 하여금 院館을 수리하고 땔 나무와 꿀을 貯藏하여 行旅에 편리토록 할 것, 諸司의 公事 移牒에 따른 수고로 백성에 시달림이 많으므로 都評議司에 稟告하여 區處하도록 할 것, 僧이 되려는 자는 所在官司에 丁錢으로 50匹의 布를 바친 뒤에 祝髮을 허락할 것, 각 處로 流離, 避役하는 人口를 鄕吏, 官寺, 津驛人을 제외한 나머지는 모두 差役에 充當하도록 하였다. 또한 義夫·節婦·孝子·順孫을 旌表하도록 하고, 60세 이상자는 徭役을 免除할 것을 강조하고 있으며, 禁令으로 屠殺을 禁止하도록 하였고, 中路에 刑法者를 죽이는 中外 官吏의 罪를 決斷하도록 하고 있다.

이러한 조치 가운데 주목되는 점은 醫藥을 강조한 것이다. 이전의 개혁내용에서는 없는 것으로, 이때 간행된『鄕藥惠民經驗方』등과 같은 여러 종류의 醫學書를 편찬 보급하는 것과 관련이 있어 보인다. 특히 明나라로부터 藥材와 藥方이 들어오는[254] 시점과 일치하고 있다는 점에서 정부의 의술개발과 치료시설의 확충에 대한 관심이 이전 시기보다 많았다는 것을 반증하는 것이기도 하며,[255] 또한『農桑輯要』를 편찬한 新興儒臣들의 적극적인 농업생산력에 대한 관심의 결과로 보인다.[256]

---

254)『高麗史節要』권29, 공민왕 21년 9월, 11월.

255) 홍영의,「高麗後期 大藏都監刊『鄕藥救急方』의 刊行經緯와 資料性格」,『于松趙東杰先生停年紀念論叢 韓國史學史硏究』, 1997, 192~194쪽 참조.

256)『農桑輯要』는 원의 가혹한 수취와 계속된 외적의 침입으로 피폐해진 농업을

이와 아울러 諸司의 公事 移牒에 따른 백성의 수고로움으로 都評議
司에 稟告하여 區處토록 한 것은 都評議使司의 권한 강화와 관련하여
주목되는 점이다. 특히 百僚의 庶務는 都堂에서 결정하도록 강조한 것
은 이를 말하여 준다. 監察司·典理司·軍簿司 등이 주로 관장하던 업
무를 도평의사사를 통해 처리토록 하고 있다. 이 교서에는 이외에도 驛
站과 屯田의 운영, 형벌제도의 감찰 등을 도당이 주관하도록 조처하는
내용 등이 포함되어 있는데, 이런 몇 가지 변화는 신돈이 제거된 공민왕
20년 이후의 정치 운영의 변화와 관련이 있는 것으로, 內宰樞制의 否定
과257) 도평의사사의 강화로 나타났다.

공민왕이 百僚의 庶務를 총괄하도록 도당의 권한을 강화시켜 준 것
은 물론 신돈 집권기 동안 도당을 구성하는 재추 등의 꾸준한 요구가
있었기 때문이겠지만, 왕의 입장에서도 당시 대중국관계에서 고려의 독
자적인 위치 확보를 위해서는 그들의 적극적인 지원이 필요하였기 때문
이다. 또한 이미 허설화된 도당의 기능을 회복하려는 의도는 국왕을 대
신하여 정무를 신돈에게 집중시켰을 때 나타났던 여러 반발과 국왕 중

복구하는 데 활용하기 위하여 공민왕 21년(1372)에 간행하였다. 충정왕대 李嵒
이 가져온『農桑輯要』의 간행은 지방사회에서 권농을 담당하고 있던 지방관이
중심이 되었다. 즉 知陝州事 姜著가 간행을 주관하고 慶尚道 按廉使 金湊가
재정지원을 해주었으며, 晉州牧使로서 권농사를 겸하고 있던 偰長壽는「序農
桑輯要後」를 썼다. 그밖에 藝文館大提學 李穡은「後序」를 썼고, 禪宗 승려였
던 大智國師 粲英은 卷末에 音義를 달아 편의를 제공하였다. 이색은 이 책의
내용을 "理生의 良法"이라 극찬하면서 농업기술에 관심을 보여주고 있었다.
이러한 점은 百文寶의 水車의 製造를 건의한 것과 함께 농업기술의 진흥에
관심을 보여주고 있는데, 이는 당시 국정과제로 새로 제기되었던 "農桑盛",
"人口增"과 함께 그들의 "생명이 있는 것을 살아가게 하는 큰 덕을 베푸는 일"
즉 백성들의 하늘(民天)인 衣食을 해결하는 것이 仁政을 실현하는 것으로 여
긴 爲民論과 밀접하게 관련이 있는 것이다(李宗峯,「高麗刻本『元朝正本農桑
輯要』의 한국농학사상에서의 위치」,『釜山史學』21, 1991 ; 李泰鎭,「14~16세
기 韓國의 인구증가와 新儒學의 영향」,『震檀學報』76, 1993 ; 魏恩淑,「『元朝
正本農桑輯要』의 농업관과 간행주체의 성격」,『한국중세연구』8, 2000).
257)『高麗史』권43, 공민왕 20년 7월 己酉.

심의 정국주도가 한계로 작용한 때문이었을 것으로 짐작된다. 이러한
점은 우왕대 이인임 세력의 도당을 통한 정국운영이 가능케 하는 계기
를 만들어 주기도 하였다.

國防문제는 選軍給田의 舊制回復, 戰功者 褒贈하고, 諸司의 轉輸를
驛戶에게 委託하는 일을 禁止할 것과 軍人에게 耕種을 使役하여 軍糧
輸送을 줄일 것을 강조하고 있다. 이렇게 군사력을 안정·강화시키려고
노력한 것은 끊임없는 왜구의 침입도 한 원인이 되었겠지만, 그보다는
18년 12월과 19년 8월 두 차례에 걸쳐 東寧府 정벌을 단행한 사실과[258]
20년경부터 명이 고려에 대하여 고압적인 외교자세를 취한 것[259] 등 중
국 대륙의 정세변화가 주요 원인이라고 할 수 있다.

이상의 공민왕 20년의 개혁안은 民生안정에 대해 초점이 두어져 있
음을 알 수 있다. 農桑 장려, 고리대 근절, 常平倉·義倉의 제도 복구,
미납된 세금 면제, 鰥寡孤獨의 진휼, 醫藥의 보급, 상평의창과 東西大悲
院의 원활한 운용, 백성의 流離 방지, 형벌의 원칙 준수, 사치 제한 등
다양한 民生 문제에 대한 해결 방안을 제시하고 있다. 그러나 이때의 개
혁안 역시 이러한 민생 문제 해결방안 제시에도 불구하고 공민왕 5년과
12년의 개혁안과 비교하면 알 수 있듯이 정작 백성들이 피해를 입게 된
근본적인 원인이라고 할 수 있는 田制문제에 대해서는 제시되지 못한
한계를 가지고 있다.[260]

한편, 개혁세력으로 성장한 신흥유신의 적극적인 지원에도 불구하고
신돈의 등용이라는 새로운 방식의 정국운영이 실패로 돌아가게 되자,
공민왕은 여러 현안을 해결해야 하는 과제와 함께 새로운 정치질서를
모색해야 하였다. 다시 왕권의 확립을 위해 권력구조의 개편을 필요로
하였던 것이다. 신흥유신이 정치세력화할 정도로 형성되었음에도 불구

258)『高麗史節要』권28, 공민왕 18년 12월조 ; 권29, 19년 8월.
259) 김순자,「고려말 대중국관계의 변화와 신흥유신의 사대론」,『역사와 현실』15,
    1995, 119쪽 참조.
260) 閔賢九, 앞 논문(下), 111~116쪽 참조.

하고, 이전의 측근세력에 의존하던 정치행태와는 달리 都堂의 위상 강화를 통하여 또다른 정치질서를 모색이 그러한 것에 해당한다. 예컨대,

> (공민왕 20년) 12월에 敎하기를, "1. 百僚의 庶務는 都堂에서 결정하는 것인데 근년에 諸司는 무릇 公事가 있으면 마음대로 諸道의 存撫, 按廉으로 移牒하고 사람을 보내어 징발하고 독촉하며 심한 자는 바로 州縣으로 牒을 보내므로 백성에 병됨이 실로 많으니 이제부터 모두 (이로) 하여금 都評議司에 稟告하여 區處하도록 한다"(『高麗史』 권84, 지 38 형법1 職制 공민왕 20년 12월).

위의 내용에서 보듯이, 공민왕은 도당의 '百僚庶務'를 강조하고 중앙 각 관부의 대민 공무를 모두 도평의사사에 보고하여 처리케 하였다. 이전의 공민왕 원년에 "몸소 機務를 친히 하고자 僉議·監察·典法司·開城府·選軍都官에게 決訟한 바를 5일에 한 번씩 奏啓하라"고[261] 한 것과는 대조적이다.

원래 도당은 고려전기이래의 都兵馬使의 다른 이름으로 충렬왕 5년에 都評議使司로 改稱한 것이다. 宰樞의 회의기관으로 존속하다가 三司의 官員까지 도당의 회의원으로 참여할 정도로 확대되었다.[262]

이러한 도당 인원의 증가는 충렬왕 24년 충선왕 즉위 하교에서 재추의 수가 古制의 배나 되어 議定하는데 어려움이 많다고 한 바 있으며,[263] 우왕 2년 金續命은 원래 兩府는 5宰·7樞 뿐이었는데 지금은 하루에 제수되는 宰樞가 50인이 되었다고 한탄할 정도였다.[264] 그런데 실제로 그해 말에 임명된 재추는 59명이나 되었다.[265] 이후에도 재추의 수는 계속 증가하였다. 우왕 5년 諫官의 上言에는 당시 양부의 수가 60명

---

261) 『高麗史』 권38, 공민왕 원년 8월.
262) 『櫟翁稗說』 前集1, 都評議使司.
263) 『高麗史節要』 권22, 충렬왕 24년 5월.
264) 『高麗史節要』 권30, 우왕 2년 3월.
265) 『高麗史節要』 권30, 우왕 2년 12월.

이나 되었다고 하였고,[266] 창왕 즉위년 8월의 趙浚의 陳時務策에는 근래 도당에 합좌하여 국정에 참여하는 재상이 6, 70명에 이른다고 하였으며,[267] 또한 開城·厚德·慈惠府의 判事와 尹도 도평의사사를 겸하게 하였으며, 禮文館員도 여기에 포함된 것으로 보인다. 공양왕 원년 郎舍 具成祐 등의 상소에는 재추의 수가 7, 80인이나 되었다고 할 정도였다.[268]

이렇게 도당에 합좌하는 재추의 수적 증가는 도평의사사가 권력의 집중기관임을 나타내 주는 것이지만, 도당 인원의 과다한 증가는 오히려 도당의 운영을 제약하는 부작용을 낳는 결과가 되었다. 국왕권 강화를 목적으로 신설된 內宰樞制는 국왕의 측근세력을 충원하는 동시에 이를 통하여 도당의 권력집중을 약화시키려 한 의도였다.[269]

공민왕은 이를 활용하여 왕권강화에 제약이 되는 재추의 권한을 약화시키기 위해 동왕 14년 5월에 柳濯·李仁任에게 명령하여 都堂에서 庶政을 맡게 하고 金蘭·任君輔·睦仁吉에게는 宮中에서 庶務를 맡게 하였으며,[270] 우왕 때 林堅味 등이 내재추에 임명되어 항상 禁中에서 왕명의 출납을 관장하기도 하였다.[271] 때문에 재추 가운데 측근정치를 부정하였던 과거문신세력은 국정에서 소외되었고, 공민왕 20년 羅州牧使 李進修로 하여금 내재추 폐지의 상소를 올리게끔 만들었던 것이다.[272] 그럼에도 불구하고 도당 회의원의 관직 확대와 그 수의 증가는 제도적으로 도당의 위상을 높이는 계기가 되었다. 실제로 고려후기의

---

266) 『高麗史節要』권31, 우왕 5년 정월.
267) 『高麗史節要』권33, 우왕 14년(창왕 즉위) 8월.
268) 『高麗史』권75, 지29 선거3 銓注 공양왕 원년 12월.
269) 충렬왕 4년 宰樞가 많아 의정에 부적당하여 새로이 必闍赤을 두고 禁中에서 항상 모여 機務를 參決케 하여 이를 '別廳宰樞'라 불렀는데(『高麗史節要』권20, 충렬왕 4년 10월), 이것이 내재추제의 기원이다.
270) 『高麗史』권41, 공민왕 14년 5월 庚辰.
271) 『高麗史』권126, 열전39 奸臣2 李仁任傳.
272) 『高麗史』권43, 공민왕 20년 7월.

도당의 의정기관으로서 田制・租稅・刑獄・儀禮・銓注・軍事・對外
關係 등 국가의 모든 중대사를 처결하고 이러한 안건은 도당에 합좌한
재추들의 합의와 서명으로 시행케 되었다.[273]

중앙정부의 모든 公文이 도당을 통하여 諸道按廉使에게 하달되는 동
시에 지방에서 올라오는 공문 역시 제도안렴사가 직접 도당에 올리게
되었다. 이러한 도당의 국가행정의 장악과 집중화는 종래의 尙書6部의
기능을 허설화시켰다. 백관지 서문에 都堂權의 확대로 6부는 있으나마
나한 것이 되고 百司는 계통을 유지하지 못하게 되었다고[274] 한 것은
이를 표현한 것이다. 王旨도 역시 도당을 경유하여 시행케 되고 왕에게
올린 상소문도 다시 도당에 내려 의논케 하였으므로, 이 시기의 도당은
완전히 정치・행정의 최고 중심기관으로 자리잡고 있음을 알 수 있다.
공양왕 원년 2월에 趙浚이 本朝의 제도는 都堂이 百揆를 총괄하고 호
령을 반드시 반포하는 기관이었다고 말한 것은 그 단적인 표현이다.[275]

이러한 도당권의 확대는 공민왕이 주도하고자 했던 국왕 중심의 정치
와는 사뭇 다른 것으로서 정치운영 방식에 일정한 변화가 있음을 알려
주는 것이다. 신돈 집권기와는 달리 도당의 위상을 강화시켜 줌으로써
무장세력을 포함한 宰樞 등 고위관료들의 폭넓은 지지를 이끌어 내려고
하였을 것으로 짐작된다. 이와 같은 도당의 위상 강화는 이전에 추구한
측근과 신돈의 등용이라는 정치운영 방식의 한계이며, 공민왕의 정국운
영 방식의 또다른 방법이었다.

이로부터 도평의사사는 정책의 의결뿐만 아니라, 행정을 총괄하는 주
요 기구로 부상하게 되면서 점차 그 기능이 강화되어 갔다.[276] 도당권이
중시되었다는 점은 정치운영 형태가 국왕 중심에서 재추 중심으로 옮겨

---

273) 『高麗史』 권84, 지38 형법1 職制 공민왕 8년 7월.
274) 『高麗史』 권76, 지30 百官志序文.
275) 『高麗史節要』 권34, 공양왕 원년 12월.
276) 金光哲, 「高麗後期 都評議使司 硏究」, 『한국중세사연구』 5, 1998, 194~195쪽
   참조.

142

갔으며, 그만큼 국왕권의 행사에도 제약이 따르기 마련이다. 그러한 모습은 도당의 재상과 공민왕의 측근세력과의 갈등에서 찾을 수 있다.

① 辛丑에 宦者 李剛達이 사사로 都堂에 나아가 총애를 믿고 거만하거늘 宰相이 怒하여 闕에 나아가 아뢰니, 왕이 李剛達을 下獄시켰으나 이튿날 석방하였다(『高麗史』 권43, 공민왕 20년 12월).

② 金興慶이 娼妓 小斤莊을 사랑하고 남이 도둑할까 두려워하여 날마다 그 당유 崔仁吉을 시켜 엿보다가 李成林이 그 집에서 자는 것을 보고 고하니 이튿날 金興慶이 희롱하기를, "宰相이 娼妓의 집에서 자는 것이 옳은가" 하니, 이성림이 낯빛을 변하여 말하기를, "그런 일이 없다" 하였다. 이로 말미암아 서로 미워하며 金興慶이 왕에게 아뢰어서 이성림을 내보내 楊廣道巡問使로 삼았는데 마침 倭軍을 막다가 敗하였으므로 都巡察使 崔瑩이 金興慶의 뜻을 받아 죽이려 하는데 이성림의 異父弟인 廉興邦이 또한 왕께 사랑이 있으므로 힘써 구하여 죽음은 면하고 烽卒로 杖配되었고 그 都鎭撫 池深도 베었다. 金興慶이 숙직하게 되었으되 判典校 林樸으로 하여금 이를 대신하게 하고 또 安師琦 등과 함께 궁중에서 풍악을 베풀고 잔치하니 그 거리낌없음이 이와 같았으며 매양 출입하매 車馬와 僕從의 많음이 辛旽과 다름이 없었다(『高麗史』 권124, 열전37 金興慶傳).277)

③ 崔瑩을 慶尙全羅楊廣道都巡問使로 삼으니 憲司에서 아뢰기를, "최영이 일찍이 都巡察使가 되었을 때에 6道가 소란하였으니, 다시 순문사를 시킬 수 없습니다" 하였다. 최영이 울면서 왕에게 하소하기를, "신이 성심으로 나라를 위하여 몸바쳐 죽으려 하는데 이처럼 비방을 들었사오니, 신의 관직을 파면시키소서" 하였다. 왕이 최영을 강직하게 여겼으면서도 都堂과 臺諫에게 대임자를 천거하게 하였다(『高麗史節要』 권29, 공민왕 23년 3월).

277) 같은 내용이 『高麗史節要』 권29, 공민왕 22년 10월조에 기록되어 있다.

④ 최영을 논핵하였다는 이유로 대사헌 金續命을 면직시키고, 持平 崔元濡를 폄직시켜 延安府使로 삼고, 門下評理 柳淵에게 大司憲을 겸하게 하고, 判開城府事 田祿生을 최영에 대신하여 경상도 도순문사로 삼았다(위의 책, 23년 4월).

위의 내용에서 ①은 왕의 총애를 받고 있던 환관 李剛達이 都堂에 개인적인 일로 나가 거만한 행동을 보임으로써 재상들의 분노를 샀음에도 불구하고 형식적으로 옥에 갇혔다가 공민왕에 의하여 바로 다음날 풀려나고 있음을 알 수 있다. ②는 무장세력의 핵심이라고 할 수 있는 최영이 당시 代言이면서 子弟衛를 총관하고 있던 金興慶의 뜻을 맞추기 위하여[278] 李成林을 죽이려고 한 사실을 알 수 있고, 이성림의 異父弟인 廉興邦 역시 왕의 총애를 받고 있었기 때문에 그의 죽음을 면하게 해 주었음을 알 수 있다. ③은 憲司에 의하여 慶尙・全羅・楊廣道都巡問使가 되는 것이 부적당하다는 지적을 받은 최영이 공민왕에게 자신의 충성심을 눈물로 호소하고 있음을 볼 수 있고, ④에서는 최영을 논핵한 大司憲 金續命을 파면시키고 있다. 이러한 점은 공민왕의 인사정책에 반발하는 憲司에 대한 불만을 드러내는 것이다.

이상의 상황은 국왕권과 도당의 갈등 모습을 보여주는 것이다. 비록 공민왕이 도당의 위상을 강화시켜 주었지만, 그것은 어디까지나 국왕 중심의 국정운영을 유지하기 위한 방편이었다. 때문에 도당의 위상을 제약하며 소수 측근들의 정치적 위상을 강화시키려는 공민왕의 정치운영 행태에 대하여 정상적인 정치운영을 추구한 신흥유신에게는 비판의

---

278) 『高麗史』 권124, 열전37 金興慶傳에서는 子弟衛를 총관할 당시 그의 권세에 대하여, '興慶寵倖旣極 勢傾中外'라고 서술하고 있다. 한편 白仁鎬는 왕의 측근인 內宰樞를 제거하고 도평의사사의 기능을 강화하여 통치체제를 확립하려 한 데 반해, 또 한편으로는 왕권을 강화시키면서 도당을 견제하기 위한 새로운 세력으로 金興慶으로 생각되는 頭裏速古赤을 두었는데, 그에게 권력이 집중됨으로 인하여 권력집단들이 소외되었고, 이들에 의하여 공민왕의 시해사건이 발생하였다고 보았다(白仁鎬, 「恭愍王 20년의 改革과 그 性格」, 429~437쪽).

144

대상이 되었다.

趙浚은 이러한 상태를 "왕이 형벌을 주고 恩典을 베풀어 벼슬을 주기도 하고 빼앗기도 하는 모든 일을 항상 여러 많은 소인들과 의논하고, 군자와는 의논하지 않으니, 오늘날의 사세는 매우 위태롭다"고 할 정도였으며,[279] 윤소종이 김홍경이 여러 소인과 더불어 왕의 곁에 있으면서 정치를 문란케 하고, 환자 김사행이 왕의 뜻에 부합하고자 영전의 역사를 크게 일으키고 있다고 지적하였다.[280] 또한 우왕 원년에 외교문제로 신흥유신들과 함께 유배당했던 尹虎가 공민왕과의 바둑 내기를 이유로 당시의 정치상황에 대하여 譎諫을 하였고,[281] 그 때문에 왕은 윤호를 멀리 하였다.[282]

이와 같이 측근의 정치활동에 대한 개혁성향의 신흥유신의 불만과 비판을 야기시킨 원인은 신돈 정권기에 소외되었던 무장세력들이 다시 권력기반을 강화, 도당에 참여하면서 국왕권을 제약하고 있었기 때문이었다.[283] 따라서 공민왕은 도당을 견제하며 국왕주도의 정국 운영을 도모해야 하였다. 공민왕은 子弟衛의 설치를 통하여 자신의 왕권을 강화하고 명의 압력에 대비하려는 적극적인 모습을 보이고, 무장세력의 私兵化에 맞서 친위부대를 육성한 것은 그러한 예이다.

공민왕은 이전에 자신이 없앴던 鷹坊을 猛俊함을 이유로 들어 다시 설치하고 있다.[284] 諫言을 받아 곧 없앴지만,[285] 공민왕은 본래 사냥을 좋아하지 않았고 또한 모범적인 군주로서의 모습을 강조하기 위하여 더

---

279) 『高麗史節要』 권29, 공민왕 21년 10월.
280) 『高麗史節要』 권29, 공민왕 22년 5월.
281) 『高麗史節要』 권29, 공민왕 21년 10월.
282) 徐居正 編의 『東人詩話(上)』에서는 尹虎의 詩를 辛禑를 길러 아들로 삼은 것을 풍자한 것이라 하였다.
283) 閔賢九, 앞 논문(하), 1968, 111~112쪽 참조.
284) 『高麗史節要』 권29, 공민왕 21년 11월.
285) 이때 鷹坊이 다시 설치되자마자 3일 뒤인 辛巳日에 吏部에서 없앨 것을 청하였고, 공민왕은 그 청을 따랐다(『高麗史』 권43, 공민왕 20년 12월 辛巳條).

욱 그것을 자제한 왕이었다.[286] 따라서 응방을 설치하려고 한 이유는 왕 자신을 호위하는 군사의 양성 때문이었을 것이다. 그리고 頭裏速古赤,[287] 義勇左右軍[288]도 그런 맥락에서 이해할 수 있다. 공민왕은 즉위초 부터 이렇게 직속 호위부대의 양성에 노력하였고, 그런 노력에 바탕하여 그의 집권기간 내내 정치를 주도적으로 운영해 나갈 수 있었다.[289]

공민왕은 원에서 명으로 바뀌어 가는 국제정세를 정확하게 파악하고, 형식적으로는 사대외교를 적극 표방하고 내면적으로는 실리외교를 추구하였다. 주변 국가에 간섭받지 않는 왕권을 확립하는 것과 동시에 고려의 국익을 지키기 위한 노력인 셈이다. 그런 목적을 위하여 신돈을 역모를 꾸몄다고 하여 제거하고, 이어 새롭게 교서를 반포하여 민생의 안정을 도모하는 한편 군사력을 강화하기 위한 조처들을 시행하였다.

그러나 공민왕 18년이래 친선관계를 맺고 유화적인 자세를 보이며, 내정에 대하여도 별다른 간섭을 하지 않던 明이 遼東지역의 지배권을 행사하기 시작한 공민왕 20년(1371) 2월경부터는 태도를 바꾸어 점차 고려에 대하여 억압적인 자세를 보이기 시작했다.

이러한 양상은 공민왕 5년 이후 고려가 추구해 온 사대관계와는 다른 것이었다. 고려에서도 명과의 외교관계를 이전과 같은 형태로 회복하려는 목적에서 여러 차례 사신을 파견하는 등의 조처를 취하였다. 고려측의 이러한 노력에도 불구하고, 무리한 공마의 요구는 지배층 일부의 반발을 가져왔고 외교노선에 의문을 제기하였을 것이다.『高麗史』에는 이 문제에 대한 기록이 보이지 않지만, 명의 간섭과 대명 사대외교에 반대하는 의견도 있었던 것으로 보인다. 공민왕 21년 6월에 이루어진 관제

---

286) 공민왕이 사냥을 싫어한 것은 공민왕의 정치적 지향과도 관련이 있다고 한다. 즉『書經』「無逸」편에서 후대 왕들이 사냥에 빠져 나라를 망칠 것을 염려한 내용과 관계가 있다는 것이다(최연식,「공민왕의 정치적 지향과 정치운영」,『역사와 현실』15, 1995, 83~88쪽).
287)『高麗史』권44, 공민왕 22년 정월.
288)『高麗史』권44, 공민왕 22년 8월.
289) 李亨雨, 앞 논문, 1999, 37쪽 참조.

개편의 배경은 이러한 입장을 반영하는 것이라 할 수 있다.[290]

결국 명의 강압적인 요구와 지나친 내정간섭은 일부 지배층 사이의 반발을 가져왔고, 공민왕의 일방적인 친명정책에 반감을 가진 조정 신료들 사이에는 외교정책의 재정립을 요구하는 親明派와 親元派의 갈등이 표면화되기 시작하였을 것이다.

이 과정에서 공민왕은 국내외 정치질서의 변화에 따라 신돈을 실각시키고 자신이 직접 정무를 처리하면서 이 문제를 능동적으로 대처하는 가운데, 국내적으로는 都堂의 위상을 강화시켜줌으로써 그들의 권한을 인정하는 國王과 宰樞의 상호 보완적인 정치운영 방식을 구상하게 되었다. 그러나 국왕 주도의 개혁을 이끌어 왔던 공민왕이 子弟衛 소속의 洪倫 등과 측근인 환관 崔萬生에게 23년 9월에 의문의 죽임을 당하면서[291] 사실상 고려말 국왕 주도 개혁정치는 마감하였다. 공민왕의 죽음으로 江寧大君 禑를 왕으로 즉위시킨 李仁任 등이 정국을 주도하면서 기존의 대외관계가 전면적으로 재수립되게 되었고, 이 과정에서 國王中心의 정치운영을 기대하며 일관된 親明政策을 주장한 신흥유신 계열의 관료들은 소외되어 갔다.

---

290) 김순자, 「고려말 대중국관계의 변화와 신흥유신의 사대론」, 『역사와 현실』 15, 1995, 122쪽 참조.

291) 공민왕 시해의 배경에 대하여는 親元派의 사주를 받은 崔萬生·洪倫 등이 저지른 것이었다는 주장(金成俊, 「高麗와 元·明關係」, 『한국사』 8, 국사편찬위원회, 1974, 190~191쪽)과 親明政策 일변도의 대중국 정책에 대한 반발로 지배층들 중에서 그러한 외교노선에 의문을 제기한 자들에 의해 공민왕이 시해되었다고 보는 견해도 있다(김순자, 앞 논문, 1995).

3. 新興儒臣의 成長과 成均館 重營

1) 新興儒臣의 形成과 政治運營의 變化

고려말 개혁세력인 新興儒臣이 辛旽의 정치형태를 비판하거나, 또는
개혁의 지지세력으로서 정치세력화한 시기는 공민왕 16년(1367) 成均館
이 重營되고, 이곳에서 科擧에 급제한 文士들이 性理學을 進講하면서
부터였다. 大司成 李穡과 學官인 金九容·鄭夢周·朴尚衷·朴宜中·
李崇仁·鄭道傳 등 일단의 신흥유신이 학문적 유대관계를 형성하며 결
집하고 신돈의 개혁에 참여함으로써 점차 독자적인 정치세력을 형성해
갔던 것이다.[292]

이들이 개혁세력으로 성장할 수 있었던 계기는 충목왕대에 李齊賢을
중심으로 과거문신들의 꾸준한 개혁 요구와 座主·門生관계를 통하여
세력 결집을 이루고 있었기 때문에 가능한 것이었다. 성리학을 배우고
과거를 통해 관료로 진출한 이들은 師弟, 座主·門生관계와 함께[293] 혈
연과 婚姻關係를 통해 유대를 형성하고 있었다.[294] 특히 충목왕 즉위년
에 과거제도가 개편되어 四書가 시험과목에 포함되고,[295] 이로부터 과
거 시험관인 知貢擧를 토대로 座主·門生 관계로 맺어진 李齊賢 계열
들이 독점함으로써 그들의 정치기반을 재생산할 수 있었다.

이렇게 과거의 試官인 知貢擧가 특정 계열에 의해 독점적으로 유지
되고 있는 점은 당시 좌주·문생의 유대관계가 강화되었고, 그것을 통
해 문신들의 세력 결집이 이루어지고 있던 현실을 반영하는 것이다.[296]

---

292) 閔賢九, 앞 논문(하), 1968, 74~92쪽 참조.
293) 『高麗史』 권74, 지28 선거2 凡試官 충숙왕 17년.
294) 대표적인 인물로는 白文節(李尊庇의 丈人), 權溥(李齊賢의 丈人), 許珙(金䐏
   ·金恂의 丈人), 全昇(金䐏 아들의 丈人), 金稹(安珦의 外孫·權準의 壻), 安
   珦(孫子 安牧이 金台鉉의 壻), 洪彦博(權準의 壻), 李穡(權漢功의 孫壻), 韓脩
   (權迪의 壻), 權近(李穡의 孫壻), 河崙(李仁復의 동생 仁美의 壻, 河崙의 아들
   久와 李穡의 孫女와 婚姻) 등이 그러한 예이다.
295) 『高麗史』 권73, 지27 선거1 科目1 충목왕 즉위년 8월.

148

예컨대,

　나라에 풍속에 시험을 관장하는 자를 學士라 이르고 門生은 그를 恩門이라 부른다. 門生과 座主의 禮는 매우 정중하였다. 학사에게 부모가 있더라도 만일 그 학사에게 좌주가 (생존해) 있으면 (부모를 찾아가기에 앞서) 학사는 放榜한 뒤에 반드시 公服을 갖추어 입고 가서 (자신의) 좌주를 찾아 뵙는데 문생들은 줄을 지어 그 뒤를 따라간다. 학사는 앞에서 (좌주에게) 拜하고 문생은 뒤에서 拜한다. 여러 賓客들은 그들이 비록 웃어른이라 하더라도 모두 마루에서 내려 와 뜰에 서 있다가 예가 끝나기를 기다려 揖讓하고 올라가 拜하며 축하한다. 그 뒤 학사는 좌주를 자기 집에 맞이하여 술잔을 드리고 만수무강을 축원한다(『高麗史』 권74, 選擧2 科目2 試官 충숙왕 2년).

　菊齋 權政丞(權溥)께서는 光宗이 科擧를 설치한 이래로 座主와 壯元의 姓名을 한 권으로 묶었는데, 또한 父子와 孫子가 서로 과거를 관장한 것과 좌주에게 근심이 없었던 것을, 門生이 과거를 관장한 것들을 모으고, 뒤에 그림을 그려 제목을 『桂苑錄』이라 하였다. 400여 년 동안 文會가 盛하여 燦然한 것을 보니, 문생과 좌주의 은혜는 恩義의 전체였으므로, 족히 나라의 元氣를 배양할 만하였으며, 詩書의 은택과 詞翰의 화려함은 비록 100세가 지나도 가히 바뀌지 않을 것이다(『牧隱集』 詩藁 권26, 門生掌試圖歌 幷序).

라고 하였듯이, 座主·門生관계가 단순히 좌주와 문생 양자의 관계에 머무르지 않고 좌주의 좌주에 이르기까지 친부모 이상의 예를 갖출 정도로 대단하였다. 좌주는 문생에게 학문적인 영향뿐만 아니라 정치활동에까지 후원자의 역할을 하였고, 이러한 좌주 문생관계를 자랑스럽게 여긴 이들은 그들의 기록을 모아 그림을 그려 契帖을 만들 정도로 자연스러운 것이었다. 이러한 경향은 무신집권기부터 이미 나타났지만, 고려

296) 이익주, 앞 논문, 1995, 39쪽 참조.

말에 이르면 더욱 심해지고 있었다.[297] 예컨대,

　　疎齋 崔彪가 와서 말하기를, "제가 廉東亭(廉興邦)과 함께 星山 宋令
公(宋天逢) 門下의 출신이었는데, 지금 그 손자 宋子郊가 다시 東亭에
게서 뽑히게 되어 장차 성산에 돌아가서 그 조부를 뵈려 하므로 우리들
이 이를 전송하게 되었습니다. 동정도 또한 감히 자중하지 못하고 나와
서 그 모임 속에 참여하였습니다. 그리하여 당연히 글을 써서 주며 송별
해야겠는데, 詩文에 우리가 능하지 못한 것은 아니지만 우리가 스스로
헤아려 보아도 우리 恩門을 감동시키지는 못할 것 같습니다. 선생께서
는 비록 후진이기는 하지만 (염동정과) 함께 龍頭會(장원급제자 모임)
에 있으니 송자교를 보는 것이 반드시 남다를 것입니다. 부디 한 마디
말로 빛나게 하여 주십시요"라고 하였다(하략). (『牧隱集』文藁 권8, 序
宋子郊序)

　위의 내용은 李穡이 宋天逢의 손자인 子郊가 우왕 2년(1376)에 과거
에 합격하고 고향에 돌아가 祖父에게 합격 사실을 아뢰고자 할 때 써주
었던 序文이다. 여기에서 그들의 좌주 문생관계가 그들만의 관계에 그
치지 않고 좌주의 동년이나 또는 龍頭會의 모임을 통하여 壯元 출신의
다른 좌주와 연결되어 확대 발전하는 관계였던 것을 알 수 있다.[298]
　이를 확인하기 위해 『高麗史』選擧志에서 충숙왕부터 공양왕 때까지
실시된 禮部試와 國子監試의 試官을 조사하여 그들의 좌주·문생관계
를 밝혀보면 다음의 <표 7>과 같다.[299]

---

297) 李楠福, 「麗末鮮初의 座主·門生關係에 關한 一考察」, 『鄭在覺博士古稀紀念
　　東洋學論叢』, 1984.
298) 柳浩錫, 「高麗後期 座主·門生 關係의 變化와 그 性格」, 『國史館論叢』 55,
　　1994, 87쪽 참조.
299) 이에 대한 표는 주로 許興植(『高麗科擧制度史硏究』의 附錄인 高麗禮部試登
　　科錄, 1981)과 이익주(「공민왕대 개혁의 추이와 신흥유신의 성장」, 『역사와 현
　　실』 15, 1995)의 것을 참고하여 정리하였다.

<표 7> 忠肅王～恭讓王代 禮部・國子監試 試官의 座主・門生關係

時期		座主						門生
		知貢擧			同知貢擧			
		이 름	등제 시기	知貢擧・同知貢擧	이 름	등제 시기	知貢擧・同知貢擧	
충숙왕	2	李 瑱	烈5	朴恒・郭汝弼	尹 奕	?		朴仁幹・金昴・朴仁宇・趙廉・閔思平・安牧
	4	朴全之	元9	柳璥・金皚	白元恒	烈5	鄭興	洪義孫・鄭頫・許伯・金光輅
		朴孝修	?					金玄具 등
	7	李齊賢	烈27	權溥・趙簡	朴孝修	?		崔龍甲・白文寶・李穀・尹澤・安輔・成遵
		許 富	?					古賦로 鄭乙輔, 10韻詩로 裵仲輔 등 80인
	13	權 準	?		朴 瑗	?		崔元遇・鄭誧・李挺・金臺卿・李仁復
		辛 蕆	烈20	安珦・閔漬?				李達中
	17	安文凱	?		李 湛	?		宋天鳳・洪彦博・李達尊・李文挺・崔宰・鄭云敬
		尹之賢	?					孫光嗣 등 99인
충혜1		韓宗愈	烈31	鄭瑎・宋璘	李君侅	宣5	權漢功・崔誠之	周贇・朴仁祉・閔愉・閔忭
		金右鏐	?					卓光茂 등 90인
충숙후	5	蔡洪哲	烈10	金周鼎・權呾	安 珪	?		南宮敏・李潤・許絅・成汝完・鄭思道(度)
	8	尹 澤	肅7	李齊賢・朴孝修				安元龍 등 99인
충혜후	1	金永旽	烈 31	鄭瑎・宋璘	安 軸	烈33	許有全・李頙	李公遂・柳淑・卓光茂
		金 稹	烈 22	?				梁允軾 등
	2	李君侅	烈 33	許有全・李頙	金光載	烈33	許有全・李頙	安元龍・安宗源
		金光載	烈 33	許有全・李頙				成元達 등
	3	金 稹	烈 22		辛 裔	?		李資乙・河允源
		?						金鷹 등 99인
	5	朴忠佐	?		李 蒨	烈25	金台鉉	河乙沚・安吉常
충목초		田淑蒙	?					安保麟 등 99인

충목3		許伯	肅4	朴全之·白元恒	李穀	肅7	李齊賢·朴孝修	金仁琯·白璘·韓脩·李岡·李誠中·李釋之·金可久
		鄭思道	肅辛5	蔡洪哲·安珪				詩賦로 朴形 등 52인, 10韻詩로 金得齊 등 46인
공민왕	2	李齊賢	烈27	權溥·趙簡	洪彦博	肅17	安文凱·李湛	李穡·朴尙衷·權德生·司空實·李悅·郭狗龍·金元粹·金銖·芮英達·朱仁成·韓弘度·朴晋祿·宋曛·柳廣元·李玠·韓哲冲·崔守椎·鄭驥·金廣允·安福從·李上元·田子壽·鄭樞·柳乙淸·孫蓂·高以楫·金乙珍
		宋天鳳	肅17	安文凱·李湛				韓達漢 등 83인과 明經 5인
	4	李公遂	惠辛1	金永旽·安軸	安輔	肅7	李齊賢·朴孝修	安乙起·韓方信·李元寧(集)·鄭習仁·李靭·李寶林·廉國寶·禹玄寶
		柳淑	惠辛1	金永旽·安軸				全翊 등 95인
	6	李仁復	肅13	權準·朴瑗	金希祖	?		廉興邦·成石璘·楊以時·閔霽·李舒·趙浚·尹東明·鄭暉·姜蓍·許錦·趙云仡·洪敏求·崔彦父
		申君平	?					李俊 등 98인
	9	金得培			韓方信	愍4	李公遂·安輔	鄭夢周·林樸·白君瑛(寧)·申仁甫·金轑·金質·文益漸·朴啓陽·李埤·金君鼎·宋允卿·李仁敏·李子庸·金濟·鄭天驥·許璡·金禧·李存吾·徐均衡·柳源·李仁範·郭樞·尹德驎·金承遠·李士渭·金慶生·金石諸·黃元哲·李乙·柳珣
		李嶠	?					朴季陽 등 99인
	11	洪彦博	肅17	安文凱·李湛	柳淑	惠辛1	金永旽·安軸	朴實·金濤·金祗(祉)·鄭履·李崇仁·金仲權·朴希道·康好文·趙德謙·許時·李猷·鄭可宗·李晞·金順生·李處謙·黃吉茂·方得珠(佝)·安景溫·金文鉉·金存誠·偰長壽·鄭道傳·金乙貂·朴元彬·李芳垓(壤)·羅仲佑·韓理·李福海(恬)·金子盎·宋明誼·崔自卑(畢)·裵仲線(善)
		元松壽	?					許時 등 101인

152

공민왕	14	李仁復	肅13	權準·朴瑗	李穡	愍2	李齊賢·洪彦博	尹紹宗·朴尙眞·河崙·盧嵩·孟希道
		韓藏						古賦로 閔安仁 등 55인, 10韻詩로 林幹 등 41인
	17	親試						李詹·郭復·閔中理·鄭居義·李展·金子賮
	18	李仁復	肅13	權準·朴瑗	李穡	愍2	李齊賢·洪彦博	柳伯濡·金孟·吳倨棧·姜日華(隱)·裵尙道·李允藩·徐甄·金篤·金霆·鄭達(達)蒙·朴文絢·金祐·張德良·鄭國鉉·裵仲有·蔡克敬·裵仲綸·崔成淵·李皐·閔安世(世安)·潘有賢·李恒(桓)懋·李至·宋文(中)貴·張躋·閔由義·李益仁·郭思忠·朴養元·宋仁浩·薛群·蔡游·趙元吉
	20	李穡	愍2	李齊賢·洪彦博	田祿生	惠?		金潛·吳毅·朴元素·金道·朴毅·金伯英·閔玒·李行·尹就·李濡·李成範·張志道·崔光藩·金敬崇·鄭穆·南謙(在)·李才(伯田)·金若采·柳觀·金若恒·王康·金震陽·廉廷秀·鄭思吾·曹庶·劉敬(敞)·朴文寶·許應(膺)·金賓·文益孚·宋致中·崔宲
	23	李茂芳	穆3	許伯·李穀	廉興邦	愍6	李仁復·金希祖	金子粹·李百之(文一)·石汝明(成右)·李湞·李元有·安定·金爾音·金翌·趙仲龍·黃安·崔卜麟·薛備·朴仲容·姜思敬·李溱·李皐·李廷堅·吳天經·趙文拔·崔沼·安垂·鄭以吾·安景良·宗回·鄭端·崔宜汝·李經·許乾·趙浚·陳義貴·鄭擧·兪邁·閔中立·閔頤·朴尙禮
우왕	2	洪仲宣	?		韓脩	穆3	許伯·李穀	鄭摠·楊首生·成石璘·偰慶壽·李就·柳伯淳·趙禾·孫俯·李均·李克濟·鄭訥生·崔咸·鄭熙·偰眉壽·金九二(一)·李晃·元序·姜淮伯·崔瀁·安景恭·李存斯·安祖同·宋遇·金順·任獻·李暮·李種學·權瀚·禹洪得·李結·安魯生·洪吉旼·金涵
		郭樞	愍9	金得培·韓方信				鄭熙 등 99인

우왕	3	安克仁	?		權仲和	?		成石珚·鄭矩·崔文利·朴爲·裵衷·李格·權軫·朴晛·閔致康(開)·鄭洪·蔡海·文魯·河得孚·朴偉·趙承肅·李汝忠·金禑·禹洪壽·金彌·崔兢·李稷·房仲良(士良)·許操·鄭揮·金舊·李擴·尹會宗·崔靈·李伯順·廉致和·金得綏·禹洪康·金度(虎)
		金濤	愍11	洪彦博·柳淑				鄭悛 등 99인
	6	廉興邦	愍6	李仁復·金希祖	朴形	穆3	鄭思道	李文和·李之直·韓尚質·成守恒·崔寧·李隆·辛靖·金益偉·吳蒙乙·權執經·朴堅基·宋子邦·李汝良·李作·高安勝·鄭恂·閔汝翼·權湛·金常·崔潾·尹相·朴希賢·柳謙·張至和·崔云嗣·徐坐·安省·李陽實·金子孟·洪寶·金雅·金部(邵)·王章
		徐鈞衡	愍9	金得培·韓方信				李汝良 등 99인
	8	安宗源	惠孝2	李君侁·金光載	尹珍	?		柳亮·張子崇·韓尙敬·李薈·禹洪富·裵規·李升商·李之剛·崔關·鄭擢·鄭悛·金肇·金明善·李百全·辛權·趙璞·梁需·權軒(弘)·金剛·洪尚賓·卞昌·姜淮仲·尹莘老·都衍·朴貫·李堂·權瑗·邊顯·趙琠·鄭尙·李種善·許晛·郭恂
		李崇仁	愍11	洪彦博·柳淑				李升商 등 99인
	9	禹玄寶	愍4	李公遂·安輔	李仁敏	愍9	金得倍·韓方信	金漢老·沈孝生·金愔·李來·柳淡·尹珪·成溥·權文毅·李藻·李芳遠·張子秀·鄭安道·尹宗文·李蟠·金若時·鄭易·李孟潘·辛鳳生·尹須·吳陞·申包翅·李云老·權摭·王康·李次點·玄孟仁·安束·朴習·安希德·孫九成·尹思修·洪尚溥
		廉廷秀	愍20	李穡·田祿生				禹洪命 등 99인·

우왕	11	廉國寶	憨4	李公遂·安輔	鄭夢周	憨9	金得倍·韓方信	禹洪命·權遠·王裨·李室·崔宣·朴信·咸傅霖·琴克諧·韓尙德·李敢·鄭道復·李穡·李原·卞季良·李膺·楊遇·尹璜·具宗之·金自知·朴錫命·尹思齊·李伯持·吳報·李芳衍·崔湜·李孟畇·趙休·韓天童·李希類·文兒慶·周迢·盧龜山·趙宜璞
	11	尹就	憨20	李穡·田祿生				任公緯 등 99인
	12	李穡	憨2	李齊賢·洪彦博	廉興邦	憨6	李仁復·金希祖	孟思誠·吉再·沈溫·趙涓·鄭坤
		權執經	禑6	廉興邦·朴形				鄭坤 등 99인
창왕	즉위	鄭道傳	憨11	洪彦博·柳淑	權近	憨18	李仁復·李穡	李致·金貂·朴希文·鄭包桑·朴訔·崔濆·金崎·鄭井·姜魯·韓殷·南夏·金思敏·安堵·孟思謙·金租·金耻·金科·張允和·郭贇·鄭虎·鄭需·朴溪·朴寬·文中庸·李章·梁仲寬·崔宏·安從約·尹逢·朴軒·趙啓生·李師旦
		李種學	禑2	洪仲宣·韓脩				孟思謙 등 99인
	1	柳源	憨9	金得倍·韓方信	李種學	禑2	洪中宣·韓脩	金汝知·文裴·金悟·高湜(進)·安純·崔匡之·黃訥·柳潤·吳乙濟(包濟)·閔進·玉斯溫·金後(復·浚)·卓愼·黃喜·權增·曹向周·李子拱(季拱)·張賢·崔克孚·陳自成·崔直之·鄭之雅·崔渭·柳漢·安允時·金履祥·任卜童·權可均·李伊·魯舒·李之柔·任衡·姜淮季
		權鑄	?					黃訥 등 99인
공양왕	2	成石璘	憨6	李仁復·金希祖	趙浚	憨23	李茂芳·廉興邦	李礎·申商·李合·鄭守弘·許稠·朴剛生·金可珎·朴寬·李逖·金宗義·皮子休·鄭村(村)·柳直·尹壽台·鄭孝復·金邇·李經·張弛·魯仁復(仁文)·盧仁度·吳一德·洪魯·李子澄·崔潤·李簡·康慮·金汾·崔坑·崔伊·全有生·林栖筠·任聘·金彦璋·金孝恭

공양왕	2	閔開	禑3	安克仁·權仲和			李遂 등 99인
	4	偰長壽	愍11	金得培·韓方信	李元續	?	金縝·金間
		李詹	愍17	親試			李孟畇 등 99인

* 田祿生(충혜왕대)·李茂芳(충목왕대)·金齊安·金九容·權近(공민왕대)은
  연대가 확인되지 않음
* 등제시기 난의 元:元宗, 烈:忠烈, 宣:忠宣, 肅:忠肅, 惠:忠惠, 穆:忠
  穆, 愍:恭愍王, 禑:禑王임

<표 7>에서도 알 수 있듯이, 충목왕대 이후로는 禮部試의 試官이 李
齊賢과 그의 門生들에 의해 거의 독점되고 있었다. 李穀과 安輔·李穡
이 이제현의 문생이었고, 韓方信과 李茂芳이 다시 안보와 이곡의 문생
이었으므로 충목왕 3년 이후 실시된 10회의 과거 가운데 공민왕 6년과
11년을 제외하고는 모두 이제현과 좌주·문생의 관계에 있는 사람들이
試官을 지냈다.

李齊賢을 비롯한 과거문신들이 개혁방안과 현실참여 의지를 공유하
면서 현실정치에 참여하기 시작한 것은 충목왕대의 일이다. 즉, 충혜왕
때 국왕측근에게 밀려나 있던 이제현이 중심이 되어 충목왕 즉위와 함
께 정치활동을 재개하면서 대대적인 개혁안을 제시하면서부터였다. 이
때의 과거문신세력이 지닌 현실인식은 대원관계에서 事大를 통한 世祖
舊制의 준수를 목표로 하면서, 국내에서는 측근세력에 대한 부정적인
인식을 바탕으로 田民辨正 등을 통한 民生의 안정을 추구하였다. 충목
왕대 정치도감의 활동은 이러한 자신들의 입장을 관철시키고자 한 것이
었다.[300]

원의 압력으로 정치도감의 활동이 실패하고, 충정왕의 즉위로 개혁의
흐름이 일시 위축되기도 하였지만, 개혁성향을 지닌 공민왕이 즉위함에
따라 개혁에 대한 기대감이 적지 않았을 것이다. 이러한 이유로 이들은
공민왕을 적극 지지하였을 것이고, 공민왕의 개혁의지와 개혁정치에 협

---

300) 이익주, 앞 논문, 1995, 46쪽 참조.

156

력하여 고려사회의 모순을 극복하고자 하였다.

　대표적인 예로, 충정왕 때 관직에서 물러나 있던 이제현이 공민왕 즉위와 함께 왕명으로 전권을 위임받고 충정왕 측근세력에 대한 숙청작업을 주도하였던 것이다.[301] 또한 공민왕이 즉위한 뒤에 실시한 개혁의 방향이 奪占으로 야기된 田民問題의 해결과 친원세력의 축출을 통한 世祖舊制의 회복이라고 했을 때, 이것은 整治都監이 목표했던 바와 일치하는 것이었다. 실제로 이때 政房이 혁파되고 즉위교서를 통해 대대적인 개혁정치가 표방되었으며, 전민변정도감이 설치된 것 등은 충목왕대 이제현의 上書나 정치도감의 개혁과 같은 맥락에 있는 것으로, 신흥유신들의 기대에 부응하는 것임에 틀림없다.

　공민왕 2년의 禮部試에 출제되었던 이제현의 策問에서 토지제도 및 부세제도의 문란과 權豪들의 토지겸병 등으로 인하여 악화된 국가재정을 확충할 방도를 물으면서, 앞서 정치도감의 활동이 실패한 사실과 立省策動의 위험을 거론하고 있는 것도[302] 공민왕 초기의 개혁이 사회경제 부문의 개혁과 세조구제의 회복을 목표로 했던 정치도감의 활동을 계승한 것임을 보여준다.[303]

　더구나 李齊賢·李穀·尹澤 등이 충목왕 사후 왕위계승 과정에서 權準·王煦·金敬直 등 세족출신과 함께 공민왕의 즉위과정에 적극적으로 활동한 바 있기 때문에, 이후 그들의 정치적 입지는 강화할 수 있었다. 이제현은 공민왕 즉위와 함께 정승에 임명되어 裵佺 등 충정왕 지지세력을 제거하고,[304] 書筵에 참여하여 토지문제의 해결방안을 모색하는 등 개혁을 주장하면서 정치력을 신장시키고 있었다.

　실제로 충목왕대 이후로는 신흥유신들이 개인적으로 시무를 논하는

301) 『高麗史』 권38, 恭愍王 즉위년 10월.
302) 『益齋亂藁』 권9下, 策問.
303) 閔賢九, 앞 논문, 1980, 136~138쪽에 의하면 整治都監에서 활약했던 整治官들이 공민왕대의 '反元改革政治'와 상당한 연계성을 지닌다고 하였다.
304) 『高麗史』 권38, 공민왕 즉위년 11월 乙亥.

사례가 종종 보이는데, 충목왕 즉위년 李齊賢의 上書를 시작으로[305] 같은 해에 李穀이,[306] 그리고 공민왕 원년에 白文寶·尹澤·李穡,[307] 5년에 이색,[308] 11년에 백문보,[309] 14년에 林樸이[310] 각각 上書하여 개혁의 필요성과 방향을 제시하였다. 공민왕 6~8년 경에는 李仁復이 '經濟之術'을 공부한 사람으로서 왕에게 진언하지 않는다는 이유로 간사하다는 비난을 받고 있는 것은[311] 당시 과거문신세력들의 활발한 현실참여를 반증하는 것이라고 할 수 있다.

그러나 世祖舊制의 원칙을 통해 정상적인 관료체제와 민생안정을 추구한 李齊賢 등 개혁성향의 과거문신과 공민왕과는 일정한 입장의 차이를 보였다. 더구나 공민왕은 사회경제적 개혁과 왕권강화를 통한 세조구제의 부정이라는 두 가지 과제 가운데 후자를 우선하였고, 측근세력의 육성을 통하여 1차목적을 이루고자 하였다. 이런 차이로 왕권강화를 추구하였던 공민왕은 즉위 이후 국왕 중심의 정국주도를 이루기 위해 대대적인 측근의 등용을 필요로 하였고, 개혁성향의 문신세력은 상대적으로 위축될 수밖에 없었다. 이러한 공민왕의 정치운영 방식은 국왕의 전제적 통치를 추구한 것이기 때문에 이전의 국왕들과 달리 독특한 면모를 보인다.

특히 공민왕은 경연에서 제왕의 정치적 태도와 정치적 강령을 중점 서술한 「無逸」[312]과 「洪範」,[313] 그리고 「大寶箴」[314] 등을 중요시한 점

---

305) 『高麗史節要』 권25, 忠穆王 즉위년 5월.

306) 『高麗史節要』 권25, 忠穆王 즉위년 5월.

307) 『高麗史』 권75, 지29 선거3 銓注, 恭愍王 원년 3월(白文寶) ; 권38, 恭愍王 원년 4월 丁巳(尹澤) ; 권115, 열전28 李穡傳(李穡).

308) 『高麗史』 권115, 열전28 李穡傳.

309) 『高麗史』 권112, 열전25 白文寶傳 ; 『淡庵逸集』 권2, 疏箚.

310) 『高麗史節要』 권28, 恭愍王 14년 정월.

311) 『高麗史』 권112, 열전25 李仁復傳, "平章事李承慶 仁復諸父也 言於王曰 臣以 李仁復爲姦 王曰何謂也 曰仁復平生所學經濟之術 何不一陳於王乎".

312) 『高麗史』 권39, 공민왕 10년 2월, "王命寫無逸篇 賜宰相 命尹澤進講"(『高麗史』 권39, 공민왕 6년 5월 戊子) 및 甲辰命李齊賢講書無逸篇 ; 권39, 공민왕

은 그러한 예에 해당한다.315) 공민왕은 元에 의해서 이루어진 자의적인
국왕의 廢立과 신하들 사이의 국왕 擁立策動으로 실추되었던 왕권을
강화하려던 의도에서 국왕의 권위를 강화시켜 주는 근거가 되는「무일」
과「홍범」에 각별한 관심을 기울인 것이 당연한 것이었다고 생각된다.
더구나 공민왕이 이 글들을 경연하게 한 시기가 자신이 주도적으로 정
국을 운영하던 시기라는 점에서도 주목할 만한 것이다.316) 이와 같은 공
민왕의 정치운영 방식은 그의 즉위과정과 밀접한 관련이 있다.

공민왕은 충혜왕, 충정왕과 두 차례의 왕위계승 경쟁에서 실패한 이
후 충정왕대 정치상황의 불안과 원의 후원에 힘입어 왕위에 오를 수 있
었다. 공민왕의 이러한 정치적 취약성은 즉위 후에도 여러 차례의 중요

10년 5월, "乙亥命前密直提學田大有 講書無逸".

313) 『高麗史』 권39, 공민왕 10년 5월, "癸亥命左承宣李穡 講書洪範".

314) 『高麗史』 권44, 공민왕 22년 4월, "命柳爰廷講大寶箴 手寫其眞 書名及字以
賜".

315) 이외에도 공민왕은 경연에서 가장 많이 강의된「無逸」을 베끼게 하여 近臣과
(『高麗史』 권39, 5년 8월, "己巳命寫無逸篇 二十餘本 賜近臣") 宰相들에게 나
누어 주거나(『高麗史』 권39, 공민왕 8년 정월, "壬戌命翰林院寫無逸篇 賜宰
相"), 政事를 보는 장소인 報平廳에 걸어 관료들이 그 내용을 숙지할(『高麗
史』 권42, 공민왕 19년 11월, "命前禮儀判書韓修 書無逸篇 揭于報平廳") 것을
요구하고 있기 때문이다.

316) 이런 점에서 공민왕대의 경연은 臣僚들의 국왕에 대한 정치사상 교육의 기회
라는 경연의 일반적인 성격과 반대로 국왕이 주체가 되어 신료들에 대한 정치
사상 교육의 자리로 활용되었던 것이다.「無逸」과「洪範」에 국왕의 권위를 높
여 주고 국왕 중심의 정치운영을 합리화시켜 주는 요소가 들어 있기 때문이었
다. 경연이 주로 공민왕 5년 8월에서 10년 5월까지와 19년 11월 이후에 집중되
고 있는데 이 두 시기는 공민왕이 주도적으로 정국을 운영하던 시기인 것이다.
즉 앞의 시기는 5년 5월에 단행된 反元政策의 성공 이후 10년 10월 홍건적의
대규모 침입이 있기 이전으로 공민왕이 직접 측근세력을 통하여 정국을 운영
하던 시기였고, 뒤의 시기는 辛旽을 내세워 자신이 의도한 정계 개편을 마무리
한 후 신돈을 역모로 몰아 숙청하고 국왕이 직접 정국을 운영하려고 시도한 시
기였다. 이러한 시기에 공민왕은 군주 중심의 정치질서를 강조함으로써 자신
의 정치적 목표를 분명하게 표현하였던 것이다(최연식,「공민왕의 정치적 지향
과 정치운영」, 『역사와 현실』 15, 1995, 83~88쪽 참조).

한 고비를 맞이하였다. 원년과 5년, 12년, 20년 등 4차례에 걸쳐 대대적으로 반포된 개혁정책들은 고비를 넘기는 방법이었고 그때마다 정계는 급속하게 변화하였다.

이 과정에서 공민왕은 즉위 직후 원간섭기 국왕들의 정치운영 방식인 측근 중심의 정치운영을 취하였다. 그것은 어린 나이에 원나라에 건너가 숙위하는 과정에서 자연히 국내 정치세력과 단절된 가운데 宿衛隨從 세력을 중심으로 한 일부 측근으로 자신의 독자적 세력을 형성하려 한 원간섭기 국왕들의 일반적인 통치행태를 공민왕 역시 답습하였기 때문이다. 12살에 원에 건너가 23살인 1352년 국왕으로 귀국할 때까지 10년 동안 원에 머물러야 했던 공민왕으로서는 燕邸隨從功臣과 일부 인척을 중심으로 한 측근세력을 중용하고 그들에 크게 의존하지 않을 수 없었다. 趙日新이 그 대표적인 예라 할 수 있다.

그러면서도 공민왕은 소수 측근들로 하여금 일반 관료들을 견제하게 하는 한편, 그러한 측근과 자기를 분리함으로써 측근들이 국왕권을 제약할 때는 정국전환을 통하여 이들을 견제하였다. 이와 아울러 사회·경제적 개혁을 추구한 개혁성향을 가진 관료들의 경우, 자신의 즉위에 크게 기여하였음에도 불구하고 실제적인 정국의 운영에서는 배제하는 정책을 취하였다.

예컨대, 李齊賢이 공민왕 귀국 후 얼마되지 않아 수상직을 사임한 것은 그러한 상황에 대한 불만에서 비롯된 것이다. 공민왕의 후견인으로서 공민왕의 즉위를 위해 노력하였던 尹澤 역시 時事에 대해 건의하였다가 받아들여지지 않자 은퇴한 것도 같은 이유에서였다. 李穡 역시 공민왕에게 "두 임금이 어리므로 신하가 집권하여 기강이 무너졌는데, (임금의 즉위후에도) 賢士가 등용되지 못하고 간사한 사람들이 물러나지 않았으며, 아직 한 가지 政事의 행하여짐을 듣지 못하였고 헛되이 백성의 소망만 서운하게 하고 있다"고[317] 한 것은 공민왕 초기의 기대가 어

---

317) 『高麗史』 권115, 열전28 李穡傳.

굿나고 있는데 대한 불만이었다.[318]

그러나 그들이 개혁의 입장을 취하며 일반 관료들을 비롯한 여론의 지지를 받고 있었기 때문에 측근세력들을 이용한 개혁이 한계에 부딪칠 때에는 정국의 안정을 위하여 그들에 의지하지 않을 수 없었다. 사회적 폐단의 원천으로서 직접 제거의 대상이었던 親元勢力이나 權門世族들과 달리 그들은 공민왕과 직접 대결할 이유는 없었지만 정국운영의 주도권을 둘러싸고 일정한 갈등이 존재하였던 것이다. 더구나 공민왕 5년 일련의 친원세력의 제거와 釋器 추대세력을 제거하고 반원개혁을 표방한 군사행동이 단행되자, 측근세력내의 친원적 성향을 지닌 인물과 개혁 성향의 과거문신세력의 정치적 충격은 상당한 것이었다.

원대 성리학의 形勢論的 正統論을 바탕으로 원에 대한 事大를 합리화하면서 현실정치에서는 整治選法을 목표로 "罷政房 復祿科田"을 요구하였던 과거문신세력에게 있어서 반원개혁은 충격적일 수밖에 없었고, 그러한 변화에 적극적으로 대응하지 못하면서 공민왕의 측근세력에게 정국운영권이 자연스럽게 넘어갈 수밖에 없었을 것이다.[319]

때문에 과거문신세력의 대표인 이제현은 공민왕의 반원정책이 어느 정도 수습되고 국내 정치상황이 안정되자, 곧바로 南京遷都에 관여하고[320] 昭穆을 새로 정하자는 上書를[321] 올려 정치적 명분을 되찾으려 하였다. 그러나 공민왕은 자신의 측근세력과 武將勢力을 이용하여 반원을 지속적으로 전개하려는 의도였기 때문에 정치 운영과정에서 소외되었다.

이는 공민왕 12년에 있었던 대규모의 공신책봉에서도 알 수 있는데,

318) 安輔가 공민왕 4년 5월에 왕이 事情에 迂闊하다고 하여 年老한 母親의 保養을 이유로 辭職한 것도 그러한 예라고 보여진다(『高麗史』 권109, 열전40 安輔傳).

319) 이익주, 앞 논문, 1995, 47쪽 참조.

320) 『高麗史』 권29, 공민왕 6년 정월 壬辰, 2월 己酉.

321) 『高麗史』 권61, 지15 예3 吉禮大祀 諸陵 공민왕 6년 8월, "命李齊賢定昭穆之次 齊賢上議曰".

공신에 책봉된 275명 가운데 문과에 급제한 문신으로 확인되는 사람은 12명에 불과하며,[322] 그 중에서도 신흥유신으로 분류될 수 있는 사람은 이색을 비롯하여 공민왕대에 급제한 金鉐·廉興邦·韓方信·金君鼎·柳珣 등 6명뿐이었다. 더욱이 이제현과 尹澤은 물론이고 당시 현직에 있던 白文寶·李仁復·李茂芳·韓脩 등이 제외된 것은 이 무렵 과거 문신들이 정권에서 소외되어 있었음을 보여준다.[323]

이러한 점은 이제현으로 대표되는 과거문신세력이 世祖舊制에 의한 개혁의 정치적 명분을 잃게 되었고, 座主, 門生, 同年의 강화를 통하여 정치적 결속을 꾀할 수밖에 없었을 것이며, 이로 말미암아 공민왕과 辛旽에 의해서 비판받았을 것이다.

그러나 공민왕의 반원개혁이 과거문신세력보다는 측근세력을 통하여 이루어진 것이기 때문에 공민왕 8년과 10년 두 차례에 걸친 홍건적의 침입으로 수도 開京이 함락되는 가운데 지속되지 못하고, 이로부터 원의 고려에 대한 영향력이 강화되어 갔다. 이에 따라 잠시 친원세력의 국왕권에 대한 도전도 있었지만, 홍건적을 격퇴하고 친원세력의 도전을 막아낸 武將勢力의 정치적 지위는 더욱 확대되었다. 이로부터 무장세력은 점차로 중앙 요직으로 진출할 수 있는 여건이 마련되고 있었다.

이 과정에서 측근세력의 하나인 김용에 의해서 또 한번의 분열과정을 겪게 되었다. 김용이 꾸민 三元帥의 살해사건과 興王寺의 亂이 그것이다. 崔瑩 등의 무장세력에 의해 진압되었지만 이 과정에서 국왕 측근 가운데 외척세력의 대표격인 홍언박이 죽었고, 결국 김용 자신도 심문과정에서 그 죄가 드러나 죽임을 당하였다. 김용에 의해서 일어난 홍왕사의 난은 공민왕을 시해하고 반원개혁을 철회하려 했던 것으로, 원과의 관계를 고려한 친원적 성향의 측근세력 일부가 반감을 보여준 것이라

322) 辛丑扈從·扶侍避難功臣 柳淑, 辛丑扈從功臣 李嵒 洪彦博 元松壽 田祿生 李穡 金君鼎, 收復京城功臣 河乙沚 韓方信 金鉐 廉興邦 柳珣 등이 문과급제자로 확인된다.
323) 이익주, 앞 논문, 1995, 48쪽 참조.

생각된다. 이 두 사건을 거치면서 공민왕의 국왕권을 지탱해 주던 국왕 측근세력의 주요 인물들이 모두 제거 소멸됨으로써 왕권의 약화를 가져 왔다.

또한 이러한 위기를 틈타 12년 5월에 공민왕을 폐위시키고 德興君을 옹립하려는 원의 시도까지 겹쳐 공민왕은 안팎으로 심각한 어려움을 겪게 되었다. 이에 따라 홍건적과 원의 간섭을 격퇴하는 데 공을 세운 무장들의 영향력이 강화되었고, 국왕권을 지탱해 주던 측근세력의 상실로 말미암아 공민왕의 정국 주도력은 상실하게 되었다.

결국 공민왕은 이러한 정치상황에 대하여 世臣大族·草野新進·儒生 모두를 비난하고 있는데, 이는 민의 입장을 확대 포용하지 않으려 하는 당시 지배층에 대한 비난이자, 자신이 주체가 되는 국왕주도의 정치운영 방식에 대한 합리화였다.

따라서 공민왕은 14년 '離世獨立之人'인 辛旽을 전격적으로 등용하고, 새로운 개혁세력으로서 新興儒臣에 주목하게 된다. 이와 같은 공민왕의 정국전환 방법은 새로운 정치구조의 변화를 통하여 개혁의 추진세력으로 新進官僚-新興儒臣의 育成과 辛旽의 등용을 통해 體制安定的對民安定을 중시하였다는 점에서 이전의 원간섭기에 실시된 개혁과는 다른 면을 가지고 있었다. 더욱이 신돈의 개혁이 공민왕의 世臣大族에 대한 부정적인 태도를 배경으로 시작되어 反세족적인 입장을 드러내는 것이었으므로, 신흥유신 가운데서도 특히 신진관료들에게 적극적으로 참여할 수 있는 기회가 주어졌다. 이를 계기로 신진관료들이 이전처럼 세족화하려는 경향에서 벗어날 수 있었으며, 개혁세력으로 성장할 수 있었던 것이다.

그러나 과거문신세력의 현실참여와 정상적인 군신관계의 회복 요구를 바탕으로 형성된 신흥유신 역시 이제현과 同門이거나 門生, 또는 그 門生의 門生關係를 맺고 있던 사람들로 정치적 입장이나 정치노선을 같이하고 있었다. 물론 국학 중영사업을 주도한 신흥유신도 모두 이제현 세력의 구성원이었다는 점에서 그 성향이 크게 변한 것은 아니었다.
그러한 예는 다음의 사료에서도 찾을 수 있다.

　우리 座主 益齋侍中[李齊賢]의 孫子 李政堂[李成林]은 祖父의 門生
安政堂[安輔]의 門下에서 나왔고, 謹齋先生 安文貞公[安軸]의 손자 正
郎 景恭은 그의 조부의 문생 洪贊成[洪仲宣]의 문하에서 나왔으며, 나
의 둘째 아들 種學은 先親 稼亭公[李穀]의 문생 韓淸成[韓脩]의 문생이
되었다. 지금 子郊가 東亭[廉興邦]의 문하에서 나온 것 또한 우연은 아
니다(『牧隱集』文藁 권8, 序 宋子郊序).

　위의 내용에서 알 수 있듯이, 安軸의 家門과 李齊賢의 가문, 이색의
가문과 韓脩의 가문이 座主·門生關係를 중심으로 중첩되고 있음을 알
수 있다. 이러한 그들간의 관계는 同類意識 뿐만 아니라 내부적으로 더
욱 결속시키는 요인이 되었으며, 이를 바탕으로 정치세력화할 수 있는
바탕을 마련할 수 있었다. 이처럼 科擧의 試官이 특정한 부류에 의해
독점되는 현상은 당시 좌주·문생의 유대관계가 강화되었고, 그것을 통
해 문신들의 세력 결집이 이루어지고 있던 현실을 반영하는 것이라고
할 수 있다.
　이 점은 공민왕이 신돈을 등용하면서 儒生들이 座主·門生·同年이
라 칭하면서 黨을 만든다고 비난한 데서도 확인되지만, 좀 더 구체적으
로는 신돈이 李齊賢 세력을 盜賊으로 몰아 비판한 것은 그들의 세력결
집을 막고 개혁을 뒷받침해 줄 세력을 필요로 하였기 때문이었다.[324]

2) 成均館 重營과 科擧制 改編

　신돈에 의해 축출된 무장들을 중심으로 신돈을 제거하려는 모의가 발
생하는 등 개혁에 대한 반발이 일어나는 상황에서 개혁추진세력의 형성

---

324) 『高麗史』권110, 열전23 李齊賢傳 ; 권132, 열전45 반역6 辛旽傳.

164

은 더욱 절실하였다. 그러나 세신대족을 비롯한 기존의 정치세력을 전면적으로 부정한 위에서 새로운 세력을 창출하기란 매우 어려운 일이었고, 이 점에서 당시의 신흥유신-'儒生'-들이 주목되었던 것으로 보인다.[325]

그런 면에서 공민왕 16년에 이루어진 성균관 중영은 새로운 정치세력의 육성이라는 점에서 그 의미가 매우 크다. 성균관은 成均祭酒 林樸의 上言으로 시작되어 신돈의 적극적 후원에 의해서 이루어졌다.

> (공민왕) 16년에 成均祭酒 林樸이 上言하여 성균관을 다시 지을 것을 청하니, 命하여 崇文館의 옛 터에 국학을 다시 짓게 하였는데 中外의 儒官으로 하여금 품계에 따라 布를 내어 그 비용을 보조하게 하고 生員을 늘려 두고 常時로 100명을 양성케 하였으며 비로소 五經과 四書齋가 나뉘었다.(『高麗史』권74, 지28 선거2 學校 공민왕 16년)

> 왕이 성균관을 조영할 것을 명령하자, 신돈과 유탁·이색이 崇文館에 모여서 성균관의 옛 터를 돌아 보았는데 이때 신돈이 관을 벗고 머리를 숙이면서 先聖에 맹세하여 말하기를, "정성을 다하여 중영하겠습니다"라고 하자, 옆에 있던 사람들이 말하기를, "조금 옛 규모만 못하게 하면 일이 쉽게 될 것이다"라고 하니, 신돈이 말하기를, "공자는 천하 만세의 스승인데 어찌 사소한 비용을 절약하여 전대의 규모보다 줄일 수 있겠는가!"라고 하였다(『高麗史』권132, 열전45 반역6 辛旽傳).

성균관 중영사업이 임박의 주청과 신돈의 적극적인 후원에 의해 대규모로 이루어지게 되자, 중외의 儒官으로부터 그 경비를 據出하여 비용을 보조토록 하는 한편, 生員을 항상 100人으로 늘렸으며, 5경과 周禮로 6齋를 구성했던 전통적인 고려의 유학교육을 四書와 五經의 9齋로 바꾸었다.

그리고 새로 중건된 성균관의 大司成에는 李穡이 임명되고 金九容·

325) 이익주, 앞 논문, 1995, 38~40쪽 참조.

鄭夢周·朴尙衷·朴宜中·李崇仁 등을 교관으로 삼아 성리학의 경전을 교육하고 어려운 부분은 서로 토론하면서 성리학을 진흥시키고 있었다. 예컨대,

> 16년에 成均館을 重修하고 李穡을 判開城府事兼 成均大司成으로 임명하였으며, 生員을 증원하고 經學 學者들인 金九用·鄭夢周·朴尙衷·朴宜中·李崇仁 등을 선발하여 다른 관직을 겸임한 채 教官을 겸임시켰다. 이전에는 館生이 수십 명에 불과하였다. 이색은 敎授 방법을 변경하여 매일 明倫堂에 회합하여 經書를 분담하여 교수를 진행하고 강의를 마친 후에는 서로 토론하였는데 이색은 피로를 잊었으며 배우는 자들이 많이 모여 들어 서로 권장하게 되었다. 程朱의 성리학은 이때부터 보급되기 시작하였다(『高麗史』 권115, 열전28 李穡傳).

라고 한 것에서 보듯이, 성균관을 중심으로 결집한 이색 등은 모두 과거에 급제한 문신들이다. 원래 이들은 李齊賢을 중심으로 학문적 유대관계나 정치노선을 같이하고 있었다. 그러나 이들이 국가의 대표적인 官學인 成均館에 모여 있다는 사실은 좌주 문생제와 같은 私的인 관계가 사실상 부정되는 것이다. 이러한 의도는 기존의 李齊賢-李穡으로 이어지는 정치세력의 결집을 차단하려는 것이었다. 이러한 분리를 가능케하고 또 정당화하기 위해서 취해진 조치가 과거제도의 개혁이다.[326]

공민왕은 먼저 座主의 권위만 강화되는 일반 과거시험을 不許하고, 왕이 9齋에 행차하여 親試의 실시와 함께 經義를 시험과목으로 채택함으로써 試官제도를 바꾸고 극소수의 인원만을 선발하였다.[327] 이는 知貢擧의 역할을 약화시키고 과거를 통해 文臣들 사이에 座主·門生관계가 형성되는 것을 차단하려는 의도였다. 그리고 監務의 品階가 낮아 鄕學이 체계적으로 운영되지 못하자, 縣令·監務의 품계를 높여 參上官

---

326) 이익주, 앞 논문, 1995, 48쪽 참조.
327) 『高麗史』 권74, 지28 선거2 學校, 공민왕 18년.

이상으로 임명한 것은[328] 지방교육의 강화와 밀접한 관련이 있어 보인다. 또 공민왕 23년에 本貫에서 鄕試를 거치지 않고 다른 道에서 응시하는 자는 會試를 응시할 수 없도록 한 조치와[329] 같은 시책들은 모두 향시가 충실해지도록 배려한 것이며, 중앙의 세족을 억제하기 위한 것이라는 점에서도 커다란 의미가 있다.[330] 이는 좌주를 중심으로 이루어지는 私的인 결합을 통하여 그들의 정치세력을 형성하고, 공적 영역인 인사권을 침해할 가능성을 우려한 것이었다.

그러한 조처가 바로 공민왕 18년에 이루어진 元의 三試制를 채택하여 及第者와 試官을 위한 宴會에 드는 비용을 없애고자 추진한 科擧制度의 개혁이었다.[331] 종래에는 鄕試가 뚜렷하지 않아 대체로 成均試를 거쳐 본시험에 합격함으로써 관인으로 진출하도록 되어 있었으나, 元의 三試制를 채택하여 鄕試·會試·殿試의 3단계를 거치도록 정제된 체제를 갖추게 되었던 것이다. 이러한 방법은 試官인 知貢擧의 권한을 축소하는 방향으로 진행되었다.

이러한 경향은 공민왕 11년의 예부시에서는 책문 대신 시부를 시험하였던 것부터 시작되는데,[332] 이때 試官을 지낸 洪彦博과 柳淑은 모두 공민왕의 측근 인물로 좌주·문생관계나 학문적인 계보에서 이제현과는 무관한 사람들이었다. 따라서 이 사례는 당시 경학 중심의 학풍에 대한 반발이 없지 않았음을 보여주는 동시에, 다른 한편으로는 성리학자로서의 유대를 가지고 있으면서 경학 중심의 학풍을 주도해가던 집단이 존재하였음을 말해주는 것이다.

---

328) 『陽村集』 권12, 提州鄕校記.
329) 『高麗史』 권73, 지27 선거1 科目1 공민왕 23년 3월敎.
330) 許興植, 『高麗科擧制度史硏究』, 1981, 50쪽 참조. 공민왕이 詞賦의 혁파를 통해서 이러한 좌주 문생 관계의 폐단을 없애려 하였으나, 座主門生之習이 행해진 지 오래되어서 제거하지 못한 것을 識者들이 개탄하였다고 한다(『三峰集』 권13, 朝鮮經國典 上 貢擧).
331) 『高麗史』 권73, 지27 선거1 科目1 공민왕 18년.
332) 『高麗史』 권73, 지27 선거1 科目1 恭愍王 11년.

이러한 갈등관계는 우왕 2년에 洪仲宣에 의해 詩賦로 取士하고 鄕試
·會試·殿試를 폐지한 것에 대해 議者들이 "이 일은 옳지 않게 여겼
다"라고[333] 한 점은 이를 반증해 주는 것이며, 공민왕대 과거제에 대한
개혁의 후퇴를 의미한다. 이후 우왕 5년 1월에 經學을 중시하던 공민왕
18년의 과거제도로 회복할 것을 上言하였으나[334] 관철되지 못하였고,
우왕 12년에 李穡이 知貢擧가 되어 策問을 시험 과목으로 다시 채택되
고,[335] 창왕 즉위년에 이르러 공민왕 18년에 실시된 과거법에 의거하여
鄕試에 충실하지 못한 수령을 벌하겠다는 敎令으로 마무리 되었다.[336]

이렇게 전국적인 인재 등용 방법의 하나인 鄕試의 준수, 3단계 考試
法을 채택하여 최종고시인 殿試에 國王權의 개입, 試官의 수적 증가와
座主 門生의 宴會를 금지한 것은 官學의 활성화를 통하여 새로운 정치
세력의 육성을 도모하기 위한 시책이었지만, 經學을 중시하는 신흥유신
과 詞章을 중시하는 집단의 이해가 결부되어 대립하고 있음을 보여준
다. 예컨대,

> 공민왕 17년에 왕은 經學에 밝은 자를 뽑아 試官을 삼으려 했다. 辛旽
> 은 監察大夫 孫湧으로 시관을 삼으려 했으나, 宦者인 李剛達은 判典校
> 寺事 李茂芳, 權思復으로 삼으려고 했다. 왕은 그 다툼을 미워하고 말
> 하기를, "監試에서 선발한 자는 모두 어리고 경학에 밝고 덕을 쌓은 선
> 비가 아니어서 국가에 도움이 되지 못하므로 폐지한다"고 하였다. 辛禑
> 2년에 다시 회복하였다(『高麗史』 권74, 지28 선거2 國子監試 序文).

위의 내용에서 알 수 있듯이, 공민왕은 17년에 國子監試의 폐지를 辛
旽과 宦官인 李剛達이 試官 任命을 둘러싸고 서로 다투었으므로 이를

---

333) 『高麗史』 권73, 지27 선거1 科目1 禑王 2년 5월.
334) 『高麗史』 권73, 지27 선거1 科目1 禑王 5년 정월.
335) 『高麗史』 권73, 지27 선거1 科目1 禑王 12년 5월.
336) 『高麗史』 권73, 지27 선거1 科目1 昌王敎.

폐지시킨다고 하였다. 그러나 실제로는 원의 三試制의 채택과 더불어 國子監試의 기능이 會試로, 界首官試는 鄕試로, 殿試는 禮部試로 과거 제도가 대체되어 국자감시가 불필요한 때문이기도 하겠지만, 監試에 합격한 이들이 문벌의 자제들로 나이가 어린 아이를 합격시켜 禮部試에 응시하는 폐단을 없애기 위한 조처였다. 더구나 예부시의 연령을 제한하여 25세 미만인 자에게 과거에 응시하지 못하도록 규정한 점은 그러한 일면을 보여주는 것이다.[337) 공민왕 20년부터 우왕 3년까지 進士로서 예부시 급제자가 극히 적다는 점 역시 국자감시의 중단과 깊은 관계가 있는 것으로 생각된다.[338)

이후 우왕 11년 국자감시에서 "粉紅榜"이라 불릴 만큼 권문세족의 '젖내나는 아이[乳臭之童]'들이 대거 합격할 정도로[339) 느슨해진 과거제의 문란은 당시 신흥유신들로 하여금 거센 반발과 함께 공민왕 18년에 시행된 과거제의 회복을 요구토록 하였다. 이는 책문을 부과함으로써 성리학적인 통치규범을 익힌 經明行修之士를 선발함과 동시에 권문세족 가문의 어린 자제들의 무분별한 응시를 막고, 그들의 세력을 확대 재생산하고자 하였던 것이다.

이를 계기로 앞으로의 科擧에서 좌주·문생관계의 성립이 불가능해진 것은 물론이지만, 기존에 성립되어 있던 좌주·문생관계도 상당한 타격을 입었다. 이 과거제도의 개혁은 공민왕의 좌주·문생관계에 대한 비판적인 인식을 바탕으로 신진관료들에게 좌주·문생관계를 청산하고 개혁정치에 참여하도록 요구하였다. 공민왕과 신돈은 개혁의 추진을 위해서 신흥유신을 개혁세력으로 끌어들여 그들의 협조와 참여를 요구할 수밖에 없었던 것이다.

이에 따라 개혁추진세력으로 李穡을 비롯한 공민왕대에 과거에 합격한 20~30대의 패기발랄한 젊은 문신들이 신돈정권에 참여하였다. 더욱

---

337) 『高麗史』 권73, 지27 선거1 科目1 恭愍王 20년 3월教.
338) 許興植, 『高麗科擧制度史研究』, 1981, 73쪽 참조.
339) 『高麗史』 권74, 지28 선거2 科目2 國子監試 禑王 11년 3월.

이 李穡이 大司成에 발탁되고 있다는 것은 이 시기에 와서 신흥유신의
구심이 이제현에서 이색으로 이동하는 등 일정하게 세대교체가 이루어
지고 있음을 시사하는 것이다. 더욱이 신흥유신의 대부분이 공민왕대
과거합격자 중심으로 형성되고 있었다는 점, 공민왕 초기 과거문신세력
의 중심인물이었던 李齊賢·白文寶·金得培 등을 대신하여 그 門生들
이 중심인물로 성장하고 있었다는 점은 주목할 만하다.

그러한 면은 이색이 공민왕 16년 7월에 죽은 李齊賢의 墓誌銘을 지
으면서 "公은 舊法을 지키려 힘썼고, 更張을 좋아하지 않았다[公務遵舊
法 不喜更張]"고 평가할[340] 정도로 그들간의 차별을 강조하기에 이르렀
다. 예컨대,

> 近世에 大儒이신 雞林 李公[李齊賢]께서는 비로소 古文의 학풍을 주
> 창하셨고, 韓山 稼亭 李公[李穀], 京山 樵隱 李公[李仁復]께서도 따라
> 서 그에 합하셨다. 지금의 牧隱 李先生께서는 일찍이 家庭之訓을 이어,
> 中原에 北學하시고 師友와 淵源의 바름을 얻으시며, 性命과 道德의 說
> 을 窮究하시어, 東方에 돌아오시니, 諸生들은 연이어 몰려들었다. 그를
> 보고 興起한 이들은 烏川 鄭公 達可[鄭夢周], 京山 李公 子安[李崇仁],
> 潘陽 朴公 尙衷[朴尙衷], 密陽 朴公 子虛[朴宜中], 永嘉 金公 敬之[金
> 九容], 權公 可遠[權近], 茂松 尹公 紹宗[尹紹宗]이다. 비록 내가 불초
> 하나, 또한 여러 분들의 대열에 끼게 되었다(『三峰集』 권3, 陶隱文集
> 序).

라고 한 데서 알 수 있듯이, 鄭道傳은 이제현으로부터 흥기하기 시작
한 성리학을 공부하면서, 李齊賢과 李穀·李仁復·李穡으로 이어지는
師弟關係를 형성하였으며, 이러한 사제관계의 말단에 자신을 포함한 鄭
夢周·李崇仁·朴尙衷·朴宜中·金九容·權近·尹紹宗 등이 있다고
하였다.

---

340) 李齊賢墓誌銘(李穡撰), 『高麗墓誌銘集成』.

특히 공민왕 초에 鄭夢周·朴尙衷·李崇仁·鄭道傳·金九容·金劑
顔·李存吾 등이 "서로 어울려 강론하기를 즐겨했다[相友善講論]"고
하는데,[341] 이 모임은 이색과 사제관계로 결속된 것이었다.[342] 그리고
바로 이들이 공민왕 16년 성균관이 중영되었을 때 '經術之士'로서 참여
하여 성리학을 일으키고 동시에 새로운 정치세력으로 성장하였던 것이
다.[343]

성균관의 중영을 계기로 세력을 결집하고 있었던 신흥유신으로는 李
穡·金九容·鄭夢周·朴尙衷·朴宜中·李崇仁·林樸·鄭道傳·鄭樞
·李存吾·金齊顔·尹紹宗·李詹·權近 등을 들 수 있다. 이들은 이색
을 중심으로 학문적 유대관계를 통해 교유해 온 인물들이다. 즉 이색의
문하생이었거나 그들 사이에 어릴 적부터 교우관계를 맺고 있던 사람들
이 주축을 이루고 있었다. 이 가운데 김구용·김제안·권근·정추는 世
族출신이었고, 박의중·이숭인·이존오·윤소종 등은 이미 그들의 할아
버지 때부터 관료를 배출하기 시작한 士族출신이었다.[344] 이들은 공민
왕대 초기 국제관계의 변화와 국내정세의 변동을 경험하면서 새로운 대
외인식을 심화시켰고, 대부분 공민왕 9년(1360)을 전후한 시기에 과거를
통해 관료가 된 사람들이다.

이처럼 이색을 중심으로 하는 신흥유신은 신돈 집권기의 개혁정치에
참여하여 고려말 개혁주도세력으로 성장하였다. 물론 신돈 집권기의 정
치운영에 대한 이들의 대응방식이 모두 동일한 것은 아니었다. 신흥유
신 가운데 일부의 반발도 없지 않았다. 특히 鄭樞와 李存吾가 신돈을
극렬하게 비난한 내용이 주목되는데, 그것은 신돈이 왕에게 신하의 예
를 행하지 않는 등 僭濫하다는 것이었다.[345]

---

341)『高麗史』권112, 열전25 李存吾傳.
342)『三峰集』序(權近撰).
343) 이익주, 앞 논문, 1995, 42쪽 참조.
344) 閔賢九, 앞 논문(하), 1968, 84~89쪽 참조.
345)『高麗史』권41, 공민왕 15년 4월 甲子.

　이는 공민왕의 신돈을 통한 왕권강화가 파행적인 정치운영으로 인식
한 반발감에서 비롯된 것이라고 할 수 있다. 林樸은 이에 적극적으로 참
여하여 田民辨正事業 등을 주도한 바 있고, 鄭夢周·鄭道傳·朴尙
衷·朴宜中·尹紹宗 등은 중도적인 입장에 있었다.346)

　그러나 신돈의 정치적 지향과 신흥유신의 그것이 동일하지 않았다 하
더라도, 이 시기 개혁 자체는 신흥유신이 추구하는 개혁과 일치하였다.
따라서 신흥유신의 상당수는 신돈의 개혁정치에 참여하면서 자기성장
을 이루고 있었으며, 신돈이 몰락하는 공민왕 20년 경에는 중견 관료로
서 인사권을 장악하고 요직을 역임하는 등 괄목할 만한 정치적 성장을
이룰 수 있었던 것이다.

---

346) 閔賢九, 앞 논문(하), 1968, 91쪽 참조.

제3장 禑王代 政局運營과 新興儒臣의 動向

1. 都堂 中心의 政治運營과 國王權 回復試圖

1) 李仁任의 族黨 中心의 政局運營과 都堂權 强化

고려말 우왕대는 고려후기의 제반질서들이 붕괴되는 시기로 인식되고 있다. 특히 신돈의 제거와 武將勢力의 대두는 정치세력간의 재편을 초래하였고, 공민왕의 죽음은 정권에서 소외되어 있던 權門世族이 다시 등장할 수 있는 계기가 되었다. 더구나 어린 우왕을 옹립하는 데 결정적인 역할로 실권을 장악한 李仁任은 정치개혁보다는 권력 유지를 위하여 혈연을 매개로 하는 파행적인 族黨政治[1]를 운영함으로써 高麗 사회의 정치·경제적 모순을 심화시켜 갔다. 또한 이 시기는 100여 년간 고려정치를 간섭해 왔던 元나라가 쇠망해 가고 대신 明에 의한 새로운 國際秩序가 재편되는 시기여서 외교노선을 둘러싼 정치세력간의 갈등과 대립도 심화되었다. 이와 같은 정치적 불안과 빈번한 왜구의 침입은 전 국토를 황폐화시키는 한편 민생의 생활을 어렵게 하였다. 이로부터 비롯된 收取體制의 붕괴는 국가재정의 고갈을 초래하였고, 官僚體制 역시 제대로 유지되지 못하는 실정이었다.

이와 같은 위기 상황에 처한 왕실과 신료들의 최우선 과제는 공민왕 23년 9월 공민왕의 시해 사건의 처리문제와 후사를 결정하는 일이었다.

---

1) 盧明鎬,「高麗後期의 族黨勢力」,『李載龒博士還曆紀念 韓國史學論叢』, 1990.

이인임에 의해서 공민왕의 사후처리가 정리되었지만,[2] 후사를 결정하는 일은 왕실이나 관료들 사이의 어느 한편에서 쉽사리 결정될 문제가 아니었다.

이미 공민왕의 후사로 정해진 9살의 江寧大君 禑가 있었으나[3] 그의 출생문제와 관련하여 왕실과 신료 모두가 인정하는 후계자가 아니었으므로,[4] 누가 즉위하던 간에 향후 정국동향에 상당한 파급을 초래할 수 있었다. 누가 되느냐와 어느 계열의 정치세력에서 후사문제를 주도하느냐에 따라서 이후 정국운영의 주도권이 달라질 수 있기 때문이다. 그러한 고민은 다음의 내용에서 살필 수 있다.

정해일에 太后와 侍中 慶復興은 宗親을 왕으로 세우고자 하고, 侍中

---

2) 이인임의 주도로 공민왕을 시해한 대역죄인들을 밝혀내자 바로 다음 왕을 세우는 일에 조정의 공론이 모아졌는데, 공민왕이 시해당한지 채 3일이 지나기도 전이었다. 즉 공민왕이 시해당한 직후 衛士들은 물론이고 宰相과 百官 중에서도 궁궐로 오는 사람이 없었는데 李仁任이 홀로 궁궐로 들어와, 일단 의심이 가는 僧侶 神照를 옥에 가두었으며, 공민왕이 시해당한 현장을 살피다가 崔萬生과 병풍에 묻은 피 흔적을 발견하여 그 진상을 파악하고, 洪倫 등을 옥에 가두었다(『高麗史節要』 권29, 공민왕 23년 9월). 이러한 점은 이인임 이외에 다른 인물들은 공민왕이 시해당한 상황에서 어떤 조치도 취하지 못하였으며, 이인임만이 신속하게 움직여 사건을 해결하였던 것으로 보인다. 이 과정에서 이인임은 明德太后와 禑에게 어느 정도 신임을 얻을 수 있었을 것이다. 그리고 또한 조정에서의 발언권도 한층 강화되어, 江寧大君 禑를 다음 왕으로 추대하는 일에도 적극적으로 명분을 내세울 수 있지 않았나 생각된다(李亨雨, 『高麗 禑王代의 政治的 推移와 政治勢力 硏究』, 1999, 46쪽 참조).

3) 『高麗史』 권133 열전46 우왕총서.

4) 공민왕 22년 9월에 공민왕이 尹虎와 바둑을 두면서 지는 사람이 時事를 시로써 주기로 약속하였는데, 윤호가 바둑에 져서 시를 지어 올렸는데, "어두운 데서 속이면 반드시 그런 것은 아니지만 밝은 세상을 속이면 마땅히 죽게 되네. 한 사람의 손으로 천하의 수 많은 눈을 가리기 어렵다"(『高麗史』 권133, 열전46 우왕총서, "欺暗常不然 欺明當自戮 難將一人手 掩得天下目")는 내용이 있는데, 徐居正은 이를 공민왕이 우왕을 길러 아들로 삼은 것을 풍자한 것으로 이해하였다(『東人詩話』 上).

李仁任은 禑를 세우고자 하여 의논이 이리할까 저리할까 결정을 짓지 못하고, 都堂에서도 서로 쳐다만 보고 감히 말을 꺼내지 못하였다. 判三司事 李壽山이 말하기를 "오늘날의 계책은 마땅히 宗室 永寧君 瑜에게 있어야 될 것이다"라고 하자, 密直 王安德 등이 이인임의 뜻을 맞추어 큰소리를 내어 말하기를, "왕이 이미 大君으로써 後嗣를 삼았으니, 이를 버리고 어디서 구할 것인가" 하였다. 이인임이 百官을 거느리고 드디어 우를 왕으로 세우니 나이 10세였다(『高麗史節要』권29, 공민왕 23년 9월).

위의 내용에서 알 수 있듯이, 왕위계승 문제를 먼저 都堂에서 논의를 하고, 宗親을 세우려는 明德太后와 慶復興 등의 입장과 공민왕에 의해서 後嗣로 정해진 江寧大君 禑를 추대하려는 이인임 등의 주장이 있었다. 禑가 후사를 이어야 한다는 명분에 따라 우왕의 즉위가 李仁任의 절대적 후원에 의해서 이루어진 것이므로, 이인임에게는 정치적 부담이 되었다.

더구나 崔瑩을 비롯한 다수의 무장들이 공민왕 23년 7월에 濟州 정벌을 떠난 상태였기 때문에[5] 우왕의 추대에 참여하지 못하고 있었다. 우왕이 즉위한 한달 후인 10월에 제주 원정을 성공적으로 마치고 귀환한 崔瑩이 공민왕의 梓宮에서 大聲痛哭할 정도로[6] 갑작스럽게 공민왕이 죽임을 당해야 했던 책임론과 아울러 자신들의 의사와는 상관없이 우왕의 왕위계승이 이루어졌다는 점은 향후 이인임의 정국 주도 과정에서 반발이 예상되는 것이었다.

---

5) 이때의 濟州 토벌에 참가한 인물들은 최영을 포함 廉興邦·李希泌·邊安烈·睦仁吉·林堅味·池奫·羅世·金庾 등이었으며, 전함이 314척, 병사 25,605명이 동원된 대규모의 군사작전이었다. 최영 등이 濟州 토벌을 끝내고 개선하는 것은 우왕이 즉위한 다음 달인 10월이다(『高麗史』권113, 열전26 최영전 ; 『高麗史節要』권29, 공민왕 23년 7월조를 참조).

6) 『高麗史』권113, 열전26 崔瑩傳, "(공민왕 23년) 十月 (崔)瑩與諸將 班師 王已薨 復命于梓宮 痛哭失聲".

그러나 무장세력 역시 이인임의 주도로 추대된 禑王을 공민왕의 아들로 인식하고 있었고, 이들은 이미 공민왕 20년 이후 都堂을 통하여 共助體制를 유지하여 왔기 때문에 서로간의 정치적 이익이 보장되는 한 대립할 이유가 없었다. 또한 당시 명과의 외교적 관계 등 불안정한 국내외 상황이 지속되고 있는 시점에서 이인임은 정국 주도권을 장악하기 위해서는 무엇보다 이들과의 타협이 필요하였을 것이다.

특히 국왕 중심의 정국운영과 王室의 권위 회복을 기대하였던 明德太后가 宗室 중에서 名望있는 자를 새로운 왕으로 세우고자 하였던 입장을 물리치고, 나이 어린 우왕을 내세웠던 이유에는 신돈의 제거 이후 정국을 주도하던 세족중심의 정국운영권 확보와 유지에 1차적인 목적이 있었다. 그리고 바로 이런 이인임의 우왕 추대 이유는 공민왕의 국왕 중심의 정치운영을 경험한 최영 등 무장세력에게도 그대로 적용될 수 있는 것이었다.[7]

이렇게 양자의 필요에 의해서 이루어진 이인임 세력과 무장세력의 정치적 타협은 도당을 중심으로 이루어졌다. 이인임 세력과 무장세력의 대부분은 宰樞職에 올라 도당의 구성원으로 참여하였기 때문에, 그들의 정치적 입장을 대변할 수 있는 정치기구로서 도당의 위상이 더욱 강화될 필요가 있었다. 따라서 이때의 도당의 역할과 위상은 공민왕 20년 12월의 내정개혁안에서 중시되었던 都堂과는 근본적으로 달랐다. 공민왕의 국왕권에 의해서 제약되었던 도당과 이때의 도당의 위상이 큰 차이를 보이는 것은 도당에 참여한 재상들이 어린 우왕을 대신하여 국정을 주도할 수 있었기 때문이다.

우왕 즉위년 11월에 공민왕의 嬖幸인 金興慶의 죄를 최영이 주관하여 다스린 것은 이런 당시의 현실을 반영하는 것이며,[8] 諫官들도 도당을 통하여 자신의 견해를 개진할 정도로[9] 이들이 주도하는 도당 중심의 정국 운영이 이루어지고 있었다. 간관들이 도당을 인정한 것은 도당을 통한 정상적인 정치운영의 유지를 기대하였던 데 있었다.

이인임의 정국주도에 따른 명분 확보와 도당 중심의 행정체제 강화노력은 내정개혁안의 제시에서도 볼 수 있다. 우왕의 교서형식을 빌어 원년 2월에 '便民事宜'란[10] 명분 아래 都評議使司가 국정을 총괄하도록 하는 조처를 취하고 있다. 이 교서의 내용은 이전 국왕들의 개혁교서와는 다르게 序頭가 생략되고『高麗史』의 志에만 分載되어 있는데,[11] 이를 표로 정리하면 <표 8>과 같다.

<표 8> 禑王 元年 12월의 內政改革案 一覽

내용 분석 성격	분류	항목	내용	개혁안 전문	출전	비고
政治問題	政治運營	人事行政 1	守令 考績의 법은 5事로써 殿最를 삼고 그 遞任者는 반드시 新官에게 交付하기를 기다려 任地를 떠나 朝參하게 할 것	教 守令考績之法 以田野闢·戶口增·賦役均·詞訟簡·盜賊息五事 爲殿最 其遞任者 必待新官交付 去任朝參	선거3 수령선용	
		1	戰歿軍士는 都評議司로 하여금 子孫을 追錄할 것	教 兵興以來 戰沒軍士 令都評議司 追錄子孫	선거3 공신자손	

都堂曰……時 禑年幼 政出宰相 故諫官獻書 冀其處置".
10)『高麗史節要』권30, 우왕 원년 2월.
11) 이와 관련하여 우왕 원년 2월에 "내가 어린 몸으로 先王의 業을 이어 臣民의 위에 있으면서 할 바를 알지 못하니 하늘의 뜻[乾道]가 일정함을 잃고 地災가 자주 나타나게 되었다. 돌아보건대 오직 역량이 부족한 사람이[眇昧] 어찌 견디겠는가. 어찌 정치와 형벌이 그 당위성을 잃고 백성이 있을 곳을 얻지 못하여 그렇게 된 것이겠는가. 아아 무릇 그대들 안과 밖의 大小臣僚는 각각 마음을 다하여 헛된 문장만 일삼지 말고 힘써 實效를 구하여서 豊平의 다스림을 이루게 하라"고 한 내용은 원년 敎書의 序頭로 생각된다(『高麗史』권133, 열전46 우왕 원년 2월).

				甲寅年(1314, 충숙 원)에 量田한 이후로 三稅의 田에 대하여 都評議使司는 각 道의 按廉使에게 移牒하여 그 有稅田은 먼저 납세를 허락하고 그 나머지를 수취하여 前弊를 革新할 것	宥旨 甲寅年量田以後 三稅之田 屢因誅流員將 沒入倉庫 不入三稅 拘該官司 一據元案徵納 州郡病之 仰都評議使司 移牒各道按廉使 其有稅之田 先許納稅 方收其餘 以革前弊	식화1 조세	
경제문제	토지문제	三稅收取問題	1				
	녹봉문제	祿俸問題	1	廣興倉에 속하는 紬布를 모두 丙申年의 宣旨에 의하여 廣興倉에 소속시켜 百官의 祿俸을 넉넉하게 할 것	令 德泉庫輸納 元係廣興倉紬布 一依丙申年宣旨 還屬廣興倉 以贍百官之俸	식화3 녹봉	
사회문제	민생안정	貢物貸納問題		都評議司는 常平濟用庫를 두어 그 本錢만큼 취하여 借用에 편리하도록 하고 外方의 州府도 이를 두어 任地領 내의 倍償의 弊端을 없애도록 할 것, 각 官司는 都評議司의 公文을 제외하고는 徵納하지 못하게 할 것	宥旨 一, 外吏上京 因各司催納貢物 及徵拖欠 稱貸私錢 倍償其直 害及於民 仰都評議司 置常平濟用財 止取其本 以便借用 其外方州府 亦令置之 除任領內 倍償之弊 各官司 除都評議司行移外 毋得擅行徵納	식화2 차대	
		借貸	1	公私間의 錢糧은 1本 1利를 취할 것, 洪武 8년 2월 13일 이전의 典當한 子女는 모두 放還함을 허락할 것	一, 公私營息錢糧 止取一本一利 貸者不在 毋令徵及族人 有取利中之利 徵還貸者 洪武八年二月十三日以前 典當子女 無論久近 並許放還	식화2 차대	
		租稅減免	1(4)	都評議司는 癸丑年(恭愍王 22년)으로부터 이전의 未納한 祿轉과 雜貢은 모두 免하고 沿海 州郡의 被害가 심한 곳에는 甲寅年(恭愍王 23년 : 1374)의 雜貢도 減免할 것, 이미 이미 官에 납부한 것은 다음해의 數量으로 延祐 甲寅年 이후에 추가된 貢物은 減免할 것	宥旨 各道州郡 屢因倭寇 加以水旱 民生凋瘁 仰都評議司 自癸丑年以前 祿轉雜貢未收者 一皆蠲免 其沿海州郡 被害尤甚去處 甲寅年雜貢 亦行蠲免 已納到官者 准作下年之數 延祐甲寅以後 加定貢物 量宜蠲除	식화3 재면지제	
				驛站軍須田에서 納入되는 것에 1/3을 감할 것	宥旨 近年以來 軍須田戶 困於重斂遠輸 多致荒畓 凡係軍須田入 量減三分之一	식화3 은면지제	

社會問題	民生安定					
		官吏의作弊	1	1. 모든 倉庫, 官司 및 波吾赤 등의 房에서 宮內 소용을 빙자하고 州縣에 徵斂하며 또 忽只, 忠勇과 각 愛馬가 여러 가지로 구하고 청함이 있어 作弊함이 심하니 都評議司로 하여금 일절 禁斷케 하고 위반자는 所在의 官司가 憲司에 呈報하고 糾罪할 것	敎曰 諸倉庫官司 及波吾赤等房 依憑內用 徵斂州縣 又有忽只・忠勇各愛馬 多般求請 作弊爲甚 仰都評議司 一行禁斷 違者 所在官司 呈報憲司 糾罪	형법1 직제
				京畿에서 內乘 및 造成都監의 小吏 등이 공적인 것으로 橫行하며 侵擾하니 都評議司는 약속을 설정하고 前弊를 개혁할 것	一, 京畿 王化所先 今內乘 及造成都監 小吏等 因公爲奸 橫行侵擾 深爲未便 仰都評議司 定著約束 以革前弊	
		民戶整備	1	금후는 外方의 각처의 民戶를 모두 京中에서 현재 행하는 법에 의거하여 대・중・소 3등으로 分揀하고 그 中戶는 2戶로 小戶는 3戶로 1戶를 삼아 差發할 것	敎曰 使民之道 務從優典 今後 外方各處民戶 一依京中見行之法 分揀大中小三等 其中戶 以二爲一 小戶 以三爲一 凡所差發 同力相助 毋致失所	형법1 호혼
		奢侈禁止	1	금후로는 燒酒, 錦繡, 段匹, 金玉器皿 등의 물품은 모두 禁斷하고 婚姻을 하는 집에서도 명주, 紬紵를 쓰도록 할 것, 閑散人들이 愛馬에 托名하여 요역을 規避하니 금후로는 司憲府는 巡問, 按廉하여 所在官司로 이들을 推刷하여 差役에 충당시킬 것	敎曰 人不知儉 侈用傷財 今後 如燒酒・錦繡段匹・金玉器皿等物 一皆禁斷 雖婚姻之家 止用紬紵 務從儉約 以成風俗 閑散之人 托名各愛馬 稱爲通糧 規避徭役 致使齊民 勞逸不均 今後 司憲府 巡問按廉 所在官司 盡行推刷 以當差役	형법2 금령
		刑罰濫刑禁止	1	都評議使는 司憲府, 典法司, 都巡問, 按廉使에 申勅하여 상세하게 情法을 연구하여 律 밖의 刑을 쓰지 말고 徒役은 年限이 있으니 그 이미 滿期된 자는 放免시키고 禁錮하여 賤人이 된 자도 근본을 밝혀서 아뢰도록 할 것	敎曰 刑法 聖人所恤 三代以上 罪不相及 刑簡而民不犯 秦用峻法 反不勝理 仰都評議司 申勅司憲府・典法司・都巡問・按廉使 詳究情法 毋用律外之刑 徒役有年限 其已滿者 放免 禁錮作賤 亦宜根究以聞	형법2 휼형

社會問題	民生安定	奴婢	1	壓良爲賤한 경우 王旨가 있은 후 1月을 한하여 방면하고 위반하는 자는 엄히 다스릴 것	敎曰 抑良爲賤 感傷和氣 自王旨後 限一月 悉皆放免 違者痛理	형법2 노비
國防問題	倭寇問題	軍卒軍額確保	1	選軍募軍하며 給田賞功을 都評議使는 입법하여 軍額을 늘릴 것. 防禦都監은 매달의 支用을 헤아려서 지급하여 勸督할 것	下旨 選軍募軍 給田賞功 仰都評議使 詳酌立法 以廣軍額 防禦都監 月課支用 量宜加給 以行勸督	병1 오군
	軍糧問題	軍糧確保	1	都評議使는 각 道에 移牒하여 家戶의 屯田을 한결같이 모두 禁止시키고 그 나머지 屯田은 優典을 따라 屯種케 하여 軍粮에 보충할 것	下旨 屯田之法 役以戍兵·閑民 擇其曠地 量宜屯種 以省漕輓之費 今戶給種子 不論豐歉 收入無法 民甚苦之 仰都評議使 行移各道 家戶屯田 一皆禁止 其餘屯田 亦從優典 量力屯種 以補糧餉	병2 둔전
합			14			

<표 8>에서 알 수 있듯이, 우왕 원년 12월의 내정개혁안은 모두 14개 항목이다. 이전의 공민왕대 내정개혁과 비교하여 크게 다른 점은 사회문제가 많아진 점이라고 할 수 있다. 이를 분야별로 나누어보면 크게 정치(2)·경제(2)·사회(8)·국방(2) 등이다.

정치문제는 인사행정과 관련하여 守令의 考課문제와 戰歿軍士의 子孫을 追錄하는 문제가 언급되어 있다. 수령의 고과문제는 가장 기본적인 수령의 역할을 언급한 것으로 지방행정의 최종 실무자로써 對民敎化의 기본창구 역할을 하기 때문에 이전의 개혁교서에서도 지속적으로 강조되고 있었다.

여기서는 守令 考績의 법은 5事로써 殿最를 삼고 그 遞任者는 반드시 新官에게 交付하기를 기다려 任地를 떠나 朝參토록 하고 있는데, 수령의 新舊 交替 때에 舊官이 제대로 인수인계를 하지 않고 任地를 떠나 버리는 행정공백을 우려한 때문이었다. 그리고 戰歿軍士의 子孫을 都評議司에서 追錄하도록 한 것은 전쟁시에 항상 있어 왔던 것이지만, 이때의 것은 공민왕 23년에 있었던 濟州征伐과 관련되어 있을 것으로 보인다.

경제문제는 三稅를 거두어야 할 有稅田에 대한 것으로, 甲寅年(1314, 충숙왕 원년)에 量田한 이후로 籍沒된 官員의 三稅의 田에 대하여 都評議使司는 각 道의 按廉使에게 移牒하여 그 有稅田은 먼저 납세를 허락하고 그 나머지를 수취하여 前弊를 革新할 것을 강조하였다. 또한 德泉庫에 속하는 紬布를 모두 丙申年(공민왕 5년)의 宣旨에 의하여 廣興倉에 소속시켜 百官의 祿俸을 넉넉하게 할 것을 언급하고 있다.

덕천고는 원래 충선왕 복위 후 재정관서를 개편하면서 설치한 王室財政 官署의 하나로, 충렬왕 때 齊國大長公主의 湯木邑이었던 雞林·安東·京山 등의 토지를 확보하여 그것을 기반으로 한 관청이다.[12] 이 지역은 원의 公主가 죽은 후 충선왕이 자기의 食邑으로 삼아 덕천고에 속하게 하였던 것이다. 이후 충정왕대까지 왕실재정원으로 유지되어 오다가, 공민왕 2년에 田民別監을 파견하여 義成倉·有備倉의 토지와 諸賜給田의 경계 내에 함부로 차지한 公田, 私田을 찾아내어 본래의 주인에게 돌려준 적이 있으며,[13] 앞서 살펴본 공민왕 5년의 교서에서 雞林·福州(안동)·京山府에 바치는 綾羅布를 德泉庫에 주지 말고 廣興倉으로 보내 百官의 녹봉에 충당하도록 한 적이 있었다.

사회문제는 주로 高利貸의 폐단 문제와 자연재해로 인한 감면 조치와 함께 諸官司와 이에 소속한 小吏의 작폐 금단과 外方의 民戶를 三等戶等制의 실시, 奢侈의 금지, 刑罰의 濫刑금지 등을 지적하였다. 이 때 주목되는 조처로는 民戶 整理의 문제로, 外方의 각처의 民戶를 모두 京中에서 현재 행하는 법에 의거하여 대·중·소 3등으로 分揀하고 그 中戶는 2戶로 小戶는 3戶로 1戶를 삼아 差發하도록 하고 있다. 개경의 3등호제가 언제 시행되었는지는 정확하지 않다. 다만 충렬왕 17년 진휼로 들여온 江南米를 富者들에게 우선적으로 차등 지급할 적에 大·

12) 박종진,『고려시기 재정운영과 조세제도』, 서울대출판부, 2000, 184쪽 참조.
13)『高麗史』권78, 지32 식화1 經理 공민왕 2년 11월.

中·小로 나눈 일이 있었다.[14] 그리고 창왕 즉위년 8월에 趙浚에 의해서 토지의 경작이 많고 적음에 따라 戶口를 상·중·하로 정하자는 주장이 있었다.[15] 따라서 이때의 호등제는 土地와 人丁 등 재산을 고려하여 이루어진 것으로 보인다.

국방문제는 選軍給田에 따른 軍額확보와 軍糧확보 문제 등이 거론되었다. 選軍募軍하며 給田賞功을 都評議使는 입법하여 軍額을 늘릴 것이며, 防禦都監은 매달 들어가는 비용을 헤아려서 지급하여 勸督하도록 하였다. 그리고 都評議使는 각 道에 移牒하여 家戶의 屯田을 모두 禁止시키고 그 나머지 屯田은 전례를 따라 屯種케 하여 軍粮에 보충할 것 등으로 이루어져 있다.

이상의 우왕 원년에 실시된 내정개혁안은 공민왕 20년 내정개혁안과의 연장선상에서 이루어진 것이다. 첫째, 밀린 租稅·雜貢 등의 감면, 外方의 民戶를 京中에 행하는 법에 의거하여 分揀하게 하는 것, 사치금지, 형벌 적용을 엄정하게 할 것, '壓良爲賤'된 노비의 放免 등 民生문제의 해결에 중점을 두고 있는 점에서 확인된다. 둘째, 戰歿軍士의 자손을 追錄하라는 것, 軍須田戶와 屯田 정비 등을 통하여 민생을 안정시키는 것과 아울러 군사력에 대한 정비도 꾀하고 있음에서 알 수 있다. 또한 民弊의 주체로서 각 房, 각 愛馬, 그리고 '內乘·造成都監小吏' 등을 지적하여 그들의 작폐를 都評議使司에서 엄정히 처리하도록 하였다. 이러한 점은 元과 밀착된 '賊臣之奴'와 '權勢之家奴'로 폐단의 주체가 지목되었던 공민왕대와는 다른 점이다.

그러나 우왕의 내정개혁안 역시 공민왕 20년의 그것과 마찬가지로 제도적인 개선, 직접적인 토지제도의 해결방안이나 근본적인 民生安定策이 제시되지 못한 한계성을 가지고 있다. 또한 군사제도를 정비하기 위한 구체적인 방안, 그리고 교서의 내용을 위반하였을 경우의 처벌 방법

---

14) 『高麗史』 권80, 지34 식화3 水旱疫癘賑貸之制 충렬왕 17년 6월.
15) 『高麗史』 권79, 지33 식화2 戶口 우왕 14년(창왕 즉위년) 8월 大司憲 趙浚上 疏.

등에 대하여도 제시하지 않은 문제점이 있다.

그럼에도 불구하고 우왕 원년의 내정개혁안에서 정치·경제·사회·국방문제 등 모든 행정 처리들을 都堂에서 주관 담당하도록 하고 있음이 주목된다. 정치운영의 최고관부로서 도당의 위상을 확고히 하려는 모습은 이전의 국왕주도의 내정개혁과는 다른 차원의 것이다. 이러한 점은 우왕 원년의 내정개혁안을 초안했던 이인임 세력의 의도가 반영되었을 것이다.[16]

이와 같이 이인임은 도당 중심의 정치운영과 함께 우선 공민왕 때 신돈의 집권으로 정권에서 소외되었던 최영·慶復興·池奫 등의 무장세력을 도당에 참여케 한 다음, 그들의 협조를 받아 자신의 집권기반을 다지고자 하였다. 그리고 공민왕을 계승한 우왕의 즉위를 명나라에 알림으로써 왕위계승의 정당성과 자신의 명분을 확보하려 하였다.

때문에 우왕 즉위년(1374) 11월, 전왕의 謚號와 新王의 承襲을 요청하기 위하여 典工判書 閔伯萱을 명에 파견하였다. 그런데 마침 귀국 중에 있던 明使 蔡斌이 호송관에 의해 살해되는 사건이 발생함으로써[17] 양국의 관계가 불편하게 되었다.[18] 한편 北元은 채빈을 살해하고 도망간 호송관 金義를 통해 공민왕의 시해소식을 듣게 되었고, 원 황제는 瀋王 暠의 손자인 脫脫不花를 高麗의 왕에 임명하려고 하였다.[19] 우왕의 즉위를 통해 정국 주도권을 확보한 이인임에게는 明使 살해사건의 원만한 해결과 원에 의한 탈탈불화의 고려왕 임명 소식은 정치적 위기였다.

이러한 현안을 해결하기 위해 이인임은 같은 해 12월 판밀직사사 金

---

16) 이형우, 앞 논문, 1999, 59쪽 참조.

17) 『高麗史節要』 권29, 공민왕 23년(우왕 즉위년) 11월.

18) 明使 蔡斌은 부사 林密과 함께 공민왕 23년 4월 濟州馬 2천필을 징구하기 위해 고려에 파견된 사신인데 난폭한 행동으로 시중 廉悌臣 이하 많은 관료들을 능욕하여 원성을 일으킨 바 있다(『高麗史』 권44, 공민왕 23년 6월 丁酉). 더구나 그의 귀국길을 책임진 호송관 金義를 여러 차례 모욕하더니, 같은 해(우왕 즉위년) 11월 압록강 開州站에서 김의에 의해 살해되었다.

19) 『高麗史節要』 권30, 우왕 원년 정월.

184

渭를 北元에 보내 공민왕의 訃音을 전함으로써 5년 만에 원과의 외교관
계를 재개하는 한편,20) 공민왕대이래 친명정책의 추진을 추구하였던 朴
尙衷과 鄭道傳 등 신흥유신의 압력에 못이겨 判宗簿寺事 崔源을 명에
파견하여 명사 살해사건의 전말과 朝貢 再開의 뜻을 전하게 하였다.21)
하지만 이러한 이인임의 이중외교 정책은 대내적으로 정치세력간에는
친원·친명의 외교노선 중 하나를 선택해야 하는 명분 사이에서 갈등이
심화되고 있었다. 특히 공민왕대이래 지속적인 친명노선을 견지해 온
신흥유신들의 반발은 당연한 것이었다.

예컨대, 告訃使 金渭 파견에 대한 답례로 北元에서 使臣을 파견하자,
朴尙衷·林樸·鄭道傳 등 신흥유신들은 기존의 친명정책을 추진해 왔
던 先王의 有志에 반대된다는 것과 이것이 빌미가 되어 명나라의 침입
을 초래할 가능성이 있다는 이유로 원사의 입국을 적극 반대하고 나섰
다. 때문에 이인임 역시 이를 무시하지 못하고 원사를 江界에서 되돌려
보내야 했다.22)

그러나 이인임은 궁극적인 사대의 대상을 명으로 인정하면서도 명의
과도한 공물요구를 견제하는 방편으로 북원에게도 책봉을 받는 이중의
사대관계를 설정하는23) 이중외교정책을 채택함으로써 양국을 견제하는
한편, 우왕의 왕위계승을 정당화시켜 정국의 주도권자로서 정치적 입장
을 강화할 필요성이 있었다.

이인임에 의한 정국 주도권의 강화는 그와 직, 간접적으로 연결되어
여러 인물을 중요 요직에 배치하면서 이루어졌다. 이인임과 더불어 그
의 與黨인 池奫, 林堅味가 政房提調로서 활동하고 있다는24) 점은 그들

20) 『高麗史』 권133, 우왕 즉위년 12월.
21) 『高麗史節要』 권30, 우왕 원년 1월.
22) 『高麗史』 권126, 열전39 간신2 李仁任傳.
23) 김순자, 「고려말 대중국관계의 변화와 신흥유신의 사대론」, 『역사와 현실』 15, 1995, 123~129쪽 참조.
24) 『高麗史』 권112, 열전39 간신2 李仁任傳.

의 親黨을 중앙 요직에 배치시킴으로써 권력구조를 개편할 수 있는 단서가 충분히 마련되었다는 점을 의미한다. 이를 이해하기 쉽게 도표화하면 <표 9>과 같다.[25]

<표 9> 李仁任 系列의 人物一覽

성 명	본관 급제	증조 최고관직	조 최고관직	부 최고관직	官歷 공민왕	官歷 우왕	비 고
王安德	開成			전대호군(12)		서해도호구계점사(4) 양광도조전원수(9) 양광도도원수(11~14)	공양 4(1392)년 卒
永寧君 瑈	宗室						
韓理	清州 ○	謝奇 諫議大夫	渥 中贊	公義 密直副使	洪倫의 與黨	친종호군(1)경상도 순문사(3) 경상양광전라삼도도체찰사(4) 지문하사, 경상도상원수(5)	신흥유신 탄핵, 태종 17(1417)년 卒
禹仁烈	丹陽	天錫	(伻)	福生	판사(23)	경상도원수(합포도순문사 5) 문하찬성사상의(11) 평리상의(13)	신흥유신 탄핵, 태종 3(1403)년 卒
具成老	綾城	(藝) 沔城府院君	榮儉 沔城君	偉 (褘?)		대호군(3) 강원도부원수(14)	池奫사건 때 익명서 제공, 弟 成佑 李仁達 壻
李吉祚	?					지평(3)	池奫 제거 상소
徐鈞衡	達城 ○	晉 版圖判書	奇俊	(穎) 贊成事(開城尹)	우대언(15)	국자감시 주관승지(6) 정방제조(12)	洪仲宣 탄핵, 공양 3(1391)년 卒
李寶林	慶州 ○	瑱 贊成事	齊賢 政丞	瑞種 宗簿副令	우사간(6)	판안동부사대사헌(1) 밀직부사(2) 정당문학	林樸 탄핵, 우왕 11(1385)년 7월 卒

가 행: 王安德, 永寧君瑈, 韓理, 禹仁烈, 具成老, 李吉祚, 徐鈞衡
나 행: 李寶林

25) 이 표의 작성은 노명호(「高麗後期 族黨勢力」,『李載龒博士還曆紀念韓國史論 叢』, 1995)의 216~218쪽 <표 1>(李仁任・林堅味・廉興邦의 族黨勢力의 構 成)과 이형우(『高麗 禑王代의 政治的 推移와 政治勢力 硏究』, 1999)의 51쪽 <표 4>(李仁任勢力)을 참고하고,『高麗史』・『高麗史節要』그리고 각종 文集 을 토대로 작성하였다.

		本貫						
	河允源	晉州 ○	(保)		楫 贊成事	전리총랑·경상서해양광교주관찰사 원, 상주목사	대사헌	우왕 2년(1376) 12월 卒
	安宗源	順興 ○	希諿 戶長	碩 及第不仕	軸 贊成事	안렴사(10)	문하찬성사(14)	태조 3(1394)년 卒
나	鄭良生	東萊 ○	筠	惟義 執義	瑚		대사헌(12)	子 鄭矩, 壻 姜淮伯
	禹玄寶	丹陽 ○	天錫 雜端	儞 右代言	吉生 判書雲觀事		정방제조(9) 찬성사(11~14) 사은사(12) 우시중(14)	乳媼 張氏 사건때 우왕의 청을 물리침, 정종 2(1400)년 卒
	盧嵩	光州 ○	恕 監門衛大護軍	直 左右衛大護軍	俊卿 監察持平		정언(1) 지신사(3) 대사헌(8)	태종 14(1414)년 卒.『浩亭集』권3, 盧嵩墓誌銘
	李瑈	星州	兆年	褒	仁任		대호군(14)	이인임의 孼子
	李仁敏	星州 ○	長庚 戶長	兆年 政堂文學	褒		정당문학(동지공거9) 판문하평리(14)	이인임의 동생
	權執經	安東 ○	漢功 政丞	仲達 密直	嗣宗		지신사(12~14)	이인임의 壻, 辛靖과 同年
	李稷	星州 ○	兆年	褒	仁敏		우대언(14)	李仁敏 子, 세종 13(1431)년 卒
	李存性	星州 ○	褒 興安府院君	仁復	儡 郎將		지신사(6) 응양군상호군(8) 정방제조(9)	이인임 從孫, 李仁復 손자, 우왕 14(1388)년 卒
다	金賞						밀직부사, 전라도조전원수3) 강원도부원수(진주절제사14)	族姪, 공양 1(1389)년 卒
	辛靖	靈山 ○	蔵 政堂文學	(引裾)	(慶芸)		밀직제학(14)	李仁敏 壻, 權執經과 同年.
	河崙	晉州 ○	湜 膳官署丞	恃源 式目錄事	允潾 順興院使		첨서밀직사사(11) 사은사(12)	李仁美 壻, 태종 16(1416)년 卒
	朴可興	順天 ○	淑貞	元龍	天祥 平原府院君		밀직부사(14)	母가 李仁任 여동생, 세종 9(1427)년 81세 卒, 金宗衍의 族屬

다	李崇仁	星州 ○	百年 平壤府尹	麟起	元具 星山君	성균학관(16) 성균직강(22)	성균사성 우사의대부 전리총랑(1) 간관(6)· 상호군(8) 동지밀직사사(12)·첨서밀직(14) 밀직제학	姻族, 曾祖와 이인임의 祖가 형제, 태조 1(1392)년 卒
	南秩						경상도도순문사(7~8)	우왕의 嬖인 영선옹주(七點仙)가 妾

<표 9>에서 (가)의 집단은 우왕대 이인임이 관련된 정치사건에서 이인임의 입장을 옹호한 인물들이다. 王安德과 永寧君 瑜는 공민왕 사후 新王 추대논의에서 이인임을 도와 우왕의 추대를 주장하였고,[26] 韓理와 禹仁烈은 우왕 원년 7월에 이인임 등이 주도한 대외정책에 반발한 신흥유신의 처벌을 주장하였던 인물들이며,[27] 具成老는 우왕 3년 2월에 池奫 등이 이인임을 제거하려고 한다는 내용의 글을 얻고서 바로 이인임에게 보고하여,[28] 지윤 숙청의 단초를 제공하였던 인물이다. 또한 李吉祚는 우왕 3년 3월 지윤이 이인임 등을 제거하려는 모의를 진행하려고 할 때 동료들과 함께 지윤과 門客 金允升을 탄핵하였으며,[29] 徐鈞衡은 우왕 5년 5월 이인임의 뜻에 맞추어 당시 政房提調였던 洪仲宣을 탄핵하여 유배보내는 일에 앞장섰던 인물이다.[30]

(나)의 집단의 경우, 먼저 李寶林은 이인임의 뜻에 아부하여 林樸을 탄핵한 적이 있고,[31] 河允源은 우왕의 명을 받고 지윤과 함께 金子粹를

---

26) 『高麗史』 권126, 열전39 간신2 李仁任傳.

27) 『高麗史節要』 권30, 우왕 원년 7월.

28) 『高麗史節要』 권30, 우왕 3년 2월.

29) 『高麗史節要』 권30, 우왕 3년 3월, “適持平李吉祚等上疏曰 奫廣植黨與 擅行威福 謀殺冢宰 允升爲奫喉舌 必知其謀 請下獄鞫之”.

30) 『高麗史節要』 권30, 우왕 5년 5월, “諫官徐鈞衡等 素與仲宣有怨 又希仁任意 劾之 放歸田里”.

31) 『高麗史節要』 권30, 우왕 원년 5월, “大司憲李寶林 阿仁任意 劾林樸不署呈省書 廢爲庶人 流于吉安縣”.

국문한 적이 있다.[32] 安宗源은 우왕과 명덕태후의 총애를 받고 있던 宦者 延城君 金玄을 탄핵한 일이 있는 반면,[33] 지윤의 문객 김윤승과 金承得 등이 林樸을 죽일 때는 그들의 위세를 두려워 하여 아무 말도 하지 못하였다고 한다.[34] 鄭良生은 우왕 2년 12월 이인임과 지윤 등이 자신들의 당여를 무분별하게 관직에 임명하여 사람들에게 '煙戶政'이라고 비난받았을 때 대사헌에 임명된 인물이다.[35] 禹玄寶는 우왕 5년 9월 유모 장씨를 살리기 위하여 우왕이 당시 대사헌이었던 우현보에게 도움을 청하였지만 거절한 바가 있고,[36] 6년 2월에는 睦仁吉이 다른 뜻을 갖고 있다고 탄핵하여 유배보내기도 하였다.[37] 盧嵩은 8년 11월에 入直辭 內府令 李德時와 內乘 金天守 등이 우왕이 놀러 다니는 것을 방조하고 우왕을 다치게 하였다는 죄목으로 국문할 것을 상소한 바가 있다.[38]

마지막으로 (다)의 집단은 이인임과 인척관계에 있는 族黨勢力으로 지적된 바 있는[39] 인물들을 정리한 것으로, 우왕 14년 정월 이인임과 임

---

32) 『高麗史節要』 권30, 우왕 원년 11월조. 이때 우왕이 金子粹에게 曺敏修가 왜구를 물리친 것을 축하하는 내용의 교서를 작성할 것을 명령하였는데, 김자수는 이 명령을 功보다 過가 많다고 하여 따르지 않았다.

33) 『高麗史節要』 권30, 우왕 2년 2월, "大司憲安宗源等上疏曰 延城君金玄 專掌禁中事 般若直入宮闈 不可防禁 驚動太后 以駭觀聽 乞下攸司 鞫問科罪 乃流玄于懷德縣".

34) 『高麗史節要』 권30, 우왕 2년 11월, "執義金承得與知申事金允升 言於池奫曰 林樸不署呈省書 且有迎立瀋王之志 是可罪也 承得遂率臺官上書 請誅之 遂鎖致樸 允升從中 下典法 杖百流之道死 大司憲安宗源畏其勢 莫敢發言".

35) 『高麗史節要』 권30, 우왕 2년 12월, "以池奫爲門下贊成事 尹邦彦密直提學 鄭良生爲大司憲 是日除官宰樞至五十九 自仁任奫而下各植其黨 臺諫將帥守令 皆其親 故至於市井工匠 無不夤緣除拜 時人謂之 煙戶政".

36) 『高麗史』 권113, 열전26 崔瑩傳, "臺省百官請鞫張氏 禑不請 密使人語大司憲禹玄寶曰 可率百官以退 玄寶曰 臣雖退 百官必不從 請速下張氏".

37) 『高麗史節要』 권31, 우왕 6년 2월, "大司憲禹玄寶等 誣劾贊成事睦仁吉陰畜異志 削職 籍其家 而流之".

38) 『高麗史』 권134, 우왕 8년 11월, "大司憲盧嵩等上疏曰 近日殿下出遊 入直辭內府令李德時 不以告 百官有司 內乘金天守等 進不調習之馬 以致顚蹶 請鞫其罪 從之".

견미·염흥방 등이 처벌을 받을 때 같이 연루되어 처벌당한 사람들을 주대상으로 하였다.[40] 다만 金賞은 우왕 3년 2월 지윤 숙청의 단초가 되는 익명서 사건 때, 이인임의 族姪로 나온 까닭에 포함시켰고,[41] 南秩은 慶尙道都巡問使로 왜적을 막지 못하여 憲府의 탄핵을 받았는데, 이인임과 사이가 좋아 처벌이 감해진 기록이 있어 포함시켰다.[42] 이 외에도 이인임의 사위인 姜筮 와,[43] 姑從四寸 동생인 李琳[44] 역시 이인임 세력으로 분류될 수 있는 인물들이다.[45]

이상에서 이인임 세력의 특징으로 두 가지를 지적할 수가 있다. 첫째, 확인이 되지 않는 李吉祚·具成老·金賞, 그리고 南秩 등을 제외한 거의 대부분의 인물들이 과거급제자 출신이라는 사실이다.[46] 둘째, 대부분

---

39) 盧明鎬, 「高麗後期의 族黨勢力」, 『李載龒博士 還曆紀念 韓國史學論叢』, 1990.

40) 이들 이외에도 이인임의 형제인 李仁美, 李仁立, 李仁達 등을 포함하여 우왕 14년 정월에 처벌당하지 않은 인물들은 이인임세력에서 제외시켰다. 이인임의 인척관계에 대해서는 高惠玲, 「李仁任 政權에 대한 一考察」, <표 1> 李仁任의 家系 참조.

41) 『高麗史節要』 권30, 우왕 3년 2월.

42) 『高麗史』 권134, 우왕 8년 4월, "憲府劾 慶尙道都巡問使南秩 不能禦倭 事下都堂 李仁任與秩善 止令安置宜寧縣".

43) 『陽村集』 권39, 有明朝鮮國贈諡恭穆姜公墓誌銘. 姜筮와 李仁任의 관계에 대해서는 高惠玲, 앞 논문 참조.

44) 李琳은 이인임의 族弟이다(『高麗史』 권45, 恭讓王 원년 12월 癸亥, "王詣孝思觀 以誅禑·昌 告于太祖 祝文曰……賊臣李仁任 圖擅國政……嫁以族弟李琳之女 生男曰 昌"). 이림의 아버지 李嶠가 이인임의 姑母夫이다(고혜령, 앞 논문 참조).

45) 李琳은 우왕의 장인인 까닭에 유배를 면한 것 같고, 姜筮는 가문적 배경 때문에 처벌을 당하지 않은 것 같은데 정확한 이유는 찾을 수가 없다.

46) 이러한 점은 이인임 정권이 일면 원간섭기 이후 과거 문신세력이 요구한 정상적인 官僚體制를 지향하고 있다는 점에서, 그리고 都堂 중심의 정치운영을 추구했다는 점에서 공민왕대 후반 성장한 신흥유신들에게 호감을 사기에 충분하였을 것이다. 더구나 신흥유신의 대표격인 李穡 역시 이인임의 정국주도에 이렇다할 반발을 보이고 있지 않다는 점은 이인임의 대외정책에 반대한 신흥유신을 제외한 과거 출신자들의 경우 그다지 정치참여에 부정적으로 인식하지

이 祖父代에는 중앙 고위관직에 올랐거나, 아니면 이미 世族으로 인정받고 있는 집안 출신들이다. 즉 이인임 세력의 주요 구성원은 늦어도 조부대에는 중앙에서 기반을 마련한 집안 출신으로 과거합격자 출신인 경우가 많았다는 점이다. 이렇게 우왕을 추대하는 일에 공을 세운 이인임 세력이 중요한 관직을 독점하는 것은 당연하였다.[47]

이와 같은 이인임 세력과 더불어 우왕 초반의 정국운영을 주도했던 인물들의 성향을 구분하면 <표 10>과 같다.[48]

<표 10>에서도 알 수 있듯이, 우왕대 전반 정국주도 핵심 인사는 守侍中 李仁任과 判三司事 崔瑩 아래, 慶復興・李希泌・尹桓・洪永通・洪仲宣・李成林・權仲和 등의 권문세족과 池奫・林堅味・曹敏修・睦仁吉・王安德・邊安烈・都吉敷・禹仁烈 등 공민왕대 전란을 통해 성장한 무장세력들이 대부분 권력의 상층부를 구성하고 있었다. 이들은 주로 당여의 형태로 결집하였던 공민왕대 성장한 무장들과 權門世族으로 대표되는 이인임[49]・홍영통・홍중선・이성림・권중화 등을 중심한

않았던 것으로 보인다. 이러한 점은 후일 창, 공양왕대 개혁파로 비판을 받는 부분이기도 하다.

47) 이형우, 앞 논문, 50~54쪽 재인용.

48) 朴天植은 이와 관련하여 우왕 3년 10월에 李穡이 찬한 「廣通普濟禪師碑銘」을 검토하면 그러한 분위기를 엿볼 수 있다고 하였다. 여기에는 21명의 宰臣과 29명의 樞密의 관직과 명단이 그대로 드러나 있는데 재신 21명을 분석하면 이들 대부분은 공민왕 13년의 공신책봉을 받은 인물로 공민왕대 이래 꾸준한 관직 활동을 하고 있었다고 한다(朴天植, 앞 논문, 1980, 20~23쪽 ; 姜芝嫣, 1996, 24쪽). 위의 표는 姜芝嫣, 『高麗 禑王代(1374~88년) 政治勢力의 硏究』, 1996, 23~24, 55쪽을 참고하여 『高麗史』・『高麗史節要』에서 宰樞에 해당하는 인물을 뽑아 다시 정리하였다.

49) 고혜령은 李仁任家門은 고려후기에 중앙으로 진출한 신진사대부의 하나라 볼 수 있고 공민왕대의 정국변화의 와중에서 실력을 발휘하여 그들의 지위를 향상시켰으며, 이인임의 입장은 舊勢力인 權門世家와 공민왕대 이후 새로이 성장하는 新進勢力이 상충되는 과도기적 시기를 이끌어간 인물로, 고려멸망과 조선건국의 교체기에 新 舊勢力을 연결시켜 주는 중간적 존재로 파악하였다(고혜령, 앞 논문, 8쪽). 그러나 본고에서 바라보는 신흥유신의 성장과 정치세

문신관료로 구분지어 볼 수 있다.[50)]

이러한 인적구성은 공민왕대 신돈의 집권과정에서 소외되었던 사람들이 다시 정치일선으로 복귀한 것을 의미하며, 또한 이들의 배제를 전제로 실시되었던 신돈의 개혁을 근본적으로 부정하는 것이었다. 이로 말미암아 우왕대는 권문세족에 의한 토지탈점 현상이 다시 일어나 공민왕대 보다도 더 심한 폐해가 발생하였다. 최고 집권자인 이인임의 경우 권력을 빙자한 뇌물수수와 불법적인 토지탈점 등을 통하여 그의 저택에는 金帛이 넘쳐있었고, 田園과 奴婢가 전국 여러 道에 걸쳐 있을 정도로[51)] 광범위하게 이루어지고 이루어졌다.

또한 정치권력의 집중화에 따른 人事權의 문란 역시 이 시기의 정치적 난맥상을 보여주는 좋은 예이다. 인사권의 문란은 李仁任 · 지윤 · 임견미 등 3인이 政房提調를 맡으면서 특히 심하게 나타났다.[52)] 添設職과 宰樞職의 濫設이 그 대표적인 예라 할 수 있는데, 첨설직은 공민왕 3년 이후 軍功者를 褒賞하기 위하여 설치된 것임에도 불구하고 從軍하지 않은 자에게까지 포상하여 그 수를 헤아릴 수 없을 정도에 이르고 있었다.[53)] 또한 재추직의 경우 본래 12명에 국한되었으나, 심지어 50~59명에 이를 정도로 인원 수를 확대하여 자신들의 黨輿를 부식하고,[54)] 臺諫 · 將帥 · 守令職을 친한 연고자에게 임명하거나, 市井 · 工匠에게까지도 벼슬을 내려 결국 "煙戶政"이라고 불릴[55)] 정도로 그 폐단이 심각하였다.

더구나 경복홍의 경우처럼 정방제조에 있으면서도 청렴결백하고 스

력화라는 관점에서 파악할 때 이인임을 신흥사대부로 본 입장과는 다르다.
50) 이들은 우왕 원년부터 8년 사이에 재추를 지낸 자들이다. 이에 대한 자세한 설명은 姜芝嫣, 앞의 책, 23~24쪽 참조.
51) 『高麗史』 권126, 열전39 간신2 李仁任 ; 『高麗史節要』 권30, 우왕 2년 12월.
52) 『高麗史』 권126, 열전39 간신2 李仁任傳.
53) 『高麗史節要』 권30, 우왕 2년 정월, 9월.
54) 『高麗史節要』 권30, 우왕 2년 3월.
55) 『高麗史節要』 권30, 우왕 2년 2월.

스로를 지켜 어진 사람을 천거하고자 하였으나, 견제를 받아서 실행하지 못하였다[56]는 예처럼 시중의 지위에 있던 경복흥 조차 관리의 선발에 그 영향력을 발휘할 수 없을 정도로 이인임 세력에 의한 정국 독주는 계속되었다. 또한 김속명은 이는 자신이 三司右使로서 국정을 맡았지만 정방제조로서 인사권을 남용하고 있는 이인임과 지윤 등의 파행적인 정치운영을 보고서도 어찌하지 못하고 있다고 자신의 행동을 한탄하면서 간접적으로 그들을 비난하였다는 이유로 귀양을 가기도 하였다.[57]

2) 禑王의 國王權 回復 試圖와 側近의 育成

이인임의 정국 독주가 이루어지는 가운데, 실질적인 왕권행사를 할 수 없었던 10살의 우왕은 즉위 초년부터 자신의 국왕권 행사에 관심을 보이고 있어 주목된다. 그의 이러한 관심은 공민왕이 동왕 22년 7월에 牟尼奴를 禑라 하고 江寧府院大君으로 冊封하면서 政堂文學 白文寶·田祿生, 大司成 鄭樞 등이 왕자의 자질을,[58] 즉위 후 書筵을 열고 전록생, 李茂芳 등이 師傅로 있으면서 君主의 자질을 訓育한 영향[59] 때문이었을 것이다. 특히 이무방은 우왕이 禁中에 있던 恭愍王의 비둘기를 사랑하여 구경하자, 『書經』 周書의 「旅獒篇」을 써서 올려 강의하면서 비둘기도 또한 진귀한 새라 기르지 말도록 권한 적이 있었는데, 左右에게 명하여 이를 버렸다는 점은 우왕의 자질에 대하여 음미해 볼만한 대목이다.[60] 또한 우왕은 書筵의 開設을 통하여[61] 『大學』과[62] 『貞觀政要』를 읽으며 왕자로서의 자질을 갖추려고 노력하였다.[63] 그리고 李穡

---

56) 『高麗史節要』 권30, 우왕 2년 9월.
57) 『高麗史節要』 권30, 우왕 2년 3월.
58) 『高麗史』 권44, 공민왕 22년 7월 乙巳.
59) 『高麗史』 권133, 우왕 원년 1월.
60) 『高麗史』 권112, 열전25 李茂芳傳.
61) 『高麗史』 권133, 우왕 원년 10월.
62) 『高麗史』 권133, 우왕 원년 12월.

에게 唐太宗의 百字碑를 註釋하여 올리도록 명령하여[64] 왕권에 대한
입장표명을 유도하였다.[65] 이와 같은 우왕의 국왕권의 회복 노력은 다
음의 내용에서도 확인된다.

① 諫議 李悅이 疏文을 지어 바치니 禑王이 代言 李元紘에게 묻기를,
"이 疏를 어느 날에 쓸 것이냐"라고 하자, 대답하기를, "오늘 저녁에 쓸
것입니다" 하였다. 또 말하기를, "그러면 다시 어느 때 써서 서명을 받아
야 할 것이냐" 하였다. 또 藝文檢閱 金爾音이 미리 疏를 짓게 하지 않
았으므로 巡軍獄에 가두니 宰樞 睦仁吉 등이 풀어주기를 청하였는데,
禑王이 말하기를, "명령이 너무 경솔하게 되는 것이니 가히 갑자기 석방
하지 못할 것이다"라고 하였다. 睦仁吉 등이 다시 청하여 이에 풀어주
었다(『高麗史』 권133, 우왕 2년 7월).

② 庚戌에 비를 비는데 禑王이 탄식하여 말하기를, "5월 29일은 太祖
의 忌日이다. 가뭄과 물난리를 없이하는 것이 太祖의 소원이므로 이 날
을 당하여 비오고 개이거나 하는 것이 그 期間을 잃지 아니하기를 400
여 년인데 이제 이에 비가 오지 않으니 나의 어리고 德이 없음으로 天
心을 편히하지 못하였음인가 또는 억울한 일이 있어서 이러한가" 하고
드디어 祭物을 물리고 宰相에게 말하기를, "가뭄이 매우 심하니 어찌
이유가 없겠는가, 반드시 이것은 원망과 원한에서 비롯된 것일 것이다.
내가 사람들의 마음을 기쁘게 하기 위하여 여러 번 죄인을 풀어주었는
데 卿들이 이를 따라 즐겨 행하지 아니하니 어찌 옳지 않은 일이 없겠
는가" 하고 이에 二罪(絞刑과 斬刑) 이하를 풀어주었으나, 오직 金續命
은 용서하지 아니하였다(『高麗史』 권133, 우왕 3년 6월).

---

63) 『高麗史』 권133, 우왕 3년 10월.
64) 『高麗史』 권133, 우왕 원년 11월.
65) 白文寶는 우왕 즉위년 12월에 죽었고(『高麗史節要』 권29, 우왕 즉위년 12월),
    田祿生은 원년 7월 李仁任의 대외정책에 반대하다 귀양을 갔으며, 李茂芳 역
    시 慶復興을 비판하다가 우왕의 뜻에 거슬려 2년 1월에 貶職되었다(『高麗史』
    권112, 열전25 李茂芳傳). 이러한 점은 우왕의 지지세력의 약화를 뜻하는 것이
    된다.

③ 禑王이 글을 都堂에 내려 말하기를, "이제 들으니 변방의 백성들이 敵에게 사로 잡혔다가 다행히 도망해 돌아온 것을 모두 賊의 間諜이라 지목하여 계속해서 이를 죽이는 것은 매우 옳지 못한 일이다. 대개 고향을 생각하는 것은 人之常情이거든 하물며 부모처자를 둔 사람 누구라도 돌아오기를 생각하지 아니하겠는가. 특히 죽음을 겁내어 賊을 따라갔을 뿐이니 지금부터 무릇 도망해 돌아온 자는 반드시 포상을 더할 것이며 비록 실제로 諜者라 할지라도 죽이지 말고 官에서 물품과 양식을 주어 그 생활을 完遂하게 하고 만일 倭를 목베고 돌아오는 사람이 있거든 賞을 주어 등급을 올려주고 그 변방의 郡으로 하여금 榜을 붙여서 알릴 것이며 위반한 자는 벌주라"고 하였다(『高麗史』권133, 우왕 3년 6월 경술).

④ 禑王이 글을 都堂에 내려 말하기를, "지금 전쟁에 시달리고 굶주림이 겹쳤는데 또한 土木의 役으로 거듭 우리 백성을 괴롭게 할 수 없다. 이제로부터 중앙과 지방의 營繕은 모두 다 중지하라"고 하였다(『高麗史』권133, 우왕 3년 6월 을묘).

⑤ 禑王이 宰相에게 이르기를, "倭가 비록 賊이지만 그 시체는 또한 마땅히 묻어야 하거든 하물며 우리 江華와 西海의 백성이 賊에게 죽임을 당해 길 위에 버려진 것이 매우 많으니 어찌 차마 보겠는가. 內帑의 錢布를 내어서 가리고 묻는 일을 돕게 하라" 하였다(『高麗史』권133, 우왕 3년 6월 을묘).

위의 내용은 우왕이 즉위 이후 자신의 국왕권 행사를 추구한 면을 보여 주는 것이어서 주목된다. 즉 ①은 우왕이 藝文館 檢閱 金爾音의 잘못을 추궁하여 그를 巡軍獄에 가두자 宰樞 睦仁吉이 그를 석방할 것을 청하였는데, 이에 대해 우왕이 명령을 경솔하게 할 수 없는 것이라고 거부권을 행사하고 있으며, ②는 가뭄이 들자 자신을 책망하고 사람들의 마음을 기쁘게 하기 위하여 여러 번 죄인을 풀어주었음에도 불구하고 오히려 신료들은 이를 못마땅하게 여기는 것에 불만이며, ③은 倭賊에게 포로로 잡혀갔다 돌아온 사람들에 대한 대우 문제를 지적한 것이고, ④는 백성에게 피해가 돌아가는 영전사업을 중지하라는 것, ⑤는 왜구의 침입으로 죽어간 江華·西海의 백성들의 시체를 매장하는 데 드는 비용을 內帑에서 내어 쓰도록 하라는 것이다.

이상의 내용을 볼 때, 우왕의 현실인식이 백성들의 이해와 직결되고 있음을 알 수 있다. 그의 民에 대한 각별한 관심은 君主로서의 입장을 드러내는 것이며, 이와 같은 조처들은 앞서 언급한 書筵과 司憲府의 諫官들과 긴밀한 관계속에 이루어진 것으로 보인다. 특히 그의 명령의 대부분은 都堂이나 宰相에게 부여되고 있다는 점은 국왕권의 행사라는 점에서 의미가 있다.

더욱이 우왕 원년 10월 이후 3년 10월까지에 이르는 기간에 우왕이 書筵을 중시하고 있었다. 특히 暇日에도 쉬지 않고 서연에 나가 書筵官과 함께 講讀에 열중하고 있는데,[66] 이런 자리에서 우왕은 정치적 식견과 국정현안을 청취하였을 것이다. 그리고 우왕의 적극적인 書筵 開設은 학문 연마와 함께 국왕으로서의 자질 양성이라는 점에서 국왕권의 강화와 反이인임 세력을 표방하는 우왕의 지지세력에게는 긍정적이었을 것이다.

우왕 3년 5월 洪仲宣과 함께 師傅에 임명되었던 權仲和에게 書筵에서 우왕과 자신을 唐 太宗과 魏徵에 비교한 점은 그러한 면을 드러내는 것이다.[67] 또한 司憲府를 국가의 '耳目之官'으로 언급하면서 그의 중요성을 강조한 것은 諫官의 역할을 기대하는 것이다.[68] 실제로 우왕은 즉위 초반 臺諫의 直言을 수용하여 衆論을 따르는 등[69] 국왕으로서의 정치운영에 깊은 관심을 보여 왔다. 이러한 점은 우왕이 국정운영에 의욕을 보여주는 것이며, 군주로서 자신에게 부여된 국왕권을 행사함으로써

66) 『高麗史』 권133, 우왕 원년 10월.
67) 『高麗史』 권133, 우왕 3년 10월.
68) 『高麗史』 권133, 우왕 원년 5월.
69) 『高麗史』 권133, 우왕 2년 6월.

이인임과 도당을 견제하려는 우왕의 의지였다.

따라서 우왕은 국왕권 강화와 이인임 세력의 정국독주를 견제하기 위하여 측근세력과 신흥유신의 뒷받침을 필요로 하였다. 이는 우왕 즉위 초 환관 金玄과70) 외척 金瑄·韓忠·韓略 등을 중심으로 측근세력을 형성하려는 움직임으로도 알 수 있다.71) 그러나 이 시기의 신흥유신들 가운데 중요 인물이 대거 유배되었고, 정계에 남아 있더라도 이인임을 지지하거나 그들에 의해 정치활동이 제약되었기 때문에 우왕의 국왕권 강화 노력에 부응해 줄 만한 인물은 그리 많지 않았다. 이러한 이유에서 이인임정권에 참여한 신흥유신에 대하여 우왕은 불만을 드러내었다. 다음의 내용에서도 찾아볼 수 있다.

① 禑가 書筵에 나아가 大學을 읽다가 右副代言 尹邦彦에게 묻기를, "書經에 이르기를, '穆穆文王이여 於緝熙敬之로다'라고 하였는데, 이것은 무슨 뜻인가"라고 하였다. 윤방언이 대답하지 못하자, 우가 말하기를, "나는 일찍이 생각하기를, 儒者들은 경서에 능통하다고 하였는데, 이제 보니 그렇지 않구나"라고 하였다. 이때부터 우가 宦官과 宮妾을 가까이 하고 士大夫를 친근히 하지 않으므로, 識者들이 이를 우려하였다(『高麗史』권133, 우왕 원년 12월).

② 우가 처음에는 조금 학문에 뜻을 두었으나, 李仁任 池奫 林堅味 등이 儒者를 좋아하지 않아서 다투어 진기한 玩好로써 인도하였다(『高麗史節要』권30, 우왕 2년 8월).

라고 한 데서 알 수 있듯이, 당시 이인임 정권에 참여하고 있던 신흥유신에 대해서 우왕의 입장은 부정적이었다. ①은 물론 尹邦彦 1인을 지적한 것으로 볼 수도 있으나, 이를 계기로 儒者를 거론한 것은 우왕의

---

70) 『高麗史節要』권30, 우왕 원년 10월.
71) 『高麗史節要』권30, 우왕 원년 12월 ;『高麗史』권133, 우왕 2년 8월, 3년 4월, 6월.

신흥유신에 대한 비판이 일정하게 작용하고 있음을 알 수 있다. 이러한 점은 ②의 경우에서처럼 신흥유신에 대한 이인임 세력의 견제와 당시 정국구조가 어느 정도 영향을 주었다고 보여진다. 더구나 이인임 정권 하에서 일어난 일련의 숙청작업은 우왕의 심한 반발을 야기시켰다. 예컨대,

① (우가) 이윽고 正色하고 말하기를, "옛사람의 말에 '사람은 오랜 사람을 구하고 옷은 새 옷을 구한다' 라고 하였다. 그런데 이제 신하들이 내 곁에 있어서 得失을 말해주고 서로 좋은 도리로써 말해주니 아무리 참소가 있다 하더라도 나는 믿지 않는다. 전자에 張氏가 나를 욕하고 때렸었다. 건국이래 妖物의 손에서 곤욕을 나처럼 당한 자는 없을 것이다. 그러다가 다행히 憲府에서 그 요물을 적발 규탄하여 멀리 귀양보낸 이후 궁중이 조금 편안하게 되었으며, 또 밖으로 耆年碩德한 이들이 國政을 도모하고 있으니, 내가 안에서 너희들과 술 마시고 즐긴들 무슨 꺼리낌이 있겠는가" 하였다(『高麗史』 권134, 우왕 5년 12월).

② 우가 처음으로 報平廳에 나아가 政事를 처결하였는데, 여러 재상들에게 이르기를, "대체로 왕이 되는 자는 반드시 天子의 책봉을 받아야만 왕 노릇을 할 수 있다. 그런데 나는 아직 천자의 책봉을 받지 못하였으므로 정사를 耆舊에게 맡기고 그들이 하는 대로 두었었다. 그러나 내가 묵묵히 살펴본즉 그들이 하는 정사가 雜然하여 내가 그들에게 위임한 뜻과는 심히 거리가 멀다. 그러므로 지금 이후에는 매월 초이틀과 열엿새 날에는 各司의 長들은 몸소 자기 맡은 바의 직무를 보고하라. 내가 그들의 유능여부를 考課하겠다" 하였다(『高麗史』 권134, 우왕 6년 6월).

위의 내용은 서로 상반된 것 같지만, 우왕의 불만이 직접적으로 드러내는 것이다. 특히 ①에서 장씨는 국왕의 乳母로서 우왕이 극진히 대접한 사람이었다. 장씨는 우왕을 위하여 許完, 尹邦晏 등과 함께 연합하여 이인임 정권에 반발한 인물이다. 우왕 자신이 왕권강화를 시도할 목적

에서 이들을 측근세력으로 육성하고자 하였음에도 불구하고, 憲府의 규탄에 의해 이들이 제거되었다는 점에서 위의 내용을 음미해 볼 필요가 있을 것 같다. 더구나 국정을 맡은 耆年碩德한 사람들이 ②에서 지적된 耆舊임을 볼 때 밀접한 연관성을 지닌다. 耆年碩德한 이들이나 耆舊들은 바로 이인임과 최영 등을 지목하여 언급한 것으로 생각되어지는데,[72] 이는 우왕의 친정의사와 짝을 같이하는 비판이라고 할 수 있다.

실제로 우왕은 우왕 6년 6월에 報平廳에서 처음으로 政事를 보았지만, 우왕의 입장에서는 이인임 세력을 견제하기에는 자신의 정치적 기반이 부족하였다. 때문에 이들을 안심시키고자 잦은 미행이나, 사냥을 통하여 자신의 의지를 감추었을 것으로 생각된다. 이러한 점은 憲司의 微行 금지 요청에 대하여 그 보답으로 『通鑑』1질을 올리도록 한 점이나,[73] 신흥유신의 한 사람인 權近의 상소에 대하여 우왕이 이를 받아들이고 諫草를 써서 병풍에 붙이도록 한 점에서 엿볼 수 있다.[74]

이렇게 우왕의 정치운영에 대한 관심이 높아지는 가운데 대표적 무장인 池奫 일파, 楊伯淵·洪仲宣 일파, 우왕의 유모 張氏 일파, 睦仁吉,[75] 慶復興 일파 등이 이인임 정권의 전반기에 대부분이 제거되었다.

원래 池奫은 士卒출신으로 여러 차례 從軍하여 軍功을 쌓아 관계에 진출한 인물이다. 공민왕 23년(1374) 7월 耽羅討伐에 참여하고, 이듬해 우왕 원년에는 藩王派의 來侵에 대비하여 西北面都元帥로서 국경수비를 담당하며 자연스럽게 우왕초 이인임 정권에 합류하였다.[76] 이미 지적한 바 있듯이 그는 이인임과 함께 政房提調로서 인사권을 전횡하였으며, 그들의 비행을 지적한 원로대신 金續命을 제거하는 데 중추적 역할을 하는 등 이인임의 당여로서 밀착되었기 때문에 권력을 유지, 신장

---

72) 『高麗史』권134, 우왕 6년 7월 甲寅.
73) 『高麗史』권134, 우왕 6년 12월.
74) 『太宗實錄』권17, 태종 9년 2월 丁亥 權近卒記.
75) 『高麗史節要』권31, 우왕 6년 2월.
76) 『高麗史』권125, 열전38 池奫傳.

해 갔다고 할 수 있다.

그러나 지윤은 이인임의 당여로 만족하지 않고, 우왕의 측근세력 특히 유모 장씨와 어느 정도 친분을 유지하며 자신의 권력을 키워갔던 것으로 보인다. 그리하여 執義 金承得과 지신사 金允升, 판전교시사 李悅, 좌상시 華之元 등을 끌어들여 자신의 정치기반을 다졌다. 뿐만 아니라 이인임이나 경복흥과의 사전 협의도 없이 林樸을 죽일 정도로[77] 그의 권력은 독자적으로 행사되고 있었다. 더욱이 全州에 침입한 왜구를 토벌하기 위한 元帥를 선발하는데 都堂에서 지윤의 아들 池益謙을 보내기로 결정하자, 이에 불만을 품고 최영 및 이인임과 크게 다투기까지 하였다.

따라서 이인임과 견줄 정도로 정치적 성장을 거듭한 지윤의 숙청은 자연스러운 것이다. 그러나 3년 2월 이인임의 집 문밖에 匿名書가 붙여진 것으로 시작된 지윤의 제거작업은 순탄하게 이루어지지는 않았다. 즉 '지윤의 門客 金允升 등 7, 8인이 門下舍人 鄭穆을 사주하여 이인임을 탄핵 제거하고 자윤을 侍中을 삼고자 한다'는 匿名書 사건에 대하여 이인임이 "우리 둘 사이를 이간질하려는 자의 소행"이라고 대수롭지 않게 둘러댔지만, 양자 사이의 정치적 내분을 그대로 드러낸 것이라 할 수 있다.[78]

이러한 갈등과정에서 수세에 몰린 지윤은 그의 당여 20여 명을 무장시켜 이인임과의 정면 대결을 하였던 바, 이에 이인임은 다른 무장세력 즉 경복흥과 최영의 협조를 얻어 지윤일파에 대한 숙청작업을 단행하였다. 당시 지윤 당여로 지목되어 처형된 사람은 지윤의 아들 池益謙, 판전교시사 李悅, 좌상시 華之元, 우부대언 金承得, 지신사 金允升, 대간 韓略, 내부령 金賞, 판사 高如意, 판서 崔奕成, 전객령 黃淑眞·金履·金密·秦金剛 등 26명이었다.[79]

---

77) 『高麗史』 권111, 열전24 林樸傳.

78) 『高麗史』 권125, 열전38 池奫傳.

79) 『高麗史』 권125, 열전38 池奫傳에 의하면, 우왕 3년 2월의 匿名書 사건 이후

한편, 우왕 5년 7월에 일어난 楊伯淵 事件은 양백연이 시중 경복홍과 이인임을 제거하고 스스로 수상이 되려고 한다는 상호군 全天吉의 고발에 따라 최영의 주도하에 洪仲宣・金濤・成石璘 등 고위 관직자들 21명이 그의 당여로 지목되어 중앙 정계에서 폄출되거나 처형된 사건이다.[80]

양백연은 공민왕대 興王寺의 난 평정과 李成桂를 따라 東寧府 收復에 참여하여 무공을 세움으로써 입신하고, 우왕대 초반 수차의 왜구정벌에 공을 세워 문하평리로서 정방제조가 되는 등 정치적으로 부상한 인물이다. 특히 우왕 5년(1379) 경상도 晋州에 침입한 왜구를 물리치고 개선한 것을 계기로 우왕의 신망을 얻었다. 이러한 양백연의 부상은 이인임과의 대립을 야기시켰다. 이 사건 역시 지윤의 경우와 마찬가지로 무장세력 양백연이 무공으로 요직을 차지하고 정적을 만들어 제거된 경우이다. 그런데 최영이 이 사건을 처리함에 있어 형벌을 과도하게 했다는 비난을 받을 정도로 최영의 주도로 대규모 숙청으로 귀결된 사건이기도 했다.

우왕 5년 9월 乳母 張氏 사건은 政堂文學 許完과 同知密直 尹邦晏

이인임은 池奫黨에 대한 제거작업을 시작하였고, 이를 눈치챈 지윤은 그의 子 益謙과 모의하여 이인임 최영을 몰아내려 하였으나, 결국 池奫一派의 謀議가 탄로되어 同年 3월에 숙청되었다. 池奫의 黨與로 처벌된 사람들을 보면 다음과 같다. 池奫과 그의 아들인 池益謙, 池門四傑인 右副代言 金承得, 金允升, 判典校寺事 李悅, 左常侍 華之元과 臺官 韓略, 掌令 金賞, 賓天翊, 判事 高如意, 判書 崔奕成, 典客令 黃淑眞, 金履, 金密, 秦子安, 洪子安, 李龍吉, 李宗彦, 李乙和, 李匡, 張德賢, 金宗, 李陽眞, 安思祖, 金得守, 宋臣起 등 26명과 池奫의 妾 12명, 池益謙의 母와 妻, 첩 7명, 金允升의 첩 2명 등이다.

80) 『高麗史』 권114, 열전27 楊伯淵傳에 의하면, 李仁任, 林堅味 등 두 侍中을 모해하고 首相이 되려 한다는 죄목으로 崔瑩에 의해서 제거된 것으로 보인다. 이때 楊伯淵의 黨與로 연루된 사람들을 구분하면 다음과 같다. 楊伯淵, 三司左尹 楊仲淵, 上護軍 楊季淵, 密直副使 楊子淵, 全天吉, 韓蕆, 林甫, 前提學 金濤, 成石璘, 知門下 尹承順, 判密直 金用輝, 同知密直 柳曼殊, 密直副使 任毅, 辛廉, 典法判書 安得禧, 判事 金南貴, 曹淑卿, 李貴, 前直門下 洪琳, 前少府尹 趙希甫, 贊成事 洪仲宣 등 21명이다.

등이 內宰樞 林堅味와 都吉敷의 전횡에 반발하여 이들을 제거하려고
하자, 이를 집권세력에 대한 도전으로 여긴 이인임·경복흥·최영이 國
論의 형식을 빌려 그 당여를 숙청한 사건이다.[81] 이 사건의 주모자로 유
모 장씨가 연루되어 있다는 사실은 우왕이 자신의 정치적 기반을 구축
하기 위한 자구책으로서 장씨를 매개로 결합한 측근세력에 의지해 불안
정한 국왕권의 회복을 꾀하는 과정에서 일어난 사건이었다.

우왕은 유모 장씨의 사건마저 이인임 등 집권세력의 반발에 부딪혀
실패로 돌아가게 되자 자신의 국왕권 회복에 대한 한계를 인식하게 되
었다. 이를 계기로 그나마 즉위 초반에 보였던 우왕의 국정 운영에 대한
의욕이 사라지고 방탕한 모습을 보이기 시작한다는 점에서 그러하다.

그러나 우왕 6년 3월의 慶復興 제거 사건은 이인임 정권의 다른 측면
을 보여주는 것이다. 경복흥은 성격이 청렴하고 정직하며 爲民의식이
투철한 관리로 이인임 정권에 참여한 집정권신 가운데 비교적 좋은 평
가를 받고 있던 인물이다. 공민왕의 모친인 明德太后와 인척인 경복흥
은 원래 이인임과 달리 우왕을 옹립하려는 세력도 아니었으며, 이인임
·임견미·지윤 등이 정방제조로서 인사권을 남용할 때에도 비판적이
었다. 그럼에도 그가 정권을 유지한 것은 明德太后의 비호가 있었기 때
문에 가능한 것이었다.

우왕 6년 정월 명덕태후가 사망하자, 이인임과 임견미의 주청에 의해
경복흥이 제거되었다. 그와 함께 귀양을 간 사람은 문하평리 薛師德, 밀
직부사 表德麟, 판사 鄭龍壽·裴吉·李乙卿·王伯, 상호군 薛懷, 총랑
薛群·薛拳, 중랑장 羅興俊 등 11인이다.[82] 이들 숙청에 앞서 이인임은

81) 『高麗史節要』권31, 우왕 5년 9월조에 의하면, 政堂文學 許完과 同知密直 尹
邦晏에 의해서 林堅味, 都吉敷를 제거하려다 실패한 모습이 보인다. 이때 제
거된 이들은 다음과 같다. 政堂文學 許完, 同知密直 尹邦晏, 禑의 乳母 張氏,
康侑, 權元順, 權元甫, 門下評理 金庾, 孫元美 등 7명이다.
82) 『高麗史』권111, 열전24 慶復興傳에 의하면, 李仁任, 林堅味가 청렴 정직을 꺼
려 慶復興을 淸州로 유배를 보내고 있다. 이때 경복흥과 함께 연루된 이들을
정리하면 다음과 같다. 門下評理 薛師德, 密直副使 表德麟, 判事 鄭龍壽, 裴

그와 대립하였던 무장세력 睦仁吉도 유배시켰다.

따라서 우왕대 초반의 정국은 이인임의 族黨勢力과 최영, 경복홍, 지윤에 의하여 都堂을 중심으로 운영되었으며, 지윤, 양백연, 목인길, 경복홍을 제거하면서 이인임은 확고한 권력장악을 이룰 수 있었다.

3) 崔瑩의 政局主導와 遼東征伐에 따른 갈등

이인임의 권력장악은 앞서 언급한 바와 같이 지윤·양백연·경복홍 등 무장세력의 숙청 등 몇 단계의 정치재편 과정을 통하여 이루어졌다. 특히 우왕 6년까지의 일련의 제거과정까지의 기간을 이인임 정권의 정국주도 강화기라 한다면, 후반기는 우왕을 사이에 두고 이인임 세력과 최영 세력의 대립구도가 표면화하는 기간이라고 할 수 있다.

앞의 <표 10>에서 알 수 있듯이, 우왕 8년 이후 고위직에 임명된 인물로는 林堅味, 廉興邦, 廉廷秀, 都吉敷, 李成林, 李存性, 禹賢寶, 禹仁烈, 洪徵, 潘福海, 崔瑩, 沈德符, 鄭地, 文達漢 등이다. 이들은 권문세족적 기반을 가진 사람들이거나, 공민왕 때부터 성장한 무장세력이었다. 이 가운데 임견미를 중심으로 한 廉興邦, 李成林, 都吉敷, 李存性 등이 黨與의 형태로 결집하면서 이인임의 권력을 뒷받침하고 있었다.[83]

林堅味는 공민왕 때 于達赤에 소속되어 왕의 측근에서 활동하게 되면서 중앙의 정치무대에 등장하였다. 공민왕 10년에는 제2차 홍건적의 대규모 침입을 받아 왕이 南幸하였을 때 扈從하여 무공을 세움으로써 紅巾賊平定 후 1등공신에 책봉되고,[84] 이어 동왕 12년 4월 홍왕사의 난을 일으킨 金鏞을 국문하는 일을 맡아 그 사후 수습을 맡음으로써 정치적 영향력을 증대시켰다.[85] 이후에도 임견미는 같은 해 5월 德興君의

吉, 李乙卿, 王伯, 上護軍 薛懷, 摠郎 薛群, 薛拏, 中郎將 羅興俊 등 11인이다.
83) 姜芝嫣, 앞 논문, 56쪽 참조.
84) 『高麗史』 권126, 열전39 林堅味傳.
85) 『高麗史節要』 권27, 공민왕 12년 4월.

내침에 대항하고,[86] 공민왕 23년에는 최영과 함께 탐라의 반란세력을 진압하는 데 참여하기도 하였다.[87]

이처럼 임견미는 공민왕대 연이어 일어난 내우외환에 적극 참여하여 무공을 세움으로써 자신의 정치적 기반을 다져간 전형적인 무장의 하나였다.[88] 우왕 원년 8월에 무장으로서 藩王의 내침에 대비하였고, 왜구정벌에 빈번히 참전하였고, 3년 8월에는 門下評理로 발탁되어 이인임・지윤과 함께 인사행정을 장악하기에 이르렀다. 나아가 우왕 3년의 지윤 일파 숙청과 6년의 경복흥 일파의 축출에 적극 동참하면서 독자세력을 구축할 정도로 임견미의 정치적 비중은 높아갔다. 이와 관련하여 우왕 8년 정월에 일어난 匿名書 사건은 임견미의 독자세력을 간접적이나마 보여주고 있다.

이 사건의 발단은 이인임의 사위인 姜筮의 집에 던져진 투서에 '曹敏修・임견미・廉興邦・都吉敷・文達漢 등이 이인임과 최영을 제거하고 定昌君 瑤를 왕으로 옹립하기로 모의한다'는 것에서 비롯된 것이지만, 오히려 임견미가 그 말을 전한 金克恭을 고문하여 모의사실을 뒤집어 씌어 사건을 종결지었다.[89]

우왕 8년의 익명서 사건은 임견미의 기민한 대응으로 정치적 파장을 일으키지 않았지만 이 사건을 통해 당시 권력구조에 일정한 변화가 마련되어 있었음을 짐작케 한다. 즉 이인임과 최영을 제거하고 실권을 장악하려고 한다는 모반의 주동자로 실제 임견미와 친당을 형성하여 권력을 누린 도길부・염흥방이 거론되고 있다는 사실은 집권세력 내부의 변화를 반증하는 것이다. 이후로 우왕 8년 8월 한양천도를 전후로 이인임이 정계 일선에서 물러나고 임견미가 그 뒤를 이어 모든 권력을 독점하는 계기가 되었다.

---

86) 『高麗史』 권41, 공민왕 17년 8월.
87) 『高麗史』 권44, 공민왕 23년 7월 己丑.
88) 姜芝嫣, 앞 논문, 1996, 44쪽 참조.
89) 『高麗史節要』 권31, 우왕 7년 3월 ; 『高麗史』 권113, 열전26 崔瑩傳.

또한 우왕 7년 2월 守侍中의 자리에 있던 최영이 8년 6월에는 이인임
과 함께 領門下府事, 領三司事에 임명되었다는 사실은 임견미의 실권
장악과 최영의 영향력 축소로 보여진다. 더구나 우왕 9년 3월에 은퇴하
는 洪永通에 대신하여 曺敏修가 侍中, 林堅味가 守侍中에 임명되었을
때, 林堅味가 禹玄寶・都吉敷・李存性과 政房提調의[90] 자리에 있으면
서 권세를 독차지하고 있었다. 이와 같은 인사권의 전횡은 최영의 반발
을 사기에 충분하였다.

이인임이 정계일선에서 물러나는 것을 계기로 임견미와 염흥방의 권
력천단은 "水精木公文"[91]이니, "鐵文魚尹"[92]이니 하여 민들의 기롱을
받을 정도로 토지탈점과 인사권을 전횡하고 있었다. 염흥방은 시중 廉
悌臣의 아들로 공민왕 때 장원급제하여 관계에 진출하였으며, 공민왕
16년 성균관 중영사업에 능력을 발휘하여 많은 자금을 거두어, 국고를
쓰지 않고서도 國學을 운영할 수 있게 하였다. 이어 知申事에 오르고
홍건적 평정의 공으로 2등공신이 되었으나 우왕 원년 북원 사신 접대를
반대하는 李詹의 '李仁任請誅上疏'에 연루되어 유배된 바 있다. 그 후
그가 언제 복권되었는지는 확실하지 않으나, 이때 유배된 신흥유신들
가운데 이숭인의 경우처럼 우왕 2년에 대부분 복직된 사실에 미루어 볼
때 그 역시 곧 유배지에서 풀려난 것으로 보인다. 하지만 염흥방의 정치
적 부상은 임견미의 인척으로써 우왕 8년 三司左使가 된 이후부터이다.

이와 같이 우왕대 후반 정치권력이 임견미를 중심으로 이루어지면서
왕권의 행사에 제약하는 요인으로 작용하였고, 동시에 권력관계의 불균
형을 초래하였다. 이들의 파행적인 정치운영 행태에 비판적 입장에 있
던 우왕과 최영은 이들을 1차제거 대상으로 삼았다. 또한 국왕권 회복과
정상적인 인사권의 운영을 기대하였던 이색 계열의 신흥유신들 역시 임
견미와 염흥방의 권력천단을 비판하고 있었다.

---

90) 『高麗史節要』 권32, 우왕 9년 3월.
91) 『高麗史』 권126, 열전39 林堅味傳.
92) 『高麗史』 권126, 열전39 廉興邦傳.

　따라서 우왕 10년 9월 왕은 임견미를 파면하고 대신 李成林을 守侍中으로 임명하기도 하였지만,[93] 임견미는 두달 만에 다시 시중의 자리에 복귀하였다.[94] 그러나 우왕대 후반 이인임에서 임견미에게로의 권력이동은 그 권한 행사에 가장 걸림돌이었던 최영의 권력 배제를 전제로 한 것이어서 임견미와 최영의 반목은 점차 누적되어 갔고, 최영은 우왕 10년에 병을 핑계로 都統使의 직위에서 물러나 병권을 내놓겠다고 할 정도로 불만이 쌓여갔다.[95]

　최영은 공민왕대부터 뛰어난 무공을 바탕으로 군 최고통수권자로서 위치를 확고히 다지면서 우왕 즉위 이후 이인임의 집권이 본격화되자, 그의 정치활동도 일정한 변화를 겪게 되었다. 나이 어린 우왕의 대리자 격으로 우왕대 초반 최영이 이인임의 정국운영에 적극 협조함으로써 그와 함께 권력 배분이 이루어지고 있었다. 우왕 원년 判三司事와 3년에 都統使로 임명되었던[96] 것은 이인임과 더불어 권력구조의 핵심에 있으면서 이임임의 집권체제 안정화에 협조함으로써 가능한 것이었다.

　더욱이 우왕 3년과 5년에 당여의 형태로 존재하였던 대표적 무장인 池奫 일파, 楊伯淵 일파, 우왕의 유모 張氏 일파, 睦仁吉, 慶復興 일파 등 이인임의 반대파 숙청작업에 이인임이 자신의 무력적 기반을 적극 이용함으로써 그의 정치적 기반은 더욱 확고해질 수 있었다. 그러나 자신의 무력적 기반으로 이인임의 권력이 유지될 수 있었음에도 불구하고 오히려 이인임의 자파세력인 林堅味·廉興邦·都吉敷 등이 정국을 주도하는 움직임을 보이자, 최영은 우왕 8년 漢陽遷都를 계기로 정치적 입장을 바꾸는 것으로 보인다.

　이들의 갈등관계는 우왕 7년에서 8년에 걸치는 사이에 書雲觀으로부터 自然災害를 이유로 천도를 청한 것에서 비롯되었다. 이때에는 南京

---

93) 『高麗史節要』 권32, 우왕 10년 9월.
94) 『高麗史節要』 권32, 우왕 10년 11월.
95) 『高麗史』 권113, 열전26 崔瑩傳.
96) 『高麗史』 권113, 열전26 崔瑩傳.

을 후보지로 하려는 논의가 대두되는데, 李仁任의 遷都不可論으로 중지되기도 하였고,[97] 諫官들도 不可하다는 쪽으로 입장을 개진하였다.[98] 특히 洪順과 같은 이는 陰陽地理的 입장에서 "남경 한양의 鎭山인 三角山은 火體의 산인 까닭에 木性의 國으로서는 여기에 도읍함이 불길하다"는 주장을 제시하기도 하였다.[99]

그럼에도 불구하고 우왕은 8년 8월에 한양으로의 천도를 분명히 하였다. '議定遷都漢陽'이나 '遂遷都漢陽'의 사실로 보아 한양천도의 움직임은 사실로 보인다. 또한 우왕 13년에는 한양의 산성(현 北漢山城) 축조에 관한 耆老의 회의가 있은 후, 곧 門下評理 禹仁烈·判密直 洪徵 등을 그곳에 보내어 中興山城의 형세를 자세히 살피게 하고,[100] 다시 14년 2월에는 개경의 坊里軍을 징발하여 산성을 수축하기도 하였다. 이러한 작업은 한양을 수도로 하려는 의도에서 나온 준비인 것이다.

여기서 주목되는 점은 천도를 건의한 書雲觀이다. 당시 서운관은 천도논의에서 왕의 의사에 적극 부응하고 있음을 알 수 있다. 여기에는 후에 조선 개국공신이 되는 吳思忠과 같은 인물도 참여하고 있었다.[101] 또한 비슷한 시기에 書雲副正 盧英壽의 딸이 우왕에게 총애를 받았는데,[102] 이는 외척세력을 양성하려던 우왕의 의도에서 비롯된 것이라 할 수 있다.[103] 따라서 서운관은 우왕대 왕과 밀접한 관련을 맺으면서 천도

---

97) 『高麗史』 권134 禑王 8년 2월.
98) 『高麗史』 권134, 禑王 8년 8월 戊子.
99) 『高麗史』 권134, 禑王 8년 9월.
100) 『高麗史』 권137, 禑王 14년 2월 庚申.
101) 우왕 8년 2월 한양천도를 건의할 당시 吳思忠은 종4품 書雲副正이었다.
102) 『高麗史』 권134, 禑王 7년 12월.
103) 특히 우왕은 10년 전후로 해서 여러 가문의 딸과 혼인을 통해 그의 지지세력을 양성, 확보하려는 노력을 보인다. 모두 7妃 3翁主로 7년 書雲副正 盧英壽의 딸을, 10년 6월에는 이인임의 婢壻인 趙英吉의 딸을, 11월에는 崔天儉의 딸(그의 兄夫는 鄭熙啓임)을, 11년 1월에는 前判三司事 姜仁裕의 딸을, 11년 2월에는 前典工判書 王興의 딸을, 11년 10월에는 申雅의 딸을, 14년 2월에는 공민왕 定妃의 동생인 安淑老의 딸을, 14년 3월에는 최영의 딸을 맞아들였다.

논의를 통해 정국 전환을 꾀하려 했음을 알 수 있다.

이러한 점은 최영으로 하여금 우왕을 지지하는 후원세력으로 존재하게 되는 계기가 되었다. 최영에게 있어서 이인임 정권의 무력기반임에도 불구하고 林堅味·廉興邦에 의해 소외를 당하고 있다는 점은 정치적 위기로 인식되었을 것이기 때문이다. 따라서 우왕을 적극 지지하는 쪽으로 정치적 입장을 정리하였을 것이고, 이러한 변화는 국왕권을 회복하고자 하는 20살의 우왕과 최영의 정치적 결속을 자연스럽게 이끌어 냈을 것으로 생각된다.104)

최영이 우왕에게 방탕한 행동을 바로잡기 위해 여러 차례 諫言을 하는 등의 노력은105) 이를 반증하는 것이 된다. 더구나 우왕에게 있어서도 왕권의 약화를 초래한 임견미 일파의 권력 편중에 대한 부정적인 인식을 갖고 있음을 고려할 때 우왕과 최영의 정치적 결합은 자연스러운 것이었다.

더구나 우왕의 친집의사 표명과 우왕의 측근세력이라고 할 수 있는 장인 李琳106)과 嬖幸 潘福海107) 등의 정치적 진출은 그동안 지속되어 왔던 林堅味·廉興邦의 정국 독주를 제약할 수 있는 발판이 마련되는 셈이었다. 또한 이색을 비롯한 대부분의 신흥유신은 이미 族黨을 형성하고 정치 천단을 자행하고 있던 廉興邦·李成林·林堅味와 일정한 거리를 두고 있었다.

---

104) 이러한 점은 최영의 신흥유신에 대한 부정적 태도와 불만에서도 잘 나타나고 있다. 최영은 林堅味와 廉興邦이 기용했던 '사대부'들을 모두 몰아낼 것을 고집함으로써 우왕대에 활동했던 신흥유신을 배척하려는 의도를 나타냈다(『高麗史節要』권33, 우왕 14년 2월). 그러나 여기에 이색 계열은 포함되어 있지 않았을 것으로 보인다. 오히려 그들은 최영과의 정치적 결속을 강화하는 가운데 이성계 세력을 견제하였을 것으로 보이며, 그러한 점은 조준이 簽書密直司事職을 사양한 것(『高麗史』권118, 열전31 趙浚傳)에서 알 수 있다.

105) 『高麗史』권113, 열전26 崔瑩傳.

106) 『高麗史』권116, 열전29 李琳傳.

107) 『高麗史』권124, 열전37 潘福海傳.

李穡은 우왕 13년 병을 칭탁하고 나오지 않으면서 "侍中 이성림은 조그만 집에서 성장하였는데, 재상이 되자 田民을 廣占하여 일시에 3채의 집을 일으켰으며, 삼사판사 염흥방도 또한 聚斂을 일삼으니 나라를 그르칠 자는 반드시 이 두 사람이다"라고[108] 하면서 이들을 비판하고 있었다. 그러므로 李穡 등의 신흥유신은 당연히 최영을 지지하였을 것으로 짐작된다. 아래의 사료 내용은 그러한 사실을 입증해 주는 것이 된다.

"나는 생각한다. 文과 武가 국가를 위한 作用은 人體의 두 팔과 같고, 수레의 두 바퀴와 같아서 진실로 어느 것에 치우치거나 어느 것을 폐할 수는 없다. 그러나 때로는 事理가 혼란하여지고, 쓰는 것에 가볍고 무거운 (불균형이) 있기도 하였다. 이제 (나라에) 어려움이 많으니, 우리들은 마땅히 조정에서 결속하여야 하겠다. 무반의 관직은 나라의 干城이고 爪牙이며, 나라의 司命인 것을 알 수 있다.……하물며 (廳舍를 건축하는) 것 같은 이런 작은 일임에랴.……"(『東文選』 권76, 重房新作公廨記, 李穡 撰).

위 내용은 이색이 우왕 9년(1383) 10월에 重房의 公廨廳을 새로 지었을 때 쓴 記로, 당시 李穡의 무장세력에 대한 입장을 알 수 있어 주목된다. 즉, 문·무반의 중요성을 人體의 두 팔이나, 수레의 두 바퀴로 비유하여 대립과 갈등을 극복하고 국가를 위하여 결속해야 한다고 피력하였다.[109] 이색의 이러한 입장을 고려할 때, 우왕을 지지하는 최영과 정치적 제휴를 맺고자 하였다. 더구나 우왕의 입장에서도 즉위 초년과는 달

---

108) 『高麗史』 권115, 열전28 李穡傳.

109) 李穡의 이러한 입장은 공민왕 원년(1352) 服中上書로 올린 국방문제에서도 보인다. 즉 文과 武는 어느 한 쪽을 폐할 수 없는 것이니, 文을 날[經]로 하고 武를 씨[緯]로 함은 천지의 常道이며, 전쟁 중에도 講論의 도를 폐하지 아니하였으며 태평한 때를 당하여도 戰守의 준비를 잊을 수 없는 것이라 하였다(『高麗史』 권115, 열전28 李穡傳).

리 자신의 위치를 확보하기 위해 신흥유신과의 관계개선을 통하여 이인임과 같은 권신을 제어할 필요성이 제기되고 있었으므로, 이인임과 대립하는 신흥유신를 정치일선으로 등장시키고자 하였을 것이다.[110]

우왕 11년 이후 우왕이 임견미 일파에 대한 불만을 노골적으로 드러내고 있는 점은 이러한 최영과의 관계를 배경으로 한 자신감으로 보인다. 우왕이 최영에게 활을 주면서 '나의 바라는 바는 그대와 함께 사방을 평정하는 것이다'라고[111] 한 것과, 12년 8월 우왕은 임견미를 파면한 데 이어 이인임을 다시 좌시중으로 임명한 것은 그들을 서로 견제하기 위한 방법이었고,[112] 이듬해인 13년 8월에 이인임의 은퇴가 있자, 李成林을 좌시중으로, 측근 潘福海의 아버지 潘益淳을 발탁하여 우시중에 임명하고, 반복해는 王氏 姓을 주어 아들로 삼아 門下贊成事로, 申雅·王興을 同知密直司使로, 吳忠佐를 密直副使, 盧龜山을 右副代言으로 임명하였다. 이때의 임명은 환자와 商人, 고기잡고 사냥하는 무리가 벼슬하지 않는 자가 없다고 할 정도로 우왕과 밀접하게 관련된 사람들이었다.[113] 그리고 우왕 13년 12월 도당으로 하여금 국가와 왕실의 토지나 그에 속한 노비 및 일반 백성을 침탈한 사람들을 조사하도록 한 조치는[114] 그러한 관계를 반영하는 것이다. 이로부터 14년 정월에 趙胖의 獄을 계기로 廉興邦·林堅味 이하 8인과 그 族黨을 제거하고 있는 점은 주목할 만한 것이다.

이는 기본적으로 권문세족 내부에서 정치권력을 둘러싸고 일어난 정

---

110) 이러한 점은 禑王과 李穡의 관계에서 분명하게 나타나고 있다. 우왕 11년 왕의 師傅이며 侍中의 위치에 올랐던 이색이 辭職을 청하는 상소를 올리자, 우왕은 批答을 통해 자신을 어린 나위에 왕위에 오른 周成王에, 이색을 召公에 비유하여 乞退를 허락하지 않고 있다. 이것은 우왕이 文學과 道德을 중시하고 儒者가 宰相을 맡아야 한다고 생각했음을 뜻한다(『牧隱文藁』권11, 批答).
111)『高麗史』권113, 열전26 崔瑩傳 ;『高麗史節要』권32, 우왕 11년 11월.
112)『高麗史節要』권32, 우왕 12년 8월.
113)『高麗史節要』권32, 우왕 13년 8월.
114)『高麗史節要』권32, 우왕 13년 12월.

210

쟁의 성격을 지니는 것이었지만, 다른 한편으로는 이인임과 임견미·염
흥방의 정치전단으로 야기된 사회적 혼란과115) 그에 대한 신흥유신들의
비판, 그리고 일반 민의 불만으로부터 정권을 유지 보호하기 위한 타개
책이었다.

특히 이 시기의 사회 경제적 모순과 잦은 왜구의 침략, 천재지변, 물
가앙등, 우왕의 방탕 등은 민에게 있어서는 견디기 힘든 상황을 유발하
였다. 따라서 민들의 반발도 전시기의 소극적인 유망의 형태로부터 집
단적 움직임에 이르기까지 다양하게 일어나고 있었다. 이러한 점은 권
력을 장악하고 있던 권문세족에게는 정치적 위협이 되었을 뿐만 아니라
당시 이인임 세력과 대립하고 있던 신흥유신들에게는 정치적 활동을 강
화할 수 있는 중요한 요인이 되었다고 할 수 있다.

李崇仁, 權近, 鄭夢周와 같은 신흥유신이 우왕대 후반 제도개선을 요
구하며 소극적이나마 정치활동을 전개하는 가운데, 우왕 원년에 유배되
었던 신흥유신이 정국주도 세력으로 전면에 등장할 수 있었던 것은 우
왕 14년 정월 최영과 이성계가 협조하여 이인임을 제거한 때문이었다.

우왕 13년 12월 廉興邦의 家奴와의 토지를 둘러싼 분쟁이116) 정치적
인 사건으로 비화된 趙胖의 獄으로부터 출발한 이인임 세력의 제거는
우왕 14년 3월에 가서야 마무리되었지만, 그 여파는 매우 큰 것이었다.
조반의 獄事가 일어난 지 4일만에 우왕이 최영의 집으로 가서 비밀리에
조반의 옥사를 어떻게 처리할 것인가를 의논하고,117) 7일만에 최영과
이성계의 동조에 의해서 임견미·염흥방 등 이인임 일파의 대규모 숙청
작업이 이루어졌다.118) 이때 58명이라는 宰樞級 이상이 연루되어 사형

115) 高惠玲은 임견미, 염흥방세력 제거의 배경에는 집권층의 부패와 타락으로 민
생의 파탄을 가져와 정치적으로 한계에 달하였다는 점, 우왕의 성장에 따라 정
치적 관심의 증대, 여기에 순조롭지 못한 대명관계에 대한 불만, 이런 점들이
이들을 제거하는 배경이 되었다고 하였다(고혜령, 앞 논문, 46쪽).
116) 『高麗史節要』 권32, 우왕 13년 12월.
117) 『高麗史節要』 권33, 우왕 14년 정월 庚辰.
118) 『高麗史節要』 권33, 우왕 14년 정월 癸未.

되었거나 유배를 당하였다는 점은 정국운영상의 공백을 의미하는 것이
었다. 이러한 정치적 상황은 신흥유신들에게 있어서 정국주도에 새로운
국면을 여는 계기가 되는 것이다.

이와 같이 최영은 이인임 세력의 제거과정에서 동북면의 군사를 기반
으로 활동하고 있던 신흥 무장 이성계의 협조 아래 우왕 8년 이후 권력
을 독점하였던 임견미·염흥방 일파를 대거 숙청함으로써 정국의 최고
실권자로 자리하게 되었다. 이로써 우왕 14년 1월 이후 정국은 최영과
이성계에 의하여 주도되었다.

최영은 田民辨整都監을 설치하여 임견미 일파가 불법적으로 점유한
토지를 몰수함으로써[119] 이들의 비행으로 야기된 민심을 수습하는 등
정국 안정을 위하여 여러 조처를 취하기도 하였다. 다른 한편으로는 자
파세력을 발탁하여 이들을 정국 전면에 배치함으로써 자신의 권력 기반
을 공고히 다져 나갔다. 그러나 우왕 14년 1월의 인사개편에서 최영이
그의 측근을 중심으로 정국을 주도하려고 하였다는 사실은 이성계와의
대립을 불가피하게 하였다. 이때 최영은 임견미와 염흥방이 기용했던
'사대부'들을 모두 몰아낼 것을 고집하여 우왕대에 활동한 많은 수의 신
흥유신들을 배척하려는 의도를 나타냈다.[120] 이러한 점은 이인임·임견
미·염흥방의 숙청에 따른 사후처리로 갈등이 표출되어 대립의 양상을
보이는 것이다.

최영과 이성계 세력이 정국 주도권을 둘러싸고 반목이 노출되는 가운
데, 명나라에 사신으로 파견되었다가 돌아오는 偰長壽에 의해서 鐵嶺衛
설치에 대한 明帝의 친서가 전달되면서 철령 이북의 땅은 본래 원나라
에 속하였던 곳이므로 이제 명이 회수하겠다고 통고해옴에 따라,[121] 최
영으로서는 철령위 설치 문제로 야기된 명나라와의 외교관계를 어떤 방

119)『高麗史節要』권33, 우왕 14년 1월 ;『高麗史』권77, 지31 百官 諸司都監各色
田民辨正都監.
120)『高麗史節要』권33, 우왕 14년 2월.
121)『高麗史節要』권33, 우왕 14년 2월.

212

식으로 풀어야 할 것인가에 대한 어려운 국면에 처하게 되었다.

이렇게 되자 최영은 定遼衛를 공격할 것인지 화친을 청할 것인지의 가부를 여러 재상들과 의논하여 일단 강경 수단보다는 강화를 통하여 교섭을 보는 것으로 의견이 모아졌다.[122] 그리하여 우왕 14년 2월 密直提學 朴宜中을 명에 보내어 철령 이북 지역이 본래 고려의 땅이었음을 설명하고 그 지역을 돌려줄 것을 간곡히 요청하였다.[123] 그럼에도 불구하고 명에서 遼東百戶 王得明을 보내 철령위 설치를 공식적으로 통고해 왔다.[124] 이에 최영이 백관을 소집하여 철령 이북을 헌납하는 可否를 묻자, 백관이 모두 불가하다고 하였다.[125] 당시의 분위기는 신흥유신의 대표격인 李穡의 경우도 찬성을 하고 나서 자제들에게 '오늘날 내가 너희들을 위하여 의리에 거스르는 논의를 했다'고[126] 언급할 정도로 요동정벌을 주장하는 최영 쪽으로 기울고 있었다.

최영은 명과의 화친을 통한 문제 해결보다는 요동정벌을 택하여 정국을 '戰時體制'로 전환함으로써 정치적 위기를 벗어나고자 하였다. 최영이 화친을 통한 문제 해결보다는 강력하게 요동을 정벌하여 명의 주장을 저지시키는 방법을 선택한 것은 임견미 일파의 숙청과정에서 나타난 이성계 세력과의 갈등을 타개하고 정국의 불안정을 수습하는 한편, 안정적인 권력기반의 확보를 통하여 자신의 정치적 위상을 공고히 하려는데 있었을 것으로 판단된다.

따라서 정국주도권에 위기의식을 느낀 최영은 비밀리에 우왕과 함께 요동을 치기로 의논하여[127] 사전준비를 시작하였고, 최영의 측근들은 최영의 딸을 우왕에게 納妃하여[128] 자신들의 입지를 강화하려는 노력

122) 『高麗史節要』 권33, 우왕 14년 2월.
123) 『高麗史』 권137, 열전50 우왕 14년 2월.
124) 『高麗史』 권137, 열전50 우왕 14년 3월.
125) 『高麗史節要』 권33, 우왕 14년 2월.
126) 『太祖實錄』 권9, 태조 5년 5월 癸亥 韓山君李穡卒記.
127) 『高麗史節要』 권33, 우왕 14년 2월.
128) 『高麗史節要』 권33, 우왕 14년 3월.

을 기울였다. 또한 요동정벌을 반대하는 李崇仁·河崙·朴可興을 이인임의 姻戚으로 유배하고,[129] 門下侍中을 지낸 公山府院君 李子松을 林堅味에게 아부한 사람으로 몰아 죽이는[130] 등의 방법을 통하여 최영의 요동정벌을 사실화하였다. 3월에 철령위 설치를 통보하려고 온 명나라 사신 遼東百戶 王得明 등의 면접을 거부하고, 방문을 가지고 양계에 들어온 遼東軍士 21인을 죽이고 5명을 억류하는 한편,[131] 요동공격군을 편성하고 洪武年號 사용금지와 官服을 元制로 환원시키는[132] 등 적극적으로 명나라에 대하여 反明政策을 취한 것은 그러한 예에 해당한다.

일반 민의 불만에도 불구하고 국내외의 정치적 불안을 戰時상태로 몰아보려는 우왕 역시 8도의 군사징집을 끝낸 4월 1일에[133] 최영과 이성계에게 요동정벌을 명하였다. 이에 이성계는 작은 나라로서 큰 나라를 거슬리는 것, 여름에 군사를 징발 동원하는 것, 왜구가 빈 틈을 타서 침입할 것, 때가 무덥고 비가 오는 시기여서 활에 아교가 녹아 풀어지고 병사들이 전염병에 걸리게 될 것 등의 4대불가론[134]을 내세워 요동정벌의 반대를 주장하였지만 실패하고 말았다.

이성계의 반대에도 불구하고 우왕은 요동정벌에 따른 준비를 진행하는 한편, 4월 12일 최영을 八道都統使, 조민수를 左軍都統使, 이성계를 右軍都統使로 임명하여 요동정벌군을 편제하고,[135] 4월 18일 조민수와 이성계가 각기 좌, 우군을 거느리고 평양을 출발, 요동정벌의 길에 올랐

---

129) 『高麗史節要』 권33, 우왕 14년 3월 ; 『高麗史』 권126, 열전39 간신2 李仁任傳. 그러나 河崙의 경우만 국한하여 보면, 우왕 14년 봄에 최영이 군사를 일으켜 요양을 범하고자 하므로 그 불가함을 진술하였으며, 이에 최영이 노하여 襄州로 유배하였다고 하였다(『國朝人物考』 권1, 相臣, 「河崙墓誌銘」).
130) 『高麗史節要』 권33, 우왕 14년 3월.
131) 『高麗史節要』 권33, 우왕 14년 3월.
132) 『高麗史』 권137, 열전50 우왕 14년 4월 乙丑.
133) 『高麗史節要』 권33, 우왕 14년 4월.
134) 『高麗史』 권137, 열전50 우왕 14년 4월.
135) 『高麗史』 권137, 열전50 우왕 14년 4월 丁未.

214

다.136) 5월 7일 압록강의 중간에 있는 위화도에 주둔한 이성계는 2차례에 걸쳐 회군할 것을 上書로서 요청하였으나 상서가 받아들여지지 않자, 다시 회군할 것을 요청하였지만 최영은 이를 무시하고 말았다.137) 회군의 분위기를 직감한 최영은 평양에 머물러 있던 우왕을 서울로 돌아가게 한 다음 군대의 지휘문제로 자신이 군대를 이끌고 요동으로 가기를 우왕에게 요청했으나, 우왕이 "先王이 죽은 것은 耽羅討伐로 그대가 자리를 비웠기 때문이었으므로 떨어질 수 없다"고 말리는 바람에 최영은 그대로 머무를 수밖에 없었다.138)

이에 이성계는 "태조가 휘하 군사를 거느리고 동북면으로 향하려고 이미 말에 올랐다"139)는 讒言를 이용하여 원정군 가운데 主戰派의 사기를 떨어뜨려 회군의 가능성을 타진하자, 이에 당황한 좌군도통사 조민수가 이성계의 회군의사에 동조함으로써 회군을 결정하였다. 회군은 "작은 나라가 큰 나라를 친다는 것은 순리에 어긋남으로 요동정벌을 주장한 최영을 제거함으로써 사직을 보호하겠다"는140) 명분을 내걸고 회군하게 되었다.

이성계가 압록강을 건너 개경으로 진군하여 6월 초하루에 開京 近郊에 주둔하고 書面으로 우왕에게 최영을 제거하도록 요구하였으나, 우왕은 조민수 등의 관직을 박탈하고 최영을 左侍中, 禹玄寶를 右侍中, 宋光美를 贊成事, 安沼를 評理, 禹洪壽를 大司憲으로, 鄭承可를 鷹揚軍上將軍, 趙珪를 密直副使, 金若采를 知申事로 임명하고141) 회군한 이성계에게 대항하였으나, 최영이 사로잡히는 바람에 실패하고 말았다.

최영을 요동정벌의 책임을 물어 유배를 보내고 그의 일파인 趙珪, 趙

---

136) 『高麗史節要』 권33, 우왕 14년 4월 壬戌.
137) 『高麗史節要』 권33, 우왕 14년 5월 丙戌.
138) 『高麗史節要』 권33, 우왕 14년 5월 庚辰 ; 『高麗史』 권113, 열전26 崔瑩傳.
139) 『高麗史節要』 권33, 우왕 14년 5월 乙未.
140) 『高麗史節要』 권33, 우왕 14년 5월 乙未.
141) 『高麗史節要』 권33, 우왕 14년 6월 癸卯.

琳, 印原寶, 安柱, 鄭熙啓 등과 宦者 曹恂, 曹福善, 尹祥, 金若采를 제
거하여[142] 이성계와 조민수는 정권을 장악하였다.

한편, 정국을 장악한 이성계, 조민수는 우왕을 폐위시키기 위하여 우
왕을 宦者와 함께 李成桂, 曹敏修, 邊安烈을 제거하려고 했다는 이유로
폐위시켜 江華로 안치시켰다.[143] 또한 다음날 우왕의 妃를 모두 私第로
돌려보내고, 妃의 父인 姜仁裕, 崔天儉, 趙英吉, 申雅, 王興, 吳忠佐를
遠地로 유배보내어 우왕과 연관된 외척세력을 제거하고,[144] 이어서 창
왕을 즉위시켰다.

이로써 당시 童謠에서 보이는 "木子得國"이나,[145] 이인임이 "李判三
事가 國主가 될 것이다"라고 했다는 말과, 이성계 潛邸에서 퍼진 동요
"西京城 밖의 불빛이요, 安州城 밖의 연기 빛이라. 그 사이에 왕래하는
李元帥, 원하건대, 백성을 구제하소서"[146]라는 언급에서 알 수 있듯이,
동요를 이용하여 민들의 여망에 따라 정당성을 확보하여 정권 장악을
꾀하려 했던 이성계 세력의 움직임을 엿볼 수 있다. 이는 바로 정권 장
악을 위한 정해진 정치적 수순으로 생각된다.

그러나 잘 알려진 대로 위화도 회군은 이성계 세력이 주도한 것이었
으므로 정치적인 부담이 되었다.[147] 결국 개혁파 신흥유신들은 최영을
유배한 다음, 우왕을 僞朝로 몰아 외척들과 함께 유배함으로써 이것을
정당화하고자 하였다. 그럼에도 불구하고 개혁파와 결합한 이성계가 정
국을 완전히 장악할 수 있었던 것은 아니었다. 창왕의 왕위옹립을 계기
로 신흥유신의 대표적 존재였던 이색과 무장인 조민수가 견제함으로써

---

142) 『高麗史節要』 권33, 우왕 14년 6월 丁未.
143) 『高麗史節要』 권33, 우왕 14년 6월 戊寅, 庚戌.
144) 『高麗史節要』 권33, 우왕 14년 6월 辛亥.
145) 『高麗史節要』 권33, 우왕 14년 5월 辛亥 ; 『高麗史』 권54 지8 오행2 金 謠言.
146) 『高麗史節要』 권33, 우왕 14년 乙巳.
147) 柳伯淳과 같은 반이성계 세력은 위화도 회군과 그들의 권력 장악을 의종대 일
    어난 武臣亂과 동일한 것으로 인식, 비판하고 있었다(『高麗史節要』 권35, 공
    양왕 3년 7월 ; 『高麗史』 권90, 열전3 종실 順寧君 聃).

정국을 장악하려 했던 의도가 제대로 실현되지 못하였다. 그 결과 개혁파는 정국을 장악하기 위해 조민수뿐만 아니라 이색 계열과도 대립하지 않을 수 없는 입장에 놓이게 되었다. 개혁파 신흥유신은 이들을 제거하고 정국을 장악하기 위해서는 그들과 차별화된 명분이 필요하게 되었는데, 이 과정에서 제기한 것이 田制改革論과 廢假立眞論이다. 전제개혁론을 시작으로 신흥유신으로 대별되는 이 시기의 정치세력은 당시 高麗社會가 안고 있던 여러 모순을 해결하려는 지배층의 개혁 방식, 즉 政治運營論을 둘러싸고 분립 대립하게 되었다.

2. 新興儒臣의 動向과 制度改善策의 提起

1) 北元外交에 反對한 新興儒臣의 推移

공민왕 16년 성균관 중영을 계기로 형성된 신흥유신은 李穡을 중심으로 결집하면서 공민왕과 신돈에 의해서 추진된 개혁정치에 함께 참여하고 있었다. 이들은 공민왕의 명에 대한 적극적 외교정책을 지지하거나 주도한 사람들이었으며, 한편으로 권문세족과 대립하면서 비판적 정치활동을 전개하는 중견관료로 성장 활동하였던 인물들이다.[148]

우왕대 신흥유신들은 이인임의 族黨과 世族 중심의 정국독주로 정치참여가 불가능하게 되자, 이인임과의 정면 대결을 통하여 위기국면을 돌파하고자 하였다. 이들은 北元과의 관계개선보다는 공민왕대에 추구했던 明과의 외교적 관계를 계속 유지하려는 자세를 보였다. 이러한 면은 이인임 정권에 의하여 운영된 정치형태, 예컨대 이인임이 시급히 해결해야 할 대외정책과 같은 것에 집단적으로 "先王之政"에 입각한 친명정책을 주장하고, 이를 관철시키기 위하여 이인임 정권과 대립한 데서 그들의 정치활동 양상을 짐작할 수 있다. 예컨대,

---

148) 閔賢九, 「辛旽의 執權과 그 政治的 性格」(상·하), 『歷史學報』 38, 40, 1968.

① (朴)尙衷이 上疏하기를, "金義의 殺使之罪는 마땅히 問責해야 하는데 宰相은 그 從者를 매우 후대하니 이는 (安)師琦가 義의 殺使를 使嗾한 것으로 그 흔적이 이미 나타난 것입니다. 지금 그 죄를 바로잡지 않으면, 社稷의 禍가 이에서 비롯할 것입니다"라고 하였다(『高麗史』권112, 열전25 朴尙衷傳).

② 左代言 林樸, 典校令 朴尙衷, 典校副令 鄭道傳은 "先王께서 계책을 결정하여 南(明)을 섬기기로 하였는데도 이제 北(元)을 섬기는 것은 부당하다"라 하고, 署名하지 않았다(『高麗史節要』권30, 우왕 원년 4월).

③ 이때에 李仁任과 池奫이 원의 使臣을 맞고자 하니, 三司左尹 金九容, 典理摠郎 李崇仁, 典儀副令 鄭道傳, 藝文應敎 權近이 都堂에 上書하기를, "만일 元使를 맞이 한다면 온 나라 臣民이 모두 亂賊之罪에 빠지게 될 것입니다. 다른 날 무슨 면목으로 玄陵을 지하에서 뵈올 수 있겠습니까?" 하였다(『高麗史節要』권30, 우왕 원년 5월).

④ (鄭)夢周가 文臣 10여 인과 더불어 上書하기를, "……나라에서는 다만 金義의 죄를 묻지 않을 뿐만 아니라 오히려 宰相 金湑로 하여금 북방에 朝貢을 바치게 하였습니다. 吳季南은 국경을 지키는 신하로서 定遼衛의 3인을 擅殺하였고, 張子溫 등은 김의의 일행인데, 정요위에 도착하지도 않고 공연히 환국하였는데 또 내버려 두고 묻지 않았습니다. 지금 北使가 온다고 하여 大臣을 보내어 국경에서 禮接할 것을 의논하여 말하기를, '북방을 격노시키지 않고 군사를 늦추려 함이다' 라고 하니, 元氏가 나라를 잃고 멀리 와서 먹을 것을 구하려 하는 것은 한번 배불리 먹어서 잠깐 동안이라도 생명을 연장하니, 명분은 納君이라고 하나 실제는 자기의 이익을 위함입니다"(『高麗史』권117, 열전30 鄭夢周傳).

⑤ 右獻納 李詹, 左正言 全伯英이 上疏하기를, "……仁任과 奫은 脣齒와 같아서 變을 선동하여 장차 올 화를 헤아릴 수 없으니, 인임과 윤

을 베고 또 季南 子溫의 罪를 바로 잡고 사신을 보내 天子에게 알리기 바랍니다" 하였다(『高麗史』 권126, 열전39 李仁任傳).

위의 사료에서 ①은 박상충의 주장에 의해 明使殺害 사건의 주모자인 安師琦를 下獄하려 하자, 안사기가 도망하다가 자살한 내용이고, ②는 우왕 원년 이인임에 의해 공민왕의 시해를 百官聯名으로 元에 上書하기로 결정하자, 이인임이 百官·耆老와 함께 聯名書를 만들어 北元의 中書省에 보내 瀋王派의 책동에 대비할 때 林樸, 鄭道傳·朴尚衷이 서명하지 않은 것이다. 박상충은 북원사의 영접에 대해서 반대상소를 두 번이나 올린 인물이었다. ③은 金九容, 李崇仁, 鄭道傳, 權近 등이 북원사를 영접할 수 없다고 주장하였는데도 이인임, 경복흥 등은 이를 기각하고 정도전으로 하여금 北元의 사신을 영접토록 하자, 정도전이 경복흥에게 불손한 태도를 취하였다는 이유로 유배를 보낸 내용이며, ④·⑤는 鄭夢周 등 文臣 10여 인과 李詹, 全伯英이 상소하여 이인임과 지윤을 처벌하도록 요구하는 내용이다.

이와 같은 모습에서 공민왕 16년 成均館 중영을 계기로 성장한 신흥유신들이 우왕 초년에 정치적 운명을 함께할 정도로 그들의 결속력을 강화하고 집단적으로 이인임의 대외정책에 반대하고 있음을 알 수 있다. 김구용·이숭인·정도전·권근의 都堂上書에서부터 시작된 원 사신의 입국 저지 노력은 이첨과 全伯英이 이인임의 誅殺을 요구하는 데까지 격화됨으로써 두 세력 간의 정면 충돌은 피할 수 없게 되었다.

이들은 공민왕대 성균관 중영 이후 이색을 중심으로 성장한 정치세력이고 공민왕 후반기의 친명외교를 지지했던 인물들이다. 이들은 북원의 사신 영접에 반대한 근거는 '先王之政'이었다. 즉 공민왕이 명을 섬기기로 했으므로 명이 아닌 북원과 사대관계를 맺는 것은 선왕의 정치에 어긋난다는 것이다.[149] 때문에 이인임은 자신의 정국독주의 명분을 이끌

---

149) 김순자, 「고려말 대중국관계의 변화와 신흥유신의 사대론」, 『역사와 현실』 15, 1995, 129쪽 참조.

수 있는 외교정책을 비난하는 신흥유신들을 정치적 부담에도 불구하고 중앙 정계에서 축출해야 하였다.

우왕 원년 7월 이인임의 사주를 받은 禹仁烈과 韓理 등은 諫官이 재상을 논하는 것은 옳지 못하다는 이유를 들어 북원 사신의 입국 반대운동에 참여했던 인물들을 숙청하기 시작하여150) 우왕 원년 5월 이후 7월까지 대부분 축출되었다.

이첨과 전백영을 鞫問한 끝에 政堂文學 田祿生, 朴尙衷이 연루되자, 이들을 참혹하게 국문한 다음 유배를 보냈는데 도중에 길에서 죽었고,151) 이첨, 전백영, 方洵, 閔仲行, 朴尙眞 등은 장류에 처해지고, 정몽주, 김구용, 이숭인, 林孝善, 廉廷秀, 廉興邦, 朴形, 鄭思道, 李成林, 尹虎, 崔乙義, 趙文信 등은 유배를 갔으며,152) 金子粹, 鄭寓 등도 유배를 간 것으로153) 확인된다.

한편, 정도전은 이미 북원 사신의 영접 반대와 관련하여 유배되었고,154) 연명서에 서명하지 않은 임박도 탄핵되어 廢庶人되고, 유배를 당하였다.155)

이인임의 북원 외교재개 정책과 관련하여 유배된 인물을 정리하면 <표 11>과 같다.

---

150) 『高麗史節要』권30, 우왕 원년 7월.
151) 『高麗史節要』권30, 우왕 원년 7월.
152) 『高麗史節要』권30, 우왕 원년 7월.
153) 『高麗史節要』권30, 우왕 원년 9월.
154) 『高麗史節要』권30, 우왕 원년 4월.
155) 『高麗史』권111, 열전24 林樸傳.

<표 11> 禑王 元年 北元外交에 반대한 新興儒臣 및 기타 官僚 一覽

구분 인물	급제년 본관	父 관직	祖 관직	曾祖 관직	재등장시기	다음관직	비고
林 樸	민.9	成贊	茂	世	左代言(유배		우2.11死
	吉安	追封御史大夫	保勝郎將	追封版圖判書	전관직)		
朴尚衷	민.2	秀	允茂	宜	判典校寺事		우2.11死
	潘南	上護軍	良醞令同正	及第	(유배전관직)		
鄭道傳	민.11	云敬	均	英粲	우왕 10년:	成均祭酒(11)	
	奉化	刑部尚書			典儀副令		
金九容	민.4	昴	承澤	愃	우왕 7년:	成均館 大司成	우10.1死
	安東	上洛君	贊成事	副知密直司事	左司議大夫	(8)	
李崇仁	민.11	元具	獜起	百年	우왕 3년:	左司議大夫(6)	1392.8卒
	京山	大護軍			成均司成		
權 近	민.18	僖	皐	溥	유배되지 않음	成均祭酒(6)	
	安東	護軍	知都僉議事	政丞			
鄭夢周	민.9	云瓘	裕	仁壽	우왕 3년:	右散騎常侍(4)	1392.4卒
	迎日	服膺齋生	直長同正	檢器監	日本 사신(前 大司成)		
李 詹	민.17	熙祥(趚)	承建		우왕 10년:	內府副令(14)	1405.3卒
	新平	令同正	令同正		試典校副令		
全伯英	민.20	義龍			우왕 3년:		1412.10卒
	慶山	密直司事			諫議		
田祿生	혜?	希慶	永	公逸	政堂文學(유		우1.7死
	潭陽	舍人	判司僕寺事	諫議大夫	배전관직)		
方 旬 (方得珠)	민.11	彦暉		成均祭酒 (3)			尹虎의 사위. 南在 同壻. 奇轍과 사돈. 辛旽黨
	溫陽	評理					
閔中行	?				舍人(유배전 관직)		우2.戰死
朴尚眞	민.14	秀	允茂	宜			
	潘南	上護軍	良醞令同正	及第			
廉廷秀	민.20	悌臣	世冲	承益	우왕 9년:	知申事(14)	우14.1伏誅
	瑞原	門下侍中	大護軍	都僉議中贊	知申事		
廉興邦	민.6	상동	상동	상동	우왕 6년: 瑞	造成都監判官	우14.1伏誅
	瑞原				城君(知貢舉)	(10)	
朴 形	민.?	德龍	遠	全之	우왕 6년:	前贊成事(14)	1398.1卒
	竹山	監察大夫	政堂文學	贊成事	密直使(同知 貢舉)		

鄭思道	숙.后5 迎日	侑 宗簿令	潤 讞部議郎	均之 追贈平章事			鄭樞의 妹夫. 朴形의 성균시 지공거. 58세 우5.5卒
李成林	慶州	壽德 密直	琯 及第	塡 贊成事	우왕 10년: 判三司事	右侍中(14)	廉興邦의 異父兄. 우14.1 伏誅
尹 虎	坡平	佽 坡平君	誻 少府尹	珤 鈴平府院君	우왕 7년: 鷄林元帥	門下評理(11)	方旬의 丈人. 1393.6. 卒
崔乙義	全州	思儉 及第	文度 僉議評理	誠之 贊成事	우왕 11년: 同知密直		尹紹宗의 同壻.鄭樞의 외사촌. 1392.8. 卒
趙文信	?						
林孝先	?						

<표 11>에서 보이듯이 이인임의 대외정책과 관련하여 鄭道傳, 林樸
등 22명이 연루, 유배되었거나, 유배 도중에 죽기까지 하였다. 그러나 이
들 가운데 몇몇 인물들은 당시 집권자들과의 친밀도나 가문의 후광, 그
리고 개인적인 정치능력에 따라 다시 정치활동을 할 수 있었다.156) 특히
權近과 같은 이는 나이가 어려 일을 이해하지 못한다는 이유로 유배를
면제받았고,157) 우왕 2년에 우왕의 명에 의해서 유배지에서 풀려나거나
從便이 허락되면서158) 이숭인159)과 정몽주의 경우처럼 對明·對日本

---

156) 이 시기 별다른 문제없이 정치활동을 하였던 신흥유신으로는 權近, 尹紹宗, 吳
思忠, 南誾, 朴宜中 등이 확인된다.

157) 『太宗實錄』권17, 태종 9년 2월 정해 權近卒記.

158) 이때 都堂이 禑王의 명으로 귀양 중인 康舜龍, 鄭思道, 廉興邦, 成大鏞, 鄭寓,
尹虎, 鄭夢周 등을 용서하고자 의논을 정한 것으로 보인다(『高麗史』권113, 열
전26 崔瑩傳). 이 가운데 강순룡과 성대용은 藩王 脫脫不花의 왕위계승 문제
로 金義를 원에 보냈다는 죄목이었으며(『高麗史』권126, 열전39 간신2 李仁任
傳), 정우는 김자수와 함께 우왕 초년에 간언을 하다가 池奫과의 갈등으로 귀
양을 갔다(『高麗史』권120, 열전33 金自粹傳). 나머지는 이인임의 친원정책에
반대한 인물들이다.

159) 李崇仁은 후일에 李仁任의 인척으로서 우왕 14년에 유배를 갔던 인물이었다.

222

외교문제의 필요성에 의해서 다시 기용되기도 하였다.160)

신흥유신들 가운데 이인임과 같은 권문세족과 대립, 갈등하면서 때로
는 협조적인 태도로 정치활동을 활발히 전개한 權近, 李崇仁, 鄭夢周,
廉興邦 등과는 달리 대부분의 신흥유신이 정계에 재등장한 시기는 <표
11>에서 알 수 있듯이, 대체로 우왕 즉위 후반인 우왕 6~10년경으로
파악된다.

이 시기에 이루어지는 신흥유신들의 정치일선으로의 재등장은161) 신
흥유신 가운데 유배를 가지 않은 權近과 후일 정치노선을 바꾸어 이인
임 정권에 적극 가담하는 廉興邦, 우왕 3년 이후 이인임과 인척관계를
바탕으로 재기용된 李崇仁, 뛰어난 학문을 바탕으로 明과의 외교와 관
련하여 사신으로 파견되거나 表箋을 짓는 등의 활동을 발휘하며 재등용
된 鄭夢周 등이 이들의 재등장에 일정한 역할을 하였을 것이다.

2) 新興儒臣의 '親政體制' 요구와 制度改善策

이인임의 정국독주가 지속되는 가운데 신흥유신들은 정치적 결속을
강화할 필요성을 느끼게 되었고, 한편으로 이인임 정권하에서 나타난
여러 문제에 대한 비판을 통하여 정치적 입지를 강화하려고 하였다. 그
러한 점은 우왕에게 上疏의 형태로 빈번하게 제기하는 여러 방안을 통
해 알 수 있다.

우왕 4년경부터 제기되는 우왕에 대한 親政요구와162) 인사권의 정비

그의 열전에는 곧 석방되어 成均司成으로 임명되었다가, 右司議大夫로 전임
하였던 것으로 보인다(『高麗史』 권115, 열전28 李崇仁傳).
160)『高麗史』 권117, 열전30 鄭夢周傳.
161) 이 외에도 河崙의 경우 3년상을 끝내고 8년에 右副代言, 鄭摠이 11년에 司藝,
南在는 12년에 全羅道 按廉使, 李行은 12년에 典醫副正, 趙浚은 14년에 知密
直司事 兼大司憲, 成石璘은 14년에 政堂文學, 金子粹가 후반에 典校副令으로
재등장하거나 새로이 관직에 진출하고 있음을 볼 수 있다.
162) 우왕의 親政요구는 우왕 5년 1월의 諫官상소(『高麗史節要』 권30, 우왕 5년 1

를163) 주장하는 것으로 나타났다. 예컨대, 간사한 사람을 멀리하고 충성으로 直諫하는 이들을 가까이 하라든가, 왕의 잦은 微行과 사냥을 삼가하라는 등의 상소를 통해 우왕이 직접 정사를 돌볼 것을 요구하고 있다.164) 이와 같은 신흥유신들의 요구는 우왕의 나이가 15세가 된 것을 계기로 우왕의 親政體制를 통한 이인임 등 權臣의 정국주도를 배제하고 국왕과 관료가 참여하는 정상적인 정국운영을 기대했기 때문이었다.165) 우왕대 상소를 통해 제기했던 여러 방안을 정리하면 <표 12>·<표 13>과 같다.

<표 12> 『高麗史』 각 志의 항목에 보이는 禑王代 人物別 制度改善策 一覽

구분 시기	인물	종류	내용	출전	합
2년 5월	郭璇	주	元帥가 원래 정한 別抄 외에 또 煙戶軍을 뽑고 또 別軍을 뽑으므로 백성들이 장차 失農할 것	병1 오군	1
3년	崔茂宣	건의	火桶都監 설치할 것	백관2 제사도감각 색 화통도감	1
3년	崔瑩	청	諸元帥의 從事 각 10인, 각 愛馬·宮司·倉庫人을 調發하여 江華의 防戍軍으로 삼았는데 그 部伍가 한결같지 아니하므로 部伍의 長을 斬하고자 함	병1 오군	3
		청	喬桐과 江華는 倭賊을 防戍하는 곳인데 두 곳의 土田의 所出은 모두 兼幷한 무리의 門으로 들어가서 사사로이 소비되므로 오직 摩尼山塹城의 祭田 및 府官의 祿俸 이외의 나머지 토지는 모두 軍簿에서 거두고 또한 두 곳에 움을 파 두고 軍粮을 준비할 것	병2 둔전	

월), 우왕 6년 5월 憲府의 書筵 復設요구(『高麗史節要』 권31, 우왕 6년 5월), 憲府의 6년 12월 상소(『高麗史』 권134, 열전47 우왕 6년 12월) 등이 있다.

163) 『高麗史』 권75, 지29 선거3 添設職 우왕 9년 2월 ; 『高麗史節要』 권31, 우왕 5년 1월 ; 『高麗史』 권115, 열전28 李崇仁傳.

164) 이는 朴宜中 상소(『高麗史節要』 권30, 우왕 8년 5월), 諫官 鄭釐의 상소(『高麗史』 권134, 우왕 8년 6월), 權近 상소(『高麗史節要』 권31, 우왕 9년 4월), 臺諫의 우왕 9년 6월의 상소(『高麗史節要』 권32, 우왕 9년 6월) 등에서 알 수 있다.

165) 『高麗史』 권134, 열전47 우왕 6년 11월 左司議 白君寧 등의 상소는 그러한 의도였다.

3년	崔瑩	령	여러 元帥로 하여금 각기 從事 10인을 내게 하고 또 각 愛馬·宮司·倉庫人을 徵發하여 軍士로 삼아 보내어 江華를 防戍케 할 것	병2 진수	
6년 6월	李崇仁 등	언	近年에 官爵이 實職과 添設職이 서로 섞여 그 謝牒에는 다만 堂後官의 署名만 있고 도장은 없으니 後日에 반드시 가짜가 氾濫할 것이므로 東班은 典理司, 西班은 軍簿司에서 각각 하여금 署名하고 도장을 찍어주게 할 것	선거3 선법	4
		언	守令을 바꾸는 것이 너무 빨라 成效를 보지 못하므로 三載考績法을 模倣하여 3년이 차면 遞代함을 허락하고 按廉으로 하여금 殿最는 奏聞케 하여 만약 政事의 實績이 가장 顯著한 자는 次序를 기다리지 말고 擢用할 것	선거3 수령 선용	
		언	官을 설하고 직을 나눈 것은 각각 해당하는 바가 있기 때문에 先王이 內侍府를 두고 中官으로 대우하여 이것이 法典이 되었으므로 고칠 수 없는 것이므로 이 벼슬을 두고 장차 中官의 小心 謹愼한 자는 品階에 따라 轉用하고 朝官은 수여하지 말 것	선거3 환시지직	
		상소	국가의 土田을 賜牌함은 본래 有功者를 대우키 위함인데 근래 함부로 賜牌를 받아 田土를 지나치게 많이 占有한 자가 있으니 有司로 하여금 철저히 推刷케 하고 功이 累次 稱下한 南幸·興王·癸卯의 3等에 있지 아니한 것은 그 田土를 거두고 비록 3等의 例에 있는 것이라도 그 占有한 바가 元數에 넘는 것은 그 나머지 수를 거두어 軍需에 充當할 것, 功臣號도 功이 있는 것을 제외하고는 마땅히 이를 愼重하게 할 것	식화1 공음전시	
7년 3월	崔瑩	청	全羅道 按廉이 "백성이 많이 굶어 죽고 여러 兵卒들과 人民이 過半이나 逃散하였다."고 보고하자, 濱海州郡에 3년의 조세를 감면하도록 할 것	식화3 재면지제	1
7월 8월	崔瑩	언	京城의 物價가 騰貴하여 商賈가 錐刀의 이익을 다투어 商買하는 물건은 京市署로 하여금 물가를 評定하여 稅印을 찍고 賣買를 허락하였는데 稅印이 없는 자는 장차 등살뼈를 추려서 죽인다하고 이에 큰 갈쿠리를 署에 걸어서 보이니 市人이 전율하였으나 일이 마침내 행해지지 않음	식화2 화폐 상고	1
9년 2월	權近 등	언	여자에게 宅主를 封하는 것과 중에게 諸君을 封하는 것 및 兩府 외에 封君한 것은 모두가 官爵을 輕賤하므로 모두 禁斷할 것	선거3 봉증지제	4
		언	공을 賞주기 위한 添設職은 先王의 정한 수에 依據하여 싸움에 나가 功이 있는 자를 制外하고는 除授를 허락하지 말 것	선거3 첨설직	

9년 2월	權近 등	언	州·縣의 吏屬 무리들이 本役을 면할 것을 꾀하여 明書業·地理業·醫業·律業을 한다고 핑계하나 모두가 실제로는 재주가 없이 出身하여 免役하기 때문에 鄕吏가 날로 줄어서 公務를 집행하기 어렵고 守令들이 役事시킬 바가 없음에 이르렀는데 諸業으로 出身한 자가 그 향에 물러가 앉아서 하고자 하는 바를 제멋대로 행하여도 守令이 이를 어떻게 할 수 없으므로 東堂 雜業과 監試 明經을 일체 모두 罷할 것	선거3 향직	
		상서	本國의 田法에 의하여 京中의 版圖司와 外方의 按廉使는 爭議하는 바를 決斷하여 勝者가 收租하고 1田에 1主로 하여 백성으로 하여금 소생하도록 할 것이며, 만약 위반하는 자가 있으면 통렬히 禁하여 다스릴 것	식화1 조세	
9년 5월	呂稱	계	여자에게 宅主를 封하는 것과 중에게 諸君을 封하는 것 및 兩府 외에 封君한 것은 모두가 官爵을 輕賤하므로 모두 禁斷할 것	병2 둔전	1
9년 8월	李成桂	안변지책	1. 兵卒을 훈련하여 약속을 엄히 세우고 號令을 거듭 밝혀서 變을 기다려 행동하여 일의 기회를 잃지 말게 할 것 1. 先王(恭愍王)의 丙申年 敎書는 3家로써 1戶를 삼고 百戶를 統率하되 統主를 元帥營에 예속시키고 일이 없으면 3家가 番上하고 일이 있으면 모두 출동하며 일이 급하면 家丁을 모두 徵發케 한 丙申年의 敎書에 의하여 다시 軍戶를 정하고 統屬이 있게 하여 그 마음을 굳게 묶을 것	병1 오군	2
		안변지책	동북 1道의 州郡은 山海를 끼고 있어 땅이 좁고 또 척박한데 이제 그 稅를 거두는 것을 耕田의 많고 적음이 아니라 戶口의 大小로 해야 할 것, 和寧은 道內에서 땅이 넓어 비옥하지만 모두 吏民의 地祿이 되므로 그 地稅는 官에서 거두어들이지 못하고 백성에게서 취하는 것이 고르지 못하며 軍士의 糧餉도 足하지 못하니 금후로는 道內의 여러 州와 和寧은 한가지로 耕田의 많고 적음으로써 科稅하여 公私에 편케 할 것	식화1 조세	
10년 8월	李茂	상언	府兵이 虛弱하므로 여러 道의 閑良子弟를 뽑아 補充軍이라 이름하여 府兵을 充實하게 할 것	병1 오군	1
10년	郭海龍	헌의	武藝都監을 설치할 것	백관2 제사각색도감 무예도감	1
합					20

<표 13> 『高麗史』 각 志의 항목에 보이는 禑王代 機關別 制度改善策 一覽

시기		구분	종류	주체	내용	출전
01	원년	윤9	奏	都評議使司	각 道의 州縣이 倭亂을 겪어 殘亡이 심하니 그 沿海各官의 常搖·雜貢·鹽稅 등은 全羅道는 5년, 楊廣道·慶尙道는 3년을 한하여 감면할 것	식화3 재면지제
02		10	請	憲司	筍子房을 革罷하고 文武 2選으로써 吏部와 兵部에 分屬시킬 것	선거3 선법
03	2년	7	旁	都評議使司	城을 지키는 元帥로 하여금 坊里軍을 거느리고 四門을 지키게 하였으며 또 百官으로 하여금 下屬을 거느리고 沿海를 鎭守케 하였는데 防禦에 나아가지 않은 자는 오직 門下省·司憲府·內侍·茶房·知製敎·藝文春秋館 및 각 司의 城上뿐이었다.	병2 진수
04		7	奏	都評議使司	지금 倭賊이 興行하는데 단지 防禦都監의 軍器만으로는 모두 쓰기가 곤란하니 각 司로 하여금 司內의 鐵物을 사용하여 期限을 정하고 兵器를 만들어 緩急에 對備할 것	병1 오군
05		9	議	宰樞	전쟁으로 인하여 군량이 乏少하니 마땅히 京外品官의 大小 각 戶로 하여금 軍粮을 차등 있게 내도록 하되 兩府 이하 通憲 이상은 조米 4석, 3·4품은 3석, 5·6품은 2석, 7·8품은 1석, 權務는 10두, 散職鄕吏는 10두로 하고 百姓과 公私奴는 그 戶의 大小를 헤아려 이를 徵收함	병2 둔전
06		9	上言	憲司	金義가 반역하였지만 婦女가 무엇을 알리오, 죽이지 말 것	형법2 휼형
07		9	請	憲司	兵革과 旱荒으로 軍食이 비고 고갈되었으므로 功臣田의 租는 3/1을, 寺社田은 그 半을 취하고 兩殿에 소속된 宮司田은 科斂 외의 나머지를 軍需에 充當할 것	식화1 조세
08		윤9	請	憲府	租稅와 동일	병2 둔전
09		5		都評議使司	倭賊이 서울을 침범할까 두려워하여 街里의 煙戶軍으로 하여금 部伍를 약속하고 지역을 나누어서 守備하게 하였는데 맡은 地域을 잃으면 斬다고 하고 이에 崔瑩과 曹敏修로 兵甲을 다스리게 함	병1 오군
10		6		都評議使司	都評議使가 각 道에서 調發한 閑散軍을 査閱하고 모두 放免하여 돌아가게 함	병1 오군
11	3년	(7)	狀	開城府	1. 倭賊向京城 對戰事 1. 各道各官 依東西北面例) 各翼軍設立事 1. 五部元帥 定體事 1. 定遼軍馬 對賊事	병1 오군
12		7	狀	開城府	1. 外城修葺事 1. 內城築事 1. 外方山城修築事 1. 牧府郡縣築城事	병2 성보
13		7	請	都評議使司	玄陵이 紅巾賊을 親討코자 처음으로 纛을 세우고 每月 朔望에 이를 제사하여 弊端이 적지 않으니 罷할 것	예 잡사
14		12	議	都堂	翼軍을 설치할 것을 의론하여 각 道에 點元帥를 보냄	병1 오군

15		8	上言	憲府	按廉으로 하여금 民弊 및 守令의 得失을 條目으로 보고하게 하여 관리들의 등용과 降職에 근거로 삼을 것	형법1 직제
16		8	上言	憲司	從軍하여 공을 세운 자를 制外하고는 添職을 除授하지 말 것	고절, 선거3 첨설직
17		8	上言	憲府	수령으로 하여금 금년이 풍년인지 흉년인지 상황을 살펴, 戶의 대소에 따라 곡식을 차등 있게 내어서 고을 창고에 저장하고 내년의 凶荒을 구제하고 不意의 용도에 대비토록 할 것	고절, 식화3 상평의창
18		12	上言	憲司	守令을 臺諫으로 하여금 擬議하여 差遣할 것	고절, 선거3 수령선용
19	4년	12	上言	憲司	안렴사는 여섯 달 만에 교대하는 것을 1년을 만기로 교대할 것	고절, 선거3 감사선용
20		12	上疏	憲司	공신의 호를 함부로 주지 말 것, 省宰의 封君을 제외한 나머지 봉군은 녹을 주지 말 것	고절, 식화3 녹봉
21		12	上疏	憲司	본래 貸出한 액수에 의하여 徵收를 독촉하여 倉庫에 輸送토록 하고 지금으로부터는 1석에 3두의 利息을 취하여 그 폐를 구할 것	식화 차대
22		12	上疏	憲司	築城은 사신을 보내지 말고, 수령에게 시켜서 이웃 고을의 군정을 징발하여 농한기를 이용해서 수축할 것.	병2 성보
23		12	上疏	憲司	奉翊通憲官 出外하여 伴人을 거느리고 驛馬를 타고 橫行하니 科罪禁止, 각 領의 軍官이 軍人의 작은 착오로 인하여 贖罰하는 것이 太重하여 失業하고 떠돌아다니게 되오니 斷罪하고 贖罰을 하지 못하게 할 것	형법1 직제
24		1	上言	諫官	近年 이래로는 詩·賦로 取士하니 오로지 詞章만을 崇尙하여 經學은 점차 衰廢하니 금후에는 玄陵 己酉年의 科擧法을 遵行할 것	선거 과거
25		1	上書	諫官	工匠의 무리는 비록 功勞가 있더라도 관직을 除授하지 말고 이미 除授한 자는 職牒을 追奪할 것	고절, 선거3 한직
26	5년	1	上書	諫官	僧人을 封君한 것 및 예에 의한 것 이외에 翁主나 宅主로 封爵한 것은 모두 제거할 것	고절, 선거3 봉증지제
27		1	上書	諫官	兩府의 인원이 많아서 60에 이르고 密職 이하 封君 및 通憲 이상 添設이 심히 많으므로 모두 罷할 것, 正順 이하의 添設職은 관직을 띠는 것을 허락하지 말고 행수가 오래됨으로 인하여 姓名이 서로 다른 자가 간혹 쾌를 써서 속여서 出謝하니 丁巳年 이전에 添設한 대소의 職은 出謝하지 못하게 할 것	선거3 첨설직

228

28		1	上言	諫官	元帥가 심히 많아 命令이 여러 곳으로부터 나오므로 體統이 紊亂하고 紀綱이 서지 않으니 舊制에 의하여 1元帥를 두고 나머지는 罷할 것, 다른 稱號를 더하여서 모두 元帥의 節制를 받게 할 것, 倭賊이 날로 熾烈하여 여러 道를 침략하는데 국가에서는 그 급함을 告하는 것을 기다린 然後에 將帥를 보내어 군사를 내게 하여 길이 멀어 將帥가 거의 이르면 賊은 이미 바다에 뜨는지라 더불어 싸움에 미치지를 못하니 여러 道에 미리 將帥를 보내어 倭寇가 이르면 곧 이를 치도록 할 것	병1 오군
29	5년	1	上疏	門下府 郎舍	時弊論 : 각 道·州는 屯田法을 행하지 않고 種子를 각 戶에 나누어주고 가을에 거두어 賓客의 供費로 삼는 것을 엄히 금지하는 법을 행하고, 州郡의 凋殘과 盛함을 따라 屯田의 數를 정하되 매년 按廉이 특별히 정한 守令이 추수하여 倉庫에 넣고 數를 都堂에 보고하여 守令의 殿最를 삼을 것, 東西兩界는 用兵이 가장 급하니 閑曠한 땅에 屯田을 설치하고 공정하고 淸廉한 자를 보내어 官牛와 農器를 갖추어 경작을 권하고 감독하여 軍糧을 준비할 것, 甲寅年 후에 公私가 耕作한 田地는 병란이 그치는 것을 한계로 하여 모두 軍糧 창고에 속하게 하고 宮司에 소속된 田土는 각 道의 按廉이 특별히 정한 守令이 실지를 답사하여 거두되 만약 부득이 國用으로 해야할 것이 있으면 都堂이 그 費用을 헤아려 支給하고 그 나머지는 모두 軍需에 속하게 하며, 京畿와 각 道의 功臣 田土와 丙申年 이래의 罪를 입은 자의 土田은 憲司가 아뢴 바에 의하여 모두 軍需에 속하게 할 것	병2 둔전
30		1	上疏	門下府 郎舍	근래에 守令이 京都에 서로 아는 사람이 가진 布帛을 받아 이것을 民戶에 나누어주고 米穀을 징수하며 혹은 軍需品으로 바꾸어 잇달아 輸運하여 백성이 괴로움을 참지 못하고 다른 나라로 流徙하므로 이제부터 일절 모두 禁斷할 것, 城內에서는 騎馬의 侍從을 거느리지 못하게 할 것, 兩府가 門外에서 迎餞하는 것을 금지할 것	형법2 금령
31		윤5	上疏	憲司	각 翼軍을 罷하고 現存하는 丁壯을 籍에 올려서 軍으로 삼아 無事하면 歸農하고 變故가 있으면 徵發하는 것을 常式으로 삼을 것	병1 오군
32		5	上疏	憲府	王事에 勤勉하는 자를 考하여 祿을 줄 것	식화3 녹봉산정
33		5	上疏	憲府	이제부터는 中外의 사형을 所在의 관리가 都堂에 보고하여 헤아리고 의론하여 아뢰고 시행할 것	형법3 휼형
34	6년	6	上疏	諫官	本道의 任務는 三元帥에게 맡기고 그 成敗에 따라서 賞罰을 밝게 할 것, 각 道의 元帥은 6道 都巡察使에 의하여 軍目으로 통솔하고 本道의 軍官이 奪占하여 紛擾를 일으킬 수 없게 할 것	병1 오군
35		6	上疏	憲府	中外의 사형은 所在의 관리가 都堂에 보고하고 헤아려 의론하여 아뢰고 시행할 것	형법1 직제

36	6년	7	啓	憲府書 雲觀	우리 나라는 木性이라 黃·白·赤色 옷을 입는 것은 마땅치 못함	여복 관복통제
37	9년	3	上書	憲府	공로가 있는 자는 승진하지 못하고 공이 없는 자는 함부로 받으니, 자세히 조사하고 차례에 따라 서용하여 인사 행정의 법을 밝힐 것, 臺省과 6조에 청렴하고 정직하며 근검한 자를 천거하여 군·현에 나누어 보내고, 도순문사와 안렴사에게 어진 사람은 올리고 나쁜 사람은 내치어 상벌을 밝히게 하며, 만일 잘못 천거한 것이 있거든, 죄가 천거한 사람에게까지 미치게 할 것	고절, 선거3 선법
38		3	言	憲司	臺省과 六曹로 하여금 廉正寡慾하고 純良勤儉한 자를 薦擧하게 하여 郡縣에 分遣하고 道巡問使 按廉使로 하여금 어질지 못함으로 黜陟하므로써 賞罰을 밝게 하며 만약 잘못 薦擧한 것이 있으면 罪가 薦擧한 사람에게 미치게 하고 黜陟이 분명치 못하면 憲司가 糾理할 것	선거3 수령선용
39	14년	3	禁	憲府	1. 각 관사의 각 成衆愛馬가 求請하는 것 및 外官員이 膳物하는 것을 일절 금지토록 하고 만약 위반자가 있으면 준 자와 받은 자를 不廉으로써 논할 것 1. 권세가가 反同稱名하여 서로 앞을 다투어 貿易을 하여 무릇 珍異한 물품을 徵斂치 않음이 없으니 백성이 심히 괴로워하므로 이제부터 일절 금지하고 위반자는 엄중히 법으로써 다스릴 것	형법2 금령

* 비고 : 35번 기사는 6년 휼형과 중복, 38번 기사는 지29 선거3 선법과 중복.

<표 12>에 보이는 우왕대 인물별 개혁안은 選擧 6(選法·守令의 選用·宦寺之職·封贈之制·添設職·鄕職), 百官 2(諸司都監各色 : 武藝都監, 火㷁都監) 食貨 5(功蔭田柴·租稅(2)·貨幣, 市估·災免之制), 兵 7(五軍(4)·屯田(2)·鎭戍) 등으로 모두 20개 항목이다. 이들 가운데 가장 많은 수를 차지하고 있는 항목은 選擧, 兵, 食貨의 순이지만, 공민왕대와 비교할 때[166] 매우 적은 적은 수이다. 특히 형법과 같은 조

---

166) 공민왕대 인물별 개혁안은 禮 2(吉禮大祀 諸陵, 五服制度), 興服 1(冠服通制), 選擧 10(科擧 2, 武科·選法 2, 考課之法, 守令의 選用, 封贈之制), 百官 1(諸司都各色 : 刷卷都監), 食貨 8(經理·租稅·農桑·鹽法 2, 借貸·貨幣, 市估·祿俸), 兵 7(五軍 3, 屯田·宿衛·船軍 2), 刑法 2(職制·恤刑) 등으로 모두 31개 조목이다. .이들 가운데 가장 많은 수를 차지하고 있는 것은 選擧(10)와 食貨(8), 兵制(7) 순이다. 이러한 특징은 공민왕대 추진된 내정개혁과 밀접하게 연관되어 있을 것이며, 실제로 정치·경제·국방상 가장 중요시 된 것들이다. 인물별로는 白文寶(10)의 것이 가장 많은 수를 차지하며, 李穡(4), 李進修

항은 아예 있지도 않다.

인물별로는 權近(4), 李崇仁(4), 崔瑩(3), 李成桂(2), 郭旋, 郭海龍, 呂稱, 李茂, 林樸과 이름이 드러나지 않은 全羅道按廉使, 崔茂宣(1)의 순으로 權近과 李崇仁의 것이 가장 많다. 이들이 올린 방법의 종류도 言(7), 請(3), 建議(2), 安邊之策(2), 啓, 令, 上書, 上疏, 上言, 奏, 獻議 등의 형태로 올렸다.

시기별로는 2년(2), 3년(4), 6년(4), 7년(1), 9년(7), 10년(2) 순으로, 9년, 6년, 3년에 밀집되어 있으며, 원년과 4, 5년 그리고 8년과 11년 이후 우왕 폐위 기간인 14년까지는 그 내용이 없다. 원년의 경우 우왕의 내정 개혁안이 반포된 직후였으므로, 국정운영론을 제시하지 않았다고 하더라도, 위의 해당 연도에 국정운영론이 제시되지 않은 이유에는 李仁任의 외교정책에 반대한 新興儒臣의 정치적 추이와 밀접한 관련이 있을 것이다. 더구나 이 시기는 대표적 무장인 池奫 일파, 楊伯淵·洪仲宣 일파, 우왕의 유모 張氏 일파, 睦仁吉, 慶復興 일파 등이 이인임 세력에 의해 제거되는 시기임을 고려할 때 정치적으로 위축된 모습을 보인다. 또한 앞서 李崇仁, 權近과는 달리 대부분의 신흥유신이 정치일선에 물러나 있던 시점임을 염두에 둘 때, 적극적으로 정치운영론을 제시하지 못하였을 것으로 생각된다.

한편, <표 13>의 우왕대 기관별 개혁안을 정리하면, 모두 39항목이나 중복되는 내용 2개를 제외하면 실제 항목은 37항목이다. 항목별로는 興服 1(冠服通制), 禮 1(雜祀), 選擧 10(科擧·選法(2)·守令의 選用(2)·監司의 選用, 封贈之制, 添設職(2)·限職), 食貨 6(租稅·借貸·祿俸

(3), 廉悌臣(2), 禹玄寶(2), 林樸(2), 金續命·黃瑾, 金逸逢, 于必興, 李仁復, 李齊賢, 李詹, 李禧, 全履道의 순이다. 시기별로는 공민왕 재위 23년 동안 원년(3), 2년(1), 4년(1), 5년(2), 6년(4), 11년(10), 14년(1), 16년(2), 19년(1), 20년(3), 21년(2), 23년(1) 순으로, 6년·11년과 20년에 밀집되어 있으며, 집중된 시기는 11년이다. 이러한 경향은 紅巾賊의 亂 이후 戰亂의 수습책과 아울러 災變으로 百官과 守令에게 정치의 잘잘못과 백성의 이해를 말하게 한 때문으로 생각된다.

(2)・常平義倉・災免之制), 兵 14(五軍(8)・屯田(3)・城堡(2)・鎭戌), 刑法 7(職制(3)・恤刑(2)・禁令(2)) 등으로 내용이 중복되는 租稅와 屯田, 職制와 恤刑을 빼면 총 37개 항목이다. 이 가운데 兵, 選擧, 食貨에 집중되어 있다. 기관에서 올린 방법의 종류도 上疏(11), 上言(9), 言(5), 請(3), 狀(2), 奏(2), 啓, 禁, 旁, 議와 종류가 확실하지 않은 것(2) 등의 형태로 올렸는데, 上疏와 上言이 대부분을 차지하고 있다.

기관별로는 憲司(憲府 21), 都評議使司(都堂 7), 諫官(6), 門下府郎舍(3), 開城府(2), 宰樞(1)의 순으로 憲司의 내용이 가장 많다. 이러한 점은 우왕대 憲司의 기능과 역할에 대하여 주목할 만한 것이다. 특히 우왕 4년과 6년의 憲司의 것과 5년의 諫官과 門下府郎舍의 것이 집중되고 있는 점에서 앞서 인물별 내용과 비교할 때 이인임 집권기의 헌사의 臺官과 諫官으로 참여한 인사들의 정치적 성향에 대한 검토가 필요하다.[167]

시기별로는 원년(2), 2년(6), 3년(5), 4년(9), 5년(8), 6년(4), 8년(1), 9년(2), 14년(1) 순으로, 2년에서 6년까지에 대부분의 내용이 집중되어 있으

---

167) 이 점은 대부분의 신흥유신이 정치적 활동이 위축된 가운데, 이 시기부터 재등용된 權近과 李崇仁, 鄭夢周의 정치활동과 밀접하게 연결되어 있을 것으로 보인다. 특히 "중간에 변고를 만나 나와 達可(鄭夢周)는 조정을 하직하고 고향으로 돌아가 3년을 지냈다가 나는 다시 成均司成으로 조정에 소환되니 崔彦父(崔彪)와 朴子虛(朴宜中)는 여전히 敎官을 하고 있었다. 내가 왔다는 말을 듣고 찾아와서는 위로하여 말하기를, "그대의 復官은 기쁜 일이나 우리 黨의 일이 달라졌다"고 하였다. 나는 날을 택하여 明倫堂의 翼廊에 앉아 있으니 儒生 10여 명이 禮를 드리고서 슬그머니 비실비실 館門으로 나가 버리고 오래도록 受業을 받는 자가 없기에 나는 이를 괴히 여겼다(『陶隱集』 권2, 示館中僚友)"고 할 정도로 성균관 중영을 계기로 결집된 신흥유신의 정치활동은 약화되는 것이었고, '우리 당의 입장이 달라졌다'는 표현 역시 經學중심의 과거 시험방식이 우왕 3년 洪仲宣에 의해서 詞章중심으로 변경된 것과 밀접한 관련이 있다. 따라서 신흥유신의 이러한 위기 의식은 그들의 결집을 요구하게 되었을 것이다. 그러한 결과가 우왕 5년 정월에 諫官들이 공민왕대 林樸의 주장에 의해서 시행된 과거제로 환원을 주장하게 되었으며, 우왕 12년 5월에 가서야 이색이 知貢擧가 되면서 다시 策問으로 대체되었다.

232

며, 7년과 10, 13년의 내용이 없다.

따라서 위 <표 12>·<표 13>를 통해 우왕대 신흥유신의 政治運營論과 관련한 制度改善策을 정리하면, 크게 人才選拔에 따른 科擧制 문제, 人事行政에 대한 選法, 守令과 監司의 選用, 添設職, 限職, 封增之制, 宦寺之職, 鄕職 등이다. 이 가운데 주목되는 것은 우왕 4, 5년의 憲司와 諫官, 9년 3월의 憲司에 의해서 제기된 것과 그리고 주체가 드러난 6년 6월에 李崇仁과 9년 2월의 權近에 의해서 제기된 것이다.

예컨대, 우왕 4년 8월의 憲司의 상소에서는 按廉으로 하여금 民弊 및 守令의 得失을 條目으로 보고하게 하여 관리들의 등용과 降職에 근거로 삼을 것,168) 從軍하여 공을 세운 자를 制外하고는 添職을 除授하지 말 것,169) 수령으로 하여금 금년이 풍년인지 흉년인지 상황을 살펴, 戶의 대소에 따라 곡식을 차등 있게 내어서 고을 창고에 저장하고 내년의 凶荒을 구제하고 不意의 용도에 대비토록 할 것을 주장하였다.170) 주로 지방관인 按廉使와 守令의 임무와 添設職에 대하여 언급하고 있다.

또한 4년 12월에는 守令을 臺諫으로 하여금 擬議하여 差遣할 것,171) 안렴사는 여섯 달 만에 교대하는 것을 1년을 만기로 교대할 것,172) 공신의 호를 함부로 주지 말 것, 省宰의 封君을 제외한 나머지 봉군은 녹을 주지 말 것,173) 본래 貸出한 액수에 의하여 徵收를 독촉하여 倉庫에 輸送토록 하고 지금으로부터는 1석에 3두의 利息을 취하여 그 폐를 구할 것,174) 築城은 사신을 보내지 말고, 수령에게 시켜서 이웃 고을의 군정

168)『高麗史』권85, 지38 형법3 職制 우왕 4년 8월 憲司上言.
169)『高麗史』권75, 지29 선거3 添設職 우왕 4년 8월 憲司上言 ;『高麗史節要』권31, 우왕 4년 8월.
170)『高麗史』권80, 지34 식화3 常平義倉 우왕 4년 8월 憲司上言.
171)『高麗史』권75, 지29 선거3 選用守令 우왕 4년 8월 憲司上疏 ;『高麗史節要』권30, 우왕 4년 12월.
172)『高麗史』권75, 지29 선거3 選用監司 우왕 4년 8월 憲司上疏 ;『高麗史節要』권30, 우왕 4년 12월.
173)『高麗史』권80, 지34 식화3 祿俸 우왕 4년 8월 憲司上疏.

을 징발하여 농한기를 이용해서 수축할 것,175) 奉翊·通憲官 出外하여
伴人을 거느리고 驛馬를 타고 橫行하니 科罪하여 禁止하고, 각 鎭의
軍官이 軍人의 작은 착오로 인하여 贖罰하는 것이 太重하여 失業하고
떠돌아다니게 되니 斷罪하고 贖罰을 하지 못하게 할 것176) 등을 요구하
였다.

한편, 우왕 5년 1월에는 諫官이 近年이래로는 詩·賦로 取士하여 詞
章만을 崇尙하여 經學은 점차 衰廢하니 금후에는 玄陵 己酉年(1369)의
科擧法을 遵行할 것,177) 工匠의 무리는 비록 功勞가 있더라도 관직을
除授하지 말고 이미 除授한 자는 職牒을 追奪할 것,178) 僧人을 封君한
것 및 예에 의한 것 이외에 翁主나 宅主로 封爵한 것은 모두 제거할
것,179) 兩府의 인원이 많아서 60에 이르고 密職 이하 封君 및 通憲 이
상 添設이 심히 많으므로 모두 罷할 것이며, 正順 이하의 添設職은 관
직을 띠는 것을 허락하지 말고 햇수가 오래됨으로 인하여 姓名이 서로
다른 자가 간혹 꾀를 써서 속여서 出謝하니 丁巳年(1377) 이전에 添設
한 대소의 職은 出謝하지 못하게 할 것,180) 元帥가 심히 많아 命令이
여러 곳으로부터 나오므로 體統이 紊亂하고 紀綱이 서지 않으니 舊制
에 의하여 1元帥를 두고 나머지는 罷할 것, 다른 稱號를 더하여서 모두
元帥의 節制를 받게 할 것, 倭賊이 날로 熾烈하여 여러 道를 침략하는
데 국가에서는 그 급함을 告하는 것을 기다린 然後에 將帥를 보내어 군
사를 내게 하여 길이 멀어 將帥가 거의 이르면 賊은 이미 바다에 뜨는
지라 더불어 싸움에 미치지를 못하니 여러 道에 미리 將帥를 보내어 倭

174) 『高麗史』 권79, 지33 식화3 借貸 우왕 4년 8월 憲司上疏.
175) 『高麗史』 권82, 지36 병2 城堡 우왕 4년 8월 憲司上疏.
176) 『高麗史』 권84, 지38 형법1 職制 우왕 4년 8월 憲司上疏.
177) 『高麗史』 권75, 지29 선거3 科擧 우왕 5년 1월 諫官上言.
178) 『高麗史』 권75, 지29 선거3 限職 우왕 5년 1월 諫官上書 ; 『高麗史節要』 권31,
    우왕 5년 1월.
179) 『高麗史』 권75, 지29 선거3 銓注 奉贈之制 우왕 5년 1월 諫官上書.
180) 『高麗史』 권75, 지29 선거3 添設職 우왕 5년 1월 諫官上書.

234

寇가 이르면 곧 이를 치도록 할 것을[181] 주장하였다.

이와 아울러 같은 달 門下府郎舍에서는 時弊論으로, 각 道·州는 屯田法을 행하지 않고 種子를 각 戶에 나누어 주고 가을에 거두어 賓客의 供費로 삼는 것을 엄히 금지하는 법을 행하고, 州郡의 凋殘과 盛함을 따라 屯田의 數를 정하되 매년 按廉이 특별히 정한 守令이 추수하여 倉庫에 넣고 數를 都堂에 보고하여 守令의 殿最를 삼을 것, 東西兩界는 用兵이 가장 급하니 閑曠한 땅에 屯田을 설치하고 공정하고 淸廉한 자를 보내어 官牛와 農器를 갖추어 경작을 권하고 감독하여 軍粮을 준비할 것, 甲寅年(1374) 후에 公私가 耕作한 田地는 병란이 그치는 것을 한계로 하여 모두 軍粮 창고에 속하게 하고 宮司에 소속된 田土는 각道의 按廉이 특별히 정한 守令이 실지를 답사하여 거두되 만약 부득이國用으로 해야할 것이 있으면 都堂이 그 費用을 헤아려 支給하고 그나머지는 모두 軍需에 속하게 하며, 京畿와 각 道의 功臣 田土와 丙申年(1356) 이래의 罪를 입은 자의 土田은 憲司가 아뢴 바에 의하여 모두軍需에 속하게 할 것과[182] 守令이 京都에 서로 아는 사람이 가진 布帛을 받아 이것을 民戶에 나누어주고 米穀을 징수하며 혹은 軍需品으로바꾸어 잇달아 輸運하여 백성이 괴로움을 참지 못하고 다른 나라로 流徙하므로 이제부터 일절 모두 禁斷할 것, 城內에서는 騎馬의 侍從을 거느리지 못하게 할 것, 兩府가 門外에서 迎餞하는 것을 금지할 것을[183]주장하였다.

李崇仁은 6년 6월에 近年에 官爵이 實職과 添設職이 서로 섞여 그謝牒에는 다만 堂後官의 署名만 있고 도장은 없으니 後日에 반드시 가짜가 氾濫할 것이므로 東班은 典理司, 西班은 軍簿司에서 각각으로 하여금 署名하고 도장을 찍어 주게 할 것,[184] 守令을 바꾸는 것이 너무 빨

---

181) 『高麗史』 권81, 지35 병1 五軍 우왕 5년 1월 諫官上言.
182) 『高麗史』 권82, 지36 병2 屯田 우왕 5년 1월 門下府郎舍上疏.
183) 『高麗史』 권85, 지39 형법2 禁令 우왕 5년 1월 門下府郎舍上疏.
184) 『高麗史』 권75, 지29 선거3 選法 우왕 6년 6월 李崇仁等言.

라 成效를 보지 못하므로 三載考積法을 模倣하여 3년이 차면 遞代함을
허락하고 按廉으로 하여금 殿最는 奏聞케 하여 만약 政事의 實績이 가
장 顯著한 자는 次序를 기다리지 말고 擢用할 것,[185] 官을 설하고 직을
나눈 것은 각각 해당하는 바가 있기 때문에 先王이 內侍府를 두고 中官
으로 대우하여 이것이 法典이 되었으므로 고칠 수 없는 것이므로 이 벼
슬을 두고 장차 中官의 小心 謹愼한 자는 品階에 따라 轉用하고 朝官
은 수여하지 말 것,[186] 국가의 土田을 賜牌함은 본래 有功者를 대우키
위함인데 근래 함부로 賜牌를 받아 田土를 지나치게 많이 占有한 자가
있으니 有司로 하여금 철저히 推刷케 하고 功이 累次 稱下한 南幸・興
王・癸卯의 3等에 있지 아니한 것은 그 田土를 거두고 비록 3等의 例
에 있는 것이라도 그 占有한 바가 元數에 넘는 것은 그 나머지 수를 거
두어 軍需에 充當할 것이며, 功臣號도 功이 있는 것을 제외하고는 마땅
히 이를 愼重하게 할 것[187] 등을 요구하였다.

  9년 2월에는 左司議 權近은 여자에게 宅主를 封하는 것과 중에게 諸
君을 封하는 것 및 兩府 외에 封君한 것은 모두가 官爵을 輕賤하므로
모두 禁斷할 것,[188] 공을 賞주기 위한 添設職은 先王의 정한 수에 依據
하여 싸움에 나가 功이 있는 자를 制外하고는 除授를 허락하지 말
것,[189] 州・縣의 吏屬 무리들이 本役을 면할 것을 꾀하여 明書業・地
理業・醫業・律業을 한다고 하지만, 모두가 실제로는 재주가 없이 出
身하여 免役하기 때문에 鄕吏의 수가 줄어 公務를 집행하기 어렵고, 守
令들이 役事시킬 수 없는 지경에 이르렀는데도 諸業으로 出身한 자가
그 향에 물러가 앉아서 하고자 하는 바를 제멋대로 행하고 있으므로, 東
堂 雜業과 監試 明經을 일체 모두 罷할 것,[190] 本國의 田法에 의하여

185)『高麗史』권75, 지29 선거3 選用守令 우왕 6년 6월 李崇仁等言.
186)『高麗史』권75, 지29 선거3 宦侍之職 우왕 6년 6월 李崇仁等言.
187)『高麗史』권78, 지32 식화1 功蔭田柴 우왕 6년 6월 李崇仁上疏.
188)『高麗史』권75, 지29 선거3 奉增之制 우왕 9년 2월 權近等言.
189)『高麗史』권75, 지29 선거3 添設職 우왕 9년 2월 權近等言.

京中의 版圖司와 外方의 按廉使는 爭議하는 바를 決斷하여 勝者가 收租하고 1田에 1主로 하여 백성으로 하여금 소생하도록 할 것이며, 만약 위반하는 자가 있으면 통렬히 禁하여 다스릴 것을[191] 요구하였다.

한편, 9년 3월 憲府는 공로가 있는 자는 승진하지 못하고 공이 없는 자는 함부로 받으니, 자세히 조사하고 차례에 따라 서용하여 인사 행정의 법을 밝힐 것,[192] 臺省과 6조에 청렴하고 정직하며 근검한 자를 천거하여 군·현에 나누어 보내고, 도순문사와 안렴사에게 어진 사람은 올리고 나쁜 사람은 내치어 상벌을 밝히게 하며, 만일 잘못 천거한 것이 있거든, 죄가 천거한 사람에게까지 미치게 하고 黜陟이 분명치 못하면 憲司가 糾理할 것을 요구하였고,[193] 14년에는 각 관사의 각 成衆愛馬가 求請하는 것 및 外官員이 膳物하는 것을 일절 금지토록 하고 만약 위반자가 있으면 준 자와 받은 자를 不廉으로써 논할 것이며, 권세가가 反同稱名하여 서로 앞을 다투어 貿易을 하여 무릇 珍異한 물품은 徵斂치 않음이 없으니 백성이 심히 괴로워하므로 이제부터 일절 금지하고 위반자는 엄중히 법으로써 다스릴 것을 주장하였다.[194]

이와 같이 이들의 주장 가운데 가장 많은 내용은 人事行政과 관련하여 관리의 선발, 지방의 守令과 監司의 選用, 添設職 등과 관련한 것이다. 인사권의 문제에서 가장 심각했던 것은 守令의 인사권과 添設職이었다. 권세가에 의해 장악되어 그들에게 아부하거나 뇌물로 관직을 사서 수령으로 나가는 일이 많았던 것이다. 더욱이 大臣들은 수령인사에 영향력을 발휘하여 白牒으로 任地에 가고, 添設職을 이용하여 工商 등 賤隷와 私人에게 수령직을 제수하는 편법을 사용하기도 하였다. 따라서

---

190) 『高麗史』 권75, 지29 선거3 鄕職 우왕 9년 2월 權近等言.
191) 『高麗史』 권78, 지32 식화1 租稅 우왕 9년 2월 權近等上書.
192) 『高麗史』 권75, 지29 선거3 選法 우왕 9년 3월 憲府上書 ; 『高麗史節要』 권32, 우왕 9년 3월.
193) 『高麗史』 권75, 지29 선거3 選用守令 우왕 9년 3월 憲司言.
194) 『高麗史』 권85, 지39 형법2 禁令 우왕 14년 3월 憲府禁.

대간의 위상을 높여 이들이 擬議하여 差遣하거나, 이들의 천거를 활용하는 방안도 건의되었다. 그러나 대간 역시 집권층과 결탁되어 있거나, 정치개혁 세력과 연계되어 있지 않으면 큰 효과를 볼 수 없었다. 결국 왕이 직접 나서 신임수령을 面對하여 선임결과를 감찰하기까지 하도록 하였다. 또한 수령의 임기를 3년으로 정하고 按察使가 黜陟하는 법을 회복하려는 노력도 있었다.

이는 고려전기의 古制로 權門에 의해 자의적인 수령교체와 출척을 방지하려는 목적이었다. 그러나 수령권은 강화되지 못하고 충목왕대 실시되었던 守令5事(田野闢·戶口增·賦役均·詞訟簡·盜賊息)를 정하고, 이를 기준으로 수령을 평가하여 실적이 우수한 자를 擢用한다는 것으로 정리되었다. 하지만 이런 시도는 부분적이고 제한적인 것이어서 현실적으로 실현을 보기 어려웠고, 공민왕과 우왕대를 거치면서 더욱 어려워졌다. 더욱이 지방에 나간 수령은 "奪人田土"의 원인 제공자로 백성을 침탈, 지방 군현이 피폐하게 하였다. 또한 鄕吏가 숨거나 도주해버리면 수령이 赴任을 포기하고 돌아가는[195] 사정이었다. 따라서 이 시기의 신흥유신들은 민이 유망하게 되는 원인 중의 하나가 적합한 인물이 수령이 되지 못하고, 또 그러한 수령이 수탈을 자행한다고 보았다. 따라서 이들은 지방관의 천거제를 강화하려 하였다.

특히 신흥유신 가운데 趙浚은 "擇人才"의 목표 아래 수령을 임명할 때에는 各司의 높은 품직을 역임하고 名望이 있는 자와 中外를 歷任하되 성적이 뛰어난 자를 추천하도록 하고, 감무와 현령을 임명할 때는 臺諫과 6曹에서 추천하되 參上官(6품~종3품)으로 올려 州牧과 동일하도록 할 것을 제시하였다.

이와 함께 수령 등을 감독하는 按廉使도 개혁해야 한다고 주장하였다. 고려후기 안렴사는 임시적인 巡察의 使行이 아니라 하나의 행정구

---

195) 『稼亭集』 권6, "韓州重營客舍記 聞吾吏民 往往竄伏 而邑塗荊棘 賓客無所歸 郡守莫知所爲 懷印而去".

획인 道의 장관으로서 外職의 성격을 갖는다. 그런데 그들이 대개 5, 6 품의 관원이 임명되기 때문에 道가 州郡을 관할하는 상급행정기구가 되었음에도 불구하고 그 官秩이 낮은 결함도 있었다. 따라서 조준은 안렴사가 수령의 黜陟과 軍民之政을 振起하지 못한 이유는 州郡官의 知官이 正順・奉順大夫(정3품)이고, 方鎭・府尹・州牧・都護의 외관이 兩府의 大臣・奉翊(종2품)의 達官으로 안렴사보다 높기 때문에 그 직책을 수행할 수 없다는 이유로 안렴사 역시 兩府의 大臣으로 파견해야 한다는 것으로 주장되었으며, 청렴하고 밝은 재간있는 자로서 道按廉黜陟大使의 신설을 제안하고 이를 관철시켰다.

添設職은 무장세력이 사병조직을 유지하는데 중요한 통로 역활을 하였다.[196] 이때의 첨설직 남발에 대하여 "職牒을 수레에 싣고 斗로 헤아릴 정도"라고 時人들로부터 기롱을 받고 있었다.[197] 따라서 5년 1월 諫官들은 첨설직에 한계를 두어 通憲 이하로 제한할 것을 건의하기도 하였다.[198] 나아가 李崇仁 같은 경우는 첨설직과 實職을 구분하기 위하여 東班은 典理司가, 西班은 軍簿司가 職帖에 印信, 署名하여 발급하자고 건의하기도 하였다.[199] 또한 權近은 첨설직 이외에 남발되는 관직들 중에 密直 이하의 封君을 금할 것을 청하기도 하고, 관직을 받은 자를 한정시키기 위해 工匠의 무리에게 관직을 주지 말자고 청하기도 하였다.[200] 이는 그동안 권문세족이나 무장들에 의해 잠식되었던 관직의 남발을 억제하고자 한 것이다.

이와 같이 李崇仁・權近을 중심으로 한 憲司와 諫官이 제기했던 인사행정에 대한 개선 요구는 이인임 세력의 자의적인 인사권 행사로 드

---

196) 鄭杜熙, 「高麗末 新興武人勢力의 成長과 添設職의 設置」, 『李載龒博士還曆紀念韓國史學論叢』, 1990.
197) 『高麗史』 권75, 지29 선거3 添設職 우왕 2년 정월.
198) 『高麗史節要』 권31, 우왕 5년 1월.
199) 『高麗史』 권115, 열전28 李崇仁傳.
200) 『高麗史』 권75, 지29 선거3 添設職 우왕 9년 2월.

러난 濫設된 관인의 수적 증가 때문이었다. 인사권의 문란은 신흥유신
들의 관직 진출에 불리할 뿐만 아니라 이인임 세력의 견제에도 장애가
되었다. 따라서 권신에 의한 인사권의 장악을 비판하는 것은 필수적인
과제였다.

제4장 昌王代 '改革派' 新興儒臣의
結集과 分岐過程

1. '改革派' 新興儒臣의 結集과 政局主導 過程

1) '改革派' 新興儒臣의 結集過程

威化島 回軍은 조선의 건국으로 나아가는 중요한 전환점이 된 사건이다. 우왕 14년 5월에 李成桂에 의해서 단행된 사건이었지만, 이성계를 중심으로 하는 무장세력과 신흥유신 내의 개혁파와의 결합을 통해서 이루어진 것이었다.

이성계 세력의 인적 구성은 威化島 回軍功臣 冊封을 통하여 그 대강을 살필 수 있다. 回軍功臣의 冊封은 공양왕 2년 4월과[1] 태조 2년 7월[2] 두 차례에 걸쳐 실시되었다. 나중의 것은 새로 추가된 인물이 많이 있으므로, 회군에 참여한 사람을 파악하기 위해서는 공양왕 2년 4월의 회군공신 책봉에 주목할 필요가 있다.[3]

회군공신 54명은[4] 이성계의 군사적 기반인 동북면세력인 黃希碩・金仁贊・陸麗・李豆蘭・鄭曜, 朴永忠・趙仁沃・趙仁璧형제, 南誾・南

1) 『高麗史』 권45, 공양왕 2년 4월 壬寅.
2) 『太祖實錄』 권4, 태조 2년 7월 乙丑.
3) 朴天植, 「戊辰回軍功臣의 冊封顚末과 그 性格」, 『全北史學』 3, 1979.
4) 이에 대한 분석은 姜芝嫣, 『高麗 禑王代 政治勢力의 硏究』, 1996, 111~112쪽 참조.

242

在 형제와 혈연관계인 趙溫·李和·李元桂 등 13명이고, 서북면에 기반
을 갖는 단위부대의 통솔자로서 회군에 동조 가담한 張思吉·鄭松·白
英祐·張哲 등 4명, 이성계의 휘하로 편입된 李承源·兪光祐·柳曼殊
·尹虎·尹師德·李茂·李彬, 崔鄲·崔雲海·具成祐 등 10명, 이성계
의 위화도 회군 동조세력인 沈德符·裵克廉·崔允沚·皇甫琳·趙希古
·朴葳·神照·慶儀, 慶補·朴可實·朴叢·安慶·池湧奇·鄭地 등 14
명, 회군의 분위기에 이끌려 참여한 王安德과 그리고 회군 이후에 가담
한 尹紹宗 등 기타 12명으로 구분하여 볼 수 있다.5) 이러한 인적 구성
원 가운데 위화도 회군 이전부터 이미 이성계와 정치적으로 결합한 신
흥유신이 있었다. 尹紹宗·南在·趙仁沃, 趙浚 등이 그 대표적 인물이
다.

특히 趙浚을 중심으로 이루어진 결합은 交遊와 師弟關係 등의 유대
로 이루어지고 있었다. 조준과 尹紹宗은 공민왕대부터 사제관계를 맺고
있었으며, 여기에 許錦·趙仁沃과 더불어 忘年友로 지내면서,6) 王氏를
부활시킬 뜻을 품었다고 한다. 예컨대,

　　趙浚은 일찌기 王氏의 대가 끊어진 것을 통분히 여겨 尹紹宗, 許錦,
趙仁沃, 柳爰廷, 鄭地, 白君寧 등과 벗으로 맺고 비밀리 맹세하여 王氏
를 부흥시킬 뜻을 가지고 있었다. 우리 태조가 조준의 기국이 비범함을
보고 그와 함께 일을 의논한 다음 크게 만족하여 그를 대하기를 마치 옛
친구처럼 하였으며, 회군한 후에는 그를 천거하여 지밀직사사겸 대사헌
으로 임명하였고, 일의 대소 할것 없이 모두 그와 의논하였다(『高麗史』
권118, 열전31 趙浚傳).

위의 내용에서 알 수 있듯이, 조준은 尹紹宗·許錦·趙仁沃·柳爰廷

5) 姜芝嫣,「威化島 回軍과 그 推進勢力에 대한 檢討」,『梨花史學硏究』20·21,
　 1993 ; 姜芝嫣, 앞 논문, 112쪽 참조.
6)『高麗史』권105, 열전18 許珙附 許錦傳.

・鄭地・白君寧 등과 교우관계를 맺고 있었다. 조준은 이들과 교유하면서 성리학을 강론하며 정치의식을 공유하였을 것으로 생각된다.

우왕 초년에 유배되었던 신흥유신과는 달리 江原道 按廉使 등 관직생활을 하였던 그가 우왕 10~13년 사이에 조정의 미움을 받아 失職하고 두문불출하면서 經史를 읽으며 지냈다고 한 점과 우왕의 음란하고 무도한 생활로 인하여 정치의 뜻을 잃고 은거하고 있었던 점은 주목할만한 것이다.[7] 은거의 이유는 현실정치에 대한 불만으로, 집권자 임견미와 염흥방의 전횡과 여기에 참여하면서 인사문제와 같은 제도의 개선을 요구하는 이색과 이숭인을 중심으로 한 신흥유신들에 대한 실망감이었을 것이다. 더구나 이 시기에 3차에 걸친 전제개혁 상소를 준비한 점을 볼 때, 그의 정치적 행보는 매우 중요한 의미를 갖는다.

이때 조준의 同壻인 『周官六翼』의 撰者인 金祉와 함께 六典體制에 대한 구상을 하였던 것으로 짐작되고 있다.[8] 그리고 이 무렵 이성계와 姻親關係에 있었던 趙仁沃과의[9] 교유를 통하여 이성계와 연결된 것으로 보인다.[10] 요동정벌에 참여했다가 회군을 건의한 것으로 전해지고 있는 南誾[11]・趙仁沃의 역할이 중요하게 작용하였을 것이다.

한편, 鄭道傳은 羅州 會津縣에 유배되었다가 우왕 3년 從便居住가 허락된 이후 고향인 榮州로 돌아와 지방의 儒士들과 교유하였으며, 가끔씩 原州나 提川에 수령으로 발령을 받아 나온 인물들과 親交를 맺기도 하였다. 우왕 7년에는 개경 부근에까지 거주가 허락되자 三角山 밑에서 書齋를 열고 글을 가르치다가 당시 재상의 핍박을 받고, 8년에는

---

7) 『高麗史』 권118, 열전31 趙浚傳.
8) 김인호는 『周官六翼』의 편찬시기는 정확히 알 수 없지만, 책의 편차와 조준과의 관계로 볼 때 우왕 10년부터 14년 사이로 추정하고 있다(김인호, 「김지의 『주관육익』 편찬과 그 성격」, 『역사와 현실』 40, 2001, 144쪽).
9) 趙仁沃의 父인 趙曒과 이성계의 父인 李子春은 서로 사돈관계에 있었다.
10) 趙浚과 이성계와의 결합관계는 위화도 회군 직후의 일로 알려져 있다(『太宗實錄』 권9, 태종 5년 6월 辛卯 趙浚卒記).
11) 『高麗史』 권116, 열전29 南誾傳.

또한 富平副使 鄭義의 후원으로 富平府 南村에 서재를 다시 열었으나,
또 前任宰相 王某가 그곳을 별업으로 삼겠다고 서재를 헐어버리는 바
람에 다시 金浦로 옮겨야 했다.12)

정도전은 이때 난세에 時君, 즉 우왕을 위해서 개혁을 준비하고 있다
고 하면서, 그동안 길러낸 제자들이 모두 관직에 올라 있다고 하였다.13)
이는 정도전을 중심으로 하는 사제관계로서의 결집이 이루어지고 있음
을 뜻한다.

정도전은 우왕 9년 鄭夢周를 통하여 이성계와 직접 연결될 수 있었던
것으로 보인다. 鄭夢周는 공민왕 13년 三善·三介의 亂과 우왕 6년 雲
峰戰鬪에 이성계의 휘하 文士로 전투에 참가하였다.14) 그리고 우왕 9년
東北面助戰元帥로 李成桂를 따라 정벌에 나선 점을 고려하면, 이때부
터 이들의 관계는 돈독하여졌을 것이다.15) 따라서 정도전은 공민왕 9년
이전부터 정몽주를 알고 있었으며, 이후 지속적인 가르침을 받고 있었
다. 정도전이 여막살이를 하고 있던 공민왕 15년에서 17년 사이에는 정
몽주로부터 『孟子』1질을 선물로 받고 틈틈이 한 장씩 읽었으며, 의문
이 나는 점은 그에게 직접 물어보았다고 한다.16)

鄭道傳이 우왕 9년에 咸州에 머물던 이성계를 찾아가 자신의 포부를
말한 점이나,17) 醉中에 "漢高祖가 子房을 이용한 것이 아니라 자방이
한고조를 이용하였다"고18) 말한 것은 당시 대표적인 무장세력인 이성계
와 제휴를 맺고, 고려 왕조의 모순을 개혁하려는 적극적인 의도가 있었
음을 보여주고 있다. 예컨대,

---

12) 『三峰集』 권2, 移家 ; 권8, 附錄 事實.
13) 『三峰集』 권2, 七言絶句, "文中子 紛紛天下事兵爭 尙爲時君策太平 講道汾陰
從白首 一時諸子盡名卿".
14) 『高麗史』 권117, 열전30 鄭夢周傳.
15) 『圃隱先生文集』 권2, 洪武壬戌從李元帥東征 ; 권4, 年譜攷異.
16) 『三峰集』 권3, 序 圃隱奉使稿序.
17) 『龍飛御天歌』 제11장.
18) 『太祖實錄』 권4, 태조 7년 8월 己巳 鄭道傳卒記.

처음에 鄭道傳은 韓山 李穡을 스승으로 모시고 烏川 鄭夢周, 星山 李崇仁과의 우정을 나누는 것이 실로 깊었으나, 후에 조준과 親交하고 자 하여 세 사람을 헐뜯으니, 이에 원수가 되었다(『太祖實錄』 권14, 太 祖 7년 8월 己巳 鄭道傳卒記).

라고 하여, 정도전이 조준과 친교를 맺고자, 기존의 李穡 등과 이루어 진 師弟와 교유관계를 완전히 단절하고 있음을 알 수 있다. 이 과정에서 정도전은 조준과 가까워지기 시작하였으며, 이러한 관계가 신흥유신 내 부의 분기를 가져오는 하나의 원인이 되었을 것이다. 이들의 결합은 우 왕 9년에서 10년의 일로 볼 수 있으며, 우왕 11년 경에는 개혁안을 적극 적으로 구상하는 시기였다.

두세 명의 大臣과 뜻을 같이하여 前代의 法을 강구하였으며, 今日의 마땅함을 참작하여 境內의 토지를 헤아리고, 토지의 結數로써 계산하였 다(『三峰集』 권13, 朝鮮經國典 上 賦典 經理條).

위의 내용에서 보듯이, 이성계가 두세 명의 대신들과 뜻을 같이하여 전제개혁에 대한 구체적인 방안을 마련하고 있었다는 점은, 이미 이성 계와 연결되어 있었던 조준·조인옥 등의 결집과 정몽주·정도전을 중 심으로 하는 집단의 결합을 의미한다. 여기에 정도전이 지닌 성리학적 이상과 윤소종·조준 등이 가지고 있던 현실개혁의 의지가 합치되게 됨 으로써, 이들이 정치세력으로 결집할 수 있는 계기가 되었을 것이다.[19]
이런 인적 관계를 통해 조준과 정도전은 이성계 세력과 결합하였고, 결국 이인임 세력이 몰락한 뒤에 이성계와 정치적 운명을 같이 하면서 정국의 주도권을 장악하기 위한 노력을 전개하였다. 이성계와 신흥유신 내의 개혁파는 武將과 文臣이라는 현실적 차이가 있음에도 불구하고,

---

19) 이에 대한 연구는 崔倬準, 「高麗 禑王代 士大夫의 成長과 分岐」, 『學林』 24, 2003가 참고된다.

결집이 가능했던 이유는 정국주도를 통한 개혁추진이라는 공통된 인식 때문이었다. 더구나 이인임의 제거 이후 정국을 독점하려는 최영의 정국독주에 대한 반발과 遼東征伐의 추진은 이들의 결속을 더욱 공고히 해 주었다.

이성계의 요동정벌 반대가 자연스럽게 폭넓은 지지를 받을 수 있었던 것은 이러한 결합이 있었기 때문에 가능한 것이었다. 이성계의 요동정벌 반대는 공민왕대 친명정책을 주장해왔던 신흥유신의 입장과 일치하는 것으로 알려져 있다.[20] 이 과정에서 그동안 정계에서 소외되어 있던 鄭道傳, 趙浚을 중심으로 개혁파 신흥유신들은 최영 정권의 축출과 정치세력의 재편이라는 새로운 형태의 정국주도를 구상하였을 것이다.

이로부터 개혁파 신흥유신은 공민왕대 이후 이루어진 무장 중심의 정국운영을 불식하는 한편, 이인임 정권에 참여한 이색을 중심한 기존 신흥유신의 정치행태를 반대하며, 高麗社會의 여러 모순을 해결하려는 의도에서 결합을 꾀하였다고 보여진다.

위화도 회군 이후 추진된 관제개편과 전제개혁론의 전개 등은 이 시기 끝임없이 제기된 제반모순을 해결하기 위한 모색이었다. 그러나 위화도 회군 이후의 정국은 개혁파 신흥유신의 의도만으로 주도될 수 있는 입장은 아니었다. 이성계 세력과 조민수의 대립, 그리고 이색 계열이

---

20) 김순자는 이에 대하여 明·北元에 대한 인식의 차이에서 두 부류로 구분된다고 하였다. 李穡, 權近, 李詹에게서 보여지는 인식은 명과 원을 대등하게 '大明', '大元'으로 보았는데, 이러한 인식은 '小'인 고려가 事大해야 할 중국의 정통 왕조를 華夷觀에 의거하여 漢族 중심으로 보는 것이 아니라 당시의 形勢를 중시하여 보는 것으로 명이든 원이든 고려에게 문제되는 것은 사대의 원칙에 충실했느냐 하는 것이라고 하였다. 이와 반대로 鄭夢周와 遼東征伐 때 李成桂의 4대불가론에 동참한 이들은 대외정책에서 親明 이외의 것은 절대 용납할 수 없다는 입장이었던 것으로 보았다. 따라서 명에 대하여 도덕론적 명분을 부여한 것은 형세를 명이 장악했다는 현실을 바탕으로 하고 거기에 華夷論의 華를 한족이 세운 명으로 합치시킬 수 있었기 때문이었으며, 이들은 명분질서가 합치되는 정통을 명으로 생각했던 것으로 보았다(김순자, 「고려말 대중국관계의 변화와 신흥유신의 사대론」, 『역사와 현실』 15, 1995, 130쪽).

잠정적으로나마 정국을 주도하는 상황하에서는 이들의 정치활동 역시
일정 정도 제약될 수밖에 없었다.

2) 昌王 擁立과 政局 主導權의 確保 努力

威化島 回軍 이후 정국 주도는 회군을 이끌었던 李成桂·曹敏修·
邊安烈 등 여러 將帥들의 합의에 의해서 이루어진 것으로 보인다.[21] 이
들은 곧 崔瑩을 요동정벌의 책임을 물어 유배를 보내고 그의 세력인 趙
珪, 趙琳, 印原寶, 安柱, 鄭熙啓 등과 宦者 曹恂, 曹福善, 尹祥, 金若采
를 제거하는[22] 한편 우왕을 폐위시키기 위하여 우왕을 宦者와 함께 李
成桂, 曹敏修, 邊安烈을 제거하려고 했다는 이유로 폐위시켜 江華로 안
치시켰다.[23]

유배한 다음날 우왕의 妃를 모두 私第로 돌려보내고, 妃의 父인 姜仁
裕, 崔天儉, 趙英吉, 申雅, 王興, 吳忠佐를 遠地로 유배보내어 우왕과
연관된 외척세력을 제거하고,[24] 이어서 昌王을 즉위시켰다. 그러나 창
왕 옹립에는 이성계와 조민수가 정치적으로 같은 입장에 있었던 것은
아니었다. 왕위계승 과정에서 누구를 왕위에 즉위시킬 것인가 하는 문
제로 이성계와 조민수의 갈등이 표면화되고 있었다.

우왕의 폐위 이후 새로운 왕으로 누구를 옹립할 것인가의 왕위계승
문제는 대체로 3가지 논의가 진행되었음을 알 수 있다.

---

21) 『高麗史』권137, 열전50 우왕 14년 6월 丙午, "復行洪武年號 襲大明衣冠 禁胡
   服 罷禹玄寶 以曹敏修 爲左侍中 我太祖 右侍中 趙浚 簽書密直司事兼大司憲
   諸將皆復職 時大明 聞禑擧兵 將征之 帝 欲親卜于宗廟 方致齋 及聞還軍 卽
   罷齋 諸將入城 會議興國寺 罷諸道築城及徵兵 執安沼鄭承可 囚巡軍 並流之
   司憲府 論宦者曹恂曹福善尹祥前知申事金若采之罪 皆流遠州 是夜 禑與宦堅
   八十餘人 擐甲 馳至我太祖 及曹敏修邊安烈之第 以皆屯軍門外不在家 故不
   得害而還".
22) 『高麗史節要』권33, 우왕 14년 6월 丁未.
23) 『高麗史節要』권33, 우왕 14년 6월 戊寅, 庚戌.
24) 『高麗史節要』권33, 우왕 14년 6월 辛亥.

　　典校副令 尹紹宗이 鄭地를 통하여 이성계에게 『藿光傳』을 전하였는데, 趙仁沃이 이를 이성계 앞에서 읽고 극력 다시 왕씨를 세우자는 의논을 말하였다(『高麗史節要』권33, 우왕 14년 6월 癸卯).

　　무진년에 임금을 따라 위화도에 이르러 조인옥 등과 더불어 군사를 돌이키려는 의논을 올렸으며 또 비밀히 임금을 추대하기를 모의하였으나 임금께서 엄숙하고 근신하신 이유로써 감히 말을 내지 못하였다(『太祖實錄』總說).

　　신해에 조민수가 定妃의 傳敎로 우의 아들 창을 세웠다. 태조가 회군할 때에 민수와 의논하기를, '다시 왕씨의 후손을 세우자' 하였는데……諸將들이 자기의 뜻을 어기고 왕씨를 세울까 두려워 하여 韓山君 李穡에게 비밀리 묻자 "당연히 전왕의 아들을 세워야 한다" 하였다. 이성계가 민수에게 "회군할 때 한 말은 어찌된 것인가" 하니, 민수가 "元子를 세우는 것은 韓山君이 이미 계책을 정하였으니 어찌 어길 수 있는가" 하고 창을 세웠다(『高麗史節要』권33, 우왕 14년 6월).

위 내용에서 알 수 있듯이, 이성계는 처음부터 宗室 가운데서 한 사람을 택하여 왕으로 추대하고자 하였고, 이성계의 측근들은 이성계를 왕위에 올리려 했던데 반해, 조민수는 우왕의 아들인 창을 세우고자 하였다. 이러한 움직임은 누구를 왕위에 추대하느냐에 따라서 향후의 정국장악에 중요한 변수가 되기 때문에 자신들의 이해와 직결되는 사람으로 하는 것은 당연한 것이었다.

따라서 위화도 회군을 주도한 이성계 세력은 회군의 명분을 정당화하는 한편으로 향후의 정권장악에 보다 유리한 조건을 확보하기 위해서 정치적으로 부담이 되는 우왕의 아들보다는 다른 대안이 필요하였고, 이러한 목적을 달성하기 위해서 종실 가운데 하나를 옹립하려고 하였다.

그러나 조민수의 경우는 자신을 뒷받침해 줄 수 있는 뚜렷한 정치세

력이 없는 까닭에 정국주도권을 둘러싼 정쟁에서 우위를 확보하기 위한
방편으로 창왕을 내세움으로써 자신의 지위를 확고히 하고자 하였다.
특히 당시 명망가이자 정치원로였던 李穡의 이름을 빌어 우왕의 아들인
창을 지지하였다는 것으로 결론지음으로서 창을 적극 지지하고 나선 점
은 그러한 의도를 반영하는 것이다. 이색은 후일 鞫問과정에서 창왕을
지지하지 않았다고[25) 부정하였지만, 우왕의 아들인 昌 이외에는 다른
대안이 없는 상황에서 그를 지지하였던 것으로 보인다.

이에 이성계와 정도전을 중심으로 하는 개혁파 신흥유신은 우왕을 몰
아내기로 했던 회군 당시의 약속과는 다르다고 하면서 다른 傍系의 宗
室을 왕으로 세울 것을 주장하였다.[26) 그러나 이성계와 함께 회군을 주
도한 조민수는 이색의 발언을 근거로 이성계와 정도전 등의 반발을 묵
살하고 창왕을 즉위시켰다.[27)

정도전을 중심으로 하는 개혁파 신흥유신이 창왕 옹립에 반대하고 종
실의 옹립을 주장한 것은 처음으로 그들의 정치적 불만을 표출하는 것
이었으며, 이로 인해 이색과 정도전을 중심으로 하는 신흥유신 내 두 집
단이 본격적으로 대립하게 되었음을 의미한다.[28) 이 사건을 계기로 정
도전 등 개혁파 신흥유신은 본격적으로 이색 계열에 대한 정치공세를

---

25) 『高麗史節要』 권34, 공양왕 2년. 李穡은 창왕옹립에 연루된 것과 관련하여 「寄
    省郞諸兄」이란 시에서 "옛부터 벼슬길은 위태한 기틀이 되기에 족하거니 늘그
    막에 시비에 걸려든 것 무엇이 이상하랴. 천지처럼 큰 임금의 은혜에 두 번 절
    하고 만산의 쇠잔한 눈속에 사립문을 닫노라"(『牧隱集』 권35, "官途今古足危
    機 何怪衰年惹是非 再拜聖恩天地大 萬山殘雪掩柴扉")라고 하여 그의 심정을
    말하고 있다.
26) 『高麗史節要』 권33, 우왕 14년 6월 辛亥.
27) 『高麗史』 권129, 열전39 간신2 曺敏修傳.
28) 그러한 점은 이색이 공양왕 즉위년 12월 장단에 유배된 직후 자신의 심정을 기
    술한 "시중에 올랐던 것은 요행일 뿐인데, 사문이 무슨 일로 괴롭게 서로 해치
    는가"(『牧隱集』 권35, "玄陵一代小人儒 揚歷中書諫大夫 得至侍中僥倖耳 斯
    文何事苦相圖")라고 한 데서도 알 수 있듯이 창왕 옹립에 대한 신흥유신간의
    갈등양상을 보여주고 있다.

가하면서, 이색 계열과는 다른 길로 갈라서게 되었다고 보여진다.[29]

창왕 옹립을 주장한 조민수는 자신의 의도대로 창왕이 즉위하게 됨에 따라 곧바로 우왕 정권의 최고 집정자였던 李仁任을 복권시켜 정계에 재등용하고자 하였다. 그의 목적은 反李成桂 세력을 결집하는 한편, 이 인임을 축출하고 우왕을 폐위한 이성계 세력을 견제하려는 의도였다.

그러나 이성계가 이에 대한 불만으로 昌王이 공신의 호를 내릴 때 자 신의 선대인 穆祖의 이름에 저촉된다는 이유로 錄券을 받지 않겠다 고[30] 하고, 곧 병을 이유로 사직을 청하는[31] 등의 행동을 드러내고 있 는 점은 향후의 정국 변화가 어떠한 방식으로든 재편될 수밖에 없다는 인식을 낳게 하였다. 이러한 분위기를 반전할 수 있는 계기가 趙浚 등에 의해서 제기된 1차 전제개혁론이었다.

한편, 李仁任을 召還하여 정국의 재편을 꾀하려 했던 조민수는 그가 이미 죽었다는 사실을 접하고, 창왕에게 이인임의 禮葬을 청하여 정치 적으로 위축된 이인임 세력을 이용하고자 하였다. 그러나 李崇仁·姜淮 伯·河崙 등의 반대로 이인임의 복권이 사실상 실패로 돌아가면서 私 田改革에 반대했다는 이유로 趙浚의 탄핵에 의하여 昌寧으로 파직·유 배되었다.[32]

이성계와 함께 위화도 회군에 적극 가담한 조민수의 제거는 물론 그 가 가지고 있는 세력기반의 취약성 때문이기도 하겠지만, 이인임으로 대표되는 우왕대 정치세력을 재등용하여 반이성계 세력을 결집하고 정 국주도권을 장악하려는 의도 때문에 개혁파의 반발을 초래하였던 것으 로 보인다.

---

29) 『三峰集』 권8, 事實 禑王 14년, "曹敏修謀立昌 卽仁任姪女謹妃所生也 恐諸
將違已 以李穡 爲時名儒 欲籍其言 密問之 穡曰 當立前王之子 遂立昌 公始
與穡等 岐貳".
30) 『高麗史』 권137, 열전50 우왕 14년 6월 辛亥.
31) 『高麗史節要』 권33, 창왕 즉위년 6월.
32) 『高麗史節要』 권33, 창왕 즉위년 7월.

조민수가 제거된 창왕 즉위년 7월 이후의 정국은 동년 8월 李穡이 門下侍中, 李成桂가 守侍中으로 임명되면서 다소 안정되어 가는 듯 하였지만,[33] 창왕을 지지하는 이색 계열과 창왕옹립을 반대한 개혁파의 대립은 필연적일 수밖에 없었다. 비록 군사적 기반이 확고한[34] 이성계 세력이었지만, 權門世族의 후원을 받고 있던 이색과 함께 정국을 이끌어 간다는 점은 향후의 정국주도에 부담이 되는 것이었다. 특히 우왕의 폐위과정에서 유배된 이색 계열의 인물들을 대거 등용함으로써 새로운 국면을 맞이하게 되었다.

8월에는 창왕의 생일을 계기로 趙英吉·申雅·姜仁裕·吳忠佐, 曺敏修·鄭熙啓·安柱, 許褫·孫光裕·梁顯 등을 석방하고,[35] 9월에는 王安德을 강화에 보내 우왕을 驪興으로 옮길 것이라고 알려주고, 都堂에서 추석에 知密直 李彬을 江華에 보내어 우왕에게 의복과 술을 보내는[36] 한편, 洪永通을 領門下府事에, 왕안덕을 6道都統使로 임명하는[37] 등 일련의 정치적 움직임은 우왕에 대한 지지입장을 적극적으로 표현하면서 우왕대 구세력을 재등용하려는 것이었다.

개혁파 신흥유신들은 이에 반발하며 전제개혁을 계속 주장하는 한편, 趙浚 등의 두 차례에 걸친 時弊案 건의를[38] 통하여 개혁의지를 천명하고, 이인임과 관련된 사람들을 재등용하는 이색 계열에 대한 견제 조치를 취하였다. 또한 조준의 건의에 따라 按廉使를 道觀察黜陟使로 승격시키고 모두 대간에서 천거하도록 하여 成石璘·張夏·崔有慶·金士衡·趙云仡 등을 각 도에 파견하였다.[39]

33) 『高麗史節要』권33, 창왕 즉위년 8월.
34) 『高麗史節要』권33, 창왕 즉위년 8월.
35) 『高麗史』권137, 열전50 우왕 14년 창왕 즉위년 8월 戊申.
36) 『高麗史』권137, 열전50 우왕 14년 창왕 즉위년 9월.
37) 『高麗史節要』권33, 창왕 즉위년 9월.
38) 『高麗史節要』권33, 창왕 즉위년 8월 大司憲 趙浚 陳時務曰 ; 10월 大司憲 趙浚等 上書陳時務曰.
39) 『高麗史節要』권33, 창왕 즉위년 7월.

252

이는 위화도 회군 이후 大諫을 장악하고 있던 개혁파 신흥유신들이 道觀察使를 통해 지방관에 대한 통제를 강화하고, 이들로 하여금 量田을 실시하도록 함으로써 전제개혁의 토대를 마련하는 것이 된다. 이 무렵 銓選의 법을 회복하여 吏曹와 兵曹에 돌리는 것과[40] 함께 조준을 비롯한 대간들의 활발한 언론활동을 통해 정치운영을 정상화하려는 시도가 이루어졌다. 이와 같은 분위기는 당시 國人들이 "更化之初"라고 인식할 정도였다.[41]

그러나 이 해 10월에 이색이 명나라에 賀正使로 가면서 '돌아오기 전에 변이 있을까 두려워' 이성계의 아들을 데리고 갔다고 하는데,[42] 이것은 이색이 이성계 세력에 대해 일정한 견제를 유지하고 있음을 보여주는 것이다.

田制改革 論議過程에서 드러난 李穡을 비롯한 개선파와 개혁파의 정치적 갈등은 이후 개혁파의 집요한 정치공세에 밀려 정치일선에서 물러나거나 제거될 수밖에 없었다. 특히 신흥유신의 대표적 존재였던 개선파의 李穡 계열과 曹敏修가 연합하여 私田革罷에 반대하자, 이 문제는 신흥유신 내부의 치열한 정치 대립양상으로 전개되었다. 더구나 위화도 회군으로 크게 위축되어 있던 세족이 개선파의 반대론에 편승하는 데까지 이르자, 결국 사전개혁을 반대한 李琳·禹玄寶·邊安烈·柳伯濡을 유배하는[43] 것을 시작으로 반대파에 대한 대대적인 숙청을 단행하였다.

이들에 대한 공격은 창왕 원년 7월에 李穡이 자신의 자리에 李琳을 추천하고 解職을 청하고 있는 점,[44] 李達衷의 아들 간관 李䔝과 사전문

---

40) 『高麗史節要』 권33, 창왕 즉위년 8월.
41) 『高麗史節要』 권33, 창왕 즉위년 8월, "以洪永通領門下府事 國人皆曰 以彼貪得免正月之誅 今値更化之初 尙不見斥 又位上相 眞福人也".
42) 『高麗史節要』 권33, 창왕 즉위년 10월.
43) 『高麗史』 권116, 열전29 李琳傳 ; 권126, 열전39 邊安烈傳 ; 권115, 열전28 禹玄寶傳 ;『高麗史節要』 권34, 공양왕 2년 정월 ; 권35, 공양왕 3년 7월.
44) 『高麗史節要』 권34, 창왕 원년 7월.

제로 다투고 있던 左司議 文益漸을 이색・이림・禹玄寶에게 偏黨하였
다는 이유로 파면하고,[45] 또한 창왕 원년 9월 永興君 環의 사건에 李崇
仁이 연루되어 탄핵되고 있는 것에서 알 수 있다. 이어 李仁任에 의해
서 축출되어 죽은 慶復興을 致祭, 復權시키는 한편,[46] 10월에는 諫官
吳思忠이 不忠・不孝・不敬하였다는 이유로 이숭인을 탄핵 유배하였
으며,[47] 權近은 이숭인을 庇護한 죄목으로 牛峯縣에 유배되었다가,[48]
明에 갔다 돌아왔을 때 중도에서 禮部의 咨文을 사사로이 열어보고 돌
아와서는 이림과 이색에게 먼저 보이고 난 후에 都堂으로 보냈다는 이
유로, 오사충의 탄핵을 받아 다시 寧海府에 유배되었다.[49] 이러한 정국
의 변화는 결국 이색으로 하여금 정계에서 물러나 長湍의 別業으로 돌
아가도록 하였다.[50]

또한 11월 우왕의 외척 趙英吉이 서울에 잠입하는 사건을 계기로[51]
李琳의 매부인 判開城府事 文漢達과 諫官이 李茂와 李彬을 탄핵하여
유배보내고,[52] 典法司와 臺諫이 崔瑩을 논핵하여 巡軍獄에 가두었다가
12월에는 崔瑩을 죽이고,[53] 창왕 원년 3월에는 憲府에서 이색의 외조카
인 閔中理와 그의 告身에 서명한 金瞻을 탄핵하거나, 이인임의 여당인
李良中과 田子忠을 유배보내는 것은[54] 그러한 예에 해당한다.

이와 같이 田制改革 論議過程에서 시작된 신흥유신 내의 개혁파와
개선파인 이색 계열의 대립과 갈등은 공양왕 옹립과정에서 더욱 심화되

---

45) 『高麗史節要』 권34, 창왕 원년 8월.
46) 『高麗史節要』 권34, 창왕 원년 9월.
47) 『高麗史節要』 권34, 창왕 원년 10월.
48) 『高麗史節要』 권34, 창왕 원년 10월.
49) 『高麗史』 권107, 열전20 權㫜附 權近傳.
50) 『高麗史節要』 권34, 창왕 원년 10월.
51) 『高麗史』 권137, 열전50 우왕 14년 창왕 즉위년 11월.
52) 『高麗史』 권137, 열전50 우왕 14년 창왕 즉위년 11월.
53) 『高麗史節要』 권33, 창왕 즉위년 11월.
54) 『高麗史』 권137, 열전50 창왕 원년 3월.

었다. 공양왕 옹립의 계기는 창왕 원년 11월에 일어난 金佇事件이었다.55) 이 사건은 崔瑩의 族黨인 金佇와 鄭得厚 등이 이성계를 살해하고 우왕을 복위하려 한다는 움직임을 郭忠輔가 밀고함으로써 빚어진 것이지만,56) 이를 계기로 이성계 세력은 종실을 내세우려 했던 자신들의 뜻과 상관 없이 즉위한 창왕을 이른바 '禑昌非王說'을 廢假立眞의 명분으로 폐위하고, 공양왕을 옹립하였다.57)

3) 昌王代 '便民事宜'와 官制改編의 方向

위화도 회군 이후 정국의 주도권이 개혁파 신흥유신 중심으로 재편되는 가운데 曹敏修의 지원 아래 왕위에 오른 창왕은 6월에 赦免을 단행하면서 '便民事宜'란58) 명분 아래 10개항의 敎書를 頒布하고 있으며, 또한 조민수가 제거된 8월에도 4개항의 교서를 반포하였다. 이 두 교서의 성격은 그다지 크지 않다고 생각되어 함께 포함하여 보았다. 이 교서의 내용을 표로 정리하면 <표 14>와 같다.

---

55) 『高麗史節要』권34, 공양왕 원년 11월 甲戌. 이 사건의 관련자에 대한 숙청은 門下評理 鄭地・李仁居・前判厚德府事 柳惠孫・李乙珍・前密直 李惟仁・柳蕃・趙瑚・安柱 등 27인을 유배하고 趙方興을 죽이는 것으로 일단락되었다.

56) 이 사건은 개혁파에 의해 언제 죽임을 당할지도 모르는 우왕이 이미 실권이 없는 前大護軍 김저와 前副令 정득후에게 한 일종의 하소연에 불과한 것으로 보아 넘길 수도 있는 문제였다. 그러나 김저가 바로 이성계에 의해 쫓겨나 있던 崔瑩의 조카라는 사실과 창왕이 그들의 전제개혁에 비협조적이었다는 점에서 이성계 세력은 이를 정치적 목적으로 이용한 것으로 보인다. 더구나 사건의 핵심인물인 김저가 갑자기 옥사하고 정득후가 巡軍府의 심한 고문으로 죽어 그 사건의 진상을 제대로 파악하지 못한 채 연루자를 지목하였다는 점은 그러한 면을 엿보게 한다(『高麗史節要』권34, 공양왕 원년 11월).

57) 『高麗史』권45, 공양왕 즉위년.

58) 『高麗史節要』권33, 창왕 즉위년 6월.

<표 14> 昌王 卽位年의 內政改革案 一覽

성격	분류	항목		내용	개혁안 전문	출전	비고
政治問題	政治運營	人事行政	1	科擧의 法은 己酉年의 法規에 依하여 擧行하고 州縣의 學校에서 貢士가 額數에 차지 않으면 罪가 守令에게 미치게 할 것	敎 科擧之法 一依己酉年之規 以時擧行 州縣之學 貢士 不充額數者 罪及守令	선거1 과목1 과거	
			1	都目政에 功勞를 追錄할 것	始復銓選法 舊制 府衛則自隊正以上 諸司則自九品以上 與夫府史胥徒 皆錄歲月功過 每於歲抄 升黜 謂之都目政 自禑時 權奸竊國 官爵 一出私門 都目政 久廢 至是 追錄其勞	선거3 선법	8월
			1	都評議使司·臺省·六曹는 각각 아는 바를 薦擧하여 公務에 淸廉하고 才幹이 있는 자를 찾아 外任을 맡기고, 都巡問使와 按廉使가 嚴히 考覈을 加하여 黜陟에 憑據하고 그 貪汚하여 人才가 아닌 자는 痛烈하게 懲罰할 것	令都評議使司·臺省·六曹 各擧所知 務得公廉有才幹者 以委外任 仰都巡問按廉使 嚴加考覈 以憑黜陟 其貪汚不材者 痛行懲罰	선거3 수령선용	
			1	諸道 都觀察黜陟使는 臺諫의 薦擧로 任用할 것	諸道都觀察黜陟使 皆用臺諫之薦	선거3 감사선용	8월
		赦免措置	1	2罪 이하는 모두 사면하고 崔瑩 및 갇혀있는 一干人 등은 사면하지 말 것	二罪以下 咸宥除之 其崔瑩 專擅國柄 殺戮無辜 妄興師旅 獲罪上國 見今申達朝廷 瑩及囚貶一干人等 未敢輕宥	세가 즉위년 6월	
		有功者考課	1	大小軍民官 가운데 戰爭의 功과 다스림의 치적이 가장 優秀한 자는 書狀을 갖추어 아뢰도록 할 것	賞罰 國家之大柄 所以勸有功懲有罪也 凡大小軍民官 苟能禦寇制勝 施惠安民 戎功政跡 最殊者 在所當勸 具狀以聞	세가 즉위년 8월	
經濟問題	土地問題	田法의 抹弊問題	1	田法의 폐단을 구하는 법을 都評議使司와 司憲府와 版圖司로 하여금 의론하여 아뢰도록 할 것, 料物庫에 속한 360 庄·處田과 先代에 寺院에 施納한 것은 모두 料物庫에 반환할 것, 東北面·西北面은 본래 私田이 없었으니 만약 私田이라 칭하여 濫執하는 자가 있으면 都巡問使는 가지고 있는 文契를 관에 몰수토록 할 것	敎曰 近來 豪强兼幷 田法大壞 其救弊之法 仰都評議使司·司憲府·版圖司 擬議申聞 其料物庫屬三百六十莊處之田 先代 施納寺院者 悉還其庫 東北面·西北面本無私田 如有稱爲私田濫執者 仰都巡問使 痛行禁理 其所執文契 沒官	식화1 녹과전	

經濟問題	土地問題	土地量田	1	六道觀察使로 하여금 각기 副使와 判官을 천거하여 土田을 改量할 것	令六道觀察使 各擧副使·判官 改量土田	식화2 경리	8월
社會問題	民生安定	未納負債貢物免除		각 道 州·府·郡·縣의 지난해의 밀린 부채와 未納한 貢物을 모두 免除할 것, 今年 戊辰年의 貢物도 또한 被罪人 등의 家財로써 충당하여 사용할 것, 先代納하고 鄕里에 내려가 倍로 徵收하는 자는 本錢만을 줄 것, 己巳年으로부터 비로소 納貢을 이전과 같이 하되 이미 官府에 도달된 것은 이 제한에 두지 말 것	教曰 貢賦之設 自有定制 近因多故 徵斂無藝 民受其害 各道·州·府·郡·縣往年逋負 未納貢物 一皆蠲免 今戊辰年貢物 亦以被罪人等家財 充用 其有先納私錢 下鄕倍徵者 止償其本 自己巳年 始納貢如舊 其已發到官者 不在此限	식화3 은면지제	
		私膳使令公用問題	1	각 道의 元帥, 都巡問, 按廉使와 州府의 大小軍民官이 私膳을 禁斷할 것, 使命을 都評議司가 軍事는 都巡問使에게 내리고 民事는 按廉使에게 내려 긴요하지 않은 것은 差遣을 허락하지 말 것, 公用의 廩給 이외에 개인 일로 왕래를 하는 자에게는 모두 공급을 정지할 것	教曰 近年 各道元帥·都巡問·按廉使·州府大小軍民官 營進私膳 皆令禁斷 違者罪之 使命繁多 害及於民 今後 都評議使軍事 下都巡問使 民事 下按廉使 雜泛使命 不許差遣 其公幹稟給外 私幹往來者 勿論尊卑 悉停供給 違者 主客皆論其罪	형법1 직제	
		奔競禁止	1	權奸의 奔競, 女謁의 盛行을 司憲府는 엄중히 禁斷하게 할 것	教曰 近來 權奸用事 招納賄賂 奔競成風 女謁盛行 廉恥道喪 仰司憲府 痛行禁斷	형법2 금령	
		刑罰濫刑禁止	1	中外 官司가 힘써 矜恤을 가하여 寃枉함이 없도록 할 것, 그 杖과 贖을 병행하지 못하게 하고 그 徒役과 관에 籍沒되어 노비로 된 자는 年限이 차면 놓아 보내게 할 것.	教曰 刑罰輕重 當有定法 近來中外官司 出入由己 致令平民 寃抑無告 召傷和氣 實爲憐憫 今後 中外官司 務加矜恤 毋致寃枉 其杖與贖 毋得並行 其徒役·沒官爲奴婢 年限已滿者 放遣	형법2 휼형	
		犯法者處罰	1	失律喪師者, 望敵畏避者, 州郡이 陷沒되었는데 구원하지 아니한 자나, 비리를 저질러 不法을 하거나 게을러 所任을 이기지 못하여 命令을 拒逆하고 百姓을 殘虐하는 자는 마땅히 懲戒할 바가 있어야 것이니 兩府 이상은 監禁하여 분부를 듣게 하고 奉翊 이하는 그의 범한 輕重을 따져 斷罪할 것	其或失律喪師 望敵畏避 州郡陷沒 不及赴救者 贓污不法 惰慢不任 方命虐民者 在所當懲 兩府以上 監禁聽候 奉翊以下 以其所犯輕重 直斷之	세가 즉위년	8월

| 國防問題 | 驛站問題 | 1 | 都巡問使와 按廉使로 하여금 驛館의 土田을 되돌려 주고 길을 굽혀서 함부로 <驛馬를> 타는 것과 및 이웃 驛을 지나가는 것을 금할 것 | 敎曰 館驛之設 所以傳命 近因豪强兼幷 失其土田 廚傳如舊以致凋弊 誠可憫焉 仰都巡問·按廉使 復其土田 禁理枉道濫騎 及過行隣驛者 務加存恤 毋致失所 | 병2 역참 |
| 합 | | 14 | | | |

    <표 14>에서 보이는 바와 같이 이때의 내정개혁안은 모두 14개 항목으로 이루어져 있는데, 이를 분야별로 나누어보면 크게 정치(6)·경제(3)·사회(4)·국방(1) 등에 관련된 것이다.

    정치문제는 크게 科擧制의 운용과 官吏選拔과 관련한 守令과 監司의 薦擧, 都目政의 실시, 관리의 考課문제 등으로 구분된다. 이 가운데 都目政과 監司의 選用에 대한 내용은 창왕 즉위년 8월의 것이다.

    예컨대, 科擧法을 己酉年(1369)의 法規에 依하여 擧行하고 州縣의 學校에서 貢士가 額數에 차지 않으면 守令에게 罪를 묻도록 할 것과 銓選法의 회복과 함께 都目政에 功勞를 追錄할 것과 都評議使司·臺省·六曹는 각각 아는 바를 薦擧하여 公務에 淸廉하고 才幹이 있는 자를 찾아 外任을 맡기고, 都巡問使와 按廉使가 嚴히 考覈을 加하여 黜陟에 憑據하고 그 貪汚하여 人才가 아닌 자는 痛烈하게 懲罰할 것, 諸道의 道觀察黜陟使는 臺諫의 薦擧로 任用할 것, 2罪 이하는 모두 사면하고 崔瑩 및 간혀있는 一干人 등은 사면하지 말 것, 大小軍民官 가운데 戰爭의 功과 다스림의 治積이 가장 優秀한 자는 書狀을 갖추어 아뢰도록 하라는 것이었다.

    人才選拔에 있어서 科擧制와 薦擧制는 가장 중요시되는 제도적 장치였다. 특히 천거제는 공민왕 원년, 5년, 12년에 지속적으로 나오고 있으며, 공민왕 10년에는 宰相百官으로 하여금 良賢 2인씩을 천거케 한 사실도 보인다.[59] 22년에는 都堂에 명하여 재주가 수령이 될만한 자 몇

---

59) 『高麗史』 권75, 지29 선거3 銓注 薦擧之制 공민왕 10년 2월.

사람씩을 추천하라고 명령하고 있음에서[60] 이후에도 계속 시행되었다는 것을 알 수 있다. 특히 趙浚은 道按廉黜陟使[61]는 兩府에서 淸廉·威嚴·公明·才幹의 4가지 善德이 있는 자로 천거하도록 하였고,[62] 수령은 臺諫과 6曹에서 薦擧한 才幹이 있는 자를 가려 差遣하되 參官으로 品階를 올려 州牧과 排目을 같이하여 그 職任을 높이도록 하고 있다.[63]

한편, 都目政은 원래 文武의 銓選을 吏部와 兵部에서 분담하여 府衛는 隊正 이상, 諸官司는 9품 이상으로 府史·胥徒와 더불어 모두 年月과 功過를 기록하여 그에 따라 매번 연말에 升黜하는 자료로 이용하던 것으로, 人事考課에 가장 중요한 것이다. 그럼에도 불구하고 李仁任 집권기의 인사권의 문란은 慶復興·李仁任·池奫 등 3인이 政房提調를 맡으면서 특히 심하게 나타나고 있었다.

添設職과 宰樞職의 濫設이 그 대표적인 예라 할 수 있는데, 첨설직은 공민왕 3년 이후 軍功者를 褒賞하기 위하여 설치된 것임에도 불구하고 從軍하지 않은 자에게까지 포상하여 그 수를 헤아릴 수 없을 정도에 이르렀다.[64] 또한 재추직의 경우 본래 12명에 국한되었으나, 심지어 50~59명에 이를 정도로 인원 수를 확대하여 자신들의 黨與를 부식하고,[65] 臺諫·將帥·守令職을 친한 연고자로 임명하거나, 市井·工匠에게까지도 벼슬을 내려 결국 "煙戶政"이라고 불릴[66] 정도로 그 폐단이 심각

---

60) 『高麗史』 권75, 지29 선거3 銓注 選用守令 공민왕 22년 9월.
61) 趙浚이 按廉使를 道按廉黜陟使로 고치자고 한 것은 창왕 즉위년 7월의 일이고, 실제 명칭을 개정한 시기는 8월의 일이다(『高麗史節要』 권33, 창왕 즉위년 7월 大司憲趙浚 上書曰 ; 8월 大司憲 趙浚 陳時務曰).
62) 『高麗史』 권75, 지29 선거3 選用監司 창왕 즉위년 7월 趙浚言 ; 『高麗史節要』 권33, 창왕 즉위년 7월 大司憲趙浚 上書曰.
63) 『高麗史』 권75, 지29 선거3 選用守令 창왕 즉위년 7월 趙浚言 ; 『高麗史節要』 권33, 창왕 즉위년 8월 大司憲 趙浚 陳時務曰.
64) 『高麗史節要』 권30, 우왕 2년 정월 ; 『高麗史節要』 권30, 우왕 2년 9월.
65) 『高麗史節要』 권30, 우왕 2년 3월.
66) 『高麗史節要』 권30, 우왕 2년 2월.

하였다.

특히 侍中인 慶復興이 청렴결백하고 스스로를 지켜 어진 사람을 천거하고자 하였으나 견제를 받아서 실행하지 못하였다[67]는 예처럼 관리의 선발에 그 영향력을 발휘할 수 없을 정도로 이인임 세력에 의한 정국 독주는 계속되었다. 또한 三司右使로서 국정을 맡은 金續命 역시 政房提調로서 인사권을 남용하고 있는 李仁任과 池奫 등의 파행적인 정치운영을 보고서도 어찌지도 못하고 있다고 자신의 행동을 한탄하면서 간접적으로 그들을 비난하였다는 이유로 유배를 가기도 하였다.[68] 이와 같은 우왕대의 인사운영에 대한 난맥상을 비판하면서 이때에 와서야 都目政이 제대로 운용되었던 것이다.[69]

경제문제는 토지문제와 수취문제와 관련되어 있는데, 田法의 救弊를 都評議使司와 司憲府・版圖司로 하여금 의논하여 아뢰도록 한 것과 料物庫에 속한 360庄・處田과 先代에 寺院에 施納한 것은 모두 料物庫에 반환하도록 한 것, 東北面・西北面은 본래 私田이 없었으므로 만약 私田이라 칭하여 濫執하는 자가 있으면 都巡問使는 가지고 있는 文契를 관에 몰수토록 할 것 등은 이 시기 신흥유신 개혁파의 전제개혁과 밀접하게 연결되어 있다.

특히 六道觀察使로 하여금 각기 副使와 判官을 천거하여 土田을 改量하도록 한 것 등은 이전의 내정개혁안에서 볼 수 없었던 적극적인 대처방식이었다. 물론 東北面・西北面에 대한 토지문제는 공민왕 5년 개혁안에서 지적된 바 있지만, 田法의 폐단을 강구하라고 한 점, 그리고 그 결과 8월에 土田을 改量하도록 하였다는 점은 이 시기 전제개혁을 주장하던 신흥유신의 입장이 그대로 반영된 것으로 보인다.

사회문제는 대부분 刑法과 관련된 것이다. 未納된 債務와 貢物, 지방관원의 私膳・使令, 公用의 廩給 문제, 奔競禁止, 刑罰의 濫刑, 犯法者

<hr>

67) 『高麗史節要』 권30, 우왕 2년 9월.
68) 『高麗史節要』 권30, 우왕 2년 3월.
69) 『高麗史節要』 권33, 창왕 즉위년 8월.

260

의 처벌 문제가 지적되고 있다. 예컨대, 각 道 州·府·郡·縣의 지난해의 밀린 부채와 未納한 貢物을 모두 免除할 것, 今年 戊辰年(1388)의 貢物도 또한 被罪人 등의 家財로써 충당하여 사용할 것, 先代納하고 鄕里에 내려가 倍로 徵收하는 자는 本錢만을 줄 것, 己巳年(1389)부터 비로소 納貢을 이전과 같이 하되 이미 官府에 도달된 것은 이 제한에 두지 말도록 한 것은 未納된 負債와 貢物 代納의 폐단을 지적한 것으로, 공민왕 원년과 우왕 즉위년의 내정개혁안에서도 언급된 것이다.

그리고 각 道의 元帥, 都巡問, 按廉使와 州府의 大小軍民官이 私膳을 禁斷할 것, 使命을 都評議司가 軍事는 都巡問使에게 내리고 民事는 按廉使에게 내려 긴요하지 않은 것은 差遣함을 허락하지 말 것, 公用으로 가는데 廩給하는 이외에 개인 일로 왕래를 하는 자에게는 모두 공급을 정지할 것, 權奸의 奔競과, 여자가 찾아 다니는 일[女謁]의 盛行을 司憲府는 엄중히 禁斷할 것,[70] 中外의 官司가 힘써 矜恤을 가하여 寃枉함이 없도록 할 것, 그 杖과 贖을 병행하지 못하게 하고[71] 그 徒役과 관에 籍沒되어 노비로 된 자는 年限이 찼으면 놓아 보내게 할 것, 失律喪師者, 望敵畏避者, 州郡이 陷沒되었는데 구원하지 아니한 자나, 비리를 저질러 不法을 하거나 게을러 所任을 이기지 못하여 命令을 拒逆하고 百姓을 殘虐하는 자는 마땅히 懲戒할 바가 있어야 할 것이므로, 兩府 이상은 監禁하여 분부를 듣게 하고 奉翊 이하는 그의 범한 輕重을 따져 斷罪할 것 등이 그 예이다.[72]

국방문제는 驛站과 관련한 1개항에 불과하다. 都巡問使와 按廉使로 하여금 驛館의 土田을 되돌려 주고 길을 굽혀서 함부로 驛馬를 타는 것

70) 奔競문제는 창왕 즉위년 8월에 헌부에서 분경금지를 청하고 있는 점에서 6월이 아닌 8월의 내용으로도 추정해 볼 수 있다(『高麗史節要』 권33, 창왕 즉위년 8월 憲府請禁奔競).
71) 이와 유사한 내용은 공민왕 20년의 개혁안에서도 보인다.
72) 이러한 점은 우왕대의 그것과 마찬가지로 『高麗史』 형법지에 모두 기재된 특징을 가지고 있으며, 대부분의 내용이 민생안정 차원에서 이루어진 것이었다.

과 이웃 驛을 지나가는 것을 금하도록 하고 있다. 이러한 언급은 공민왕 5년, 20년에도 지적된 바가 있었으나 제대로 시행되지 못하고 있음을 알 수 있다.

이에 대한 대책으로 趙浚의 경우, 州郡의 庶務는 巡問使와 按廉使에 맡겨 책임지우고 번거로운 使命의 파견을 허락하지 말 것, 朝廷의 문서 는 모두 懸鈴으로써 전달하고 軍情으로 緊急한 重大事가 아니면 驛馬 를 주지 말며 驛馬를 탄 자가 아니면 諸郡과 각 驛에 들어가 廩給을 받 지 못하게 하되 어기는 자는 主客을 모두 罷職하고 敍用하지 말 것, 각 道의 巡問使와 按廉使로 하여금 朝廷의 이 制度를 본받아 어기지 못하 게 하고 어기는 자는 이를 엄격히 다스릴 것을 주장하기도 하였다.[73] 또 한 8도의 驛站을 관장하는 供驛署를 軍簿司에 소속시켜, 모든 馬匹과 역졸은 都堂의 문서에 의거하여서만 징발을 허가하도록 하기도 하였 다.[74]

국방문제가 驛站 1개 조항만 제시되었다는 점에서 이전의 국방개혁 안과는 크게 다른 점이다. 특히 이러한 점은 앞서의 개혁안 대부분이 戰 亂의 수습책으로 제시되었다는 것도 하나의 이유가 되겠지만, 軍士의 대부분이 무장세력의 私兵化가 되었기 때문에 보다 근본적인 대책을 제 시하지 못한 측면이 있었을 것으로 짐작된다.

이상의 창왕 즉위년에 시행된 내정개혁안은 이전 국왕의 개혁교서와 크게 다르지 않다. 다만 정치문제에 있어서 官吏選拔과 관련된 科擧制 의 운용, 守令과 監司의 薦擧, 都目政의 실시, 관리의 考課문제 등을 제 시하고 있다는 점에서 위화도 회군 이후 개혁파 신흥유신인 조준, 정도 전의 향후 官制改編의 의지가 담겨져 있을 것으로 보인다.

특히 창왕 즉위 후 제기한 田制改革이 그 주류를 이루고 있었고, 조

---

73) 『高麗史』 권82, 지36 병2 驛站 창왕 즉위년 7월 趙浚上書 ; 『高麗史節要』 권 33, 창왕 즉위년 7월 大司憲趙浚 上書曰.

74) 『高麗史』 권82, 지36 병2 驛站 창왕 즉위년 8월 趙浚等 又上疏 ; 『高麗史節 要』 권33, 창왕 즉위년 8월 大司憲趙浚 陳時務曰.

준의 1, 2차에 걸친 時弊案이 제기되고 있다는 것에서 일정하게 그들의 개혁의지가 반영되었을 것이다. 인사제도와 관리의 선발방법의 개선을 통하여 정상적인 관료체제의 운영을 통하여 이전의 국왕이 추구한 측근 중심의 정국운영을 청산하고자 하였다. 그러나 이들은 창왕 자체를 부정하는 경향으로 정치노선이 정해진 다음에는 국왕권 중심의 제도개혁보다는 재상 중심의 관료체제를 구상하였을 것이다.

2. 新興儒臣의 分岐와 田制改革의 推進

1) 新興儒臣의 現實認識과 分岐 原因

고려말 개혁세력인 신흥유신은 당시 고려사회가 안고 있던 여러 모순을 해결하려는 지배층의 정치개혁 방식, 즉 政治運營論을 둘러싸고 분기, 대립하였다. 특히 당시 제모순에 대한 문제의식과 그 해결방안을 추동했다고 하더라도 모든 신흥유신이 정치적 입장을 같이한 것은 아니었다. 權門世族에 의한 폐단을 시정하려 하면서도 개혁의 방법과 정도에 대해서는 견해를 달리하고 있었다.

또한 국왕 중심의 정치운영 과정에서 나타난 비정상적인 側近政治와 같은 權力構造를 개편하려는 노력과 이에 반발하는 政治勢力의 갈등관계 속에서 사회경제적 제모순의 해결을 국가 차원의 문제로 인식하거나 아니면 부차적인 것으로 보는 측면들, 그리고 元·明의 對外關係에 있어서는 각각의 名分論에 따라 그 方向을 수립하는 예에서 구체적으로 나타나고 있었다.

이를 달리 표현하면 政治支配 秩序의 위상을 君臣關係나 士庶關係의 재조정을 통하여 국가체제를 확립하려는 측면과 이를 실현하는 과정에서 주체가 되어야 하는 관료의 입장, 그리고 그들이 제기한 문제를 어떠한 방식으로 실현해야 할 것인가의 방법론이다.

따라서 주자학을 모태로 하는 정치사상에서 고려의 지배질서를 유지하려는 혈연적 유대를 강조한 舊法派 사대부와 法과 制度를 급진적으로 개혁하려는 능력 위주의 新法派로 分岐될 수 있다면,[75] 現實認識에서도 관료로서의 신흥유신간에도 국가의 입장을 반영하는 富國强兵을 추구했던 측과 정도의 차이는 있을지라도 民生安定에 우선하는 계열로 나누어 볼 수 있다.

특히 戰亂 등으로 國家體制가 붕괴되고 收取體制가 제대로 운영될 수 없을 때에는 그러한 차이가 국가운영론에 반영될 것이기 때문이다. 이러한 경향은 체제변혁 혹은 국가개혁과 관련해서 성리학에서 미진하거나 성리학과 배치되지 않는 정치사상을 王安石의 新法에서 원용하였다는[76] 점은 이후 田制改革의 실시나 官制나 地方制度와 같은 제도개혁의 추진과정에서 수용되었을 것이다.

충목왕대 과거문신세력이 추구했던 "整治選法"을 목표로 "罷政房 復祿科田"을 요구한 개혁의 명분은 바로 人事權, 賞罰權의 행사와 收租地 分給制度에 있어서 관료제의 정상적인 君臣關係를 회복하고자 하였다. 인사권과 상벌권의 행사가 국왕의 측근세력(嬖幸·外戚)과 권문세족의 이해관계에 따라 다르게 나타나는 양상이었고, 이러한 이해관계를 제도적으로 뒷받침해 주는 대표적인 기구가 政房이었다. 이러한 현상은 관료제의 운영이 군주에 대한 충성이라는 규범을 중시하기보다는 권문세족의 사적인 이해관계에 따라 이루어짐을 의미하는 것이었으며, 결국은 '私門(權臣)이 있음은 알지만 王室(君主)이 있음을 모르는'[77] 상태까

75) 도현철, 『高麗末 士大夫의 政治思想硏究』, 一潮閣, 1999.
76) 도현철, 「고려말 사대부의 왕안석 인식」, 『역사와 현실』 42, 2001, 137쪽 참조.
77) 『高麗史』 권126, 열전39 간신2 李仁任傳, "……右司議大夫尹紹宗 與同列上疏曰 竊見李仁任……仁任 專制國柄 乃謀一身百年之富貴 不顧三韓萬世之社稷 殺忠勳而竄大臣 罷書筵而進頑童 蔽上聰明 導上聲色 娛上遊攬 使上王 不暇親政 宦官宮妾饔夫內竪爵祿以悅之 饋遺以結之 使爲耳目 日夜稱譽於上 甘言小惠 愚弄國人 皆得懽心 以林堅味廉興邦 爲腹心 雄唱雌和 貨官市獄 門如沸湯 苞苴附托者 爲賢才 節行廉恥者 爲不肖 鍾鼎出於一笑 刀鋸起於一嚬 兩

지 초래하게 되는 것이다.

또한 고려후기에는 군신관계의 물적 기반이었던 수조지 분급제도가 변질되어 버린 상황이었다. 군주에 대한 충성의 대가로 주어지던 수조지가 고려후기에는 지배층의 家産으로 변질되어 버린 것이다. 그 결과 군주에 대한 관료들의 충성을 확보할 수 있는 물질적 기반을 상실하게 되었고, 지배층은 家産化한 수조지의 유지·확대에 몰두하게 되었다. 이 같은 물질적 기반을 상실한 고려후기의 군신관계는 유약한 것이 될 수밖에 없었다.[78]

이에 따라 과거문신세력은 인사권의 정상적인 운영을 주장하게 되었고, 비관인층에 의한 불법적인 토지탈점을 억제해 보고자 하였다. 그러한 노력이 충목왕대 추진된 整治都監을 통한 개혁이었다.[79] 공민왕 즉위 이전 개혁관료들의 개혁안으로서 가장 정리된 것은 충목왕 즉위를 계기로 이제현이 제시한 개혁안이라고 할 수 있다.

元의 지배를 받아 온 이후 忠惠王대까지 쌓여온 사회적 폐단을 일소하기 위하여 제시한 이 개혁안은 그 이전부터 간헐적으로 제기되었던 여러 가지 문제점들을 총괄하는 것이었고, 동시에 개혁관료들이 구상하는 사회 운영원리를 제시하는 성격을 갖는 것이다.

이 개혁안에서 이제현이 제시한 내용 중 중요한 것은 1) 政房을 폐지하고 考課法에 의해 관리를 임용하고 승진할 것, 2) 權門이 탈점한 祿科田을 辨整하여 돌려줄 것, 3) 제반 賜給田을 몰수하여 일반 관료들의 祿科田을 확보할 것, 4) 국왕의 사적 경제기반인 國王食邑을 廣興倉으로 이관할 것, 5) 재상의 국정에의 주도적 참여를 보장할 것, 6) 무리한

府百司 藩鎭守令 咸出其門 言官要職 列其私親 溪壑之欲 不知紀極 田園遍於 諸道 金帛充於列屋 富家之翁 唁以封君 姻亞乳臭 工商賤隷 坐耗天祿 宿衛之 臣 百戰之士 未食斗粟 於是 一國之人 以奔競爲德行 賄賂爲功狀 群寮曠職 知有私門 不知有王室矣".

78) 金勳植, 「高麗後期의『孝行錄』보급」,『韓國史硏究』73, 1991, 39~40쪽 참조.

79) 閔賢九, 「政治都監의 設置經緯」,『國民大論文集』11, 1977 ; 閔賢九, 「政治都監의 性格」,『東方學志』23·24합, 1980이 참조된다.

수취를 경감하고 빈곤으로 남의 노비가 된 양민을 국가에서 贖良시킬 것 등이었다.[80] 그런데 이 중 정치운영과 관련한 제도개혁으로 특별히 주목되는 것은 政房의 폐지와 祿科田의 확보였다. 이 문제들은 충선왕의 개혁교서에서 언급된 이후 일련의 개혁정책 때마다 언급된 것이지만 실제로는 거의 실현되지 못하는 정책이었다.[81]

그러나 고려말 新興儒臣들은 자신의 선배인 충목왕대 과거문신세력이 주장한 "罷政房 復祿科田"의 명분이었던 田民의 訟事를 聽斷하는 것은 整治를 하는 一事일 뿐, 반드시 먼저 選法을 整治[聽斷田民之訟 只爲整治一事 必先整治選法]하여야 한다는 것에[82] 대신하여 사회경제적 해결을 우선하는 "田制를 바로잡아 國用을 足하게 하고 民生을 厚하게 하며 人才를 가려 紀綱을 진작하고 政令을 거행하는 것은 오늘날의 급선무[正田制而足國用厚民生 擇人才而振紀綱擧政令]"라는 것으로 인식하고 있었다.[83] 이러한 점은 정치개혁보다 토지개혁이 우선해야 한다는 인식의 변화가 있음을 뜻하는 것이 된다.

이러한 인식의 변화는 이 시기 신흥유신들이 "國以民爲本 民以食爲本"이라는[84] 民本論을 바탕을 고려후기이래의 사회경제적 모순의 원인이 결국 土地奪占과 倭寇侵入 등으로 생산기반을 잃거나[恒産], 윤리도덕[恒心]을 잃게 된 민의 생활에 있다고 보았기 때문이었다. 따라서 신흥유신들은 그들을 보호해 주기 위하여 그 해결방안으로써 "國以爲民本 民以吏爲天"이라는[85] 인식하에 관리의 중요성을 강조하면서 儒教를

---

80) 『高麗史節要』권25, 충목왕 즉위년 5월 金海君 李齊賢堂書上書 ; 『東文選』권108, 雜著策問②・④.
81) 최연식, 「공민왕의 정치적 지향과 정치운영」, 『역사와 현실』15, 1995, 99쪽 참조.
82) 『高麗史節要』권25, 충목왕 4년 정월 金倫逡與李齊賢朴忠佐等耆老上疏曰.
83) 『高麗史節要』권33, 창왕 즉위년 7월, "大司憲趙浚等 上書曰 正田制而足國用厚民生 擇人才而振紀綱擧政令 此當今之急務也".
84) 『農桑輯要』書後(偰長壽 撰).
85) 『稼亭集』권9, 送安修撰序.

체득한 守令의 책임의식과 經世論을 강구하게 되었고, 이러한 해결방안은 "正田制 擇人才"로 방식으로 완성할 수 있을 것으로 보았다.

실제로 이 시기 新興儒臣들은 民生安定과 관련하여 민의 몰락을 恒心이라는 인간의 도덕적 본심의 상실에 있다고 보고 孟子의 恒産·恒心論에 주목하였다.[86] 14세기 고려사회의 기본적 문제인 민의 流亡을 恒産論에 대비하였다.[87] 改善派에 해당하는 李齊賢-李穀-李穡-李崇仁·權近 등은 일반 민이 안집하지 못하고 유망하는 것은 민의 이러한 생업[恒産]과 변하지 않는 마음[恒心]과 관련된다는 것이다.

때문에 이색 계열은 민을 安集시키기 위하여 人性교육과 學校설립을 통한 敎化에 주력하는 한편으로, 賦稅納付를 원활히 하고 민의 생업 안정을 위해 義倉을 세우고 그 지역의 父老, 有力者와 함께 濟用財와 같은 기금을 마련하였다. 이들은 국가적이고 제도적인 차원에서 근본적으로 민의 생산기반을 마련해 주기보다는 지방관으로 나아가 恒心을 강조하는 가운데 개별적으로 의식있는 사대부의 良識에 의해 민의 고통을 해결하려고 하였다. 이는 최소한도의 제도개선이나 운영상의 문제만을 처리하여 고려의 지배질서, 舊法을 인정 수호하려는 舊法派 士大夫로서 현실문제에 대한 온건한 입장을 반영하는 것이라고 하겠다.[88]

改革派인 趙浚, 鄭道傳의 경우는 恒心보다 恒産의 입장에 주목하여 나라의 근본인 민의 안정화에 주력하였던 것으로 보인다. 민의 안정은 국가 존립의 관건이므로 그들의 생산 기반을 마련해 주고 안집시키는 것은 위정자가 우선적으로 해야 할 임무였기 때문이다. 즉 恒産이 없는 것으로 인하여 恒心이 없는 것이므로 飢寒이 切身하면 禮義를 돌아볼 겨를이 없어 대부분 부득이하게 도적이 된다고 보았다. 그러므로 민의

---

86) 『孟子』 梁惠王 上, 藤文公 上.

87) 『高麗史』 권78, 지32 식화1 貢賦 충렬왕 22년 6월 中贊 洪子藩上書 ; 『高麗史』 권84, 지38 형법2 職制 충렬왕 24년 忠宣王卽位下敎 ; 『稼亭集』 권3, "荊置金剛都山寺記 爾無恒産 因無恒心 故流徒耳 因無恒心 焉往而能容哉".

88) 도현철, 앞의 책, 155쪽 참조.

어른이 되는 자는 仁政을 베풀어 생업안정을 도모하고, 부릴 때에는 농
사짓는 시기를 빼앗지 말아야 하고 수취할 때에는 그 힘을 손상시키지
말아야 한다고 하였다.[89] 따라서 이들은 농민의 생계보장, 농민경제를
우선하는 입장에서 항산을 중시하고 소농의 생산기반을 안정시키는 데
주력하였다. 소농민의 안정이 나라를 튼튼히 하고 지주제를 유지하는
첩경으로 이해되었기 때문이다.[90]

이러한 恒産 중시의 입장은 관인층의 시국인식, 민의 경제적 불안정
에 대한 인식을 바탕으로 이루어진 것이다. 당시 왜구와 홍건적의 침입
과 자연재해, 그리고 지배층의 수탈은 민의 생산기반을 파괴하고 있었
다. 전국 각지에서 기근이 들어 굶어죽거나, 사람을 잡아먹기도 하고, 草
賊으로 봉기하여 開京을 위협하기도 하였다. 특히 우왕대는 禾尺들이
왜구로 가장하여 寧海郡의 관청과 민가를 방화·약탈하고,[91] 慶尙道
陝州의 私奴가 劍大將軍이라 칭하고 무리를 모아 재물을 약탈하고 주
인과 수령을 죽이고 반란을 일으키고 있으며,[92] 州縣의 吏인 靜州吏는
遼瀋의 경계에 들어가 머물며 백성을 꾀어 昌州를 공격하는[93] 등의 예
가 이 시기에 발생하고 있었다.

따라서 민의 불안정한 처지를 恒産的인 생산, 생활기반의 붕괴에서
연유하는 것으로 보았다. 조준은 禾尺과 才人이 왜적으로 가장하고 있
는 것은 恒産이 없어 恒心이 없기 때문이라고 하였다.[94]

이에 따라 이들은 민의 恒産, 즉 생활보장을 위한 대책을 마련해야

---

89) 『三峰集』 권8, 朝鮮經國典 下 憲府 盜賊.
90) 도현철, 앞의 책, 240~241쪽 참조.
91) 『高麗史』 권134, 열전47 우왕 8년 4월.
92) 『高麗史』 권134, 열전47 우왕 8년 5월.
93) 『高麗史』 권134, 열전47 우왕 7년 11월.
94) 『高麗史』 권118, 열전31 趙浚傳, "浚又率同列條陳時務曰……禾尺才人 不事
耕種 坐食民租 無恒産而無恒心 相聚山谷 詐稱倭賊 其勢可畏 不可不早圖之
願自今 所居州郡 課其生口 以成其籍 使不得流移 授以曠地 礪勤耕種 與平民
同 其有違者 所在官司 繩之以法".

하였다. 이들은 개선파와 마찬가지로 농민을 토지에 안착시키기 위해 진휼을 목적으로 하는 義倉制를 복구하는 한편으로 小農의 자립화를 위해 農法의 개발, 수리시설의 확충 등 농업생산력을 증대하고자 하였다. 또한 소농민의 생산기반을 확보하고자 內陸과 沿海의 低地의 토지를 개간하는 데 주력하였다. 농업 생산의 재건과 小農民의 안정을 통해 국가재정을 확보할 수 있다고 보았기 때문이다.

이들은 민을 敎化하는 제도적 장치로 鄕校를 중시하였다. 趙浚은 학교를 풍화의 근원이며 국가의 治亂이 연유하는 바의 것이라 하여 홍건적과 왜구 등의 전쟁기간에 지방의 학교와 학교교육이 폐지되거나 해이해졌다고 보고, 교육을 담당하는 자들도 주로 鄕愿들로서 儒名만을 평계하며 軍役을 피하려는 자들이었고, 이들이 童子들을 모아 가르치고 있는 실정이지만 지방의 守令들조차 이를 보고서도 마음에 두지 않는다고 지적하였다. 그러므로 勤實하고 민첩하며 學識이 풍부한 사람을 敎授官으로 삼아 郡縣의 학교 교육에 힘쓰도록 하였다.

그는 교수관의 자질로 무엇보다 유교적 소양을 갖추고 儒學을 직업으로 하며 부지런해야 한다고 하였다. 敎授官의 임무는 詞章 중심의 學風을 금지하고 자제들로 하여금 四書五經에 치중하도록 지도하고, 이러한 성과를 바탕으로 이들에게 褒賞하도록 하였다. 그리고 守令5事로서 盜賊息 대신 學校興을 제시하였다. 원래 우왕 원년(1375)의 수령의 평가항목으로 제시된 5事에는[95] 學校興이 없었으나, 이때에 와서 첨가하여 학교의 중요성을 강조하였다.[96]

아울러 민이 恒心을 갖게 하기 위해 旌表 교화정책도 취하였다. 민에

---

95) 『高麗史』 권75, 지29 선거3 銓注 選用守令 우왕 원년 2월 敎, "守令考績之法 以田野闢戶口增賦役均詞訟簡盜賊息五事 爲殿最 其遞任者 必待新官交付 去 任朝參".
96) 『高麗史』 권75, 지29 선거3 銓注 選用監司 창왕 즉위년 7월, "趙浚言 按廉之 職 國初節度使也……擇兩府有廉威明幹四善者 爲都按廉黜陟大使 以田野闢 戶口增 詞訟簡 賦役均 學校興 巡察州郡 而黜陟之……".

대한 교화가 학교와 교육을 통해 이루어질 수 있고, 이를 수행한 민을 포상함으로써 이를 보고 듣는 과정에서 그 모범을 유도 장려하고자 하였던 것이다. 또한 조준은 慶尙道體覆使로 나가 曹希參·辛斯蔵의 女와 같은 孝友나 李東郊의 처 裵氏와 같은 烈女를 찾아내 보고하여 旌表를 내리도록 할 정도로 적극성을 띠었다.[97]

그리고 민의 恒心을 의창이나 향교라는 국가의 공식기구를 통하여 제도적으로 보장하려고 하였다. 이러한 점은 이색 계열과는 다른 것으로 王－官－民으로 이어지는 齊一的 지배를 통하여 국가의 공적 지배질서를 확립하여 중간수탈, 사적인 지배관계를 해소하려고 하였는데, 이는 소농민을 안정시키고자 하는 노력이었다.

그러나 이러한 소농민의 안정화 노력은 전제개혁의 실시 없이는 불가능하다고 보았다. 즉 趙浚은 나라의 운명의 길고 짧은 것은 民生의 즐거움에 달려 있고 민생의 즐거움은 田制의 均否에 달려 있으며,[98] 趙仁沃은 田法의 정비 여부가 社稷의 안위와 生民의 休戚의 관건이 되다고 하였다.[99] 이들이 '足食安民之道 在正田制而已', '田以養民 反以害民豈不非哉'라고 언급한 것은 田制를 바르게 하는 것이야말로 민의 경제생활을 안정시키고 국가재정을 튼튼하게 하는 길이라고 보았던 것이다.[100]

실제로 위화도 회군 직후에 창왕 옹립을 계기로 나타난 신흥유신 내의 분열은 창왕 즉위후에 시작된 전제개혁 논의에서 이러한 차이가 극

---

97) 『高麗史節要』 권31, 우왕 8년 5월 ; 『雙梅堂 篋藏集』 권22, 補逸 ; 『陶隱集』 권25, 裵烈婦傳.

98) 『高麗史』 권78, 지32 식화1 田制 창왕 즉위년 7월, "大司憲趙浚等 上書曰…… 夫仁政必自經界始 正田制而足國用厚民生 此當今之急務也 國祚之長短 出於民生之苦樂 而民生之苦樂 在於田制之均否".

99) 『高麗史』 권78, 지32 식화1 田制 창왕 즉위년 7월, "典法判書趙仁沃等亦上疏曰 伏覩殿下深至意 於田法之毁 臣等亦以爲此正今日之急務 社稷之安危 生民之休戚 係焉不可不重 田法正則社稷安矣 否則社稷安危 未可知也".

100) 도현철, 앞의 책, 243~244쪽 참조.

명하게 드러났다. 改革論者와 改善論者 모두 당시 토지제도의 문란에 대하여는 서로 공감하였지만, 사전혁파에 이르러서는 서로 다른 견해를 제시하였다. 즉 개혁파는 토지제도 자체, 특히 사전의 존재가 문제가 되므로 현재의 사전을 몰수하여 사전을 재분배해야 된다고 인식하였고, 개선론자는 사전에서의 겸병, 그로 인한 농민수취의 과중, 賜牌冒受 등을 지적하면서 전민변정 차원의 개혁조치가 있어야 한다고 인식하였다.

그러므로 '富國强兵策(富國爲民)'이나 '民生安定策(利民爲國)'의 입장은 큰 차이가 없는 것 같지만, 국가의 입장에서 小農民의 안정화와, 地主의 안정화를 우선하느냐에 따라서 그 방안은 다르게 나타난다. 즉 신흥유신의 입장에서는 개인의 주도적 역할을 강조하는 측면과 국가 중심의 官吏 차원에서 그 차이가 드러날 수밖에 없는 것이다.

그러나 반원개혁 이전에 원간섭기 과거문신세력 가운데 직접적으로 富國强兵을 인식한 예는 보이지 않는다. 오히려 그러한 면을 부정하는 쪽이었다. 李齊賢의 경우 그의 策問에서 토지제도를 언급하는 가운데 井田·十一의 稅法이 商鞅101)의 阡陌法으로 무너졌다고 하였다.102) 즉 秦나라는 부강해져 통일을 하였으니 천맥법의 이익이 크다고 보면서 漢代 이후 井田에 대해서 말하지 않은 까닭을 묻고 있다.103) 여기서도 富國强兵을 이룬 진의 천맥법을 비판적인 시각으로 바라보고 있음을 알

---

101) 衛鞅 또는 公孫鞅이라고도 한다. 衛나라 公族 출신으로 일찍부터 刑名學을 좋아하여 조예가 깊었다. 魏나라에 仕官하려 하였으나 받아주지 않아, 秦나라로 가서 孝公에게 채용되었다. 부국강병의 계책을 세워 儒家와 투쟁하면서 刑法·가족법·토지법 등 여러 방면에 걸친 대개혁을 단행함으로써 후일 秦帝國 성립의 기반을 세웠다. 그 공적으로 列侯에 봉해지고 商(陝西省 商縣)을 봉토로 받으면서 상앙이라 불렸다. 10년간 진나라의 宰相으로 있으면서 엄격한 법치주의 정치를 폈기 때문에 많은 사람들의 원한을 샀으며, 효공이 죽자 반대파들에게서 車裂刑에 처해졌다.

102) 아직 商鞅의 賦·役制가 구체적으로 어떠한 것이었는지에 대해서는 밝혀지지 않은 부분이 많지만, 그것이 全民을 口別로 파악하여 각(人)口에 賦와 役을 균등하게 부과하는 均賦制·均役制의 성격을 갖는다는 것은 충분히 인정된다.

103) 『益齋亂藁』권9下, 策問.

수 있다.

이러한 점은 이제현의 門生인 李穀에서 보다 분명하게 보여진다. 李穀은 阡陌法이 富國强兵의 이익을 가져오는 것 같지만 백성에 대한 과도한 세금추징으로 이루어졌기 때문에 망하게 되었다는 것이다.[104] 이와 같은 인식은 世祖舊制를 통한 정상적인 관료체제의 운영을 추구한 그들의 입장에서 부국강병을 기대한다는 것은 사실상 어려운 것이다. 특히 원간섭기의 지배구조하에서 부국강병을 추구하는 것은 곧 反元을 전제로 하는 것이기에 그들의 한계를 보여주는 것이다.

또한 이들이 정치활동을 하고 있던 공민왕대에도 당연히 부국강병론이 제기되어야 함에도 불구하고,[105] 이때 제기된 國防問題의 기본방향은 토지제도와 관련한 軍人田과 같은 기본적인 것이 아니라 지휘권과 같은 軍事體制와 관련된 것이었다.[106]

---

104) 『稼亭集』 권13, 程文 鄕試策.

105) 토지문제와 관련한 '選軍給田' 문제나 軍人田과 같은 문제는 오히려 국왕의 교서에서 보인다. 『高麗史』 兵志와 列傳에 보이는 공민왕·우왕대의 군제개편안을 제기한 인물을 정리하면 총 21인에 이른다. 이들 중 공민왕대에 군제개편안을 제기한 인물은 李穡, 李齊賢, 田祿生, 金續命, 禹玄寶, 偰長壽, 安祐, 鄭地·李禧 등 9명에 이른다. 여기에 『高麗史』 兵志에서 보이는 廉悌臣과 李進修를 포함하면 총 11인이다. 물론 이들 가운데 몇 사람을 제외하면 순수하게 軍制만을 언급한 것은 아니다. 주로 時政改革的 측면에서 임시적으로 다루어진 것들이다. 우왕대는 羅世, 李崇仁, 崔瑩, 鄭地, 趙云仡 등이 군제개편안을 제시하였다. 또한 『高麗史』 兵志에 보이는 郭璇, 李成桂, 李茂, 呂稱, 曹敏修, 趙浚 등을 포함하면 11인이다. 그러나 그 내용면에 있어서 李崇仁, 李成桂, 趙云仡, 趙浚 등의 주요 인물을 제외하면 직접적으로 軍制改編案과는 거리가 있다. 또한 『高麗史』 列傳에 보이는 군제개편안 가운데 공민왕 21년 禹玄寶의 상소와 동왕 23년 鄭地의 건의를 제외하고는 『高麗史』 兵志에 그 내용이 실려 있지 않다(洪榮義, 「高麗末 新興士大夫의 軍制認識」, 『軍史』 32, 1996 ; 洪榮義, 「高麗末 軍制改編案의 基本方向과 性格」, 『軍史』 45, 2002).

106) 대체로 3가지 방향에서 진행되어진 중앙 군제는 군졸의 확충을 통하여 2군6위의 재정비와 함께 중앙군의 지휘체제를 확립하려는 것이었다. 특히 都統使-元帥로 이어지는 將帥 중심체제로 유지하려는 것이었다. 지방군제는 都巡問使 체제로 유지하는 한편 해안으로 침입하는 왜구를 방어하려는 목적에서 翼軍

　토지제도와 관련한 富國强兵論은 위화도 회군 이후 제기된 전제개혁 단계에서 보여진다.107) 趙浚은 新羅가 멸망한 원인은 田制가 고르지 못하고 賦稅가 무거웠기 때문에 盜賊이 일어나는 계기가 되었다고 보았다. 여기에서 秦의 阡陌法을 바라보는 시각은 이제현·이곡과 비슷한 인식을 보여주고 있다. 그러나 趙浚은 田制를 바로잡아 國用을 풍족하게 하고 민생을 넉넉하게 하는 것이 지금에 당한 急務라고 강조하고 있다.108) 鄭道傳은 사전개혁의 의도가 모두 公家에 소속시키면 國用을 厚하게 하고 兵食을 풍족하게 하며 士大夫들에게 祿을 주고 軍役에 供給하므로써 上下로 하여금 궁핍의 근심이 없도록 하려는 것이었다고109) 하였다.

　이들의 주장은 수취체제의 근원인 토지제도가 개혁되어야만 國用과 民生이 제대로 유지될 수 있다고 지적한 것이다. 이는 전제개혁의 기본목표가 원활한 수취를 통하여 國用을 넉넉히 하는데 있었다는 것을 말하여 준다. 이러한 점은 田制改革을 주장한 이들에게 보이는 공통된 시각이기도 하다.

　趙仁沃은 公私의 田租를 權收하여 軍糧에 대비한 다음에 祖宗 分田의 법을 복구하여 士民을 기다리면 軍國의 機務가 갖추어져서 士民의 바람이 편안하여 질 것이라고 하였고,110) 黃順常은 지금의 計策으로 私

　중심으로 개편하고자 한 것이었다. 군역체제의 정비와 변화는 助役體制를 유지하기 위하여 고려 전기의 軍戶制를 회복하려 했으며, 이러한 목적에서 軍人田의 확보와 屯田 경영의 확대에 역점을 두었다(洪榮義, 「高麗末 軍制改編案의 基本方向과 性格」, 『軍史』 45, 2002).

107) 麗末 田制改革論者인 趙浚·李行·許應 등은 고려시기의 토지제도가 均田制度였다고 강조하고 그 회복을 주장하였다. 즉, 조준은 국가에서 "籍民徵兵"했다고 생각하여 고려 군제를 兵農一致制였다고 보았다. 麗末 田制改革論者들이 부병제를 주장했던 이유는 2軍6衛制의 회복을 통하여 軍人의 私兵化를 방지할 필요성이 제기되었다고 보여진다. 軍制와 관련한 趙浚의 上書는 兵2 站驛條에 실려 있는 창왕 즉위년 7월, 8월, 공양왕 원년 12월 등 모두 3조항이다.

108) 『高麗史』 권78, 지32 식화1 田制 창왕 즉위년 8월.

109) 『高麗史』 권119, 열전32 鄭道傳傳.

田을 革罷하여 풍속을 바로 잡고 민생을 厚히 하며 널리 蓄積하여 國用
에 두루 쓰이기만 하면 다행이라고 하였다.[111] 때문에 이들은 兵制가
무너진 까닭도 전제가 무너져 軍需가 부족한 때문이라고 보았다. 許應
은 均田制를 복구하여 軍國의 需用으로 하여금 모두 남음이 있게 하고
士大夫가 田土를 받지 않음이 없게 하면 국가가 심히 다행한 일이라고
하고 있다.[112] 尹紹宗은 공민왕 22년에 京中의 창고가 텅 비고 兩界와
5도가 또 饑饉이 들어 불행히도 辛丑·癸卯의 變과 같음이 있게 되면
장차 무엇으로써 軍糧을 준비할 것이라고 하였다.[113]

趙浚 이하 전제개혁론자들의 제일 목표는 富國에 있었으며, 이를 통
한 軍需의 확보가 우선하였다. 이와 같은 주장은 李崇仁이 부족한 軍需
를 冒受賜牌田인 경우 그 元額을 제외한 나머지를 軍需에 쓰도록 임시
변통을 취하자고[114] 주장한 것과는 다른 것이었다.

이와 같이 富國强兵을 추구한 개혁파 신흥유신들에 의해서 제기된
田制改革論은 14세기의 만성화된 토지겸병의 확대과정에 비롯되었다.
고려말에도 원간섭기 이래 제기된 토지제도의 모순은 여전히 미해결 과
제로 남아 있었다. 토지문제는 豪强之家의 토지탈점과 국가에서 분급한
收租地인 私田의 家産化로 집약된다.[115] 특히 고려후기의 토지문제는
수조지를 겸병하여 발달하고 있던 農莊이었다.

이들 농장은 '奪人田土 使役良民'의 방법으로 田主에 의한 농민의 사
적 예속을 강화하고 있었다. 더욱이 '一田에 田主가 7, 8명'이 되어 '일년

---

110) 『高麗史』 권78, 지32 식화1 田制 창왕 즉위년 7월 典法判書 趙仁沃等 又上疏
　　曰.
111) 『高麗史』 권78, 지32 식화1 田制 창왕 즉위년 7월, "版圖判書黃順常等 上疏曰
　　足食安民之道 在正田制而已 本朝田法 自文武官僚 以至於軍 各給土田 公私
　　兩足……爲今之計 一革私田 正風俗 厚民生 廣蓄積 以周國用 幸甚".
112) 『高麗史』 권78, 지32 식화1 田制 창왕 즉위년 9월 右常侍 許應等 上疏曰.
113) 『高麗史』 권120, 열전33 尹紹宗傳.
114) 『高麗史』 권78, 식화32 田制 功蔭田柴 우왕 6월 6월 諫官李崇仁等 上疏曰.
115) 李景植, 앞 논문, 1986.

274

에 몇 차례 收租'하는 등 田租를 濫收하게 되어 농민들은 더 이상 감당
하기 어려운 처지에 놓이게 되었다. 농민들은 이를 위해 高利貸를 빌려
쓰고 갚지 못하여 자신의 田土는 물론 처, 자식까지 팔기도 하였다. 또
한 恭愍王代 이후 전국적으로 출몰하였던 倭寇의 침입은 漕運을 막고
국토의 황폐화를 초래하여 국가재정에 심각한 위협이 되었다. 이 때문
에 지방사회의 동요와 민의 몰락을 가져왔다. 따라서 이 시기 민들의 반
발도 前시기의 소극적인 유망의 형태로부터 집단적 움직임에 이르기까
지 다양하게 일어나고 있었다.

　　이러한 위기의식은 李仁任 정권뿐만 아니라 신흥유신들도 인식하였
을 것으로 보인다. 禑王 6년 6월의 諫官 李崇仁 등의 賜牌 폐단 시정
요구,[116] 우왕 7년과 14년의 田民辨正都監의 설치,[117] 우왕 9년 2월 左
司議 權近에 의하여 제기된 1田 1主의 租稅문제,[118] 9년 8월의 이성계
의 安邊策,[119] 9년 10월 曹敏修 등이 耆老宰輔와 의논하여 諸賜給田
口分田 各寺社田을 公收케 한 것,[120] 3년 3월과[121] 10년 10월 崔瑩의
전제문란의 해결책 요구[122] 등은 이 시기의 분위기를 반영하는 것이라
하겠다. 그러나 이미 만성화된 토지제도의 문란은 일시적인 조처로서는
해결될 수 없는 것이었다. 때문에 고려말의 신흥유신들은 이러한 모순
을 인식하고 당대 특권 지배층과의 정치적 대립에서 우위를 확보하여야
만 개혁이 가능함을 깨닫게 되었다. 그러한 면은 신흥유신내의 改革派
와 李成桂의 결합을 낳았으며, 비로소 체제변혁을 통한 전제개혁안이
대두될 수 있었던 것이다.

---

116) 『高麗史』 권78, 지32 식화1 功蔭田柴 우왕 6년 6월 諫官 李崇仁等上疏.
117) 『高麗史』 권77, 지31 백관2 諸司各色都監 田民辨正都監.
118) 『高麗史』 권78, 지32 식화1 租稅 우왕 9년 2월 左司議 權近等上書.
119) 『高麗史』 권78, 지32 식화1 租稅 우왕 9년 8월 我太祖 獻安邊之策曰.
120) 『高麗史』 권82, 지36 병2 五軍 우왕 9년 10월 宰輔曺敏修等 與耆老宰輔共議.
121) 『高麗史』 권82, 지36 병2 屯田 우왕 3년 3월 崔瑩禑曰.
122) 『高麗史』 권113, 열전26 崔瑩傳, "(禑王)十年 判門下府事……瑩赴都堂 極言
　　諸相侵奪兼幷之害……".

이상의 고려말 신흥유신의 인식의 차이와 그들 내부의 분기원인은 결국 私田의 재분배를 통하여 小農民의 경제안정으로 할 것인가, 田民辨正 차원과 賦稅의 완화를 통하여 自營農-地主經營의 안정을 우선할 것인가의 그 이해방향이 어디로 귀착되는가에 따라서 분기되었다. 이를 크게 나누어 보면, 새로운 國田體制를 통하여 國家財政의 확대와 軍備의 증강을 도모하는 富國强兵策과 收取構造의 모순을 완화하는 自營農 중심의 民生安定化로 나누어 볼 수 있을 것이다.

2) '改革派' 新興儒臣의 田制改革과 基本方向

개혁파 신흥유신이 제기한 田制改革論은 창왕 즉위년(1388) 6월 下敎인 '便民事宜'로부터 시작된다. 이때 공양왕은 都評議使司, 司憲府, 版圖司에게 "田法이 크게 무너졌으니 그 폐단을 구할 수 있는 방법을 강구하여 보고하라"고 명하고 두 가지 사업을 먼저 실천에 옮기도록 하였는데, 料物庫에 소속된 360개의 莊處田으로서 先代에 寺院에 기부된 것을 전부 그 창고에 회수할 것, 東北面, 西北面은 본래 私田이 법적으로 선정된 일이 없는데도 불구하고 私田이라 칭하여 濫執하고 文契를 가지고 있는 자들이 있으므로 이것을 모두 몰수하도록 하였다.[123]

전제개혁은 이와 같은 창왕의 교서에 근거하여 구체적인 대책으로 강구되었다. 趙浚에 의하여 시작된 田制改革의 기본방향은 전국적인 量田事業을 실시하여 탈점된 토지와 누락된 토지를 모두 조사하고 새로 제정되는 田制의 요목에 의하여 給田都監에서 국가수조지, 왕실수조지, 분급수조지 등을 재편성할 것, 전국적 양전과 새 전제에 의한 給田들을 실시하기 전에 우선 긴급대책으로서 금후 3년간을 한정하여 일체 公, 私田들의 田租를 公收하여 긴급한 軍需의 축적과 관리의 녹봉에 충당할 것[124] 등이 제시되었다.

---

123) 『高麗史』 권78, 지32 식화1 田制 祿科田 우왕 14년 6월 창왕敎.
124) 『高麗史』 권78, 지32 식화1 田制 田柴科 우왕 14년 7월 大司憲 趙浚等 上書.

276

이를 뒷받침하기 위하여 8월에 京畿, 楊廣, 慶尙, 全羅, 交州江陵, 西
海道 등 6도의 道觀察黜陟使를 파견하여 일제히 量田을 실시하였
다.125) 그러나 公·私田의 田租를 3년간 公收한다는 결정에 대해 世臣
大族들은 격렬히 반대하였다. 대부분의 세신대족은 대토지 집적을 통해
사전을 확대한 만큼 田租를 국가에서 거둔다는 것은 그들의 경제적 기
반에 타격을 주는 것이기 때문이었다. 따라서 世臣大族들은 이를 반대
하는 논의를 시작하여 결국 왕으로 하여금 한발 후퇴하여 私田의 田租
를 우선 半收케 한다는 명을 내리게 하였다.126) 전제개혁론자들은 다시
왕에게 압력을 가하여 9월에는 私田 半收의 명령을 폐기토록 하였
다.127) 그리고 給田都監의 주제하에 科田, 새로운 관급수조지의 지급에
따른 수급대상자를 선정, 파악하는 작업이 착수되었다.128)

이렇게 출발한 전제개혁은 조준의 1차 전제개혁 상서가 있은 다음,
諫官 李行, 版圖判書 黃順常, 典法判書 趙仁沃 등이 계속 상서하여 개
혁을 강력하게 촉구하고 나섰다. 우선 전제개혁론의 배후 조정자라고
지목되는 鄭道傳의 前朝에 대한 田制 시각을 보기로 한다.

"前朝의 토지제도에는 苗裔田·役分田·功蔭田·登科田과 軍田·閑
人田을 두어서 그 전조를 받아 먹게 하였는데, 백성이 경작하는 경우에
는 스스로 개간하고 점유하는 것을 허락하여 官에서 간섭하지 아니하였
다. 그러므로 노동력이 많은 사람은 개간하는 땅이 넓고, 세력이 강한
사람은 점유하는 땅이 많았다. 그러나 힘이 약한 사람은 또 세력이 강하
고 힘이 센 사람을 따라가서 그의 토지를 빌어 경작하여 그 소출의 반을
나누었으니, 이것은 경작하는 사람은 하나인데 먹는 사람은 둘이 되는
셈이다. 그리하여 부자는 더욱 부유해지고 가난한 사람은 더욱 가난해
져서 마침내는 스스로 살아갈 길이 없어서 농토를 버리고 직업이 없이

125) 『高麗史』 권137, 창왕 즉위년 8월.
126) 『高麗史』 권78, 지32 식화1 田制 祿科田 창왕 즉위년 8월教.
127) 『高麗史』 권78, 지32 식화1 田制 祿科田 창왕 즉위년 9월.
128) 『高麗史』 권137, 창왕 즉위년 9월.

떠돌아다니거나, 직업을 바꾸어 末業에 종사하기도 했으며, 심한 경우에
는 도적이 되기도 하였다. 아! 그 폐단을 어찌 다 말할 수 있으랴?(『三峰
集』 권13, 朝鮮經國典 上 賦典 經理)"

鄭道傳은 고려의 田制를 설명하면서 唐制를 모방하였다는 사실, 그
리고 祖宗田制가 무너지게 된 배경은 개간 및 토지점유에 관한 일련의
정책과 관련이 있다는 점을 지적하고, 고려의 전제를 苗裔田・役分田・
功蔭田・登科田과 軍田・閑人田의 두 유형으로 구분하면서 그 田租의
수입을 받아먹는 제도를 설명하고 있다. 그것은 土地稅의 수입에 바탕
을 두고 科田이 운영되었음을 설명한 것이다.

그런데 위의 내용에서 주목되는 것은 1) 백성이 스스로 경작하는 경
우에는 개간 및 점유권을 국가에서 인정하여 간섭하지 않았다는 점, 2)
노동력이 많은 경우 개간지를 넓게 확대할 수 있었으므로 세력이 강한
사람은 점유하는 땅도 많았다는 내용이다. 이에 따르면 고려는 경작 능
력만 있으면 토지점유에는 제한을 두지 않았던 것으로 이해된다.

이와 같은 입장은 勸農的 차원에서 국가재정을 확충하기 위한 수단
이었을 것으로 짐작되지만, 당시 토지 및 민에 대한 국가의 파악방식을
엿볼 수 있다. 능력에 따른 토지점유 허용은 개간을 장려한다는 차원에
서 보면 결국 대토지 소유를 합리화할 수 있는 소지를 지니는 것이 된
다. 따라서 대토지 지배에 대한 욕구는 국가의 통제력이 약화되는 상황
특히 고려후기 농장의 확대과정에서 필연적으로 이른바 "壓良爲賤" 혹
은 "認民爲隷" 형태로 나타나고 있었다.[129]

한편, 고려후기 토지지목으로는 御分・宮司田, 鄕吏・津尺・驛子・
雜口分位田, 兩班・軍・閑人口分田,[130] 賜田, 祿科田[131]과 일반 民田

---

129) 朴京安, 「高麗後期 土地問題와 ‘祖宗田制’」, 『韓國 古代・中世의 支配體制와
    農民』, 1997, 266~267쪽 참조.
130) 『高麗史』 권78, 지32 식화1 田制 祿科田 충목왕 원년 8월.
131) 『高麗史』 권78, 지32 식화1 田制 祿科田 충렬왕 5년 2월.

으로 구분된다. 이 중 賜田과 祿科田은 고려후기에 나타난 것으로써 종래의 토지와는 성격을 달리하는 것이었다. 즉 앞의 세 종류의 토지가 국가가 소유한 國有地를 지급하여 그것을 수취하도록 한 國家稅入地라고 한다면, 祿科田은 사유지인 民田 위에 설정하여 田租를 수취하는 개인의 국가세입 위임지였고, 賜田은 원칙적으로 미개간지인 閑荒地를 개간의 조건으로 개인에게 허용된 토지였다.

따라서 祿科田은 民田의 조율인 10분의 1이 적용되었고, 사전은 소유권이 인정되면서 동시에 田租가 면제되어 무제한적인 지배가 허용되는 토지였다. 그런데 한번 사전이 허용된 후에는 원칙을 무시한 奪占이 발생하게 되었다. 즉 개간할 閑荒地가 아닌 기존의 토지인 民田과 御分・宮司田, 鄕吏・津尺・驛子・雜口分位田, 兩班・軍・閑人口分田 등을 탈점하여 賜田으로 삼았고, 심한 경우는 祿科田까지도 침탈하였던 것이다.

賜田은 고려정부가 황폐화한 토지에 대한 개간을 장려하기 위하여 소유권과 면세권을 주는 것으로, 국가적 토지분급제가 마비된 상황하에서 국왕의 측근이나 친원세력 등에게 경제적으로 대우해 줄 수 있는 방편의 하나였다.[132]

그러나 이러한 賜田이 그들의 이익을 위하여 비정상적으로 설정된 토지였던 까닭에 그 속성상 탈점과 연결될 수밖에 없었다. 즉 "狡猾한 무리들이 遠陳을 칭탁하고 山川을 경계로 冒受賜牌하여 자신의 소유로 함으로써 公租가 줄고 田野가 개간되어도 국가의 貢賦가 날로 줄어들었다"[133]거나, "功臣의 賜田 때문에 租稅가 걷히지 않고 貢賦를 내야할 토지는 날로 감소한다"고 하거나,[134] "권세가들이 冒受賜牌하여 토지를 탈점한다"[135]는 지적 등이 그러한 예이다. 특히 賜田은 京畿내의 賜給

---

132) 『高麗史』 권78, 지32 식화1 經理 충렬왕 11년 3월旨.
133) 『高麗史』 권78, 지32 식화1 經理 충렬왕 24년 정월 忠宣王 卽位敎書.
134) 『高麗史』 권78, 지32 식화1 田制 功蔭田柴 충숙왕 5년 5월敎.
135) 『高麗史』 권78, 지32 식화1 田制 功蔭田柴 충숙왕 12년 10월敎.

田을 혁파하여 祿科田으로 충당하거나,[136] 還收하여 職田으로 지급된 예가 있기는 하였으나[137] 별다른 실효를 보지는 못하였다.

이렇게 국가세입지와 국가세입 위임지인 토지, 그리고 賜田 등의 토지가 대토지 소유의 집적화 과정의 중요 부분으로 자리잡게 되자 토지 겸병 문제는 계속적으로 확대 심화되어 갔다. 국가에서는 田民辨正都監 등의 운영을 통하여 그 해결책을 모색하기도 하였으나 성과를 거두기는 어려웠다.

恭愍王 12년 이후의 개혁정치에서 전민변정도감을 주도한 辛旽의 말을 빌면 다음과 같다.

> "近者에 紀綱이 크게 무너져 貪墨함이 風俗으로 되어 宗廟·學校·倉庫·寺社·祿轉·軍須田 및 國人의 世業田民을 豪强之家가 거의 다 奪占하여 혹은 이미 田主에게 돌리도록 판결한 것도 그대로 가지며 혹은 認民爲隷하여 州縣驛吏, 官奴, 百姓들로서 役을 피하여 도망한 자들을 모두 숨기어 두고 크게 農莊을 설치하여 백성을 병들게 하고 나라를 여위게하니……(『高麗史』권132, 열전45 辛旽傳)."

여기에서 이른바 豪强之家 혹은 權勢之家들에 의한 토지탈점은 국가기관과 왕실의 토지, 寺院과 軍人田, 民田 등 모든 토지를 대상으로 행해졌음을 알 수 있다. 때문에 權近은 民은 나라의 근본인데 근래 토지 겸병으로 一田에 田主가 2, 3명이나 되어 각각 租를 징수하니 民心을 해친다[138]고 지적하였고, 趙浚은 "권세가들이 山川을 경계로 삼을 정도로 겸병하여 1년에 8, 9차례에 걸쳐 收租하고 수조할 때는 結負를 멋대로 하여 祖宗에서 취하는 것보다 열배 천배나 거두어 들여 자식을 팔아도 다 갚을 수 없다"[139]고 할 정도로 만성화된 것이었다.

---

136) 『高麗史』권79, 지33 식화2 祿科田 충혜왕 원년 8월.
137) 『高麗史』권79, 지33 식화2 祿科田 충목왕 원년 8월.
138) 『高麗史』권78, 지32 식화1 田制 租稅 우왕 9년 2월 左司議 權近等 上書.

280

이때 私田의 폐단이 일어난 원인은 첫째, 사전의 수조율 10분의 1만을 징수하며, 田主가 직접 踏驗하여 풍년, 흉년을 결정하고 직접 수조하도록 되어 있음에도 불구하고 규정을 지키지 않고 가혹하게 징수하는 것이었다. 둘째, 收租地의 겸병으로 一田에 田主가 여러 명이고 1년에 수차례에 걸쳐 징수함으로써 농민의 부담을 가중시킨다는 것이다. 이는 당시 전제개혁론자들은 家産化한 私田이 폐단의 원인임을 공통적으로 인식하고 있었고, 이 때문에 농민들은 恒産을 잃고 몰락 유망하였다고 생각하였다. 이에 대한 대처는 결국 祖宗之法인 10분의 1의 준수와 一田一主制의 확립으로 나타났다.

그런데 이러한 私田문제에 대한 공통된 입장을 보인 이들은 위화도 회군 직후에 昌王 擁立이 계기가 되어 신흥유신 내부의 문제로 분열되고 있었다. 창왕 즉위후에 시작된 전제개혁 논의과정과 明나라에 대한 대외인식의 차이에서 改革派와 改善派의 차이가 보다 더 극명하게 드러나게 되었던 것이다. 이들은 모두 당시 토지제도의 문란에 대하여는 서로 공감하였지만, 사전혁파에 이르러서는 서로 다른 견해를 제시하였다.[140]

개혁파는 토지제도 자체의 불법적인 사전의 존재가 문제가 되므로 현재의 사전을 몰수하여 재분배해야 된다고 인식하였고, 개선파는 사전에서의 겸병, 그로 인한 농민수취의 과중, 冒受賜牌 등의 문제를 지적하면서 전민변정 차원의 해결책이 있어야 한다고 인식하였다.

개혁파는 사전개혁론의 입장에 있었는데, 鄭道傳, 趙浚, 尹紹宗, 李行, 黃順常, 趙仁沃, 許應 등이 대표적인 인물이었다. 이들은 사전폐해는 수조지가 사적으로 世傳되어 祖業田化함으로서 祖宗의 授田受田하는 법이 무너진 데서 말미암았다는 입장에서 사사로이 받아 兼併한 사전을 혁파하고 수조지를 재분배할 것을 주장하였다.

139) 『高麗史節要』 권33, 창왕 즉위년 7월 大司憲 趙浚等 上書.
140) 홍영의, 「고려말 신흥유신의 추이와 분기」, 『역사와 현실』 15, 1995.

이는 수조지 점유관계의 재편성과 官에 의한 授受원칙의 확립을 통해 家産化한 사전의 영구적 폐기를 도모한 것이었다. 국가 대 농민이라는 입장에서 토지·농민의 소유관계를 대변하고 있다고 할 수 있는데, 궁극적으로 민의 齊一的 지배를 통한 강력한 중앙집권적 관료체제를 추구하려는 의도였다.

반면에 收租地의 과다한 점유와 거듭된 徵稅의 개선을 요구한 이들은 李穡, 李崇仁, 權近 등이 대표적 인물이었다. 이들은 토지겸병과 농민몰락을 수조권 문제로 이해하고 수조지의 점유상의 분쟁이나 농민수탈의 가중과 중복을 개선하고자 하였다.

李穡의 경우가 그러한 예에 속한다. 이색은 농민들이 곤궁해진 이유가 田主가 여러 명에 달하고 數次에 걸친 租稅 徵收에 있다고 보았다. 그리하여 서울은 版圖司가, 지방은 按察使가 甲寅柱案을 위주로 公文 失筆을 참작하여 쟁탈되고 있는 수조지의 田主를 명백히 하는 방안을 제시하기도 하였다.[141]

權近은 征戰과 水旱으로 민은 굶주리고 들에는 굶어죽은 시체가 널려 있다고 하여 租稅의 완화와 개선만이 이를 해결할 수 있다고 보았다. 權近은 私田점유의 귀속을 명확히 하여 一田一主의 원칙에 의하여 收租의 중복으로 인한 민의 곤궁화를 해소하고자 하였다. 하나의 전지에 수조권자가 많게는 2~4명에 이르고 혹은 그 이상이 되는 토지를 법적 절차에 따라 해결하자는 것이었다.[142]

실제로 개선파의 입장은 李齊賢-李穡-權近·李崇仁 계열로 이어지는 원간섭기 이래로 내려오던 "聽斷田民之訟"의 전통적인 토지문제 해결방식이었다. 그러나 개혁파의 입장에서는 이 정도의 수준으로는 사전의 폐단을 시정할 수 없기 때문에 이를 받아들일 수는 없었다. 더구나 개선파는 이미 "巨家世族, 世臣巨室"[143]이라고 공격당할 만큼 경제

141) 『高麗史』 권115, 열전28 李穡傳.
142) 『高麗史』 권78, 지32 식화1 租稅 우왕 9년 2월 左司議權近等上書曰.
143) 『高麗史』 권79, 지33 식화2 祿科田, "右常侍 許應等上疏曰……惟巨家世族之

적 기반을 형성한 세력이었다.

이색의 경우 공민왕 8년과 10년 두 차례의 홍건적 침입때 왕을 시종하여 호종공신 1등에 책봉되어 田 100結, 奴婢 20口를 받았고,[144] 부친 李穀에게서 받은 토지나 노비를 통하여 別業이나 別墅의 형태로 농장을 경영하고 있을 정도였다. 때문에 개혁파의 입장에 대한 이들의 반발도 매우 심했던 것으로 보인다. 예컨대,

> "都評議使司에서 田制를 의논하였다.……우리 태조가 大司憲 趙浚과 더불어 私田을 개혁하고자 하니, 李穡이 舊法을 경솔히 개혁할 수 없다고 하여 그의 의견을 지키고 따르지 않았고, 李琳·禹玄寶·邊安烈 등도 모두 개혁하지 않으려 하였다. 이색이 儒宗이었으므로 그 입을 통하여 衆聽을 듣는 것을 현혹하게 하였으므로, 개혁하여 私田을 公田으로 회복하려는 의논이 결정되지 못하였다. 藝文館提學 鄭道傳과 大司成 尹紹宗은 조준의 의논에 찬동하고, 厚德府尹 權近과 判內府侍事 柳伯濡는 이색의 의논에 찬동하고, 贊成事 鄭夢周 만이 주저하였다. 이에 각 官司를 시켜 사전을 개혁하여 公田으로 회복하는 이해를 의논하게 하니, 의논한 자 53명 중에 개혁하고자 한 자가 10에 8·9였으며 개혁하지 않으려는 자는 모두 巨室子弟였다."[145]

라고 하여, 창왕 원년 4월 都評議使司의 논의에서 사전개혁에 찬성한 이는 李成桂, 趙浚, 鄭道傳, 尹紹宗 4인이고 李穡은 사전을 혁파하는데

兼幷者 獨以爲不便 曉曉多言 變亂衆聽 一時士大夫有田者 同聲應之";『高麗史』권79 食貨1 祿科田, "大司憲 趙浚等又上疏論田制曰……而世臣巨室 不念社稷之大計猶踵弊風 相與流言 煽動人心 欲復私田".

144) 『高麗史』권40, 공민왕 12년 윤3월 乙酉.
145) 『高麗史節要』권34, 공양왕 원년 4월, "都評議使司議田制……我太祖與大司憲 趙浚 欲革私田 李穡以爲不可輕改舊法 持其議不從而 李琳禹玄寶邊安烈 皆不欲革 李穡爲儒宗 藉其口以惑衆聽 革復之論未決 藝文館提學鄭道傳 大司成尹紹宗 同浚議 厚德府尹權近 判內府寺事柳伯濡 同穡議 贊成事鄭夢周 依違兩間 乃令各司議革復利害 議者五十三人 欲革者 十八九 其不欲者 皆巨室子弟也".

있어서 舊法을 가볍게 고치는 것은 불가하다고 하면서 반대하였는데, 이색의 의견에 동조한 이들은 李琳, 禹玄寶, 邊安烈, 權近, 柳伯濡 등 6 인이었으며, 鄭夢周만이 주저하며 태도를 유보하였다. 또한 여기서 各司의 官人이 논의하였을 때 개혁파의 견해를 수용한 경우는 10에 8·9 명이었고 반대한 이들은 거실자제였다[146]고 한다.

이처럼 일반 관인들 사이에서 개혁파의 견해를 지지하는 사람이 많았다는 것은 당시 개선파의 견해가 보수적인 성격을 가지고 있었음을 반증하는 것이라 할 수 있다. 특히 "거실자제"의 표현이 巨家世族, 世族巨室로 곧 개혁파의 공격대상인 李穡, 李琳, 禹玄寶, 權近, 邊安烈, 柳伯濡 등을 지칭한 것이라는 점에서도 잘 나타난다.

이들은 조준의 3차 상소에서 보이듯이 "世臣巨室은 오히려 나쁜 풍습을 답습하면서 本朝成法은 갑자기 모두 개혁할 수 없다. 만약 개혁하면 士君子들의 살아가는 窮理가 날로 어려워져서 반드시 工商의 처지로 떨어져 그들과 함께 하게 될 것이다"[147]라는 말로 "뭇 사람을 미혹시키고 당시 士大夫로서 토지를 가진 자들이 同聲으로 應하게 하였다"고[148] 할 정도로 儒宗인 이색을 중심으로 座主門生, 同年의 관계로 결속한 정치세력인 까닭에[149] 개혁파보다는 정치적 활동이나 경제적인 면에서 우위에 선 인물들이었다.

이와 같이 고려말에 개혁정치를 시도한 신흥유신들 사이에는 현실인식, 즉 고려사회의 모순을 해결하는 방법, 강도, 지향점에서 일정한 차이

---

146) 이러한 사실은 『高麗史』 권118, 열전31 趙浚傳의 "議者五十三人 欲革者十八九 其不欲者 巨室子弟也"에서도 확인된다.

147) 『高麗史』 권78, 지32 식화1 田制 祿科田 창왕 원년 8월 大司憲 趙浚等 上疏.

148) 『高麗史』 권78, 지32 식화1 田制 祿科田 창왕 즉위년 9월 右常侍 許應等 上疏.

149) 이들은 각각 座主門生 관계를 통해 黨與의 형태로 존재하고 있었으며, 知貢擧를 지낸 李穡(공민왕 18·20년, 우왕 12년)이나 禹玄寶(우왕 9년), 鄭夢周(우왕 11년) 등은 물론 鄭道傳(창왕 즉위년)이나 趙浚(공양왕 2년)도 마찬가지였다.

가 있었다. 이러한 점은 신흥유신들의 각기 다른 사회경제적 기반이나 정치적 입장과도 밀접한 관련을 가지는 것이다. 그 가운데 李穡·禹玄寶 등은 비록 대표적 신흥유신이기는 했지만 당시에 세족화하는 처지에 있었고, 정치적으로 몰락하거나 한미한 가문의 趙浚, 鄭道傳과 같은 인물과는 상당한 차이가 있었다.

따라서 이들은 같은 新興儒臣이라는 범주에서 대토지 소유자인 權門世族에 대항하는 데는 이해를 같이 하였지만, 결국 자신들의 정치 사회 경제적 입장의 차이로 대립·분화할 수밖에 없는 입장에 있었다.[150] 그 분화의 모습은 전제개혁 논의 과정에서 구체적으로 드러나는데, 자신들의 정치적 입장뿐만 아니라 전제개혁을 통한 민의 안정화와 富國强兵 문제를 동시에 해결하려 했던 정치운영상의 문제였다고 보인다. 그러므로 사전의 혁파는 정상적인 전제의 운영을 위하여 반드시 필요한 것이었고, 科田法 제정 이전 전제개혁의 주된 대상이 되었던 것이다.

그러므로 전제개혁론은 바로 신흥유신들이 어떻게 국가를 운영할 것인가란 가장 기본적인 지배방식의 문제였으며 정치운영 방식의 대립과 정에서 제기된 것이었다. 그 결과로 신흥유신 내의 개혁파인 사전개혁론자들은 정치적으로 반대파를 제거하고, 일반 관료의 불안과 반대를 일정한 선에서 무마하면서 나아가 자파세력의 안전과 그 지지세력의 확보를 꾀한다는 목적에서 科田法을 제정 실시하게 되었다.[151] 이는 사전의 재분배를 통하여 새로운 국가운영을 유도하려 했던 것으로 조선왕조의 개창이라는 새로운 국가의 수립으로 그 당위성이 부여되는 것이기도 하였다.

『高麗史』食貨志 序文에는 이 시기의 사전 탈점 문제를 토지분급체제의 몰락에서 찾고 있다. 즉, "후반에는 (왕들이) 德을 잃어 戶口 및 토지의 臺帳(版籍)이 명확하지 않아서 良民이 모두 권세가(巨宅)에게 몰

---

150) 홍영의, 「고려말 신흥유신의 추이와 분기」, 『역사와 현실』 15, 1995, 70~72쪽 참조.
151) 이경식, 앞의 책, 94쪽 참조.

입되었으며, 田柴科는 무너져서 私田이 되었다"152)는 것이다.

이는 수조지로서의 전시과계열의 토지가 사전으로 변질하였다는 것을 뜻한다. 사실 전제개혁론에는 私田이란 용례가 자주 쓰이고 있다. 그런데 이 용례를 살펴보면, 개혁론자의 私田觀과 반대세력의 사전관이 서로 상이한 것을 알 수 있다. 전제개혁론자들은 祖宗之法을 인정하면서도 사전을 모든 사회악의 근원인 것처럼 말했던 반면, 공양왕이나 그 주변의 저지세력은 사전을 "本朝成法"153)이니, "祖宗私田之法"154) 이니 하여 그것이 法的으로 지극히 합당한 토지소유의 한 형태라 말하고 있다.

이러한 사전관이 나오게 된 배경에 대하여 먼저 전제개혁론자들이 인식한 사전은 어떤 것이었는지를 살펴보자. 토지지목과 관련한 전제개혁론자들의 사전관에 대한 사료를 제시해 보면 다음과 같다.

① "토지를 주고 거두는 법[授田收田之法]이 점차 해이해져서 간사하고 奸猾한 무리가 이 틈을 타 기만하고 은폐함이 끝이 없었습니다. 이미 벼슬한 자와 출가한 자도 여전히 閑人田을 받고 군에 들어가지도 않은 자가 함부로 軍田을 받으며, 아비는 숨기고 감추어 사사로이 자식에게 주고 자식은 몰래 도적질하여 관에 반납하지 않았습니다. 이미 役分田을 받았으면서 한인전을 받기도 하고 또 군전을 받기도 하였습니다. (토지를) 지급하고 돌려받는 관리는 이미 현직으로 관에 있어 역분전을 받아야 될 사람인지, 벼슬하지 못하고 출가하지 못하여 한인전을 받아야 될 사람인지, 자신이 과연 府兵인지, 아버지가 과연 鎭邊에 들어가 入戍하였는지, 그 할아버지가 과연 왕(나라)의 교화로 인해 다른 나라로부터 來投하였는지를 묻지 않았습니다."(『高麗史』 권78, 지32 식화1 田制 祿科田 禑王 14年 7月 大司憲 趙浚 1차上書)

---

152) 『高麗史』 권78, 지32 식화1 序文.
153) 『高麗史』 권78, 지32 식화1 田制 창왕 원년 8월 大司憲 趙浚等 上疏.
154) 『高麗史』 권78, 지32 식화1 田制 공양왕 2년 9월.

② "어떤 자들은 말하기를, '지금 권세를 부리던 무리가 형을 받아 거의 다 없어졌으므로 (토지문제를) 마땅히 辨正都監에 맡겨 소송을 제기한 사람의 高祖와 曾祖 등 조상때의 契卷를 조사하여 그 연대가 오래되고 分派된 계통이 명백한 것은 각각 그 주인에게 돌려주면 원망이 사라지고 나라가 무사하게 될 것이다'라고 합니다. (그러나) 저희들은 그렇지 않다고 생각합니다. 우리 祖宗이 (토지의) 법을 세운 뜻은 대개 諸君이나 兩府로부터 軍士들에 이르기까지 모두 나라의 토지를 받아 부모를 섬기고 처자식을 먹여살리는 데에 부족함이 없게 하고자 하는 것입니다. (그런데) 지금 (토지의) 법이 무너져서 토지(규모)가 제한이 없게 되니 늙은 할머니와 어린아이, 그리고 심하고 고질적인 병이 들어있는 자들이 문밖에도 나가지 않고 조상들의 문서[祖父文券]을 가지고 나라의 토지를 坐食하고 있으며, (심지어 그 토지를 소유한 양이) 백결 천결에 이르는 경우도 있습니다. 비록 관청으로 하여금 지극히 공명하게 판결하게 한다 하더라도 軍國에 어찌 한 터럭이라도 보탬이 되겠습니까?"(『高麗史』 권78, 지32 식화1 田制 祿科田 禑王 14年 7月 諫官李行等又上疏)

위에서 보는 바와 같이, 개혁론자들은 兩班·軍·閑人이 祖業으로 보유하고 있는 토지들까지도 혁파하고 새로운 전제를 마련하자는 것이었다. 그런데 이들이 혁파하고자 주장한 토지는 이전에는 결코 폐지의 대상으로 언급되지 않던 것으로 정당한 근거를 가지고 있던 토지였다.[155] 祿科田을 제정할 때에도 보호의 대상이 되었고,[156] 그 토지를 보유한 사람들은 祖父의 契券을 가지고 있으면 정당한 권리를 주장할 수도 있었다.

그럼에도 불구하고 개혁론자들은 그러한 토지들을 종래의 賜田이나 탈점으로 축적한 토지와 같은 성격의 것과는 구분하지 않고 私田으로

---

155) 『高麗史』 권78, 지32 식화1 田制 祿科田 충목왕 원년 8월 都評議使司曰 ; 『益齋亂藁』 권9上, 世家 策問.
156) 『高麗史』 권78, 지32 식화1 田制 祿科田 충목왕 원년 8월.

물아 붙이면서 정상적인 국가 운영을 위하여 마땅히 폐지되어야 한다고 주장하였다. 이러한 주장의 합리화를 위해 이들은 다시 사전의 폐단을 지적하고 있다.

趙浚은 그의 1차 상서에서 閑人田·功蔭田·投化田·入鎭田·加給田·補給田·登科田·別賜田 등 국가분급수조지가 授收之法이 무너진 틈을 타 奸猾들 즉, '已士已嫁者'가 閑人田을, '不踐行伍者'가 軍田을 冒受하여 사적으로 收受하고 국가에 환수하지 않거나 또는 役分田을 차지하고서도 閑人·軍田 등을 冒占하여 국가 公收의 전토가 가산화하여 겸병의 문이 열렸다고 했다. 또한 奸兇之黨이 '跨州包郡 山川爲標'하여 모두 祖業田이라 칭하고 왕실의 御分田을 비롯한 宗室·功臣·侍朝·文武의 田과 外役·津·驛·院·館田 및 일반민의 桑田까지도 탈점하여 一畝의 田主가 5, 6명, 1년의 收稅가 8, 9회에 이르러 백성들이 도탄에 빠져 유망하게 되었다는 것이다.[157]

李行은 役口之分 계열의 토지와 戶別之丁 계열의 토지는 국가가 職役에 따라 分籍하여 지급한 토지인데, 選軍之法이 무너진 틈을 타서 '權豪之徒'가 "山川爲標·田連阡陌"하여 토지를 廣占하고 대부분이 祖父의 文券을 소지하여 수천 백결의 땅을 坐食하고 있다고 보았다. 더욱이 이러한 토지들은 불법적으로 세습되어 國田이 되어야 할 토지가 없어지고 말았다고 파악하였다.[158]

黃順常은 豪强之徒가 '高山大川'을 경계로 삼아 각기 그 奴들을 보내 민들이 살아갈 수 없으며 나라가 위태로워졌는데도 불구하고 倉庫·宮司·御分田 등이 탈점되어 창고가 텅비어 國用이 乏絶해지고 祿俸이 날로 줄어들었다고 보았다.[159]

趙仁沃은 貪墨擅權한 자들에 의해 莊處·田柴·外役·軍田이 모두 私門에 들어가 祭飯인 粢盛과 供上이 때에 따라 이어지지 않는다고 하

---

157) 『高麗史』 권78, 지32 식화1 田制 祿科田 우왕 14年 7월 大司憲 趙浚 1차上書.
158) 『高麗史』 권78, 지32 식화1 田制 祿科田 우왕 14년 7월 諫官李行等又上疏.
159) 『高麗史』 권78, 지32 식화1 田制 祿科田 우왕 14년 7월 版圖判書 黃順常上疏.

였다. 또 無賴之徒가 征役에 나가지도 않고 그 先代에 국가로부터 받은 田地를 祖業田이라 하여 국가의 토지 즉 公田이란 인식이 없고 나라에 보답해야 한다는 마음이 百에 하나도 없다고 하였다.160)

許應은 先王의 均田制를 부활해야 한다고 보고 균전제의 시행을 결정하였지만 巨家世族으로 겸병한 자가 불편하게 여겨 불만을 토로하니 士大夫 중에서 토지를 가진 자 역시 이에 호응하여 결국 宗廟·社稷·道殿·神社·功臣·登科田은 화수하지 못하게 되었다고 하였다. 때문에 국가의 公田은 공도 없이 坐食하는 사람에게 주는 것은 좋은 계책이 아니므로 균전을 복구해서 軍國의 비용으로 충당하자는 것이었다.161)

趙浚은 2차 상서에서 私田이란 私門을 유익하게 하는 것이고 국가에는 전혀 도움이 안되는 것이며, 나라의 재정을 좀먹고 민생을 도탄에 빠뜨리는 지극히 유해한 것이기 때문에 마땅히 사전은 혁파되어야 할 것이라고 말하고 있다.162) 3차 상서에서는 世臣·巨室이 社稷의 大計를 생각치 않고 다시 사전을 복구하고자 함을 지적하고, 京畿에서 受田하여 數에 차주 못한 者에게 外方에서 이를 지급하는 것은 兼幷의 門을 다시 일으키는 것으로 京에 주거하는 자에게는 다만 畿內의 田土만을 지급하라고 주장하고 있다.163)

조준의 이러한 주장은 자신이 처음 제기했던 무조건적 私田의 혁파에서 한걸음 후퇴한 것이었다. 아마도 사전개혁에 반대하는 적지 않은 士大夫들의 기본적인 생활을 보장해 주는 선에서 타협한 것이 아닌가 한다.164)

이때의 토지겸병 주체는 奸猾·奸兇之黨·豪强之徒·權豪之徒·巨

160)『高麗史』 권78, 지32 식화1 田制 祿科田 우왕 14년 7월 典法判書 趙仁沃等亦上疏.
161)『高麗史』 권78, 지32 식화1 田制 祿科田 창왕 즉위년 9월 右常侍 許應等上疏.
162)『高麗史』 권78, 지32 식화1 田制 祿科田 창왕 원년 8월 大司憲 趙浚 2차上書.
163)『高麗史』 권78, 지32 식화1 田制 祿科田 공양왕 즉위년 11월 大司憲 趙浚 3차上書.
164)『高麗史』 권119, 열전32 鄭道傳傳.

家世族·世臣·巨室 및 無賴之徒 등으로 불려지는 자들이었다. 이들에 의해서 겸병의 대상이 된 토지는 구체적으로 국가직속지인 御分田·倉庫田·宮司田·莊處田 등과 국가 세입 위임지이면서 役口之分과 戶別之丁 계열의 토지인 兩班田, 閑人田, 軍人田, 其人田 등이 주요 대상이 되고 있음을 알 수 있다.

따라서 여말 전제개혁론자의 사전관을 정리하면, 1) 私田은 권력자들이 국전(國家之田, 國家之公田)을 겸병, 탈점함으로써 형성된 대토지 집적이며 父傳子承으로 세습되는 과정에서 家産化 私物化된 것이다. 2) 이러한 세습적 상속은 국가의 통제를 어기고 祖宗의 법규에 위반되는 것이며 따라서 사전은 근원적으로 불법적인 것이다. 3) 私田은 "標以山川 田連阡陌"하는 광대한 지역에 설치되어 경작농민으로부터 가혹한 수탈을 강행함으로써 막대한 수익을 거두었음에도 불구하고 私門에는 유익하지만 국가에 대해서는 何等의 도움이 되지 않는다고 보고 있다.

이러한 양자의 사전에 대한 인식과 관련하여, 앞서 우리가 살펴본 대토지 확대과정이 불법적으로 이루어졌다는 사실을 주목할 필요가 있다. 그 의미는 결국 개인의 사적 소유권에 입각한 사전 자체가 불법적인 것이 아니고 국가의 토지 즉 役口之分과 戶別之丁 계열에 해당되는 토지가 사전화하였다는 데서 문제가 발생한 것을 전제로 하고 있다. 役口之分은 양반관료층에게 분급된 전시과계열의 토지였으며, 戶別之丁 계열은 軍人, 其人 등에게 분급된 軍人田과 外役田 계열의 토지였다. 이들 토지는 모두 국가에 대한 역 부담자층에게 지급되었다는 점에서 동일한 성격의 것이었다.[165]

그러므로 전제개혁론자들이 파악한 사전은 祖業田的 사전 즉 소유권에 입각한 사전이 아님을 상정할 수 있다. 더구나 이들의 사전관은 국전, 國家之田 내지는 國家之公田이라는 개념을 먼저 설정해 놓고 이 개

---

165) 朴宗基, 「高麗 部曲人의 身分과 身分制 運營原理」, 『韓國學論叢』 13, 1990, 42~43쪽 참조.

넘에 맞추어 이에 대응하는 개념으로서의 사전을 구상한 것이기 때문에
더욱 그러한 모습을 보인다. 이는 결국 國田體制로의 전환을 의미한다
고 할 수 있다. 그리고 본래 소유권적 사전과 함께 불법적으로 사전화한
토지가 발생한 요인은 토지의 사적 소유화 현상이 점차 확대되어 가고
있음을 의미한다. 國田의 개인 사전화 경향은 당대 사회의 농업생산력
의 발전을 토대로 대토지 경작이 수월해져 농장화를 용이하게 해 갈 수
있었던 조건하에서 더욱 치열하게 전개되었다. 때문에 여말 전제개혁론
자들은 사전화 경향을 곧 자신의 경제적 기반을 잠식하는 상황으로 인
식하여 이러한 면을 부정 비판하였다고 보여진다.

더구나 이 시기는 李仁任, 廉興邦, 林堅味 등으로 대표되는 특권지배
층에 의해서 자행된 토지의 불법적 탈점현상이 광범위하게 진행되고 있
었고, 또한 巨室世家들 역시 당시 전제개혁론자들과 그 정치적 입장을
달리하는 계열로 파악되어진 만큼 그들에 대한 비판이 더욱 가열된 때
임을 감안하면 별다른 무리가 없을 것으로 보인다.

결과적으로 사전은 단순한 분급수조지만을 의미하는 것은 아니었다.
趙浚이 "私田은 私門을 이롭기 때문에 겸병이 일어난다"라고 말할 정
도로 사전은 이미 개인의 사적 토지임을 명백히 해주는 것이다. 다만 이
것이 권세가들에 의해 개인 수조지의 집적 이외에도 탈점과 겸병을 통
하여 民田도 사유화하였기 때문이다. 이러한 대토지 집적 현상은 결과
적으로 국가에 조세를 납부해야 할 토지가 개인에게 私物化하여 국가재
정을 파탄시켰기 때문에 여말 전제개혁론자들이 부정하였던 것이다. 때
문에 여말 전제개혁론에 나타난 사전은 소유권적 의미를 내포한 토지지
배 형태로 전개되면서도 오히려 권세가들에 의해 더욱 불법화하는 과정
에서 수조권적 사전 즉 국가의 세입지나 세입위임지가 家産化되는 가운
데 부정적으로 파악되어졌다고 할 수 있다.

한편, 私田을 祖宗之法으로 생각한 李穡, 權近, 李崇仁 등은 현존하
는 사전 그 자체는 그대로 두고, 단지 거기서 야기되는 폐단만 제거하자

는 쪽으로 생각하였다. 즉 家産化한 개인수조지 자체는 문제될 것이 없다고 보는 입장이었다. 이들은 이 사전을 하루아침에 바꿀 수 없는 本朝의 成法이며,[166] 함부로 바꿀 수 없는 舊法으로 인식하고 있었다.[167]

이는 私田의 世傳이나 田主의 佃客支配 그 자체에는 아무런 문제가 없는 것으로 이해한 것이다. 그러므로 私田占有의 문란과 그로 인하여 발생하는 농민층의 피해만 제거하면, 祖宗의 成法이나 舊法의 改定이 없어도 그 폐해는 제거될 수 있을 것으로 본 것이다. 즉 전민변정도감에서 분쟁 당사자들이 소유하고 있는 先代의 文券을 살펴, 文書 僞造 등으로 왜곡된 것들을 정확하게 검토하여 原住人에게 돌려주면 원래대로 회복할 수 있을 것이라고 주장하였다.[168] 또한 비록 당시의 시점에서 私田이 職役과 분리되고 원래의 제도를 회복함으로써 극복될 수 있다고 보았다.

권세가들에 의한 부당한 賜田의 보유를 비판하면서 기존의 권리를 부정하는 새로운 사전개혁에는 굳게 반대하였던 것이다. 당시의 사회적 문제는 부당한 대토지 겸병이고 그것은 기본적으로 賜田에 근거한 것이었으므로 공정한 법의 집행만 제대로 이루어진다면 극복될 수 있다는 "正爭奪之田 安耕種之民"[169]하고 '使民蘇息'[170]하게 된다고 생각했던 것이다.

그러나 고려말 전제개혁론자들은 國初 太祖가 田制를 정하여 百官에게 토지를 분급하고 身沒한 후 거두었다는 것을 토지의 국유제로 파악하였다. 기본적으로 이러한 토지국유제의 시행이 고려의 지배질서를 유지하는 원동력임을 역설하고 있다. 이러한 면은 전제개혁론자들의 토지국유제 관념은 사전의 혁파 근거로서 이용되어 전제개혁의 당위성과 이

---

166) 『高麗史』 권78, 지32 식화1 田制 祿科田 창왕 원년 8월 趙浚上書.
167) 『高麗史』 권118, 열전31 趙浚傳.
168) 『高麗史』 권78, 지32 식화1 田制 祿科田 우왕 14년 7월 諫官李行等又上疏.
169) 『高麗史』 권115, 열전28 李穡傳.
170) 『高麗史』 권78, 지32 식화1 田制 租稅 우왕 9년 2월 左司議 權近等 上書.

292

들이 추진하는 개혁의 기본방향을 설정케 하였다.

이러한 모습은 右常侍 許應이 均田制의 복구를 청하는 상소에서도 나타나 있다. 물론 균전의 개념에 있어서 고려시기 均田制 시행 유무와 그 존재형태에 있어서도 논란이 있지만 그들의 균전제 시행의 주장은 당대 고려 토지지배질서의 기본적 형태인 균전제가 철저한 국가소유 형태임을 인식하고 당시의 가장 커다란 문제인 동시에 자신들의 공격대상인 권문세가의 불법적인 家産化한 사전에 대하여 그 소유권적 성격을 혁파하려는 의도였다고 생각된다. 때문에 전제개혁론자와 반대세력인 巨室世臣들의 격렬한 대립은 필연적인 것이었다. 불법적으로 가산화한 사전은 이미 국가가 함부로 할 수 있는 성질의 것이 아니었다. 때문에 개혁론자들은 사전의 폐단을 지적하면서 국유제를 설정하여 놓음으로써 전제개혁의 의지를 천명하였다.

趙浚과 趙仁沃의 상소를 통해 전제개혁론자들의 개혁의도를 살펴보면, 조준의 경우 사전을 개혁하여 公田의 토지를 국가수조지로 재편성하고 직역에 따른 여러 명목의 분급수조지를 정하였는데, 祿科田, 口分田, 軍田, 投化田, 外役田, 位田, 白丁代田, 寺社田, 驛田, 外祿田, 公廨田 등 11항목을 설정하여 그 용도를 밝히고 있다.171) 즉 趙浚은 앞서 진행된 量田事業을 토대로 전제개혁의 기본방향을 설정하였는데,172) 총토지결수로서 국가세입지, 국가세입 위임지를 결정하였다. 즉 前年에 시작된 6道觀察出陟使들의 量田事業의 결과로서 개간지 중 면적 약 50만결을 파악했는데, 50만결의 용도를 재정리하는 국가의 토지 지배질서를 정비하고자 하였다.173)

---

171) 『高麗史』 권78, 지32 식화1 田制 祿科田 우왕 14년(창왕즉위년) 7월 大司憲 趙浚 1차上疏.
172) 『高麗史』 권78, 지32 식화1 田制 祿科田 공양왕 즉위년 12월 大司憲 趙浚 3차上疏.
173) 趙浚은 10만결을 右倉에 소속시켜 일반국용에, 3만결은 四庫에 소속시켜 王室 비용으로, 10萬결은 左倉에 소속시켜 官吏祿俸 비용으로, 10만결은 경기의 토지로서 관리의 科田으로, 17만결은 6도 軍士와 津院驛寺鄕吏地方官(使客廩給

그리고 관료들에게 주는 科田은 반드시 京畿 내에 한정한다는 원칙을 세우고 전국 각지에 사전이 무제한으로 팽창된 문제를 막고자 하였다. 그런데 새로 주어야 할 과전이 10만결에 불과하여 경기의 토지로서는 부족하였다. 때문에 경기 지역은 문종때와 같은 범위로 확정하였다. 경기 이외의 각도에는 전부 국고수조지 혹은 位田, 公須田, 衙祿田 등을 설정할 뿐 중앙 관료들에 대한 科田은 설정하지 않았는데, 다만 軍田만을 설정한다는 것으로 제시하였다.

한편, 조인옥은 祖宗公田之制, 즉 국가적인 토지분급제에 대한 그 나름대로의 정리를 시도하였다. 그의 토지분급체계에 대한 이해는 실제로 당시까지 운영되고 있던 토지체계 전반의 현실을 잘 드러내는 것이라 할 수 있다. 그는 국가적인 토지분급제를 籍田・莊處田・田柴口分田・外役田・軍田 등 크게 다섯 항목으로 나누고 그 재정용도를 밝히고 있다.[174]

따라서 전제개혁론의 기본 방향은 우선 국가 토지분급제에 의한 사전의 재분배를 통하여 國用, 軍需, 祿俸의 확보 및 증대에 있었다. 이러한 목표는 富國强兵을 위한 새로운 國田體制로의 지향을 뜻한다. 이를 통하여 종래의 정치・사회적 체제를 새로이 추구하려는 것이었다. 즉 舊來의 지배층이 가지고 있던 무조건적 기득권을 타파하고 나아가 토지지배관계를 일원화함으로써 사전을 경작하는 일반농민층의 부담을 경감시켜 齊一的 對民支配 방식을 반영 적용하려 했던 것이다. 이들이 지향한 개혁은 이전의 토지지배체제가 아닌 새로운 체제로의 전환을 의미하는 것이었다.

이러한 원칙에 대하여 반대파들은 다시 京畿 이외에도 科田을 설정하라는 의견을 제시하여 자신들의 입장에 유리하도록 하였다. 이러한 움직임은 사전이 국가분급지로서 개인에게 위임되어 사전화될 수 있었

衙祿之田 : 位田供需衙祿田)의 용도로 사용하자는 것이었다.
174)『高麗史』권78, 지32 식화1 田制 祿科田 창왕 즉위년 7월 前法判書 趙仁沃等 亦上書.

고 더구나 자신들의 사전이 경기 이외의 여타 지역에 널려 있는 이상 과전을 경기에 국한한다는 원칙은 그만큼 자신의 수조지가 적어진다는 것을 의미하기 때문이었다.

그러나 이들의 주장은 관철되지 않고 給田都監은 1390년(공양왕 2) 정월에 새로 과전을 받아야 할 관리들에게 田籍을 나누어 주었다.[175] 그리고 동 9월에는 이전의 公私典籍을 모아 서울 市街에서 燒却했다.[176] 또 동 11월에 給田都監에서는 豊儲, 廣興倉의 국고 수조지의 납세의 수와 地方田인 鄕吏, 驛吏, 津尺, 院 등의 衙祿田, 外役田 등의 稅收를 최종적으로 결정하였다.[177]

이렇게 모든 조치를 완료한 다음 이를 법제화하기 위하여 1931년(공양왕 3) 5월에 새로 科田法이 제정되었다. 과전법에서는 각 유형 사전의 授收에 대한 제규정과 조세수탈 및 田主對 佃客간의 관계에 대한 제 처벌규정을 수립하여, 새로운 토지분급체제로써 국가대 농민의 토지지배질서의 완성을 도모한 것이다.

과전법 단계에서 나타난 소농민의 안정화를 위한 제도적 장치는 결국 원간섭기 이래 제기되었던 토지문제가 이 시기 신흥유신 개혁파들에 의해 주장한 '正田制' 방식인 소농민의 안정화 즉 '一田一主'의 원칙으로 정리된 것으로 보인다. 收租權을 매개로 하여 비합법적으로 형성된 農莊은 혁파되고 職役에 따라 수조지가 재분배되었다. 농민의 입장에서 보면 7, 8인의 田主에 의한 가혹한 수취가 조정되고 수조권에 의해 잠식된 소유권이 복구되었던 것이다. 그 결과 농민생활이 안정되고 소유권 자체가 수조권의 위협으로부터 벗어날 수 있었다.

그러나 私田의 公收 및 재분배는 富國强兵을 위한 軍國之需를 충족시킬 뿐만 아니라 사대부의 생계보장이라는 측면이 농후하였다. 후자의 경우에는 '無功坐食之人'에게는 국가의 公田을 줄 수 없다는 것으로, 士

---

175) 『高麗史』 권45, 공양왕 2년 정월.
176) 『高麗史』 권78, 지32 식화1 田制 祿科田 공양왕 2년 9월.
177) 『高麗史節要』 권45, 공양왕 2년 11월 癸卯.

大夫 중심의 지배질서의 재편과정을 보여주는 일면이다. 이는 결국 토지와 민에 대한 국가적 지배를 강화시키려는 측면을 반영한 것이다.

　　결국 여말의 전제개혁은 사전의 혁파를 통한 수조권의 재분배를 통해 君臣關係를 회복하여 집권적 관료체제를 강화하면서도 보다 진전된 토지의 사적소유를 토대로 하였다. 이는 불법적 농장의 혁파를 실현하여 국가의 公田意識을 높임으로써 점진적으로 성장해 온 민의 의식구조의 상승을 반영한 중세 지배질서의 재편과정으로 이해된다.

제5장 恭讓王代 新興儒臣의 對立과 政治運營論

1. 新興儒臣 내부의 갈등과 政局의 推移

1) 恭讓王의 擁立과 反李成桂 勢力의 結集

창왕대 田制改革 論議過程에서 드러난 신흥유신간의 정치적 갈등은 '禑昌非王說'에 따른 창왕의 인정 여부로 더욱 심화되었다. 개선파의 李穡 계열과 曹敏修가 私田革罷에 반대하고, 위화도 회군으로 크게 위축되어 있던 세족이 개선파를 지지하고 나서자, 사전개혁을 반대한다는 명분으로 이림·禹玄寶·邊安烈·柳伯濡 등을 유배하면서[1] 이들에 대한 공격이 본격적으로 시작되었다.

우창비왕설은 이미 위화도 회군 이후부터 줄곧 제기되고 있었던 것으로, 이색 등은 君臣義理와 天理·天倫을 주장하면서 창왕의 즉위를 인정하고 있었고,[2] 趙浚·尹紹宗·吳思忠 등 개혁파 신흥유신들은 유교의 명분론과 春秋大義를 앞세워 창왕의 즉위에 반대하고 있었다. 개혁파가 위화도 회군 직후 조민수의 주장에 따라 창왕의 즉위를 인정한 것이지만, 金佇의 獄을 구실로 자신들의 뜻과 무관하게 즉위한 창왕을 폐하고 공양왕을 내세워 자신들의 입장을 관철시킬 정도로 정치적 우위를 보여주는 것이기도 하다.

---

1) 『高麗史』 권116, 열전29 李琳傳 ; 권126, 열전39 邊安烈傳 ; 권115, 열전28 禹玄寶傳 ; 『高麗史節要』 권34, 공양왕 2년 정월 ; 권35, 공양왕 3년 7월.
2) 都賢喆, 앞의 책, 233쪽 참조.

298

공양왕의 옹립은 창왕 원년 11월에 일어난 金佇事件 때문이었다.3) 崔瑩의 族黨인 金佇와 鄭得厚 등이 이성계를 살해하고 우왕을 복위하려 한다는 움직임을 郭忠輔가 밀고함으로써 드러나게 되었는데,4) 이를 계기로 판삼사사 沈德符, 찬성사 池湧奇·鄭夢周, 정당문학 偰長壽, 평리 成石璘, 지문하부사 조준, 판자혜부사 朴葳, 밀직부사 정도전 등이 興國寺에 모여5) 이른바 '禑昌非王說'을 廢假立眞의 명분으로 삼아 昌王을 廢하고 恭讓王을 옹립하였다.

이성계가 定昌君 瑤를 주목한 이유는 神宗의 7代孫으로서 왕실의 族屬 가운데 가장 가까운 관계 때문에 지목되었지만, 趙浚과 成石璘 등의 반대에도 불구하고6) 공양왕이 즉위할 수 있었던 것은 개인적으로 이성계와 姻戚관계에 있었고,7) 나약한 성격의 소유자로 인식되어 이성계의 집권에 방해되지 않을 인물이었기 때문에 추대된 것으로 보인다.8)

공양왕은 몇 번에 걸친 사양에도 불구하고 왕위에 추대되자 두려워서 잠을 이루지 못했으며, "내 평생 衣食·使令이 족하였는데 이제 짐이 이처럼 무거우니 어찌할 바를 알지 못하겠다"고 눈물을 흘리기도 하였고,9) 太廟에 祭祀하고 즉위를 告하는 예식이 끝났음에도 南面을 하지 않을 정도였다고 한다.10)

그럼에도 불구하고 공양왕은 즉위후 곧 長湍에 隱居해 있던 李穡을 불러 "나는 평생을 한가로이 놀고 있었는데 오늘날에 이와 같은 자리를

3)『高麗史節要』권34, 공양왕 원년 11월 甲戌.
4) 이 사건의 관련자에 대한 숙청은 門下評理 鄭地·李仁居·前判厚德府事 柳惠孫·李乙珍·前密直 李惟仁·柳蕃·趙瑚·安柱 등 27인을 유배하고 趙方興을 죽이는 것으로 일단락되었다(『高麗史節要』권34, 공양왕 원년 11월).
5)『高麗史』권45, 공양왕 즉위년.
6)『高麗史節要』권34, 창왕 원년 11월.
7) 공양왕의 이종사촌인 王瑀의 딸이 이성계의 일곱째 아들 芳蕃의 妻였다(璿源錄 참조).
8) 李相佰, 앞의 책, 48~58쪽 ; 劉璟娥, 앞 논문, 95쪽 참조.
9)『高麗史』권45, 공양왕 원년 11월 己卯.
10)『高麗史』권45, 공양왕 원년 11월 甲申.

얻을 줄은 생각하지 못하였다. 원하건대 경은 나를 도와달라"고 부탁하면서[11] 判門下府事에 재기용하는 한편, 邊安烈을 領三司事, 王安德을 判三司事에 등용하여[12] 개혁파의 정국주도를 막으려는 입장을 취하고 있어 주목된다. 이는 反이성계 세력의 결집을 의도한 것이기도 하다.

이와 같은 공양왕의 태도 변화는 비록 이성계에 의해서 즉위하였지만 국왕권의 행사에 상당한 위기의식을 가졌고, 이 때문에 자신의 왕위를 지켜줄 인물로 당시 儒宗인 李穡과 元老 武將의 대표적 인물인 邊安烈·王安德을 선택하였을 가능성이 크다. 그러나 이러한 공양왕의 의도는 이색이 임명된 지 20일 만에 吳思忠과 趙璞 등의 상소에 의해 파면되면서 실패로 끝나게 되었다.[13] 즉 이성계는 창왕을 江華로 내쫓고 창왕의 外祖이자 李仁任의 外從인 李琳 등 6인을 遠地로 유배하고,[14] 김저의 옥사에 연루된 門下評理 鄭地 등 27인을 유배보냈다.[15] 또한 前王을 두둔했다는 이유로 이색과 그의 아들 李種學을 파직하는 것을 비롯하여 李崇仁, 河崙, 權近 등 이색 계열 대부분을 유배하였다.[16]

---

11) 『高麗史節要』 권34, 공양왕 원년 11월.

12) 이때 李穡을 判門下府事, 邊安烈을 領三司事, 沈德符를 門下侍中, 李成桂를 守門下侍中, 王安德을 判三司事, 鄭夢周·池湧奇를 門下贊成事, 趙仁璧을 判慈德府事, 偰長壽를 政堂文學, 成石璘을 門下評理, 趙浚을 知門下府事兼司憲府大司憲, 朴葳를 判慈惠府事, 鄭道傳을 三司右使, 李皐를 司憲執義, 宋文中을 上護軍兼司憲執義로 임명하였다(『高麗史節要』 권34, 공양왕 원년 11월).

13) 李穡은 長湍에 유배된 직후 7언절구 12수인 「寄省郞諸兄」을 지었는데, 이때를 "玄陵 때에 策文으로 선비를 뽑았더니 가장 경중받았고, 辛朝(우왕) 때에 급제시켰더니 비로소 등용되었네. 이제까지 황야로 간 사람을 앉아서 헤아려 보니 조정에 가득했던 고관들 아무도 없네(玄陵策上甲加寅 放牓辛朝始出身 坐數至今荒野去 滿廷靑紫絶無人)"라고 하여 그를 따르던 門生들까지 폄출된 것에 대한 자신의 소회를 언급하고 있다(『牧隱集』 권35).

14) 이때 유배된 이는 李琳과 그의 아들 李貴生, 사위 柳琰 崔濂, 외손녀 사위 盧龜山, 조카 李勲 등 6인이었다(『高麗史節要』 권34, 공양왕 원년 11월 甲申).

15) 門下評理 鄭地·李居仁, 前判厚德府事 柳惠孫·李乙珍, 前密直 李惟仁·柳蕃·趙瑚·安柱 등 27인이다(『高麗史節要』 권34, 공양왕 원년 11월 甲申).

그리고 반이성계 세력으로 지목된 邊安烈, 李琳, 李穡, 禹玄寶·禹洪壽 父子, 禹仁烈, 王安德 등을 다시 유배하고, 우왕 역시 江陵府로 옮기는 조치를 취하였다.17) 12월에는 左司議 吳思忠과 門下舍人 趙璞 등이 김저 사건과 관련된 변안렬, 우왕의 외숙 이림, 김저, 鄭得厚 등과 더불어 우왕을 새로 맞이하여 王氏를 다시 세우려는 의논에 지지하였다고 이색을 탄핵, 파면하는18) 등 반대파에 대한 공격을 늦추지 않았다.

이렇게 吳思忠과 趙璞의 상소로 제기된 이색의 義理論에 대한 비판은 '禑王辛氏說'을 통해 회군을 정당화시키고 반대파를 제거하기 위한 작업의 일환이었다. 이들은 유교의 名分論과 春秋大義를 통하여 우왕이 王氏가 아님을 주장하였고, 명분에 맞지 않은 우·창왕을 물러나게 해야 했으며 이를 방해하는 亂臣賊子를 제거해야 했다. 이를 통하여 명분에 맞는 군주의 등장과 새로운 군신관계를 성립시킬 수 있기 때문이었다.19)

이러한 점은 공양왕 원년 12월 司憲糾正 田時로 하여금 유배된 曹敏修에게 보내 鞠問을 가하고 昌을 세운 계책이 이색에게서 나온 것으로 자백을 강요하고 있는 것에서도20) 알 수 있다. 그리고 공양왕에게 우왕·창왕을 죽이도록 요청하고, 같은 해 12월에 政堂文學 徐鈞衡과 藝文館大提學 柳珣을 江陵과 江華에 보내어 우왕과 창왕을 죽임으로써21) 위화도 회군과 廢假立眞 논의의 정당성을 확고히 하였다.

---

16) 『高麗史節要』 권34, 공양왕 원년 12월.
17) 『高麗史』 권137, 열전50 우왕 14년(창왕 즉위년) 11월 乙亥·戊寅.
18) 이때의 탄핵 내용은 첫째 李穡이 李仁任의 뜻에 따라 禑王을 옹립하였고, 둘째 위화도 회군 이후에는 昌王을 옹립하였으며, 金佇 등과 더불어 우왕을 復位시키려 했다는 것, 셋째 우왕대에 이인임·廉興邦·林堅味의 잘못을 말하지 않았고 우왕의 遼東攻擊을 말하지 않았으며, 넷째 田制改革에 반대하고 儒宗으로서 부처에 아부하였다는 것이다(『高麗史節要』 권34, 공양왕 원년 12월).
19) 都賢喆, 앞의 책, 233쪽 참조.
20) 『高麗史節要』 권34, 공양왕 원년 12월.
21) 『高麗史節要』 권34, 공양왕 원년 12월 壬寅.

　나아가 尹紹宗은 공양왕 2년 1월에 처음으로 經筵이 열린 자리에서 『貞觀政要』대신『大學衍義』를 읽도록 하는 한편,22) 왕의 面前에서 대간이 직접 時務의 得失을 아뢸 수 있도록 하는 등23) 자신들의 입장을 公論化할 수 있는 발판을 마련하면서 반이성계 세력에 대한 적극적 공세를 가하였다. 그리고 郎舍 尹紹宗과 李詹 등은 연이어 신우를 맞이하여 왕으로 세워 王氏의 宗社를 영원히 끊으려고 한 邊安烈 등에 대하여 治罪하고, 이어 洪永通·禹玄寶·王安德·禹仁烈·鄭熙啓 등이 변안렬의 역모에 가담하였다는 이유로 극형에 처할 것을 주장하였다.

　공양왕은 이에 대하여 변안렬의 관직을 삭탈하여 漢陽으로 유배를 보내지만, 나머지 인물들에 대해서는 마지못해 관직만 파면하는 미온적인 자세를 취하였다.24) 공양왕의 이러한 입장은 개혁파에 대한 견제의 의미로 보이며, 반이성계 세력에 대한 자신의 지지의사를 보여주는 것이다. 실제로 공양왕은 臺諫의 변안렬에 대한 탄핵이 5차례에 걸쳐 이루어졌음에도 불구하고 처결을 미루었고, 윤소종의 반대를 무릅쓰고 尹虎, 柳曼殊, 禹洪壽, 兪光祐, 崔允沚, 柳龍生, 鄭熙啓 등 7인을 자신의 옹립에 공이 있다는 이유로 공신에 책봉하기도 하였다.25)

　공양왕이 2월에는 대간들의 논핵을 막기 위하여 실시 1개월 만에 面啓法을 폐지하고,26) 3월에는 윤소종을 錦州로 추방하고 있는 점은 그러한 예에 해당한다. 그리고 대간과 巡軍府에서 변안렬의 여당으로 지목된 金伯興과 元庠을 국문하다가 김백흥이 죽자, 공양왕이 獄官의 고문으로 인한 것으로 의심하여 鄭夢周에게 巡軍府의 행동을 비판하고 원상을 석방하도록 지시한 점은27) 당시 이성계 세력의 정국 주도에 대한

---

22) 『高麗史節要』권34, 공양왕 2년 1월.
23) 『高麗史』권45, 공양왕 2년 1월 己卯.
24) 『高麗史節要』권34, 공양왕 2년 1월.
25) 『高麗史節要』권34, 공양왕 2년 1월.
26) 『高麗史節要』권34, 공양왕 2년 2월.
27) 『高麗史』권45, 공양왕 2년 1월 癸丑 ; 『高麗史節要』권34, 공양왕 2년 1월.

불만을 드러내는 것이다.

이렇게 공양왕 즉위 후 개혁파 측의 臺諫들은 尹彛·李初의 사건이 일어나기 직전까지 이른바 이색 부자와 우현보 등 禑·昌黨의 처벌을 왕에게 끊임없이 요구하였다. 그러나 공양왕은 오히려 우·창당의 편에 서서 원만한 해결을 강구할 뿐이었다. 이러한 위기는 이성계로 하여금 자기 세력의 결속을 공고히 할 필요성을 느꼈을 것이다. 우창당의 처리 문제를 놓고 공양왕과 충돌이 한창이던 공양왕 2년 4월 이성계가 回軍 功臣을 정하여 褒賞을 거행한 것도[28] 이러한 정국을 전환시키고 자신 의 지지기반에 대한 결속과 보장책의 하나로 여겨진다.

그럼에도 불구하고 공양왕은 적극적으로 개혁파를 견제하기 위하여 2 년 3월에 洪永通·王安德·禹仁烈 등을 재등용하는[29] 한편, 3차례에 걸친 대간의 반대에도 불구하고 長湍으로 행차하여 戰艦을 관람하려 한 것은[30] 향후 정국구도에 변화를 예고하는 것이었다. 더구나 沈德符 가 공양왕에게 '임금의 행동거지는 臺諫이 결정할 수 없는 것'이라고 말 한 점[31]과 공양왕과 咸傅霖의 臺諫論爭은[32] 공양왕과 정몽주, 심덕부 주도의 반이성계 세력의 결집을 의미한다. 공양왕 2년 3월에 단행된 인 사개편을 보면 그러한 면을 엿볼 수 있다. 이때 洪永通을 領三司事, 禹 玄寶를 判三司事, 王安德을 江原君, 禹仁烈을 雞林尹, 李勳과 鄭洪을 左·右常侍, 李滉을 門下舍人, 金若恒을 起復시켜 司憲掌令, 全賓을 左正言에 임명하였다.[33]

그리고 윤소종의 추방과 맞물려 이성계가 병을 이유로 사직을 청하 자, 4월에 그를 위로하기 위하여 심덕부와 함께 金帶를 내리며 이성계

---

28) 『高麗史節要』 권34, 공양왕 2년 4월.
29) 『高麗史』 권45, 공양왕 2년 3월 庚午.
30) 『高麗史節要』 권34, 공양왕 2년 3월.
31) 『高麗史節要』 권34, 공양왕 2년 3월.
32) 『高麗史節要』 권34, 공양왕 2년 3월.
33) 『高麗史』 권45, 공양왕 2년 3월 庚午.

와 심덕부를 동등하게 대우하고 있는 점[34] 역시 심덕부를 내세워 이성계의 군사력을 제어하려는 의도로 보인다.

또한 공양왕은 이색을 論劾한 臺諫 李舒·南在·全伯英·權湛·金若恒·徐呑·宋遇·慶習·咸傅霖·張子崇·全賓 등을 좌천시켜 지방관으로 삼는 한편, 李廷輔·金震陽·李擴·李室·鄭擢·崔遠·安景儉·許周·崔兢·趙庸·趙謙·閔開를 간관으로 대체하고 있다.[35] 이들은 후일 정몽주 계열로 지목되어 유배되는 인물들이다. 아울러 공양왕은 왕안덕을 소환하고,[36] 경연에 적극적으로 참여하여 『貞觀政要』와 『無逸』을 講讀하면서[37] 자신의 왕권행사에 적극적인 입장을 표명하였다.

개혁파에게는 이러한 공양왕의 태도가 상당히 부담스러웠을 것이며, 이를 전환할 새로운 정치국면이 필요하게 되었다. 이때 일어난 것이 尹彝·李初의 誣告事件이다.[38] 공양왕 원년 11월에 명에 갔다가 돌아온 王昉과 趙胖에 의해서 조정에 보고되자, 憲府와 刑曹에서는 잇따라 소를 올려 彝初黨을 처벌할 것을 요구하였으나 공양왕은 별다른 대응을 하지 않았다.[39] 그런데 池湧奇로부터 彝初의 명단에 자신의 이름이 실려 있어 위태할 것이라는 말을 들은 金宗衍이 야밤에 도주하는 사건이

---

34) 『高麗史節要』 권34, 공양왕 2년 4월.
35) 『高麗史節要』 권34, 공양왕 2년 4월.
36) 『高麗史』 권45, 공양왕 2년 윤4월 庚辰.
37) 『高麗史』 권45, 공양왕 2년 윤4월 己丑, 7월 丙申, 10월 乙酉.
38) 이 사건의 내용은 尹彝·李初가 공양왕은 宗室이 아니고 이성계의 姻戚이라는 것, 이성계가 兵馬를 동원하여 명을 공격하려 했다는 것, 이 때문에 이색 등이 죽임을 당하거나 遠地에 유배되었기 때문에 윤이와 이초를 명에 보내 군대를 거느리고 와서 이성계일파를 토벌해 줄 것을 청해 달라고 부탁했다는 것이다. 그러나 明皇帝는 尹彝와 李初의 호소가 誣告라는 사실을 알았기 때문에 조반으로 하여금 귀국하여 왕 및 재상과 협의하여 윤·이가 제출한 명단의 인물들을 조사하여 보고하라고 하였다는 것이다(『高麗史』 권45, 공양왕 2년 5월 癸巳).
39) 『高麗史節要』 권34, 공양왕 2년 5월.

발생하자,[40] 이 사건으로 33인이 연루되었다. 李穡·曺敏修·權近·李崇仁 등 13명은 이미 禑昌黨으로 탄핵되어 처벌받았던 인물들이고, 21명이 새로 이초당에 추가되었다. 그 가운데 19명이나 되는 인물들이 모두 무장세력으로 활동한 경험이 있거나 무관직을 띠고 있는 것으로 보아 개혁파를 반대하는 무장들의 반발이 커가고 있음을 알 수 있다.[41]

尹彛·李初 사건의 처리문제는 신흥유신 내부의 반발을 가져와 左司議 金震陽의 경우, 이 옥사가 "3세의 어린아이라도 誣妄한 것임을 알고 있다"라고 말했다가 파직되고,[42] 이와 관련하여 사헌부의 탄핵에 의해서 諫官들이 모두 좌천당하기까지 하였다.[43] 이는 곧 반이성계 세력에 대한 정치공세를 의미하는 것이며 개혁파 신흥유신간의 분열을 뜻하는 것이 된다.[44] 즉, 이성계와 함께 위화도 회군과 공양왕 옹립에 이르기까지 그의 정책을 지지해 온 鄭夢周가 윤이·이초 사건에 연루된 이색·권근 등을 두둔하고 나섰던 것이다.[45] 이에 大司憲 金士衡이 刑曹를 시켜 정몽주를 탄핵하자, 간관들은 오히려 정몽주를 지지함으로써 사헌부와 낭사의 충돌이 일어나게 되었다.[46] 이로부터 정몽주가 반이성계 세력의 대표적 인물로 부상하게 되었고, 이를 계기로 개혁파 신흥유신의 일부와 이색 계열의 신흥유신 및 공양왕 지지세력으로 나뉘어 대립하게 되었다.

정몽주는 李穡의 門人으로 공민왕 16년 成均館에서 學官인 成均博士로 활동하였으며,[47] 우왕대에는 金九容·李崇仁·鄭道傳·權近과

---

40) 『高麗史』 권45, 공양왕 2년 5월 戊戌. 이 사건을 처음 고발한 조반이 그 후 개국 2등공신에 오를 만큼 개혁파 쪽의 입장에 있다는 점에서 金佇 사건처럼 개혁파에 의해 확대 내지 조작되었을 가능성이 크다.

41) 劉璟娥, 앞 논문, 102쪽, <표 7> 참조.

42) 『高麗史』 권117, 열전17 金震陽傳.

43) 『高麗史節要』 권34, 공양왕 2년 6월.

44) 이익주, 앞 논문, 1998, 33쪽 참조.

45) 『高麗史節要』 권34, 공양왕 2년 7월·8월.

46) 『高麗史』 권104, 열전17 金方慶附 金士衡傳.

李仁任의 친원정책에 반대하다가 彦陽으로 유배를 당하기도 하였던[48] 신흥유신의 한사람이었다. 그가 전제개혁 논의과정에서 왜 贊反을 분명히 하지 않았는지 모르겠으나, 그의 정치활동이 이색 계열과는 달리 공양왕 옹립 9공신으로 공양왕 후반까지 그대로 지속된 점을 생각할 때[49] 개혁파와 정치적 이해를 같이 했던 것으로 파악된다.[50]

정몽주가 제도개혁에 참여하고 명분론에 따라 공양왕을 옹립했지만, 개혁파의 의도가 공양왕을 廢主로 지목하며 고려의 부정으로 이어지게 되는 것을 인정할 수 없었던 것이다. 따라서 그는 공양왕을 지지하고 체제유지를 위하여 이색 계열과 결합하였다. 이러한 모습은 공민왕 20년 李穡・田祿生의 門生으로 과거에 합격한 李行[51]・許應[52]과 孟思誠[53]

---

47) 『高麗史』 권117, 열전30 鄭夢周傳.

48) 『高麗史節要』 권30, 우왕 원년 7월.

49) 李穡이 "松軒이 나라를 맡자 나는 떠도니 꿈속엔들 누가 이런 생각하겠는가? 하물며 두 鄭氏가 큰 의논에 참여했다는데 온 가족 다 모이는 날이 과연 언제일까?(松軒當國我流離 夢裡誰曾有此思 二鄭況今參大議 一家完聚果何時)"라고 하여 鄭道傳과 鄭夢周를 들어 원망하고 있는 점은 정몽주가 공양왕 옹립과 정까지 개혁파의 일원으로 참여한 것으로 보인다(『牧隱集』 권35).

50) 『高麗史』 권117, 열전30 鄭夢周傳에 "夢周對曰 但穡無節操耳 何有罪乎"라고 하여 우왕과 창왕의 정통성을 인정한 이색에 대하여 정몽주가 절조가 없다고 비판한 점에서 왕씨를 세우는 데는 함께 했을 것으로 생각된다.

51) 李穡의 門生이었던 李行은 전제개혁 상소를 올린 인물로 공양왕대 이색을 탄핵하려는 개혁파의 탄핵에 대해 이색을 座主로 삼았음을 밝히며 반대상소를 올렸고, 우, 창왕 및 邊安烈을 이성계가 죽였다고 기록한 麗末의 史草로 인해 이색・정몽주세력으로 지목되어 趙浚의 탄핵을 받고 蔚津으로 유배되었다(『太祖實錄』 권1, 태조 2년 1월 戊午, 3월 丙寅 ; 『高麗史節要』 권34, 공양왕 2년 4월).

52) 李穡의 門生으로 李行과 함께 田制改革案을 올린 許應은 공양왕 4년 諫官 金震陽을 처벌할 때 禹玄寶의 黨與로 지목되어 함께 유배되었다(『高麗史』 권115, 열전28 禹玄寶傳).

53) 『高麗史』 권115, 李崇仁傳에는 이숭인의 죄를 변명하던 권근이 탄핵을 당했을 때 諫官인 孟思誠은 자기의 스승을 탄핵할 수 없다고 탄핵의 대열에서 빠지고 있다.

李詹54) 등에서도 찾아진다.

이와 같이 정몽주를 비롯한 개혁적 신홍유신의 입장 변화는 윤이·이초 사건으로 위축되었던 공양왕에게 정치적 힘이 되었을 것이다. 실제로 공양왕은 이 무렵부터 국왕권의 회복에 대한 관심을 보여주고 있다. 그 대표적인 사례가 漢陽遷都이다.55) 즉, 윤이·이초 옥사가 마무리된 공양왕 2년 7월 書雲館에서 천도론을 제기하였고, 이에 대하여 朴宜中·李室·尹會宗·金士衡 등 신홍유신들의 반대에도 불구하고 9월에 천도를 강행하였다.56)

천도의 명분도 공양왕이 스스로 밝혔듯이 "秘錄에 천도하지 않으면 君臣을 폐하게 될 것"이라고57) 하였듯이, 군신관계의 재정립을 통하여 왕권의 회복을 도모하는 것이었다. 또한 공양왕은 이 무렵 演福寺의 重修 등 佛事를 일으키는 崇佛의 태도를 보여주고 있는데, 이는 국왕권에 대한 입장을 표현하는 동시에 정치적으로는 구세력과의 연계를 염두에 둔 것이었다.58)

한양천도가 이루어진 뒤 2개월만에 이성계가 사의를 표명하고,59) 다음날 우현보·이색·권근·이숭인 등을 사면하고 있는 점은60) 이러한 분위기를 반영한다. 그런데 11월에 다시 金宗衍 사건이 발생하면서 또 한 차례 반이성계파가 숙청된다. 이초당에 연루되어 투옥되었다가 탈출한 김종연이 西京에 와서 西京千戶 尹龜澤·楊百之 등에게 군사를 청하여 開京의 沈德符·池湧奇·鄭熙啓·朴葳·尹師德·李沃·李彬·

---

54) 金貂의 斥佛論에 대한 비판(『高麗史節要』권35, 공양왕 3년 5월)과 조준, 정도전 등이 탄핵당할 때 知申事 李詹이 왕의 결재를 받아 이들을 유배 보내는 (『高麗史節要』권35, 공양왕 4년 4월) 데서 엿볼 수 있다.
55) 李廷柱, 『麗末鮮初 儒學者의 佛敎觀』, 고려대 박사학위논문, 1997, 86쪽 참조.
56) 『高麗史節要』권34, 공양왕 2년 7월·9월.
57) 『高麗史節要』권34, 공양왕 2년 7월.
58) 이익주, 앞 논문, 1998, 34쪽 참조.
59) 『高麗史』권45, 공양왕 2년 11월 辛卯.
60) 『高麗史』권45, 공양왕 2년 11월 壬辰.

李茂・陳乙瑞 등과 함께 군사를 거느리고 이성계 등 9공신을 살해하려고 모의하였다는 것이다.[61]

김종연 사건에 연루된 인물들 가운데는 무장 출신이 심덕부・지용기・박위・윤사덕・이무・진을서・이옥 등 7명이 있고, 하급무인은 金兆府・張翼・魏种 등 14명이었다. 따라서 심덕부・지용기・박위 등 이른바 공양왕 옹립 9공신들이 연루되어 제거됨으로써 이성계와 견줄 만한 군사력을 가진 무장은 하나도 남지 않게 되었다.[62] 공양왕 추대 공신이기도 한 심덕부・지용기・박위 등이 이 사건에 연루된 것은 이성계 세력의 내부, 특히 무장세력의 분열과 대립을 보여주는 것이다. 때문에 개혁파는 김종연을 참혹하게 처형하여 각 지방에 알리는 조치를 취함으로써 반발세력에 대한 경각심을 고취시키며, 하급사병까지 철저하게 숙청하는 등 매우 강경한 면을 보여주고 있다.[63] 아울러 여러 元帥의 인장을 모두 회수하여 무장들이 가지고 있던 사병집단을 흡수하였고, 공양왕 3년 정월에는 都總制府를 두어 이성계가 都總制事, 裵克廉이 中軍總制事, 趙浚이 左軍總制事, 鄭道傳이 右軍總制事가 되어 서울과 지방의 군사를 모두 통솔하는 등 고려의 軍權을 완전히 장악하였다.[64]

2) '義理論'・'名分論'의 對立과 朝鮮建國

공양왕을 즉위시키고 반대파의 제거에 어느 정도 성공한 개혁파는 공격대상으로 君主와 고려왕조 자체를 문제삼기 시작하였다. 이제는 君主修身論 뿐만 아니라 天譴說・天命論까지 내세우며, 이상군주상을 내세

61) 『高麗史』 권104, 열전17, 金周鼎附 金宗衍傳 ; 李相佰, 앞의 책, 78~87쪽 참조.
62) 이를 계기로 池勇奇는 三陟, 朴葳는 豊州, 鄭啓熙는 安邊, 尹師德은 淮陽, 李彬은 安峽, 沈德符는 兎山, 陳原瑞는 興德으로 유배보냈다(『高麗史節要』 권34, 공양왕 2년 11월).
63) 『高麗史』 권45, 공양왕 2년 5월 戊戌.
64) 『高麗史節要』 권35, 공양왕 3년 정월.

위 공양왕에게 군주와 역할의 자세를 말하고 이상정치의 구현을 요구하였다.

　이들은 공양왕이 군주로서 修身을 등한시하고 군주권의 행사를 잘못한다고 비판하였다. 윤소종은 書筵上疏를 통해 공양왕의 수양 공부가 미진하여『論語』강의를 13개월을 받아도 매일 아는 글자가 많아야 3～4자밖에 안 된다고 하고,65) 朴宜中은 나이가 많아 책읽기가 어렵다고 하거나,66) 해가 巳時・午時가 되어야 나오고 밤중까지 宴會를 베푼다고 하였다.67) 또한 공양왕이 三綱五倫을 통치이념으로 삼지 않고 불교 승려를 등용하였으며,68) 公과 私를 구분할 줄 모르고, 賞罰을 공정하게 처리하지 못한다고 하였다. 南誾의 경우, 공양왕이 池湧奇와 王益富는 동일한 죄임에도 불구하고 왕익부는 죽이면서도 지용기는 살려준 것은 형벌 적용에 형평을 잃은 것이라고 하였다.69)

　개혁파는 나아가 공양왕의 잘못된 군주권 행사로 말미암아 異象氣候, 특히 천재지변이 일어났다고 공격하였다.70) 천재지변은 하늘의 譴責이므로 군주는 스스로 자신의 부덕함을 반성하고 善政을 베풀어야 하는 것인데도, 공양왕은 오히려 불교적인 의례나 토목공사를 행하였고 私情에 의해서 상벌을 행하여 天意에 부응하지 못하였다고 보았다.71) 때문에 공양왕에게 마음을 바로잡고 검약하며, 賞罰 黜陟을 공정히 하고, 小人을 멀리하며, 賢人을 친히 하고, 佛屠・異端・讖緯・術數를 물리치는 합리적인 정치운영을 통하여 災異를 물리치도록 당부하였다.72) 그러나 공양왕이 이것을 받아들이지 않자, 국왕으로서 역할을 제대로 수행

65)『高麗史』권120, 열전33 尹紹宗傳.
66)『高麗史』권112, 열전25 朴宜中傳.
67)『高麗史節要』권34, 공양왕 2년 6월.
68)『高麗史』권120, 열전33 尹紹宗傳.
69)『高麗史』권116, 열전29 南誾傳.
70)『高麗史』권46, 공양왕 3년 4월.
71)『高麗史』권120, 열전33 金子粹傳 ;『高麗史節要』권35, 공양왕 3년 5월.
72)『高麗史』권116, 열전29 南誾傳.

하지 못하는 왕으로 취급하였고, 失政·不德한 왕으로 규정하였다. 공양왕이 군주로서의 존엄성을 잃었기 때문에 天命이 떠났다고 강조하기에 이르렀던 것이다.

'禑昌非王說'을 통해 王氏를 세워야 한다고 주장하고 王氏를 세우는 것이야 말로 春秋大義·名分論에 충실한 것이라고 말하던 이들이 오히려 공양왕을 부정하였던 것이다. 그리하여 개혁파는 공양왕을 대신할 天命을 받은 有德者를 구하게 되었고, 고려의 왕씨가 아닌 새로운 성씨를 즉위시켜 군신관계·지배질서를 재조정하려고 하였다.[73]

그럼에도 불구하고 공양왕과 정몽주는 윤이·이초의 무고사건이 어느 정도 정리되자, 그동안 유배되었던 이색 등을 사면이나 복권시켜 개혁파에 대항하여 정치적 입지를 강화하려는 노력을 보인다. 예컨대, 2년 11월에 이색과 우현보·權仲和·慶補 등이,[74] 3년 1월에 禹仁烈·張夏·李仁敏·李崇仁·權近 등이 사면되고,[75] 이색·이숭인에게는 職帖을 환급하고 있다.[76] 이러한 의도는 개혁파의 정권장악을 제어해 보려는 것으로 짐작할 수 있는데, 더구나 정몽주가 守門下侍中에 임명됨으로써[77] 그러한 의도는 표면적으로 드러나게 되었다. 이를 계기로 정국은 정몽주의 공양왕 지지와 이색 계열의 연합을 통하여 개혁파를 견제하는 양상으로 바뀌었다.

공양왕 2년 7월 이성계 세력이 彝初黨을 다시 심하게 논핵하자 정몽주와 공양왕이 뜻을 같이하여 형량을 낮추거나 사면에 처하였으나,[78] 개혁파로 보이는 臺諫들의 끊임없는 상소에 지친 공양왕은 이를 都堂에서 심의하도록 하자, 정몽주는 이초의 무리가 죄가 명백하지도 않고

---

73) 都賢喆, 앞의 책, 234~235쪽 참조.
74) 『高麗史節要』권34, 공양왕 2년 11월.
75) 『高麗史節要』권35, 공양왕 3년 정월.
76) 『高麗史節要』권35, 공양왕 3년 정월.
77) 『高麗史』권45, 공양왕 2년 11월 甲午.
78) 『高麗史節要』권34, 공양왕 2년 7월.

또 용서를 받았으니 다시 논죄할 수 없다는 강경한 자세로 자신의 뜻을 관철시키려 하였다. 그러나 대간들의 뜻에 따라 우현보 등을 유배보냈지만, 이초당에 대한 정몽주의 태도를 둘러싸고 司憲府・刑曹・門下府 郎舍들 간에는 정몽주를 옹호하는 세력과 이를 공격하는 반대세력으로 나뉘어 첨예하게 대립하게 되었다.

결국 대사헌 金士衡을 중심으로 집의 安景儉・崔遠, 장령 許周・崔兢, 지평 趙庸, 형조판서 安景恭 등과 정몽주를 지지하는 좌시중 鄭寓, 좌사의 崔云嗣, 헌납 李蟠, 정언 權燻 등이 서로를 탄핵함으로써 대간의 업무가 마비될 정도였다.[79] 물론 공양왕 역시 이들을 지지하면서 소위 이성계 세력에 의해 숙청되었던 5罪의 인사들의 형벌을 감해주었다.[80]

이와 아울러 공양왕은 3년 3월 房士良의 시무11조를 嘉納하고, 그를 刑曹正郎에 임명하는 한편,[81] 4월에는 星變이 10여 일 동안 계속되자, 임금의 過誤와 時政의 득실, 민간의 利病을 낱낱이 實封으로 올리게 하였다.[82] 공양왕의 이와 같은 求言敎書에 대하여 成均大司成 金子粹, 成均博士 金貂, 郎舍 許應, 그리고 吏曹判書 鄭摠,[83] 政堂文學 鄭道傳, 密直副使 南誾 등이 연이어 상소를 올려[84] 정국현안 문제뿐만 아니라

---

79) 『高麗史』 권104, 열전17 金方慶附 金士衡傳.
80) 5罪란 王氏를 세우는 의논을 저지시키고 禑의 아들 昌을 세운 자(禑昌黨 : 李穡・曹敏修 등), 金宗衍의 모의에 참여한 자(宗衍黨 : 池勇奇・朴可興 등), 신우를 맞이하여 왕씨를 영구히 끊게 하려는 자(禑昌黨 : 변안렬・우현보 등), 尹彝와 李初를 上國에 보내어 친왕이 천하의 군사를 움직여 이성계를 치도록 요청한 자(彝初黨), 선왕의 서손을 꾀어 반역을 도모한 자(池湧奇)를 칭한다(『高麗史』 권117, 열전30 鄭夢周傳).
81) 房士良의 時務11條는 『高麗史』 권79, 식화2 貨幣・市估 ; 권81, 병1 兵制 ; 권85, 형법2 禁令 ; 권46, 공양왕 3년 3월 甲辰 ; 『高麗史節要』 권35, 공양왕 3년 3월조에 분산되어 실려 있다.
82) 『高麗史』 권46, 공양왕 3년 4월 계미 ; 『高麗史節要』 권35, 공양왕 3년 4월.
83) 『高麗史』 권46, 공양왕 3년 5월.
84) 『高麗史節要』 권35, 공양왕 3년 5월.

斥佛문제에까지 입장을 표명하였다.

특히 3년 5월에 鄭道傳이 중심이 되어 제기한 斥佛論은,[85] 大司成 金子粹의 척불상소, 成均博士 金貂의 廢佛論에[86] 이어 前 典儀副正 金瑱과 前 戶曹判書 鄭士僴이 반론을 제기하자,[87] 成均生員 朴礎 등이 척불론을 지지하며 공양왕의 崇佛的 태도를 비난하고 나섰다.[88]

김초는 불교의 禍福說을 반박하고 승려들의 비행을 비난하면서 불교계 자체를 혁파하여 승려들은 군인으로, 사찰과 소속 자산은 국가재정으로 귀속시킬 것을 주장하였다. 이에 더하여 박초는 당시 척불에 대항하여 불교를 옹호하는 상소를 올린 前 전의부정 金瑱을 비난하며 저자에 車裂하여 마땅하다 하고, 척불을 주장하던 정도전에 대하여는 "異端을 배척하고 邪說을 종식시켜 天理를 밝히고 인심을 바르게 한 東方의 眞儒"[89]라고 극찬하였다. 이와 같은 표현은 당시 儒宗으로 인정받았지만 불교에 호의적이었던 이색을 염두에 둔 것으로, 이제 정도전이 그 자리를 대신해야 한다는 표현인 셈이었다.[90]

김초와 박초의 상소는 공양왕의 분노를 불러일으켜 사형될 처지였으나, 다행히 정몽주·鄭擢의 구원으로 사면되었다. 이때 정몽주는 "불교

---

85) 『高麗史』 권119, 열전32 鄭道傳傳.
86) 『高麗史節要』 권35, 공양왕 3년 5월.
87) 『高麗史節要』 권35, 공양왕 3년 6월.
88) 『高麗史節要』 권35, 공양왕 3년 6월.
89) 『高麗史』 권124, 열전33 金子粹傳.
90) 鄭道傳의 이러한 위상은 成均司藝 柳伯淳과 順寧君 聃과의 대화에서도 드러나고 있다. 예컨대 "지금 儒者 鄭道傳 등이 나라의 권력을 제 멋대로 희롱하니, 혹시 前日의 亂(武人亂)이 있다면 우리들이 그 화를 입을까 두렵다"고 한 데서 알 수 있듯이, 개혁파의 핵심으로 지목되고 있었다. 이 일로 臺諫과 刑曹가 慈恩寺에 모여서 담과 유백순을 잡아서 신문하여 자백을 받고, 담은 屬籍(종실)을 삭제하여 見州로 유배보내고, 유백순은 곤장을 쳐서 基州(豊基)로 유배보내는 한편, 判典儀寺事 柳伯濡는 田法을 비난하였다는 이유로 光州로 유배하였다(『高麗史』 권90, 열전3 宗室 順寧君 聃 ; 『高麗史節要』 권35, 공양왕 3년 7월).

를 배척하는 것은 儒者의 일상적인 일"[91]이라는 원칙론을 내세워 처벌에 반대함으로써 자신의 정치적 입장과는 상반된 견해를 보이기도 한다. 이러한 점은 그가 성리학적 태도에 충실하고 있음을 보여주는 것이며, 불교에 대한 입장은 개혁파와 크게 다르지 않다는 것을 의미한다.

이와 같은 척불론의 전개는 정도전의 주도하에 이루어진 정치공세로 보인다. 동시에 척불론을 통하여 성리학적 명분을 앞세움으로써 신흥유신 내의 정국 주도권을 장악하려는 의도였다.[92] 정도전이 정치일선의 전면에 등장한 것은 이때가 처음으로, 김초의 斥佛上疏 직후에 글을 올려 공양왕의 정치를 비난하고 구세력의 척결을 요구하였으며, 뒤이어 이색과 우현보의 처형을 주장하였던 것이다.[93]

그러나 공양왕은 완강하게 거부하며 대간의 몇 차례 공방을 거친 뒤 이색과 우현보를 다시 유배보내는 것으로 종결되었고, 이에 대한 불만의 표시로 이성계가 또다시 사직하였다.[94] 또한 8월에도 사헌부에서 이른바 立昌黨·迎禑黨·彝初黨 관련자들에 대한 처벌을 요구하였음에도 불구하고, 공양왕은 정몽주·尹虎·柳曼殊·金湊 등을 불러 의논하여 이색과 우현보를 석방하고, 조민수·변안렬은 가산을 몰수하며 李乙珍은 律에 따라 斷罪하며, 池勇奇·朴可興은 그대로 유배해 두되, 禹仁烈·王安德·朴葳 등은 경외에 편리한 대로 살게 할 것을 명하였다. 이 자리에 참여한 정몽주는 창왕 옹립으로부터 윤이·이초 사건들에 대해 재심의할 것을 주장하였고, 결국 이색의 죄를 경감하는 등 정몽주의 뜻에 따라 결정한 뒤 그에 대한 논란을 종결지어 다시 재론하지 못하도록 하였다.[95]

그리고 정도전이 糾正을 꾀어 臺諫을 비방했다는 죄목으로 奉化縣으

91) 『高麗史節要』 권35, 공양왕 3년 7월.
92) 이익주, 앞 논문, 1998, 36쪽 참조.
93) 『高麗史節要』 권35, 공양왕 3년 5월.
94) 『高麗史節要』 권35, 공양왕 3년 6월.
95) 『高麗史節要』 권35, 공양왕 3년 8월.

로 유배되고,96) 12월에는 대사헌에 姜淮伯, 형조판서에 全五倫, 좌·우
산기상시에 金震陽·李擴 등이 간관과 형조의 책임자로 임명되었다. 이
러한 점은 모두 정몽주 계열의 유신으로 채워지고 있음을 의미하는 것
이다.97)

이를 계기로 다시 10월에 開城尹 趙胖은 公田을 탈취한 죄목으로 竹
林에, 鄭道傳은 家風이 바르지 못하고, 派系가 명백하지 못하다는 이유
로 羅州에 유배한98) 다음, 11월에 권중화가 삼사좌사로 임명되었고, 이
색·이숭인·이종학이 소환되고 있으며,99) 이들이 12월에는 韓山府院
君과 丹陽府院君으로 封君되고 있다.100)

이러한 정국변화는 4년 1월 공양왕을 무시한 李恬의 불만에서 더욱
드러나고 있다. 이때에 이염을 변호하였던 裵克廉 마저 파면되고 있기
때문이다.101) 더욱이 동년 3월에 명에 가서 正朝를 하례하고 돌아오는
세자를 마중 갔던 이성계가 海州에서 사냥하다가 말에서 떨어져 위독하
다는 소문이 들리자102) 諫官 金震陽, 李來·權弘·柳沂 등이 趙浚·鄭
道傳·南誾·尹紹宗·南在·趙璞·吳思忠 등을 논핵하여 削奪官職이
나 유배, 국문케 하였다.103) 이는 바로 김진양 이하 대간의 탄핵에서 비
롯되었지만, 정몽주 계열의 좌주 문생·동문 등 成均館과 학연을 연고
로 결집된 일단의 체제유지론자들에 의하여 주도된 것으로 보인다.

따라서 역성혁명을 둘러싼 신흥유신 내의 체제유지와 체제개혁을 둘
러싸고 정몽주와 개혁파의 정치적 대립이 보다 치열하게 전개되었음을
의미하는 것이다.104) 물론 정몽주는 오사충이 유배된 이틀 후에 이성계

---

96) 이익주, 앞 논문, 1998, 38쪽 참조.
97)『高麗史』권46, 공양왕 3년 12월 丙子.
98)『高麗史節要』권35, 공양왕 3년 10월.
99)『高麗史』권45, 공양왕 3년 11월 戊子, 己亥.
100)『高麗史』권45, 공양왕 3년 12월 丙子.
101)『高麗史節要』권35, 공양왕 4년 정월.
102)『高麗史節要』권35, 공양왕 4년 3월.
103)『高麗史節要』권35, 공양왕 4년 4월.

휘하의 趙英珪 등에게 암살되고,[105] 이숭인·이종학·김진양 등 12명과[106] 知申事 李詹, 右副代言 李士穎이 유배갔으며,[107] 이색도 韓州로 쫓겨나고, 유배된 이숭인·趙瑚·이종학·李種善·김진양·李擴은 廢庶人되었다.[108] 또 5월에는 偰長壽·金履가 田里로 쫓겨나고, 李茂·李彬, 摠郎 安魯生·崔關, 護軍 金瞻과 前大司憲 姜淮伯, 正言 柳沂 등이 유배되었으며,[109] 6월에는 왕실과 외척인 우현보 이하 26인이 제거되었다.[110]

왕실을 보호하던 중신과 종실을 모두 잃고 자신을 지지해주던 정몽주

---

104) 이익주는 공양왕 3년 7월 成均司藝 柳伯淳이 이성계를 무신정권에 빗대었다가 처벌된 사건(『高麗史節要』 권35, 공양왕 3년 7월)과 이 해 11월의 정몽주 계열의 李詹이 왕에게 九規를 올리면서 아홉 번째로 왕업을 보전할 것의 "保業"을 포함시킨 것은 당시 왕조의 위기 상황으로 인식하고 있었으며, 12월의 "宜州에서 말라 죽었던 큰 나무가 다시 살아나자 사람들이 말하기를 '우리 태조가 나라를 세울 징조다'라고 한 것(『高麗史節要』 권35, 공양왕 3년 12월)의 내용을 통하여 대략 공양왕 3년 후반부터 역성혁명의 가능성을 거론했던 것으로 보았다(이익주, 앞 논문, 38~39쪽).

105) 『高麗史節要』 권35, 공양왕 4년 4월.

106) 이때 유배된 이는 李崇仁·李種學과 諫官 金震陽, 右常侍 李擴, 左獻納 李來·李敢, 右獻納 權弘, 執義 鄭熙, 掌令 金畝·徐甄, 持平 李作·李申 등 12인이다(『高麗史節要』 권35, 공양왕 4년 4월).

107) 『高麗史節要』 권35, 공양왕 4년 4월.

108) 『高麗史節要』 권35, 공양왕 4년 4월.

109) 『高麗史節要』 권35, 공양왕 4년 5월.

110) 이때 禹玄寶 知密直司事 禹洪壽 典醫副令 洪富 判事 洪康 上護軍 洪得 正郎 洪命, 宗親 南平君 和, 壽延君 珪, 寧原君 琦, 益山君 紷 福原君 諮, 順寧君 聃, 保寧君 福, 門下贊成事 安翊 判開城府事 金南得 密直事 崔乙義 前淸州節制使 王承貴 前密直副使 都興 知申事 安瑗 左代言 柳廷顯 右代言 許膺(應) 判事 朴興澤 前延安府使 安俊 內府令 申元弼 摠郎 崔咸 內官 姜仁富이다(『高麗史節要』 권35 공양왕 4년 6월). 조선건국 후 李穡 偰長壽 禹玄寶 등 56인은 結黨謀亂했다는 이유로 처벌되는데, 이색 설장수 우현보 등은 外方從便되고 그 외 30여 인은 京外從便되었지만, 李種學 崔乙義 李崇仁 禹洪壽 金震陽 禹洪命 禹洪得 李擴 등은 유배도중 鄭道傳에 의해 仗殺되었다(『太祖實錄』 권1, 태조 원년 7월 丁未, 8월 壬申, 10월 庚申).

마저 제거되자, 더 이상의 국왕권 행사가 불가능해진 공양왕은 4년
(1392) 7월 密直提學 李芳遠과 사예 趙庸을 불러 동맹의 형식을 빌어
이성계에 의지하여 고려왕조를 유지할 것을 요청하였다.[111] 그러나 이
성계 세력의 하나인 우시중 裵克廉은 왕이 昏暗하여 君道를 이미 잃고
인심이 떠나 있어 社稷과 生靈을 맡길 수가 없다고 폐위상소를 올리자,
결국 왕대비의 명으로 공양왕은 폐위되어 原州로 방출되었다.[112]

2. 新興儒臣의 政治體制 改革論과 그 性格

1) '整治選法'과 '擇人才'의 人事制度論

고려말 개혁파 신흥유신의 정치제도 개혁론의 출발은 14세기 원간섭
기하에서 진행된 국왕과 그의 측근을 중심한 권력구조에서 비롯되었다.
국왕의 폐행세력, 왕을 추대한 공신세력, 홍건적의 1, 2차 침입 격퇴를
계기로 성장한 무장세력의 정국주도 경향과 홍건적과 왜구와의 전쟁에
서 添設職을 얻어 관직에 진출한 鄕吏・胥吏・農・工・商・賤隷들에
의해서 정상적인 관료체제가 운영되지 못하고 있었다. 이와 같은 비정
상적인 官制의 운영은 인사문란으로 이어져 工商・賤隷의 관직진출을
초래하였다.[113]

그 결과로 신분질서의 혼란을 가져와 士大夫의 對民支配를 어렵게
함은 물론 관직진출과 승진을 위협하고 있었다. 이러한 상황은 신흥유
신의 정치이념인 성리학이 추구하는 상하질서인 良賤制 및 士農工商의
질서, 즉 사대부의 확고한 지배권을 행사하는 신분질서를 어지럽히는
것으로 인식되었다.

---

111)『高麗史』권46, 공양왕 4년 7월 甲申.
112)『高麗史』권46, 공양왕 4년 7월 辛卯.
113) 김창현,「고려말 조선초 정치체제 개편의 방향과 그 의미」,『史叢』47, 1998, 74
　　쪽 참조.

그런데 그러한 사회를 바로잡기 위해서 그것을 뒷받침해 줄 정치제도
가 정비되어야 했다. 하지만 원·명교체기에 따른 대외관계의 변화와
함께 연이은 戰亂으로 중앙집권체제가 무너져 가는 과정을 밟고 있었
다. 이는 公的 秩序의 붕괴와 私的 領域의 확대를 의미하는 것이며, 私
田확대와 정치지배 질서의 문란은 그러한 사실을 말해주는 것이다. 權
臣·嬖幸이 권력을 사유화하면서 여러 官府間의 상하계통이 무너지면
서 행정중심인 4司(6部)가 虛設化되어 갔으며 그들이 地方을 사적으로
지배하면서 중앙정부의 명령은 제대로 전달 시행되지 못하는 현상이 빈
번하게 일어났고 있었다. 오히려 이러한 경향은 李仁任·崔瑩·林堅味
등이 집권하는 우왕대에 더욱 심화되었다.

때문에 이들은 성리학적 신분질서가 지닌 명분론을 통하여 자신들의
지위를 옹호하기 시작하였다. 예컨대, 尹紹宗은 天下의 民을 士·農·
工·商 4등으로 나누고, 농·공·상은 각기 그 업에 대대로 종사하여
供上하지만, 오직 '士'만이 入學讀書하여 修身·正家·事君·治民의
道를 배운 후 관직에 나아간다고 하였다.[114] 이러한 점은 성리학적 이념
을 기반으로 한 신흥유신들에 의해 士庶의 구분을 통하여 國政運營이
주도되는 관료 중심의 士大夫 사회를 추구한 것으로 보인다.

이에 따라 공민왕대에 성장한 신흥유신은 李齊賢이래 "整治選法"으
로 요약되는 인사제도와 官制의 개혁을 줄기차게 요구하였던 것이지만,
공민왕의 개혁정책 실패와 우왕대 李仁任의 전횡으로 신흥유신이 정치
적으로 소외됨으로써 제약될 수밖에 없었다. 결국 위화도 회군으로 개
혁파 신흥유신이 정권을 장악하면서 정치제도의 개혁에 대한 실현을 전
망할 수 있었던 것이다.

공민왕대 이후 신흥유신이 제기한 개혁안을 살펴보면, 대부분 그들의
정치기반과 관련한 學校와 科擧制 등 정치문제에 주로 많은 지적을 하
고 있음을 알 수 있다.[115] 따라서 공양왕대 개혁파가 제기한 정치제도의

---

114) 『高麗史』 권120, 열전33 尹紹宗傳, "……累轉爲正言 草疏陳時事曰".

개혁 문제는 人才選拔과 인사권의 기준이 되는 學校의 운용과 科擧制
와 薦擧制, 官吏의 選拔 運用 및 考課方式 그리고 政治機構인 官府와
官署의 運用에 따른 弊端 문제로 구분하여 보았다.

<표 15> 恭讓王代 人物別 上疏 一覽(『高麗史』 志 소재)

구분 시기	인물	종류	내용	출전
즉위 12월	趙浚 등	상소	서울에 거주하는 자에게는 다만 경기 내의 田土만을 지급하고 이들에게 지방에서 지급하지 않도록 하는 것을 成法을 삼아 백성과 더불어 다시 시작하여 國用을 풍족하게 하고 民生을 厚하게 하며 朝士를 優待하고 軍食을 넉넉하게 할 것	식화1 녹과전
원년 12월	趙浚	상서	지금의 學者가 彫篆의 學으로써 多幸히 科第에 及第하면 一身의 榮華를 취하고 스스로 滿足하여 벼슬에 나아간 뒤에는 業란 바를 모두 버려 施行하고 措處함에 어두워서 國家에서 儒者를 높이고 道를 重히 여기는 뜻을 저버리니, 이제로부터는 해마다 及第한 4品 이하를 모아 殿庭에서 對策으로 시험하여 及第한 자로 하여금 製敎를 管掌케 하고 及第하지 못한 자는 左遷시켜 儒風을 振作시킬 것	선거1 과거

---

115) 공민왕대 이후 이들이 올린 상소 가운데 시기별로 중복되는 18명을 제외하면
모두 35명으로, 이들이 제기한 항목을 『高麗史』 志를 통하여 검토한 결과 53항
목에 이른다. 대부분 『高麗史』 志에 分載되어 있는데, 이들이 제기한 개혁안은
모두 86개 조항으로 정치문제 38, 경제문제 25, 사회문제 5, 국방문제 19개 조
항이다. 주목할 만한 점은 이들의 개혁안 가운데 정치·경제·국방문제보다
사회문제에 대한 관심이 의외로 적다. 이러한 점은 개혁안의 대부분이 정치현
실과 밀접하게 연관되어 있다는 것을 반증하는 셈이 된다. 특히 관인층 대부분
이 新興儒臣이라는 점에서 그들의 정치적 입지를 강화해 나가기 위한 방편으
로 정치문제에 적극적이었다고 할 수 있다. 그러한 면은 그들이 제기한 정치운
영론을 세분화하면 더욱 확연해진다. 경제문제 역시 중요하게 부각되고 있지
만, 주로 토지부분에 집중되어 있다. 특히 창왕·공양왕대의 것이 대부분이라
는 점에서 이전의 시기와는 다른 점이다. 사회문제는 앞에서도 지적한 바 있듯
이 다른 부분의 것보다 훨씬 그 수가 적다. 이러한 점은 각 국왕들의 내정개혁
안에 보이는 사회 폐단의 시정에 대한 것과도 관련이 있을 것으로 보인다. 그
러한 이유는 이 시기 개혁과 신흥유신의 현실인식이 주로 "正田制"와 "擇人
才"에 우선한 까닭으로 생각한다.

원년 12월	趙浚	상소	近來에 전쟁이 일어나 學校가 廢弛하여 무성한 풀밭이 되었는데 鄕愿들이 儒名을 稱託하고 軍役을 피하는 자들이 5, 6월 사이에 이르면 童子를 모아 唐宋의 絶句를 읽고 50일이 되면 이를 파하고서 이를 夏課라고 하는데 守令이 이를 보고도 泛然히 여겨 일찍이 마음에 두지도 않으니, 지금부터는 勤敏 博學한 자를 敎授官으로 삼아 5道에 각각 1명씩 파견하여 郡縣을 두루 다니게 하고 그 馬匹과 供億은 모두 향교에 맡겨서 이를 주관케 할 것, 지방에 한가로이 살면서 유학을 업으로 하는 사람을 本官의 敎導로 삼고 子弟하여 하여금 항상 四書五經을 읽게 하여 祠章을 읽는 것을 허락하지 말고 敎授官은 돌아다니면서 과정을 엄격히 세우고 몸소 論難하며 그 통하고 통하지 못한 것을 고찰하여 名籍에 等書하고 敎導하고 권장하여 재능을 이루도록 하고 그 인재를 얻음이 많은 자는 次序를 거치지 않고 탁용할 것이며 만약 능히 敎誨하지 못하여 成效가 없는 자는 또한 벌을 논하도록 할 것	선거1 학교
		상언	臺省과 政曹를 制外하고는 排目이 내린 후로부터 京官은 3일로 限定하고 外官은 10일로 限定하여 大闕에 나아가 謝恩하고 곧 上官하여 赴任케 할 것, 權知行事라고 일컫는 것은 新官과 舊官이 서로 마주 對하여 文書와 錢穀·契券을 서로 手交하여 考課에 證憑하게 하고 退出함을 기다려 正式으로 官에 就任하게 할 것	선거3 고과지법
		상언	宦官은 國初부터 慶陵(忠烈王)조에 이르기까지 參官을 얻지 못하였으므로 慶陵의 制度에 따라서 朝官에 除拜하지 말 것	선거3 환시지직
		상언	3丁에 1子로 3, 4대 鄕役을 면하였더라도 的實한 文契가 없는 자와 軍功으로 鄕役을 면하여도 特別히 奇功을 세워 功牌를 받은 것이 없는 자와 雜科라도 成均의 典校·典法·典醫 出身이 아닌 자와 添設의 奉翊으로부터 眞科 3품 이하는 강제로 本役에 따르게 하여 州郡을 채우고 鄕吏에게 明經科와 雜科 出身의 免役을 허락하지 말 것	선거3 향직
		건의	繕工寺은 일이 바쁘고 人員이 적으므로 重房의 上將軍·大將軍·郎將·別將으로서 判事 이하의 官을 겸하게 할 것	백관1 선공시
		건의	軍器寺은 일이 바쁘고 人員이 적으므로 重房의 上將軍·大將軍·郎將·別將으로서 判事 이하의 官을 겸하게 할 것	백관1 군기시
		상소	근래에 貨殖하는 무리가 오직 利息만을 생각하고 1本의 利息이 혹은 10倍에 이르니 빌리는 무리가 妻子를 팔아도 마침내 갚지 못한 까닭으로 국가에 이미 禁令이 있는데도 빌린 자로 하여금 집을 잃고 生業을 잃게 함에 이르니 1本1利로 하여 그 이상 취하지 말게 할 것	식화2 차대
		상소	楊廣道에 常平倉을 設置하였으므로 가 道로 하여금 이에 의거하여 施行토록 하고 首領으로서 법대로 하지 않는 자가 있으면 이를 罰할 것	식화3 상평의창

원년 12월	趙浚	상소	每驛에 5,6품의 丞 1인을 두되 그 保擧는 守令의 例와 같이하고 半印을 주면 驛戶를 富盛하게 될 것, 鋪馬를 보충하여 세우는 자는 觀察使가 都堂에 보고하여 守令이 缺員한 곳에 보충하고 또한 京官에 임명하여 포상을 보일 것이며 변방의 먼 곳의 驛丞은 觀察使로 하여금 천거하여 補充케 할 것	병2 역참
	具成佑	상소	太祖의 成法을 좇아서 親疎와 新舊를 달리하지 말고 오직 어질고 不肖함을 살필 것, 官으로써 사람을 擇하면 官은 남음이 있고 사람은 不足하니 그 省을 5인으로 하고 樞를 7인으로 하는 制度를 復舊할 것. 지금부터는 道를 論하고 나라를 經綸하며 陰陽을 고르게 다스리며 몸을 바르게 하여 百官을 바르게 하는 자가 아니고 淸白忠直하여 나라뿐이고 집을 잊는 자가 아니며, 싸우면 이기고 치면 취하여 勇猛이 3軍에 으뜸하여 威嚴을 敵國에 加하는 자가 아니면 兩部에 들어감을 허락하지 말 것	선거3 선법
	吳思忠 등	언	內侍府의 관계가 3품이 되는 것은 다시 망국의 前轍을 밟는 것이 되므로 궁중의 심부름하는 자는 衣食만 주고 內侍府는 罷할 것	선거3 환시지직
2년 정월	鄭道傳	대왈	宮城宿衛府를 두고 位가 密職 奉翊이 된 자를 提調宮城宿衛事로 삼고 3, 4품은 提擧宮城宿衛事로 삼을 것, 京城에 있는 자를 이와 같이 處遇하면 地方에 있는 자가 다투어 와서 王室을 護衛할 것이며 官秩의 높고 낮은 것으로써 혹은 提調로 삼고 혹은 提擧로 삼을 것	선거3 첨설직
2년 12월	趙浚	상언	宰相이 社稷을 평안하게 하였거나 변방을 평정한 功臣이 아니면 封君하지 말 것	선거3 봉증지제
3년 정월	成石璘	청	宦官의 祿을 매품마다 1등씩 감할 것	식화 녹봉
3년 3월	房士良	상서	官을 세워 鑄錢하고 楮幣를 만들어 貨幣로 삼고 麤布의 사용을 금할 것	식화2 화폐
		상서	紗羅·綾段·絹子·綿布 등을 모두 官印으로써 輕重長短을 따라 稅를 거두고 몰래 賣買하는 자는 모두 법을 어긴 罪를 다스릴 것	식화2 시고
		상소	西北面의 管軍하는 千戶의 等屬은 兩府 이하 臺省·六曹의 천거한 자의 登用만을 허락할 것	병1 오군
		상소	1. 士庶,, 工商, 賤隸는 紗羅綾緞의 의복과 金銀珠玉의 粧飾을 금하여 사치하는 풍속을 단속하고 貴賤의 分別을 엄히 할 것 1. 혼인하는 집은 綿布만을 쓰고 일절 다른 나라의 물품을 금하여 만약에 舊弊를 그대로 행하는 자가 있으면 제도를 위반한 것으로써 논할 것 1. 銅鐵로 만든 그릇을 금하고 瓷器와 木器를 써서 습속을 고치도록 할 것 1. 몰래 강을 건너가서 소와 말을 파는 자 및 官印의 말을 가지고 저 나라에 팔아 돌려 오지 않는 자는 제도를 위반한 것으로써 刑을 가할 것 1. 都城의 四門 밖에는 大小臣民들의 先人의 무덤이 있는데 꼴 베는 자가 파헤치고 사냥하는 자가 불	형법2 금령

3년 6월	金瞻 등	상소	사르며 혹은 핍박하여 菜圃를 만들고, 혹은 갈아서 粟田을 만 드니, 墳塚이 있는 곳에는 山直하는 이를 差定하여 蕃茂케 할 것	
		상소	元子 및 종실의 子弟을 入學시킬 것	선거2 국학
		상소	茂才 孝廉을 擧用할 것	선거3 천거지제
4년 4월	沈德符 등	상언	1. 資瞻楮貨庫를 革罷하고 이미 印造한 楮貨는 도로 종이를 만들고 印板은 燒却할 것 1. 국가의 錢財 出納은 都評議使司 가 해당 官司에 文牒을 보내고 담당관사에서는 原額과 渡費의 數를 매월 末에 三司에 報告하도록 할 것	식화2 화폐

<표 15>의 내용을 토대로 공양왕대 신흥유신이 올린 上疏를 분석해 보면, 주로 職制와 官制 등 제도개혁에 치중하고 있다. 따라서 그들이 제기한 이른바 時弊-時政改革案의 분석을 통하여 제도개혁의 방향성이 주로 어디에 초점이 두어졌는가를 알 수 있으며, 또 각 개인의 지향성을 파악할 수 있다.

우선 학교와 관련하여 공양왕 원년 12월에 時弊案의 하나로 올린 대 사헌 趙浚의 것과[116] 공양왕 3년 6월에 金瞻이 올린 것이 있다. 趙浚은 成均館, 十二徒, 東西學堂, 鄕校 등 學校 기능의 활성화를 지적하였 다.[117] 이렇게 학교의 중요성을 강조한 趙浚과 詞章 대신에 經學을 강 조한 李穡의 인식은 크게 차이나지 않는다. 학교에서 주자학과 文章의 기본소양을 익히면서 민의 통치를 담당할 자격 있는 관료예비군을 양성 하고, 이들을 과거시험의 經書와 策問을 통해 선발한다는 공통된 입장 때문이었다.[118] 이러한 입장은 李奎報이래 李齊賢-李穡으로 이어지는

---

116) 趙浚의 개혁안은 田制改革案을 제외하고는 대부분 창왕 즉위년 7월(『高麗史 節要』 권33, 창왕 즉위년 7월 大司憲趙浚等 上書曰 ; 『高麗史』 권118, 열전32 趙浚傳)의 時務策, 8월의 시무책(『高麗史節要』 권33, 창왕 즉위년 7월 大司憲 趙浚 陳時務曰 ; 『高麗史』 권118, 열전32 趙浚傳), 공양왕 원년 12월 시무책 (『高麗史節要』 권34, 공양왕 즉위년 7월 大司憲趙浚上疏曰 ; 『高麗史』 권118, 열전32 趙浚傳) 등이 대표적인 것이나, 이들 가운데 몇 개가 선택적으로 『高麗 史』 志의 여러 항목에 기재되어 있다.

117) 『高麗史』 권74, 지28 선거2 學校 공양왕 원년 12월 大司憲趙浚上疏曰.

儒學復興論과 그 맥락을 같이 한다는 점에서 주목된다.

　다만 학교 기능의 저하 원인과 활성화에 대해서는 큰 차이를 보이고 있다. 즉, 이색의 경우 學者가 官祿만을 구하려고 彫章琢句에만 마음을 쓰고, 벼슬에 오른 자도 及第한 이가 아니며 及第한 경우에도 國學을 經由한 사람이 아니기 때문이라고 보고 鄕校와 學堂에서 인재를 선발해서 성균관에서 學習토록 하고 반드시 國學을 경유하지 않으면 科擧에 응시하지 못하도록 규제를 두자는 것이었다.[119]

　조준은 戰爭 때문에 지방의 학교가 피폐해졌으며, 학교 교육을 담당하는 자 역시 鄕愿들로서 儒名만을 핑계하며 軍役을 피하려는 자들이기 때문에 敎授官을 지방에 파견하자는 것이다. 이러한 그의 주장은 공양왕 3년에 관철되어 各 道·府·牧에 儒學敎授官을 두기도 하였다.[120] 그리고 조준은 守令5事로서 盜賊息 대신 學校興을 제시하였다. 원래 우왕 원년(1375)의 수령 평가항목으로 제시된 5事에는[121] 學校興이 없었으나, 조준이 이때에 와서 학교의 중요성을 강조하기 위하여 첨가한 것이다.[122]

　이렇게 학교와 교육방법에 대한 양자의 인식은 시기적인 편차는 있으나, 중앙의 성균관을 중시한 이색과 국가의 지방 향교 활성화를 강조한 조준의 입장은 다른 것으로 보인다. 이러한 점은 그들의 현실인식과 밀접한 관련이 있을 것으로 생각된다.

---

118) 金仁昊, 『高麗後期 士大夫의 經世論 硏究』, 1998, 157쪽 참조.
119) 『高麗史』 권74, 지28 선거2 學校 공민왕 원년 4월 ; 권115, 열전28 李穡傳.
120) 『高麗史』 권74, 지28 선거2 學校 공양왕 2년 2월 ; 권77, 지31 百官2 外職 儒學敎授官.
121) 『高麗史』 권75, 지29 선거3 銓注 選用守令 우왕 원년 2월, "敎 守令考績之法 以田野闢戶口增賦役均詞訟簡盜賊息五事 爲殿最 其遞任者 必待新官交付 去任朝參".
122) 『高麗史』 권75, 지29 선거3 銓注 選用監司 창왕 즉위년 7월, "趙浚言 按廉之職 國初節度使也……擇兩府有廉威明幹四善者 爲都按廉黜陟大使 以田野闢戶口增 詞訟簡 賦役均 學校興 巡察州郡 而黜陟之……".

특히 國學을 중시한 이색 계열은 현실적으로 국가가 전국적인 차원
에서 시행하는 것이 불가능하면 의식 있는 몇몇 사대부가 자율적으로
학교를 세우고 농민을 교화해야 한다고 생각하였다. 이러한 점은 朱子
의 사상 가운데 개별적인 향촌교화, 농민통제안을 수용한 것으로 여겨
진다.[123] 따라서 趙浚, 鄭道傳 등이 郡縣制의 정비를 통하여 전국적으
로 학교를 설립하고 중앙주도의 향촌교화, 농민지배를 구상한 것과는
차이가 있다.

金瞻의 경우, 元子와 宗室의 자제를 成均館에 입학시키도록 하자는
것으로,[124] 성균관의 위상을 강조하고, 왕실과 종실의 자제를 교육시킴
으로써 그들의 자질을 함양하도록 한 것으로 이해된다. 특히 그가 공양
왕 4년 5월 大司憲 閔開에 의해서 鄭夢周의 黨與로 지목되어 파면, 유
배되고 있는 점으로[125] 보아 왕실의 강화라는 정치적인 측면이 강하다
고 할 수 있다.

科擧制의 경우, 조준은 해마다 及第한 4品 이하를 모아 殿庭에서 對
策으로 시험하여 급제한 자는 製教를 관장케 하고 그렇지 못한 자는 左
遷시켜 儒風을 진작시키고자 하였다.[126] 한편 茂才·孝廉한 자를 擧用
하자는 金瞻의 遺逸薦擧制는[127] 성종대이래 계속된 것으로[128] 유교정
치의 이념을 실현하는 방편이었다. 충선·충숙왕대는 茂才·碩德·孝
廉·方正한 사람을 대상으로 하였으며,[129] 공민왕대는 "經明行修 茂才

---

123) 都賢喆, 앞의 책, 148쪽 참조.
124) 『高麗史』 권74, 지28 선거2 學校 공양왕 3년 6월 金瞻等上疏.
125) 『高麗史』 권46, 공양왕 4년 5월 丁酉.
126) 『高麗史』 권73, 지27 선거1 科擧 공양왕 원년 12월 大司憲趙浚等上疏.
127) 『高麗史』 권75, 지29 선거3 銓注 薦擧之制 공양왕 3년 6월 金瞻等上疏.
128) 『高麗史』 권75, 지29 선거3 銓注 薦擧之制, "成宗十一年正月 敎曰 殷宗之於
　　傅岩 徵用胥靡 周王之於渭水 登庸漁師 或任之耳目之司 或授以台衡之職 故
　　能匡扶社稷 經濟邦家 朕自摠萬機 思齊七政 非積學 無以知善 非任賢 無以成
　　功 是用內開庠序 外置學校 闢較藝之場 廣取士之路 猶未致懷寶出衆之士 安
　　知無蔽賢防能之人 凡有文才武略者 聽詣闕自擧".
129) 『高麗史』 권75, 지29 선거3 銓注 薦擧之制, "忠宣王卽位 敎曰 用人 不可專用

苦節"한 사람을 대상으로 하였다.130) 원래 經明行修한 이를 강조한 인물은 李齊賢이었다.131)

이와 같이 이 시기 인재등용 방법의 폐단은 學校와 科擧制의 기능약화, 詞章學風의 중시, 그리고 座主, 門生의 집단세력의 형성이라는 3가지 모순을 내포하고 있었다. 원간섭기 하의 국왕들이 이를 극복하려는 시도가 있었지만 왕권의 미약과 정치의 불안, 정치세력간의 자파세력의 육성으로 실현되지 못하고 있었다. 관료제 운영에 관한 견해의 차이에서도 알 수 있듯이,132) 이 시기 관인층은 자신의 출신 기반이나 정치적 성장과 관련하여 과거제가 어떻게 운용되느냐에 따라서 그들의 입장을 달리할 수밖에 없는 것이다.

신흥유신들은 주자학을 수용하면서 策問·四書를 중심으로 하는 과거제 개혁을 지향하였다. 이들은 과거시험의 시행세칙을 보다 구체화하고 과거제의 不正과 脫法을 없애는 공정하고 합리적인 과거제 운영에 주력하였다.133) 이는 四書 중심의 經學을 익힌 士大夫를 임용하여 治人 곧 政事에 임하게 한 유교의 이념에 따른 것으로, 詞章을 교양으로 한 權勢家를 대신해서 經學에 능통한 사대부의 정치참여를 내세운 것이었다.

그러면서 같은 신흥유신이라고 하더라도 이색 계열은 문벌을 중시하는 血緣的 유대를 매개로 한 官僚制 운영을 긍정하였다. 이색은 15세때

世家子弟 其有茂才碩德 孝廉方正之士 退居巖谷者 所在官 薦達 貧不能行者 官給衣粮敦遣" 및 "忠肅王十二年十月 敎 茂才碩德 孝廉方正之士 側微無聞者 所在官司 錄名升薦".

130)『高麗史』권75, 지29 선거3 銓注 薦擧之制, "恭愍王元年二月 敎曰 山林鄕曲 如有經明行修 茂才苦節之士 按廉使 以聞典理軍簿 隨才擢用".

131)『櫟翁稗說』前集1, "今殿下 誠能廣學校謹庠序……將見雕蟲篆刻之徒 盡爲經明行修之士矣".

132) 이에 대한 연구는 都賢喆, 앞의 책,「舊法派 士大夫의 政治社會 改善論」의 血緣 본위의 官僚制 運營論 참고.

133) 都賢喆, 앞의 책, 91쪽, 주116) 참조.

324

父蔭으로 別將을 받았고134) 이 밖에 韓脩·李岡·禹洪壽·黃喜 등은 과거합격자로서 음직을 받았다.135) 이들은 당연하게 蔭職을 받았고 이를 출세의 발판으로 활용하였다. 이들은 血緣·家門에 입각한 음서제가 관료제의 중요한 운영원리임을 승인하였던 것이다.

한편, 座主門生制는 시험관과 응시자와의 私的인 인간관계를 바탕으로 관직에 진출할 수 있는 통로였다. 좌주문생제는 사대부가 富와 權力을 독차지하고 있던 권세가에 대항할 수 있는 중요한 人的 결합의 수단으로 이용되었다. 李齊賢과 李仁復은 李穡의 座主였고 李穀은 이색의 父親으로, 이들은 이색에게 학문적·사상적으로 영향을 미쳤고 정치적으로도 같은 입장을 취하였다.

이색은 成均館 大司成과 5번의 考試官을 역임하면서 많은 신진 관료를 길러냈다. 李茂方·朴尙衷·權仲和 등은 同年·同僚, 權近·柳伯濡·李崇仁·金九容·李詹 등은 門生·弟子로서 유대관계를 유지하며 주자학이라는 학문적 동질성을 유지하여 同志的으로 결합하고 있었다.136) 이러한 座主門生制는 人的·私的인 성격 때문에 공민왕이 "儒生들이 幼弱하여 강직함이 적고 門生·座主·同年이라 칭하면서 黨을 만들고 私情을 따른다"137)고 지적할 정도로 人脈化·私黨化하는 원인이 되었다.

그럼에도 불구하고 이색 계열은 座主門生制를 옹호하였다. 이색은 좌주와 문생을 부모와 자식의 관계와 동일시하고 그들 사이의 私恩과 義理가 국가의 원기를 배양하는 것이라고138) 하였고, 座主인 李齊賢의 손자 李寶林이 이제현의 門生인 安輔 문하의 출신이고, 장남인 種學이

134) 『牧隱文藁』 권6, 重房新作公廨記.
135) 朴龍雲, 『高麗時代 蔭敍制와 科擧制硏究』, 일지사, 1990, 65~67쪽.
136) 『牧隱文藁』 권2, 萱庭記, "政體國風之關係 予嘗讀而玩之 思與同志構之 久矣".
137) 『高麗史』 권132, 열전45 叛逆8 辛旽傳.
138) 『牧隱詩藁』 권26, 雨中 門生掌試圖幷序 門生座主恩義之全 足以培養國家之元氣.

李穀의 門生인 韓脩의 門生이라고 하여, 祖나 父의 門生을 아들의 座主로 삼게 되는 사실을 자랑스럽게 말하였다.139) 이색은 좌주문생제를 정치적 결집의 수단으로 활용하였고 관료제 운영, 나아가 지배질서를 유지하는 중요한 원리로 이해하였던 것이다.140)

이와는 달리 趙浚·鄭道傳 계열의 사대부는 능력을 위주로 한 관료제 운영을 추구한 것으로 보인다.141) 이들은 이색 계열의 문벌과 혈연을 매개로 이루어지는 私恩에 의한 인재등용을 비판하였다. 이들은 禑王 때로부터 權奸이 나라를 훔쳐 官爵이 모두 私門에서 나왔다고 하고142) 뇌물에 의하여 省과 樞에 임명되었다고 보았다. 具成祐 역시 親疎와 新舊의 여부보다는 賢·不肖를 살펴서 적임자를 택하라고 하여 개개인의 자질과 능력을 중시하는 인재등용을 주장하였다.143)

이들은 능력위주의 관료제가 실현되기 위해서는 관제개혁 특히 인사제도의 개혁이 있어야 한다고 보았다. 즉『周禮』를 사상적 골간으로 하는 冢宰=宰相 중심의 정치운영과 6部로 분화된 행정체계 및 그 아래 단위의 관직체계의 정비를 주장하였다. 이를 통하여 당시의 都評議使司와 같은 일부 집권자가 실질적인 결정권을 가져 虛設化된 정치제도를 개혁하여 재상에게 인사선발권을 위임하고 賢者를 등용하려고 하였다.144)

또한 座主門生 제도에 대하여도 私的으로 결집된 관계에 의해서 이루어진 것으로 비판하였다. 정도전은 좌주·문생관계가 공적인 인재등용을 사사로운 은혜에 따라 처리한 것(以公擧爲私恩)이라 비판하였고,

139)『牧隱文藁』권8, 贈宋子郊序.
140) 都賢喆, 앞의 책, 91~93쪽 참조.
141) 이에 대한 연구는 都賢喆, 앞의 책, 「新法派 士大夫의 政治社會 改革論」의 能力 본위의 官僚制 運營論 참고.
142)『高麗史』권75, 지29 선거3 選法 창왕 즉위년 8월, "自禑時 權奸竊國 官爵 一出私門 都目政 久廢 至是 追錄其勞".
143)『高麗史』권75, 지29 선거3 選法 공양왕 원년 12월, "門下府郎舍具成祐等 上疏曰".
144) 朴宰佑,「高麗 恭讓王代 官制改革과 權力構造」,『震檀學報』81, 1996.

326

恭愍王이 詞賦를 혁파했으나 座主門生制는 시행된 지 오래되어 갑자기 제거하지 못하였으므로 식자들이 이를 한탄하였다고 하였다.[145] 좌주와 문생관계는 개인적인 친분에 그치는 것이 아니라, 私的인 인간관계로 人脈化·私黨化하여 합리적이고 公的인 인재등용을 저해하는 것으로 인식하고 있었다.

여기에서 이들은 주자학에서 제시하는 天理·人欲, 私恩(私情)·公義(正統)를 내세워 반대파를 비판하거나 과거제 운영 혹은 인재등용의 근거 기준으로 삼았다. 정도전은 私恩(私情)·公義(正統)를 대립적인 두 개념으로 보고 사람의 행위는 公義에 부합하지 않으면 私情에 합한다고 하고 公義의 입장에 서서 인재를 등용하고 考課·黜陟하라고 하였다. 이색 등이 일찍 중앙권력자로서 상승한 것과 달리, 이들은 혈연이나 가문의 배경 없이 개인의 능력을 통하여 중앙정계에 진출한 사람들이었다.[146]

이들은 위화도 회군을 계기로 중앙정계에 다시 진출하면서 정치적 결집을 꾀하는 동시에 제도개혁을 통하여 자신들의 입장을 실현하고자 노력하였다.[147] 그러한 방법의 하나로 우선 우왕대에 실시되었던 科擧制를 부정하였다. 우왕대는 공민왕대에 추진해 왔던 經學 중심의 과거제를 무시하고 공민왕 17년 이전의 과거제로 되돌아간 바 있다. 특히 曹敏修를 축출한 이후 창왕 8월 교서의 형식을 빌려 科擧法을 己酉年(공민왕 18년)의 法規에 依하여 擧行하고 州縣의 學校에서 응시자가 額數에 차지 않으면 守令에게 죄를 주도록 하였다.[148]

趙浚은 敎授官을 五道에 파견하고 四書五經 중심의 교육과정을 주장하였는데,[149] 곧 반영되어 개경에 五部 및 西北面의 府·州와 각도의

---

145)『三峰集』권7, 朝鮮經國典 上 禮典 知貢擧.
146) 都賢喆, 앞의 책, 186~190쪽 참조.
147) 홍영의,「昌王代 '改革派' 新興儒臣의 結集과 分岐過程」,『한국중세사연구』16, 2004.
148)『高麗史』권73, 지27 선거1 科目1 창왕 즉위년 (8월) 敎.

牧과 府에 儒學敎授官이 두어졌다.150) 이는 詞章을 대신해서 經學에 밝은 사대부를 관리로 임용하는 것을 의미하며, 단순한 유교교양보다는 經世의식이나 義理의 통달여부 곧 개인의 능력을 중시하는 학제·과거제 개혁을 의미하는 것이다.151)

官吏의 選拔과 考課와 관련한 것 가운데, 奔競문제에 대해 昌王 즉위년 8월 趙浚은, 公卿 士大夫의 幼弱한 子弟로써 東班의 9品 이상의 官職에 除授을 허락하지 말고 함부로 받은 자가 있으면 부모를 論罪하도록 하는 강경한 입장을 보여주기도 하였다.152)

공양왕 원년 12월에 門下府郎舍 具成祐 등은 공양왕에게 太祖의 成法을 좇아서 親疎와 新舊에 따라 관직을 제수하지 말고 오직 어질고 不肖함을 살피고, 법제에 의한 都堂의 宰樞制 復設과 그들의 자질을, 道를 論하고 나라를 經綸하며 陰陽을 고르게 다스리며 몸을 바르게 하여 百官을 바르게 하는 자와 淸白하고 忠直한 사람, 싸우면 이기고 치면 취하여 勇猛이 3軍에 으뜸으로 敵國에 威嚴을 加하는 자가 아니라고 한다면 兩部에 들어갈 수 없다고 하였다.153)

공양왕 2년 12월에는 都評議使司가 각 司와 각 成衆愛馬와 府史와 胥徒에 이르기까지 官爵을 함부로 받고 工商과 賤隷도 또한 猥濫되이 都目에 올리므로, 古制에 依하여 吏曹와 兵曹로 하여금 功勞를 考覈하여 授職하도록 하고 있다. 그리고 공양왕 3년 11월에 都堂은 경외관원의 三年成績과 三考黜陟을 강조하면서 舊制에 依據하여 京外官은 만 3년, 成衆愛馬別差 및 각 司 人吏는 만 9년이 된 사람이라야 錄用을 허락할 것을 건의하고 있다.154)

149)『高麗史』권74, 지28 선거2 科目2 學校 공양왕 원년 12월.
150)『高麗史』권74, 지28 선거2 科目2 學校 공양왕 2년 2월.
151) 李成茂,「朱子學이 14·15세기 韓國敎育·科擧制度에 미친 影響」,『韓國史學』4, 1983.
152)『高麗史』권75, 지29 선거2 銓注 選法 창왕 즉위년 8월 是月趙浚請.
153)『高麗史』권75, 지29 선거2 銓注 選法 공양왕 원년 12월 門下府郎舍具成祐等上疏.

328

또한 관원의 考課에 대하여 趙浚은 京外의 大小官吏가 除目을 받고
도 上官赴任하지 않으므로 公事가 지체되므로 京官은 3일, 外官은 10
일내로 나아가 謝恩하고 곧 상관부임하여 新官과 舊官의 임무교대를
제대로 할 것을 강조하고, 공양왕 3년 4월에 都堂에서 臺省의 勤慢을
考課할 것을 요구하였다.[155]

守令 選拔의 경우, 趙浚은 각 司의 顯職을 거쳐 名望이 있는 자나 中
外를 歷任하여 成績이 있는 자를 除授하고, 臺諫과 6曹에서 薦擧한 것
을 기준으로 才幹이 있는 자를 가려 差遣하도록 하였고,[156] 憲司가 수
령의 임기가 1년이 차면 遞代를 허락하고, 3년이 이미 차고 成績이 있
는 자는 拔擢하여 京官을 除授하고 責任을 다하지 못한 자는 貶黜하여
선비의 氣風을 激勵할 것 등을 주장하였다.[157]

監司의 경우, 창왕 즉위년 7월에 趙浚이 按廉使는 兩府에서 淸廉·
威嚴·公明·才幹의 네 가지에 善德이 있는 자를 道按廉黜陟使를 삼
아 州郡을 순찰하여 이를 黜陟하고 호령이 엄하고 器械를 정확하게 하
고 병졸이 훈련되고 屯田이 정리되고 海寇가 止息됨으로써 상벌을 삼
을 것, 守令이 3년 만에 遞任할 때 都按廉의 譴責을 받지 않은 자는 곧
京官을 除授할 것을 요구하였다.[158] 또 司憲府는 趙浚의 것을 수용하
여 다시 守令의 出境을 금지하고 本邑을 다스리게 하되 그 임무에 견디
지 못하는 자가 있으면 按廉은 즉시 그 職을 파하여 내쫓고 朝廷에 申
報하여 闕員을 메우도록 하였다.[159] 이에 따라 諸道觀察黜陟使를 臺諫
의 천거로 임용하기도 하였다.[160]

지방관으로 대표되는 守令은 "백성을 가까이 하는 직책(近民之職, 親

154)『高麗史』권75, 지29 선거2 銓注 選法 공양왕 2년 12월 都評議使司奏曰.
155)『高麗史』권75, 지29 선거2 銓注 考課之法 공양왕 원년 12월 趙浚上言.
156)『高麗史』권75, 지29 선거2 銓注 守令選用 창왕 즉위년 8월 趙浚言.
157)『高麗史』권75, 지29 선거2 銓注 守令選用 공양왕 2년 12월 憲司上言.
158)『高麗史』권75, 지29 선거2 銓注 監司選用 창왕 즉위년 7월 趙浚言.
159)『高麗史』권84, 지38 형법1 職制 창왕 즉위년 7월 司憲府上書曰.
160)『高麗史』권75, 지29 선거2 銓注 監司選用 창왕 즉위년 8월.

民之職)" 또는 "田里의 休戚", "백성의 부모노릇을 하는 것", "임금의
근심을 나누는 重한 所任"이라 하여 백성과 직접 접하여 다스리는 직책
으로 국왕을 대신하여 그 고을의 통치를 담당하고 있었다. 따라서 어떤
인물이 지방관으로 배치되느냐에 따라서 지방사회의 재지세력과 민의
동요를 진정시키고, 국가 공권력의 관철이 가능한 것이었다. 예컨대, 全
以道와 같은 이는 수령직인 監務와 縣令은 胥徒가 아닌 '科擧에 급제한
선비(登科士類)'를 임명해야 한다고 주장했다.161) 登科士類의 임명은
胥徒나 武人출신 등과 같이 복잡하고 다양한 경로로 운영되는 수령후
보자의 천거와 임명경로를 일원화시켜, 이들과 權勢家들의 사적 관계를
줄일 수 있는 효과도 기대되었던 것이다.162)

　　그러나 당시 인사권은 권세가에 의해 장악되어 그들에게 아부하거나
뇌물로 관직을 사서 수령으로 나가는 일이 많았다. 특히 대신들은 수령
인사에 영향력을 발휘하여 白牒으로 任地에 가고, 添設職을 이용하여
工商 등 賤隷와 私人에게 수령직을 제수하는 편법을 사용하기도 하였
다. 때문에 대간의 위상을 높여 이들이 擬議하여 差遣하거나, 이들의 천
거를 활용하는 방안이 건의되었다. 그러나 대간 역시 집권층과 결탁되
어 있거나, 정치개혁 세력과 연계되어 있지 않으면 큰 효과를 볼 수 없
었다. 결국 왕이 직접 나서 신임수령을 面對하여 선임결과를 감찰하도
록 하였던 것이다.

　　그리고 수령의 임기를 3년으로 정하고 按察使가 黜陟하는 법을 회복
하려는 노력도 있었다. 이는 고려전기의 古制로 權門에 의해 자의적인
수령교체와 출척을 방지하려는 목적이었다. 그러나 이런 시도는 부분적
이고 제한적인 것이어서 지방에 나간 수령들이 "奪人田土"의 원인 제공
자로 백성을 침탈, 지방 군현을 피폐하게 하였다. 또한 鄕吏가 숨거나
도주해 버리면 수령이 赴任을 포기하고 돌아가는163) 사정이었다.

---

161) 『高麗史節要』권27, 공민왕 8년 12월 慶尙道賑濟使禮部侍郎全以道曰.
162) 林容漢, 「麗末鮮初의 守令制 改革論」, 『人文學硏究』 1, 1996, 273쪽 참조.
163) 『稼亭集』권6, 韓州重營客舍記, "聞吾吏民 往往竄伏 而邑塗荊棘 賓客無所歸

330

 따라서 이 시기의 신흥유신들은 민이 유망하게 되는 원인 중의 하나
가 적합한 인물이 수령이 되지 못하고, 그러한 수령이 수탈을 자행한다
고 보았다. 때문에 이들은 지방관의 천거제를 강화하여 지방사회의 안
정화를 추구하였다고 보인다. 즉 趙浚은 "擇人才"의 목표아래 수령을
임명할 때에는 各司의 높은 품직을 역임하고 名望이 있는 자와 中外를
歷任하되 성적이 뛰어난 자를 추천하도록 하고, 감무와 현령을 임명할
때는 臺諫과 6曹에서 추천하되 參上官(6품~종3품)으로 올려 州牧과
동일하도록 할 것을 제시하였다. 이와 함께 수령 등을 감독하는 按廉使
도 개혁해야 한다고 주장하였다.
 道의 장관으로서 外職의 성격을 갖는 안렴사는 대개 5, 6품의 관원이
임명되기 때문에 道가 州郡을 관할하는 상급행정기구임에도 불구하고
그 官秩이 낮은 결함도 있었다. 따라서 조준은 안렴사가 수령의 黜陟과
軍民之政을 振起하지 못한 이유는 州郡官의 知官이 正順‧奉順大夫
(정3품)이고, 方鎭‧府尹‧州牧‧都護의 외관이 兩府의 大臣‧奉翊(종
2품)의 達官으로 안렴사보다 높기 때문에 그 직책을 수행할 수 없다는
이유로 안렴사 역시 兩府의 大臣으로 파견해야 한다는 것이었다.
 職制와 관련해서는 공양왕 원년에 諫官과164) 趙浚이 宦官에게는 6품
직을 제수하지 말고 이전에 參職을 除拜한 자 역시 告身을 追奪하여
田里에 放還할 것을 요구하였고,165) 공양왕 원년에 吳思忠이 內侍府를
혁파할 것 등을 주장하였으나, 朝官만 금지되고 내시부는 혁파되지 못
하였다.166) 이러한 주장은 당시의 정치가 국왕과 臣僚에 의해서 이루어
지기보다는 宦寺와 內僚 같은 측근세력에 의해 행해지고 있었기 때문
에 적극적으로 국왕의 사적 기반의 확대를 막고자 하였다. 특히 공민왕

　　　郡守莫知所爲 懷印而去".
164)『高麗史』권75, 지29 선거3 銓注 宦寺之職 공양왕 원년 12월 臺諫交章請.
165)『高麗史』권75, 지29 선거3 銓注 宦寺之職 공양왕 원년 12월 趙浚上言.
166)『高麗史』권75, 지29 선거3 銓注 宦侍之職 공양왕 원년 12월 左司議吳思忠等
　　　言.

과 우왕은 嬖幸으로 측근세력을 육성하는 경향을 보이고 있으므로, 이
에 대한 臣寺의 자질과 통제를 강화하려는 입장에 있었다.

封贈之制는 공양왕 원년 12월에 諫官이 공도 없이 封君된 자를 罷할
것,[167] 공양왕 2년 憲司가 婦人과 僧徒에게 封爵하지 말 것,[168] 공양왕
2년 12월에 趙浚이 宰相으로 社稷을 평안케 하거나 叛亂을 討伐한 功
臣이 아니면 封君하지 말 것,[169] 공양왕 3년 8월 憲司와 都評議使司에
서 先王의 제도에 따라 先王 親子의 後孫으로서 正派의 嫡長子 및 殿
下의 伯叔 親弟 및 親衆子만 封君하고 그 後嗣에게는 장자만 爵을 承
襲하며 그 族屬이 疎遠함에도 封君된 자는 모두 告身을 回收하고 그
중에 才幹이 있는 자를 가려서 文武에 才能에 따라 任用할 것과 后妃
翁主 宅主의 稱號와 臣僚의 妻室의 封爵과 朝宗의 贈職에 이르기까지
모두 제도를 정하여 시행할 것을 주장하였다.[170]

이는 宗室에 대한 封君에 있어 嫡庶의 구분 없이 모든 아들에게 그
리고 먼 族屬에게도 전부 封君이 주어지고 있음을 알 수 있다. 때문에
아들 중에서 正派嫡長에게만 君封을 계승시키고, 그 외에 封君된 자 중
에서 유능한 자에게는 仕宦을 시킴으로써 先代 임금의 제도를 지키고
宗族의 親疎를 구별하려는 의도였다.[171] 王室과 宗親의 정파적장에게
만 봉군을 계승토록 한 것은 이들 가운데 成衆愛馬나 倉庫宮司의 提調
가 되는 사람이 많다고[172] 한 점을 염두에 두면 원칙 없는 仕宦으로 왕
실구성의 혼란을 막고자 한 것이었다.

添設職은 공양왕 원년 諫官과 2년 憲司가 添設職을 파하고 恭愍王

---

167) 『高麗史』 권75, 지29 선거3 銓注 封贈之制 공양왕 원년 12월 諫官請.
168) 『高麗史』 권75, 지29 선거3 銓注 封贈之制 공양왕 원년 12월 憲司請.
169) 『高麗史』 권75, 지29 선거3 銓注 封贈之制 공양왕 원년 12월 趙浚上言.
170) 『高麗史』 권75, 지29 선거3 銓注 封贈之制 공양왕 원년 12월 憲司上言 및 都
    評議使司上言.
171) 金基德, 「高麗時期 王室의 構成과 近親婚」, 『國史館論叢』 49, 1992, 22쪽 참
    조.
172) 『高麗史』 권77, 지31 백관2 宗室諸君 공양왕 3년 憲府上疏曰.

丙申年과 癸卯年 두 해의 添設職을 淘汰할 것을, 공양왕 2년 정월 鄭道傳은 공양왕과 面對하면서 添設職은 文學·武學·理學·文藝의 4과로 薦擧하면 되는 것이라 요구하였다.[173] 원래 添設職은 恭愍王 3년 6월에 정조를 제외한 6部의 判書 摠郎은 모두 2배수로 添設하고 각 司의 3, 4품도 또한 모두 添設하였으며 또 42개의 都府에는 每領에 中郎將과 郎將을 각각 2인씩, 別將과 散員을 각각 3인씩 添設하여 주던 것인데, 이를 賞軍政이라 한 것에서 시작된 것이었다.[174] 이때부터 관직이 크게 증가되어 品階의 승진이나 職牒을 받기 위한 경쟁이 가속화되면서 가짜 謝牒까지 남발되고 있었다. 특히 同正職과 納粟補官制에 의한 문란까지 겹쳐 '車載斗量'[175]이라는 誹謗이 있을 정도로 기존 관료질서와 정치세력간의 갈등을 일으켜 관료제 운영의 혼란을 가중시키는 것으로 지목되었다.

役官之制의 경우, 공양왕 2년 都堂이 役官이 필요한 물품인 宣飯과 紙札 등을 官費로 공급하던 것을 모두 官에서 지급토록 하고 있다.[176] 役官이 언제 시작하였는지 알 수 없으나, 樞密院堂後官 門下錄事權務로 入祿된 사람이 白銀 6, 70근을 바치면 參職에 除授될 수 있었다. 그러나 경제사정이 열악해짐에 따라 穀食이 귀해졌기 때문에 한 사람도 補任을 원하는 자가 없게 되어 억지로 부유한 衣冠子弟로 이를 삼자 辭職하고 도피할 정도였다.[177]

成衆官은 內侍院·茶房·司楯·司衣·司彝 등으로[178] 공양왕 2년과 3년에 吏曹가 內侍와 茶房의 정원이 부족한 때문에 軍役을 피하고자 서로 補任 充當되었다가 수개월이 되면 鄕里에 돌아가 徭役을 감당

---

173) 『高麗史』 권75, 지29 선거3 銓注 添設職.
174) 『高麗史』 권75, 지29 선거3 銓注 添設職.
175) 『高麗史』 권75, 지29 선거3 銓注 添設職 우왕 2년 정월.
176) 『高麗史』 권75, 지29 선거3 銓注 役官之制 공양왕 2년 6월 都堂啓.
177) 『高麗史』 권75, 지29 선거3 銓注 役官之制.
178) 『高麗史』 권75, 지29 선거3 銓注 成衆官.

하지 않는다는 것, 戶籍 및 初入仕의 朝謝를 詳考하여 그 容貌와 技藝를 시험하여 書·算·射·御 중에서 1藝라도 通하는 자만 入屬을 허락하고 이전에 입속한 자라도 모두 考覈하고, 또 內侍 茶房의 司楯·司衣·司彝 정원을 정하도록 하였다.[179]

鄕職 문제는 공양왕 원년 12월 趙浚에 의해서 제기되었다. 비록 3丁 1子로 3, 4대 鄕役을 면하였더라도 的實한 文契가 없는 자와 軍功으로 鄕役을 면하여도 特別히 奇功을 세워 功牌를 받은 것이 없는 자, 雜科라도 成均의 典校, 典法, 典醫 出身이 아닌 자, 添設의 奉翊으로부터 眞差 3품 이하는 强制로 本役에 따르게 하여 州郡을 채우고 鄕吏에게 明經科와 雜科 出身의 免役을 허락하지 말도록 하였다.[180] 이러한 의도는 그들의 일부가 정치적 혼란에 편승하여 科擧, 軍功 納粟補官 등의 방법으로 중앙으로 진출하기도 하였으며, 역으로 그 일부는 投託, 壓良爲賤의 추세에 휩쓸려 權貴들의 農場의 藏獲 處干 등으로 전락하였던 때문이다.

조준은 인사권의 정상적인 운영을 위하여 창왕 즉위년 8월의 상소에서 奔競의 금지를 촉구하였다. 그리고 종2품인 奉翊과 通憲의 남발억제를, 공양왕 원년 12월의 상소에서는 재상이라도 安社·定遠功臣이 아니면 封君하지 말 것을 요구하였다. 창왕 즉위년 8월의 상소에서 西北面에 사적으로 제수된 元帥·萬戶의 수를 축소 조정하는 한편 商賈의 무리가 권문에 의탁하여 千戶에 제수된 폐단을 시정하기를, 공양왕 원년 12월의 상소에서 都堂과 臺諫이 將帥를 천거하도록 요청하였다. 이는 고위 官階·軍職의 남발 등을 경계한 것인데 그 대상은 주로 비정상적인 방법으로 관직 진출을 꾀한 사람들이었다.

또한 조준은 창왕 즉위년 8월의 상소에서 內乘에 內竪任用의 禁止를, 공양왕 원년 12월의 상소에서는 宦官을 朝官에 제수하지 말 것을

179)『高麗史』권75, 지29 선거3 銓注 成衆官 공양왕 2년 10월 吏曹啓 ; 3년 4월 吏曹又啓.
180)『高麗史』권75, 지29 선거3 銓注 鄕職 공양왕 원년 12월 趙浚上言.

334

요구하였다. 이는 賤系 출신이 다수인 內竪와 宦官의 朝官進出을 막는
한편, 이를 통해 왕의 측근인 환관의 권력을 약화시키려 한 것이다.181)
창왕 원년 2월에는 諫官이 근년이래 入仕의 길이 많아져 幼子와 工商
奴隷가 진출하는 현실을 비판하고 勇略兼備者로 채울 것을 요청하였
다. 그리고 老耄를 大·上將軍에 임명하거나 諸色工匠에게 職事를 허
락하지 말 것이며, 先王이 설치한 官額을 제외하고는 增置한 員數를 일
체 깎을 것을 촉구하였다.182) 공양왕 원년 12월에 조준 등은 幼弱子弟
와 工商賤隷가 五員·十將·尉正의 祿을 먹는 것을 비판하고 각 愛馬
를 諸衛와 六局에 병합시키자고 하였다. 이는 공상천예가 군사가 되거
나 나아가 武班으로 진출하는 것을 봉쇄하려는 의도라 볼 수 있다.

나아가 조준은 창왕 즉위년 8월 상소에서 胥吏가 수령에 임용되는 현
실을 비판하고 대간과 6조의 천거로 할 것을 촉구하여 서리의 지방관
임용을 막으려 하였다. 그리고 공양왕 원년 12월에는 鄕吏가 軍功·雜
科·권세가에의 의탁 등을 통하여 관직에 오른 경우가 많음을 비판한
다음 添設奉翊·眞差 3품 이하는 從本하고 明經·雜科 출신이 免鄕하
는 것을 금지하기를 요구하였다. 이는 향리의 중앙 진출을 억제하여 士
族支配를 확고하게 하려는 것이었다.

조준에 이어 大司憲에 오른 成石璘의 경우에는 우왕·창왕 때에 제
수된 官爵은 모두 收奪할 것이며, 軍功都目으로 除拜된 자는 진위를 考
覈하여 改授할 것을 요청하였다. 공양왕 원년 12월에 諫官과 2년 정월
과 3월에 憲府가 添設職이나 貪汚한 무리가 얻은 관직을 삭탈하기를
요청한 것도 같은 맥락이었다.183) 또한 공양왕 2년에는 吏曹가 內侍와
茶房에 軍役을 피하려는 자들이 보충되는 것을 비판하고 儀仗이 端正
한 100인을 뽑아 충원하도록 요청하여 시행되었다.184) 이는 공민왕과

181) 都賢喆, 앞의 책, 211쪽 참조.
182)『高麗史節要』권34, 창왕 원년 2월.
183)『高麗史』권117, 열전30 成石璘傳 ; 권75, 지29 선거3 銓注 添設職 ;『高麗史
　　節要』권34, 공양왕 2년 정월, 3월.

우왕·창왕 때 첨설직 등을 통해 비정상적으로 관직에 진출한 사람들이 많았음을 말해 준다.

　이러한 비정상적인 사람의 관직진출을 억제해야 한다는 의지는 이미 창왕 즉위년 8월에 올려진 李行 등 諫官의 상소에서도 지적되었다.[185] 이행은 權臣이 인사권을 남용하면서 驟進의 문이 다양하게 열려 窮鄕의 晩進, 當途의 소년, 田翁과 樵子 등의 惡德이 부정한 방법으로 添設職, 職事가 없는 직, 諸倉庫의 직에 임용되었으며 심지어 省府·察院에까지 진출함으로써 名分이 뒤섞이게 되었다고 비판하였다. 이러한 폐단을 개혁하기 위해서는 왕이 사심을 버리고 한, 두 대신과 상의하여 名器에 '賢士'를 임용해야 한다고 강조하였다.

　이는 관제와 인사에 設官分職의 定制와 銓選擢用의 成法인 祖宗成規, 즉 고려전기의 제도 준수를 목표로 한 것이지만, 그동안 용이하게 관직진출이 이루어진 부적격자를 억제하는 대신 자질을 갖춘 賢士 즉 과거출신자를 임용하도록 촉구한 것이었다. 때문에 이들은 공정한 인사권의 행사에 기준이 되는 都目政에 주목하였다. 창왕 즉위년 8월에 李行 등의 인사행정 정상화 요구에 따라 그동안 잘 지켜지지 않던 都目政이 銓選法을 복구하면서 부활시켰던 것이다.[186] 또한 관질이 낮은 按廉使 대신 臺諫이 천거한 兩府의 大臣을 道觀察黜陟使로 임명하여 각 도에 파견하고, 또한 당시 胥吏로 임용되던 縣令과 監務에 臺諫과 6조의 천거를 거쳐 이전보다 한 등급 상승한 5·6품의 登科士類로 임명하여 침탈을 막고자 한 것이었다.[187] 趙浚 등의 상소를 수용한 것이지만, 이를 계기로 정상적으로 入仕한 관리가 지방까지 통제할 수 있는 길이 열린 반면, 胥吏출신이 지방관으로 나가는 길을 축소하는 계기가 되기도 하였다. 이는 私的인 통로로 진출한 비정상적인 入仕者들에게 타격이

---

184) 『高麗史節要』 권34, 공양왕 2년 10월.
185) 『高麗史節要』 권33, 창왕 즉위년 8월 左司議李行等上疏.
186) 『高麗史』 권75, 지29 선거3 銓注 選法 창왕 즉위년 8월.
187) 『高麗史節要』 권33, 창왕 즉위년 8월.

되는 것이었다.

한편, 창왕 원년 4월에는 十學敎授官을 두고 禮學·樂學·兵學·律學·吏學 등을 해당 관청에 분속하였는데,[188] 이는 병학을 포함한 雜學의 仕路를 정함으로써 軍官과 技術官이 登科儒臣의 仕路로 간주되어 온 요직에 진출하지 못하도록 하였다. 그러나 공양왕 원년 12월에 조준의 건의로 重房의 上將軍 등이 繕工寺·軍器寺의 判事 이하 官을 겸하게[189] 한 것은 승진의 길이 축소되지 않을까 우려하는 군관의 불만을 달래기 위한 조처로 이해된다.

이와 같은 趙浚 등 개혁파 신흥유신에 의해 추진된 職制改革은 주로 學校의 운용과 人才選拔의 기준이 되는 科擧制와 薦擧制 문제, 人事行政에 따른 官吏의 選拔 運用 및 考課方式의 문제에 집중되어 있지만, 이 시기 신흥유신의 정치적 토대와 밀접하게 관련되어 있다.

이 시기 개혁파는 당시 전면적인 법과 제도의 폐해를 철저히 개혁하여 중앙집권적 정치체제를 확립하려고 하였다. 이들은 田制문제의 근원은 私田의 폐단에 있다고 하여 혁파를 주장하였고, 禮制에서 削髮者나 淫祀者를 용서 없이 죽이라고 하여 舊來의 예제를 철저히 배격하였다.[190] 그리고 因循之弊를 개혁하고 法制를 日新하여 堯舜의 정치를 실현하고자 하였다. 이들은 유교정치의 이상인 '先王之法'도 가감할 수 있다는 입장이었다. 趙浚이 舊弊가 겨우 혁파되었는데 新法이 행해지지 않았다고 하였듯이[191] 국왕의 측근세력들에 의해서 자의적으로 사적 권력기구로 전락한 관제와 인사권 등 비정상적으로 운영되는 정치체제-舊法(舊制)을 개혁하고자 하였던 것이다.[192]

---

188) 『高麗史節要』권33, 창왕 원년 4월 ;『高麗史』권77, 百官2 諸司都監各色 十學.
189) 『高麗史』권76, 지30 백관1 공양왕 원년 12월.
190) 『高麗史』권117, 열전30 李詹傳.
191) 『高麗史』권118, 열전31 趙浚傳.
192) 都賢喆, 앞의 책, 208쪽 참조.

이러한 제도개혁과 더불어 書筵 또는 經筵을 설치하여 토론정치를 활성화시키고, 매일 6衙日에 朝參하기를 요청하여 왕과 신료가 만나는 기회를 늘리고자 하였다.[193] 藝文春秋館과 典校寺의 위상을 회복하려는 노력으로 경연에 입시해 온 史官은 공양왕 4년에 衙日에 各司가 啓事할 때 入侍할 것을 허락받는다.[194] 특히 형조와 더불어 반이성계 세력을 공격하며 개혁을 주도한 臺諫의 위상도 높아졌다. 대간은 言路의 개방을 촉구하여 많은 성과를 거두었으며 한때 時政의 득실을 왕에게 面啓하는 권한까지 얻어낼 정도였다.[195] 이를 통하여 간관의 經筵入侍를 요청하여 발언권을 확대하기도 하였다.[196]

결국 개혁파 신흥유신이 추진한 고려말 정치제도의 개혁은 공양왕 즉위 이후 옹립공신을 중심으로 개혁주체가 명확해짐에 따라 본격적으로 진행될 수 있었다. 고려말 정치체제 전반에 걸친 개혁을 주도하는 데 앞장선 인물은 이성계의 추천으로 僉書密直司事 兼大司憲이 된 조준이었다.[197] 趙浚 등은 창왕이 즉위한 다음 달인 7월에 道按廉黜陟大使를 골자로 하는 지방행정 지배방안을 제시하는 가운데, 8월에 左司議大夫 李行 등은 인사에서 祖宗成規의 회복을 요청하는 상소를 올렸으며,[198] 이를 이어 조준 등 臺官이 다시 상소를 올려 정치체제 전반에 걸친 개혁을 촉구하였다. 개혁이 제대로 진행되지 못하자, 공양왕을 추대하여 원년(즉위년) 12월에 諫官 吳思忠·趙璞 등은 宦官을 위해 설치한 內侍府의 혁파를 요청하고,[199] 조준 등이 다시 정치제도에 대한 개혁 상소를

193)『高麗史』권137, 창왕 즉위년 8월, 원년 7월 ; 권45, 공양왕 2년 정월 ;『高麗史節要』권34, 창왕 원년 4월.

194)『高麗史』권137, 우왕 창왕 원년 정월, 2월 ; 권46, 공양왕 4년 2월.

195)『高麗史節要』권34, 공양왕 2년 정월·2월.

196)『高麗史節要』권35, 공양왕 3년 7월·8월.

197)『高麗史』권118, 열전31 趙浚傳 ; 권75, 선거3 銓注 ;『高麗史節要』권33, 창왕 즉위년 7, 8월 ; 권34, 공양왕 원년 12월.

198)『高麗史』권137, 우왕 즉위년 8월 ;『高麗史節要』권33, 창왕 즉위년 8월.

199)『高麗史節要』권34, 공양왕 원년 12월.

하는데, 이는 이전 상소를 보완하여 그 실행을 촉구한 것이라 볼 수 있다. 이러한 움직임은 재상의 수적 증가를 비판하고 省五樞七을 회복할 것을 주장한 郞舍 具成祐 등의 상소에 의해 뒷받침된다.[200]

먼저 관제에 대한 조준의 입장을 살펴보기로 하자. 조준 등의 臺官은 창왕 즉위년 8월의 상소에서 관제 전반에 걸친 時務上書를 올려 구체적인 개혁안을 제시하였다. 즉,

> (창왕 즉위년 8월) 『周禮』의 天官 冢宰를 살펴보면 卿 1인이 나라의 6典을 관장하며 왕을 도와 邦國을 다스리고 司徒 이하는 각기 職으로 예속하였다. 6경의 屬은 360이 있다. 360屬官이 6경에 통솔되고 6경은 총재에 통솔되었으니 관직의 增損과 名義의 연혁은 시대에 따라서 같지 않음이 있으나 大義는 이 6부에서 벗어나지 않는다(『高麗史』 권118, 열전31 趙浚傳).

라고 하여, 屬官(百司)은 6卿(典)에, 6卿은 冢宰(宰相)에게 유기적으로 통솔을 받는 『周禮』의 六典體制를 이상적인 관료체제의 형태로 제시하였다. 나아가 조준은 태조가 개국한 초기, 設官分職할 때는 재상이 6부를 거느리고, 監寺倉庫가 6부를 받들게 한 盛制였다고 전제하고 있다. 고려전기의 관제를 『周禮』의 육전체제를 본받은 것으로 파악한 셈이다. 省五와 樞七을 재상의 이상적인 형태로 파악한 반면, 都堂의 合坐는 원간섭기에 시작되었음을 지적하고 그에 참여하는 자가 근래 6, 70인에 이른 것을 비판하였다. 또한 법이 오래되어 폐단이 발생하여 6司가 제대로 역할을 하지 못하게 되자 百僚庶司가 渙散無統하여 유명무실하게 되었다고 하였다.

따라서 이를 해결하기 위해서는 六典의 일을 6부로 돌리고 各司를 6부로 分屬할 것, 宰臣과 密職이 차례대로 각각 判司事와 兼判書가 되어 提綱하고 奉翊(종2품)으로 6부판서를 삼아 諸郞 및 소속 攸司를 거

---

200) 『高麗史』 권75, 지29 선거3 銓注 選法 공양왕 원년 12월.

느려 聽命할 것, 大事는 六部郎이, 小事는 六色掌이 承奉하여 移行할 것 등을 제시하였다. 이렇게 하면 君相은 위에서 優遊하고 百職은 밑에서 奔走하여 政事의 이루어짐이 쉬워진다는 것이다.[201]

조준은 하위 관서를 해당 상급 관서로 통합하는 것과 民財를 사적으로 갈취하는 都監을 줄여나갈 것을 요청하는 등 업무가 중복되는 관청의 통폐합 내지 冗官의 혁파에 관심을 기울였다. 즉 고려초기의 宰相－6部－監－寺－倉－庫의 행정체계가 유명무실하고 百僚와 署寺도 계통이 없어졌다고 보고, 6부에서 기본적인 국가행정을 분담하고 百司는 6부에 분속케 하여 위로는 6부가 재추의 명을 받도록 하는 행정체계를 이루고자 하였다.

이에 따라 6부 이하의 중하급 관청의 개혁도 도모하였는데, 행정의 간소화라는 차원에서 이루어졌다. 업무가 중복되는 관청을 병합하거나 업무가 과다한 관청의 기능을 다른 관청에 분담시키고, 업무가 끝난 都監類의 관청을 폐지하였다. 이미 창왕·공양왕 때 통폐합 내지 개칭이 이루어지며, 공양왕 3년에는 '署'단위의 관서를 그 위의 관서나 비슷한 관서에 통합하고 都監類의 관청이거나 불필요한 관청을 혁파하였다. 공양왕 원년 12월에는 6司를 6부로 개칭하는 것을 핵심으로 하는 官制改革이 단행되었다.[202] 同王 4년에도 도감류의 혁파는 계속 진행되었다.[203]

그 결과 6부의 지위가 높아졌으며 百僚와 庶司가 모두 6부에 예속되어 6부 중심의 행정체계가 확립되어 갔다. 이는 六典體制의 회복을 통하여 '司'에서 '部'로의 변화는 그동안 귀속관계가 명확치 않았던 百司를 6부로 分屬할 수 있도록 한 것이었다. 따라서 공양왕은 조준에게 내린 教書에서 백사를 6부에 속하게 하였다고 지적하였던 것이다.[204] 이와

---

201)『高麗史節要』권33, 창왕 즉위년 8월 ; 김창현, 앞 논문, 76~77쪽 참조.
202)『高麗史節要』권33, 공양왕 원년 12월 ; 박제우, 앞 논문.
203)『高麗史』권76·77, 백관지의 각 관부 참조.
204)『高麗史』권118, 열전31 趙浚傳.

340

같은 6부의 정상화를 뒷받침한 것은 부 밑의 官署에 대한 개혁이었다. 이러한 개혁의 결과 百司가 불완전하나마 6부의 통제를 받는 여건이 마련된 셈이었다. 이처럼 4사의 6부로의 개편과 그 밑의 백사가 통폐합됨으로써 6부는 이전에 비해 상당한 위상을 지닐 수 있었다.

그러나 개혁파가 제기한 6부의 회복을 통한 정치체제의 정상화에도 불구하고, 6부의 기능에는 몇 가지 중요한 한계가 있었다. 吏部와 兵部가 가져야 할 인사권을 尙瑞司가 가지고 있었기 때문이다. 따라서 李行과 趙浚 등이 요구한 인사행정의 정상화는 창왕 즉위년 9월에 政房의 尙瑞司로의 개편으로 이루어졌다.[205] 政房의 尙瑞司로의 개편은 이들의 인사제도 개혁 주장을 일정부분 수용하여 정규관제로 바꾼 것이라 할 수 있다.

이 과정에서 都堂에 대한 정비도 함께 추진되었다. 도평의사사는 창왕대에 실무진 가운데 6色掌이 六房錄事로 고쳐지고, 知印 20員이 지인 10인과 宣差 10인으로 나뉜다. 특히 '任使外'하는 선차의 설치는 觀察使의 都堂直報를 강화하는 추세와 더불어 중앙집권체제의 정비를 뒷받침하는 것이었다. 또한 開城府·厚德府·慈惠府의 判事와 尹으로 도평의사사를 겸하게 하였는데 이는 그 구성원을 줄이려는 움직임에 역행하는 것이었다. 수도를 담당하는 개성부, 창왕의 모친이자 李琳의 딸인 謹妃를 위한 후덕부, 공민왕의 定妃를 위한 자혜부의 判事와 尹이 도당에 참여하게 된 데에는 고려 왕실을 지키려는 李穡과 그의 뒤를 이어 侍中이 되는 이림 등의 영향력이 작용한 것으로 보인다. 조준 등 개혁파는 이러한 양보의 대가로 6색장을 六房錄事로 개편할 수 있었던 것이다. 6색장은 도당의 역할 증대와 더불어 자연히 侵官하는 부서로 지목되었기 때문이다.[206]

때문에 조준은 작은 일은 6색장이, 큰 일은 6部郎이 承奉하여 이행할

205) 『高麗史節要』 권33, 창왕 즉위년 9월.
206) 김창현, 앞 논문, 81쪽 참조.

것을 촉구하였던 것인데 받아들여져 전자가 6방록사로 격하된 것으로 보인다. 또한 공양왕 2년에는 도당에 經歷司를 더 두어 六房을 통솔하도록 함으로써 실무진이 더욱 체제화 되었다. 경력사에는 3·4품의 經歷이 1인, 5·6품의 都事 1인이 두어지고, 문신으로 임명되었다. 물론 도당에 경력사가 두어지면서 6부가 권한을 침해당할 가능성이 있지만, 4년 4월에 各司의 受稟公事를 모두 도당에 直報하도록 하고 6부에 예속치 말도록 하는 조처가 내려진 것으로 보아,[207] 各司가 원칙적으로는 도당의 지배를 받았음을 알 수 있다. 이는 당시 정치세력의 역학관계상 도당을 혁파할 수 없는 현실과 그동안 실무행정까지 처리해 온 관행을 인정하는 것이었다.

이로써 도평의사사의 위상은 높아진 반면에 도당에 참여하는 재상의 구성을 개혁하여 門下府·三司·密直司의 정원만으로 하고,[208] 그 나머지 商議 및 開城府·禮文館員은 겸하는 것을 허락하지 않도록 하여 그 구성원을 계층화하는 한편 인원수의 축소를 추진하였다. 문하부·삼사·밀직사의 正職 宰相만으로 도당을 구성함으로써 그 수가 대폭 감소하였다.[209]

그러나 도당에 경력사의 설치를 주도한 인물은 鄭夢周였다. 그는 金錢出納을 도당의 錄事가 白牒으로 시행하는 것이 외람됨을 구실로 경력과 도사를 설치하여 그것을 담당하도록 하였다.[210] 정몽주는 經歷司를 설치하여 도당에 대한 영향력을 증대시킴으로써 소외된 이들을 끌어

---

207) 『高麗史』 권77, 지31 백관2 諸司都監各色 都評議使司 ; 『高麗史節要』 권35, 공양왕 4년 4월.

208) 공양왕 2년에 都評議使司의 구성원을 門下府·三司·密直司로만 국한한 것은 실제로 廳司를 새로 지었던 원년 12월 이전에 이루어진 것으로 보인다. 이때의 구성원은 門下侍中 沈德符, 守門下侍中 李國諱, 三司判事 王安德, 門下贊成事 鄭夢周는 同判事로써, 密直判事 金士安, 鄭道傳 이하는 使로 이루어져 있다(『三峯集』 권4, 記 高麗國新作都評議使司廳記).

209) 『高麗史』 권77, 지31 백관2 諸司都監各色 都評議使司.

210) 『高麗史』 권117, 열전30 鄭夢周傳.

들여 軍權을 장악한 개혁파에 대항하고자 하였다. 하지만 공양왕 3년 4월에는 삼사에게 中外錢穀의 出納을 명령하여 도당 경력사의 財政에 대한 간섭을 억제하는 조치가 이루어진다.[211] 이는 이성계가 侍中으로 복귀하면서 守侍中 정몽주의 영향력이 줄어든 결과로 보인다.[212]

2) '君主權'과 '宰相權'의 運營主體論

李穡 계열에서 鄭夢周로 이어지는 體制維持論이나 趙浚·鄭道傳의 개혁파의 경우, 그들의 입장을 파악할 수 있는 자료는 그다지 많지 않다. 때문에 우왕·창왕대 제기된 이색 계열의 理想君主論을 통하여 공양왕대로 이어지는 흐름을 이해할 필요가 있다.

이색 계열은 이상적인 군주상을 제시하여 정상적인 관료제 운영과 합리적인 정치운영을 도모하였다. 대체로 이들은 二帝三王과 같은 이상군주가 되기 위하여 君主聖學論·君主修身論을 요구하였는데, 군주성학론을 '正君心'으로 표현하였다. 즉 군주의 마음이 천하를 다스리는 근본이므로 그 마음을 바르게 해야 한다는 것으로, 군주의 수양방법으로 도덕적 수양인 '正心'과 함께 지켜야 할 몇 가지 행위규범을 제시하였다. 특히 君心을 버리고 宗社의 安危, 生民의 休戚과 관련된다고 보고[213] 私情을 버리고 公心을 가져야 한다고 하였다.[214]

그리고 군주의 외적 행위규범을 제시하여 이를 준수하도록 하였다. "군주는 書筵을 열어 나라를 다스리고 백성을 편안하게 다스리는 도리를 깨우쳐야 한다"거나,[215] "군주는 賢者를 접하고 小人을 물리치며, 학자를 접견하고 宦官·宮女를 가까이하지 말아야 한다"[216]는 것으로 군

---

211) 『高麗史節要』 권35, 공양왕 3년 4월.
212) 김창현, 앞 논문, 1998, 86쪽 참조.
213) 『高麗史』 권134, 열전47 우왕 8년 6월 諫官鄭釐等 上疏曰.
214) 『高麗史』 권137, 열전50 창왕 즉위년 8월 左司議大夫李行等 上疏曰.
215) 『高麗史節要』 권31, 우왕 6년 5월.
216) 『高麗史』 권134, 열전47 우왕 8년 6월, 11월.

주의 바른 자세, 행위 규범을 지키도록 한 것이다.

그러면서도 이들은 唐 太宗을 여말이라는 대내외적 위기상황을 안정시키고 고려왕조를 재건하는 데 가장 적합한 군주로 보았다. 당 태종은 『貞觀政要』를 통하여 이상군주로 제시되었는데, 국초이래 先王의 유지로 받아들여졌던 인물이었다. 예컨대, 權仲和는 『貞觀政要』를 강독하다가 魏徵과 당 태종의 대화를 인용하여 우왕에게 감정을 절제할 것을 진언하고 있다.[217] 李詹은 창왕에게 당 태종의 帝範을 謄寫하여 당 태종이 자신을 바로잡고 교화를 천명한 것과, 어진 이를 등용하고 直言을 받아들이는 방법 그리고 간사한 마음을 버리고 자만한 태도를 경계한 교훈을 언급하였다. 또 다른 글에서 房玄齡・杜如晦・戴冑・王珪 등 신하의 諫言을 태종이 즐겨 들은 것을 비유하여 공양왕에게 이를 따르도록 진언하기도 하였다.[218]

成石珚은 공양왕에게 『貞觀政要』의 직언을 받아들이는 사례를 進講하였고,[219] 權近은 三代 이후의 직언을 받아들이고 좋은 정치를 행한 군주는 漢 文帝와 당 태종 만한 이가 없다고 하고 경건하고 신중한 마음으로 德性을 닦아 직언을 받아들이고 잘못을 고치는 것이 정치의 근본이라고 하였다.[220]

이색 계열은 이상군주론을 통하여 개혁파 신흥유신이 주장하는 禑王非王說에 대응하였다. 즉, 覇道政治를 추구한 당 태종을 이상군주로 삼아 그가 貴族의 현실적 기반을 용인하고 이들과 함께 정치를 행한 것처럼, 舊來의 지배층의 결속을 다져 국왕이 주도하는 기존의 군신관계와 지배질서를 재확인하고자 하였다. 그리고 여기에는 객관적인 능력을 통하여 인재를 등용하는 것이 아니라, 蔭敍制처럼 혈연적인 요소도 용인하는 가운데 정치질서의 회복을 도모하였다.[221] 이들은 집권층의 이해

217) 『高麗史』 권133, 열전46 우왕 3년 10월 庚申.
218) 『高麗史』 권117, 열전30 李詹傳.
219) 『高麗史』 권45, 공양왕 2년 윤4월 己丑.
220) 『高麗史』 권107, 열전20 權㫜附 權近傳.

를 충족시켜 주는 기존의 군신관계를 원하였고, 이를 통하여 고려의 정
치운영 방식을 고수하면서 왕조의 중흥을 바랬던 것이다.

이러한 점은 회군 이후의 변혁을 꾀하는 정도전 등을 견제하는 동시
에 왕위계승의 정당성을 위하여 창왕의 入朝와 명의 監國을 실현하
며222) 국왕을 정점으로 하는 기존의 군신관계를 강화하려고 한 것에서
알 수 있다.

또한 이색 계열의 신흥유신은 공양왕의 失政・失德을 제기하는 정도
전 등과 대립하였다. 정도전 등은 당시의 氣象異變이나 天災地變을 공
양왕의 잘못된 君主權 행사와 연결시켰으며, 또 공양왕의 佛敎・讖緯
에 의한 災異解消나 漢陽遷都를 왕의 失政・不德으로 규정하고 있었
다. 이에 대해 이색 계열은 공양왕과 함께 전통적인 災異解消法으로 이
에 대응하였다. 그러한 방법으로 가뭄과 같은 자연재해는 고려 왕조 내
내 있어 왔으며, 그때마다 국왕은 災異의 발생에 대한 책임을 통감하고
절제된 생활과 求言敎를 내렸으며, 道場法會를 통하여 재이의 해소를
꾀하였다고 하였다. 따라서 공양왕은 국초이래의 국왕처럼 재이 발생에
대한 스스로의 책임을 통감하여 求言敎를 내렸고,223) 佛事는 선왕의 일
로서 존중했으며, 불사에 의해 재이를 해소하려고 하였다. 이들은 공양
왕의 그런 행위를 인정하고, 고려왕조를 유지하는 대체가 불교에 있다
고 하고224) 先王의 법이 崇佛에 있다고 보았다.225) 이를 통하여 공양왕
의 失政에 대한 지적을 구래의 지배질서와 기왕의 불교를 통하여 대응
하였던 것이다.

군주 중심의 정치체제론을 강조한 정몽주를 비롯한 李行, 許應 등은
원래 田制改革을 찬동하며 私田改善論을 주장한 李穡, 權近 등의 입장

---

221) 都賢喆, 앞의 책, 118쪽 참조.
222) 都賢喆, 앞의 책, 130~135쪽 참조.
223) 『高麗史節要』권35, 공양왕 3년 8월.
224) 『高麗史』권46, 공양왕 2년 1월 壬辰.
225) 『高麗史』권117, 열전30 李詹傳.

과는 큰 차이를 보이고 있었다. 그러나 개혁파인 정도전과 조준 계열의 고려 구래의 지배질서에 대한 부정은 곧 고려의 존립 자체를 인정하지 않는 것이었고, 이 때문에 체제유지를 강화하기 위해서는 반이성계 세력의 결집과 견제가 필요하게 되었다. 더구나 반이성계 세력에 대한 개혁파의 숙청과 탄압이 강화되자, 이들은 정몽주를 중심으로 정치적 결속을 다지면서 국왕권의 위상 회복과 이를 통한 對民安定에 노력하게 되었던 것으로 여겨진다.226)

예컨대, 安瑗은 "나라를 위하는 근본은 인심을 얻음에 있고 사람을 얻는 요체는 사정을 살핌에 있으니, 이는 왕정의 마땅히 먼저 할 바라 하여 민심을 얻는 것을 정치의 요체"로 보았다.227) 李詹 역시 민심을 얻기 위해서는 仁政의 실천을 통해 민생을 안정시켜야 한다고 보았다. 즉 仁政의 實踐은 家族을 친히 하는 데에서 백성을 돌보고, 물건을 사랑하는 데에 이르는 것이라 강조하며 구체적인 인정의 실천방법을 지적하였다.228)

許應은 국왕의 經筵 入侍를 강조하면서 "人君의 一身은 萬化의 근원이며 다스림을 펴는 근본이므로, 宗社의 안위와 生民의 休戚이 매어 있다고 하여, 군주는 그 일인의 능력에 국가와 민의 존망이 달려 있는 절대적인 존재이므로 上下와 內外의 구별을 엄격히 하여야 하며 또 군신의 명분을 정하여야 邪說이 스스로 멀어지고 忠言이 날로 나올 것이라고 하였다.229) 그는 3년 5월 공양왕의 求言에 仁政을 발현할 기회라고 하여 人君의 孝와 義를 강조하는 한편 宮主의 供上을 없애어 관리의 祿俸을 후하게 하고, 佛事의 役을 줄이며, 大小臣僚의 儉約을 줄이도록

---

226) 이색 계열과 정몽주의 사상적 입장이 완전히 일치된 것은 아니었다. 공양왕의 好佛的 성향, 민에 대한 입장이 달랐던 것으로 보인다. 이러한 차이에 대한 검토는 다음으로 미루고자 한다.
227) 『高麗史節要』 권34, 공양왕 2년 11월 刑曹判書 安瑗等 上疏.
228) 『東文選』 권77, 弘仁院記.
229) 『高麗史』 권46, 공양왕 3년 7월 辛卯.

하는 4개항의 조목을 제시하기도 하였다.[230]

朴宜中은 군주의 修省恭懼를 요구하였고,[231] 李詹은 공양왕 3년 11월 군주의 자질로 養德, 慮事, 改過, 敦本, 謙己, 施仁, 比類, 明政, 保業의 9規戒가 겸비되어야 하며, 군주가 정치를 하는데 실천하고 경계해야 할 덕목으로 제시하기도 하였다.[232] 그는 '正心論'에서 人君의 마음에 治의 근본이 있으며, 인군이 마음을 바르게 하면 조정을 바르게 할 수 있고, 백관을 바르게 하고 인민을 바르게 할 수 있다고 보았다. 인군은 賢良方正한 士를 친근히 하여 治道를 강론하게 하고 大學正心의 의리를 밝히고 齊家治國의 근본을 삼으면 생민을 위하여 立極할 수 있고 만세를 위하여 太平을 열 수 있을 것이라고 하였다.[233]

災異에 대한 군주의 책임 역시 그것은 군주의 失政에 대한 하늘의 경계이기 때문에 佛敎나 圖讖의 術數에 의존하여 해결되는 것이 아니고, 군주가 恭懼하고 修省하여 덕을 쌓아 하늘을 감응시키면 저절로 없어지는 것으로 보았다. 불교나 도참에 의지해 재이를 없애려는 消災道場이나 消災法席 등을 거부하면서 그 대신 군주가 孝와 信과 儉約을 솔선해 보이고 經筵에 참여하여 治道를 강론하는 방법에 의해 하늘을 감동시켜 災異문제를 해결하고자 하였다.[234] 그리고 공양왕 2년 7월 書雲觀에서 地德이 쇠해졌다는 道詵密記를 믿고 한양으로 천도하자는 건의를 하였을 때 왕이 동요하자 朴宜中과 李室은 讖緯와 術數를 믿지 말고 오히려 백성을 괴롭히는 역사를 금지할 것을 건의하였다.[235]

이처럼 정몽주 등 체제유지론자가 군신의 分別을 엄격히 하고 군주의 위엄을 높이고자 한 것은 그들의 정치적 위상과 밀접하게 관련되어

---

230) 『高麗史節要』 권46, 공양왕 3년 5월.
231) 『高麗史』 권115, 열전25 朴宜中傳.
232) 『高麗史』 권117, 열전30 李詹傳 ; 『高麗史節要』 권35, 공양왕 3년 11월.
233) 『雙梅堂文集』 권23, 正心論.
234) 『高麗史』 권45, 공양왕 2년 11월 刑曹判書 安瑗等上疏.
235) 『高麗史』 권45, 공양왕 2년 7월 左憲納 李至上疏.

있다. 정도전 등 개혁파 신흥유신의 易姓革命의 분위기와 재상 중심의
관료체제로의 변화는 공양왕의 군주권 약화와 함께 자신들의 정치적 기
반을 상실할 수 있기 때문이다. 따라서 이들은 공양왕에 대한 지지와 국
왕권 강화에 적극적일 수밖에 없었고, 그러한 노력이 군주 중심의 정국
운영으로 나타난 것으로 보인다.

이들은 군주가 정사에 참여하여 어떻게 움직이는가에 따라 백성들의
이해가 달라질 수 있기 때문에 왕의 修德과 修身을 중시하였던 것이다.
때문에 이들은 국왕의 信義를 중시하였다. 정몽주는 공양왕에게 "信이
란 것은 임금이 매우 중요한 보배이니 나라는 백성으로 보존되고 백성
은 信으로 보존될 것"이라고 하였고,[236] 仁義의 통치가 실현되기 위해
서는 공정한 법의 집행도 반드시 지켜져야 하는 것으로 보았다. 그렇기
때문에 善과 惡, 賞과 罰이 공평히 시행되지 않는 상황, 즉 법질서가 제
대로 지켜지지 않고 있는 현실적 문제를 지적하였다.

따라서 "상벌은 나라의 큰 법전으로 한 사람을 상주게 되면 千萬人이
권면하게 되며, 한 사람을 벌주게 되면 천만인이 두려워하게 됨으로 지
극히 공평하고 지극히 밝지 않으면 인심이 복종하지 않을 것"[237]이라고
하여, 군주가 주체가 되어 刑政을 제대로 시행될 수 있도록 하자는 것이
었다.

李詹은 "天下의 理致가 내 마음에 갖추어져 있어 一動 · 一靜이 진실
로 성실한 마음에서 나오지 않은 것이면 또한 信이 아니며, 또 내가 남
에게서 느끼는 것과 남이 나에게서 느끼는 것이 모두 이 믿음에서 나오
는 것이므로, 말이 성실을 다하고 믿도록 하면 蠻貊에서도 가히 행하여
지고, 믿음이 말에 앞서면 말하지 않아도 자연히 밝혀진다"고[238] 하여,
仁과 信에 의한 정치를 주장하고 君臣간의 義理를 강조했다. 그의 이러
한 주장은 개혁파의 부당한 정적 숙청에 대한 반발에서 비롯된 것이고,

---

236) 『高麗史節要』 권35, 공양왕 3년 6월.
237) 『高麗史』 권35, 공양왕 3년 7월.
238) 『東文選』 권98, 信齋說.

그것에 대한 견제에서 나온 것으로 여겨진다.

그러나 軍權과 人事權이 모두 개혁파에게 넘어간 상황에서 정몽주 등 체제유지론자들에게 있어서는 바로 군주가 善政을 통해서 민심을 잃지 않는 것이 국가를 보존하는 유일한 방법이었으므로 이런 천명사상에 의해 군주의 善治를 강조하게 된 것이다. 여기에 군주의 통치를 보완해 주는 제도적 장치로서 臺諫의 역할을 중시하였다.[239]

許應은 왕에게 諫言을 활성화하고 書筵을 열 것을 주장하였고,[240] 成石璘과 李詹은 臺諫의 職이 소외되어 있으니 날로 교대하여 경연에 入侍하여 대간의 直言을 중시하고 독단적인 정치운영을 경계하도록 건의하고 있다.[241] 이와 같이 대간의 임무를 중시한 것은 그들의 정치활동이 대부분 諫官들의 상소를 통해 이루어지고 있었던 점과 관련이 있었다.

李崇仁도 왕의 지척에서 군주를 수양시킬 수 있는 대간의 존재를 재상보다 중요하게 생각하고 있었다. 이러한 점은 간관의 정치활동을 중시하여 개혁파를 견제하고 군주를 이끌 수 있는 존재로 대간의 활동을 주목한 것이다.

이상의 정몽주 중심의 체제유지론자들은 공양왕을 옹립했던 名分論에서 공양왕을 지키려는 義理論으로 전환한 한편 집권관료의 입장에서 기존의 국왕권을 인정하면서 군신관계에 충실하려고 했다. 이들은 군주의 國王權 중심으로 국가가 운영되어야 한다는 군신관계를 혈연적으로 의제된 절대불변의 관계로 보았기 때문이다.

한편, 조준이 추구한 정치체제에 대한 개혁의 요점은 王·宰相·6部·百司가 서로 유기적으로 연결된 것으로 여긴 『周禮』의 육전체제의 시행에 있었다. 그는 창왕 즉위년 8월의 상소에서 "人主는 宰相을 논할 뿐이고, 宰相의 직책은 君子를 나아가게 하고 小人을 물러나게 하여 百官을 바르게 할 뿐"이라 하였다. 이는 왕이 재상을 선택할 뿐이며, 재상

---

239) 劉璟娥, 앞 논문, 156~160쪽 참조.
240) 『高麗史』 권46, 공양왕 3년 7월 辛卯.
241) 『高麗史』 권117, 열전30 成石璘傳.

은 명실상부한 정치운영의 주체로서 공적인 경로를 통해서 政事를 처리하기를 바랐던 것이다.

이와 아울러 軍政을 軍簿司로 일원화하기를 추구한 일과 三司와 六部官이 소속 관사를 會計點考하도록 한 일은 삼사와 6부의 역할을 강화하려는 것이었다. 그는 재상의 자격을 엄격히 하여 수를 줄이고 침관을 막는 한편 도평의사사의 비대화로 허설화된 6부의 기능을 정상화하는데 역점을 두었고, 6부를 백관의 근본으로 정사가 나오는 곳이라 강조하였다. 재상은 정책을 결정하고 그것의 집행은 해당 관청에서 책임을 지고 처리하도록 한 것이었다.

조준이 공양왕 원년 12월의 상소에서 "陳平은 錢穀의 수를 알지 못하였지만 재상의 체통을 알았다고 일컬어짐은 侵官하지 않은 때문"이라 하거나, "소송하려는 자는 攸司에게 하고 大內와 都堂에의 直達을 금하도록" 제시한 것도 이러한 때문이었다.

鄭道傳은 공양왕 원년 12월 都評議使司新作記에서 君主를 堂宇에, 宰相을 棟樑에, 民을 基礎에 비유하며, 기초는 견고해야 하고 동량은 편안하고 높아야지 당우가 튼튼하게 될 것이라 하고 재상이 君父를 받들고 백성을 어루만지는 것과 같다고 하였다.

또한 남송 말기 『大學衍義』를 저술한 眞德秀(1178~1235)의 宰相論 4조목인 군주의 마음을 바르게 해야 할 것, 자신을 바로 해야 할 것, 사람을 알아야 할 것, 일을 처리해야 할 것 등을 인용하여 재상이 된 자가 각각 스스로 勉勵하여 위에서 등용해 준 의사에 부합하도록 한다면 使司의 설치가 보람이 있을 것이라 하였다.[242] 그리고 재상은 모든 책임이 모이는 곳으로 위로 음양을 조화하고 아래로 백성을 편안히 하며 爵賞과 형벌이 경유하는 바이고 정화와 교령이 이에서 비롯되는 것이라고 하였다.[243]

---

242) 『三峯集』 권4, 記 高麗國新作都評議使司廳記.
243) 『高麗史』 권119, 열전32 鄭道傳傳.

정도전은 군주는 天命의 대행자이고 중앙집권체제를 이끌어가는 王政의 최고 책임자로서 전국의 민과 토지를 지배하게 된다는 것이다. 그런데 군주의 권한은 재상을 선택 임명하고 재상과 政事를 협의·결정할 뿐이며, 정사를 협의함에 있어서 군주는 큰 문제는 재상과 협의하지만 작은 문제는 재상이 독자적으로 처리해야 할 것으로 보았다. 세습에 의하여 계승되는 군주는 昏明 强弱의 차이가 있고 전제적이고 자의적일 소지가 있다고 보았기 때문이다.[244] 즉 君主는 상징적인 의미만 갖고 실질적인 통치를 宰相에게 위임해야 한다는 것이다.

이러한 내용은 具成祐에게서도 찾아진다. 具成祐는 재상의 직분은 정사를 토의하고 정책을 수립하며 음양을 조화하고 자신을 바르게 하여 모든 관원을 바르게 인도하며 군자를 추천하고 소인을 물리치는 데 있다고 하였다.[245]

결국 趙浚과 鄭道傳이 추구한 宰相中心論의 핵심은 정상적인 士大夫의 정치참여를 보장하려는 것이었다. 이들은 재상이 스스로의 권한과 임무를 자각하고 三代의 재상처럼 강화된 재상권을 기대하였다. 재상은 실질적인 통치의 주체자로서 국왕의 專制權을 억제하고 國政의 중심이 되어야 한다는 것이다. 이러한 재상은 명분질서를 확립하는 주체로서 사대부의 정치참여를 정당화하는 한편 사대부의 輿論(公論)의 집약자·대변자로서 정제상 최고의 주재자가 되어야 했기 때문이다.

즉 사대부는 현실정치의 담당주체로 자임하고 능력 위주의 인재등용, 進賢退不肖 등을 내걸고 제도적으로 관리임용이 보장되고 항구적으로 정치에 참여할 수 있는 정치체제·권력구조를 지향하였고, 그러한 노력이 군주 1인에 좌우되는 전제정치를 비판하고 사대부 정치를 지향하는 재상정치론으로 나타났던 것이다.[246]

따라서 신흥유신 개혁파의 재상 중심의 정치체제로의 전환은 "擇人

---

244) 韓永愚, 『鄭道傳思想의 研究』(개정판), 1987, 135쪽 참조.
245) 『高麗史』 권75, 지29 선거3 銓注 選法 공양왕 원년 12월.
246) 都賢喆, 앞의 책, 220~221쪽 참조.

才"의 실현방식인 도당을 중심으로 하는 일원적 지배체제가 유지되는 가운데 재상과 6부 기능의 활성화를 꾀하려는 의도였다. 개혁파와 체제 유지론간의 정쟁이 계속되는 가운데 臺諫의 발언권을 강화한 것도 이러한 일환이었다.

이들은 이상적인 정치체제를 『周禮』와 송대에 활용된 朱子의 정치체제론에서 구했다. 이를 통해서 정치체제와 권력구조의 전반적인 개혁을 시도하였다. 정도전과 조준은 王(宰相)-臺省-監司-守令으로 이어지는 지배관계를 실현하고자 하였다. 정도전은 재상이 지방의 최소 단위인 鄕까지 직접 파악하는 齊民的 지배체제를 지향하였다. 즉 鄕-縣-州-諸路-臺省-宰相에 이르는 상하 통솔체계를 통하여 私門(權貴)에 의한 횡포를 막고 국가의 執權力을 강화하는 가운데 일원적인 지배를 목표로 하였다. 이러한 점은 이 시기 고려정부가 鄕村社會의 변동을 국가질서 속에 수렴하여 국가의 대민지배를 강화하였던 것과 그 짝을 이루는 것이기도 하다.[247]

이와 같이 개혁파 신흥유신이 추구한 중앙의 집권적 지배체제는 고려사회가 지닌 체제의 속성과 그 한계에서 비롯한 것이었다. 고려정부 역시 집권적 정치체제를 추구하였지만 지방세력과 佛敎寺院의 私的 지배력을 용인하였으므로 국가의 公權力에 의한 농민지배는 대단히 취약하였다. 이에 따라 그들의 사적 지배에 의한 농민과 하급 지배층의 침탈을 제어하기란 어려운 상태였다. 오히려 생산력 발전을 기초로 성장한 사대부는 농민과 더불어 권귀, 권문으로 표현된 權門世族으로부터 침탈의 대상이 되었다.[248]

따라서 이들은 수조권 분급제와 같은 私的 支配를 시정하고 국가의 公權力에 의해 一元的이고 公的인 지배체제를 확립하려고 하였다. 그 것은 '正田制'를 통하여 경제적으로 公田制와 小農民의 안정에 기초한

247) 박종기, 「14세기 군현구조의 변동과 향촌사회」, 『14세기 고려의 정치와 사회』, 1994, 224쪽 참조.
248) 都賢喆, 앞의 책, 207~210쪽 참조.

지주제의 확립을 요구하였던 것처럼, 정치상으로 '擇人才'를 통하여 宰相·官·民으로 이어지는 관료 중심의 중앙집권적 지배체제를 구현하고자 하였던 것이다.

제6장 結 論

　이 연구는 高麗末 恭愍王代로부터 恭讓王代까지의 新興儒臣의 成長과 政治運營論을 검토하여 이 시기 개혁의 주체세력인 新興儒臣의 성격을 조망하고자 하였다. 이를 정리하면 다음과 같다.

　충혜왕, 충정왕과 두 차례의 왕위계승 경쟁에서 패배하는 힘든 과정을 거쳐 왕위에 오른 공민왕은 즉위 후에도 여러 차례의 중요한 고비를 맞이하였다. 원년과 5년, 12년, 20년 등 4차례에 걸쳐 이루어진 개혁정책들은 그러한 고비를 넘기는 방법이었고 그때마다 정계는 급속하게 변화하였다.

　공민왕은 원간섭기 국왕들의 일반적인 정치운영 방식인 측근 중심의 정치운영을 계승하였다. 그것은 어린 나이에 원나라에 건너가 숙위하는 과정에서 자연히 국내 정치세력과 단절된 가운데 宿衛隨從세력을 중심으로 한 일부 측근으로 자신의 독자적 세력을 형성하려 한 원간섭기 국왕들의 일반적인 통치행태를 공민왕 역시 답습하였기 때문이다.

　더구나 12살에 원에 건너가 23살인 1352년 국왕으로 귀국할 때까지 10여 년 동안 원에 머물러야 했던 공민왕으로서는 燕邸隨從功臣과 일부 인척을 중심으로 한 측근세력을 중용하고 그들에 크게 의존하지 않을 수 없었다. 그러나 공민왕 즉위 당시의 정계 구성은 그 이전의 원간섭기 국왕들이 즉위할 때와는 사뭇 다른 것이었다. 새로 즉위하는 국왕과 국내 관료세력과 직접적인 유대관계가 미약했던 前시기와 달리 공민왕은 당시 국내의 주요 정치세력인 李齊賢 등 개혁지향적 관료들과 긴밀한 유대관계를 맺고 있었기 때문이다.

이때의 개혁주도세력은 성리학을 배우고 과거를 통해 관료로 진출한 사람들로 師弟關係나 座主·門生관계와 함께 血緣的으로 또는 婚姻關係를 통해 정치적 유대를 형성하고 있었다. 특히 이때 科擧制度가 개편되어 四書가 시험과목에 포함되었고, 이로부터 禮部試의 試官을 李齊賢를 중심으로 한 科擧文臣勢力-儒臣勢力들이 장악함으로써 그들의 정치기반을 재생산할 수 있었다. 이들이 개혁방안과 현실참여 의지를 공유하면서 현실정치에 참여하기 시작한 때는 충목왕의 즉위와 함께 설치된 整治都監에 참여하면서부터였다.

원간섭기로부터 비롯된 정치·사회경제적 제모순에 대한 해결 방안은 李齊賢으로 대표되는 改革儒臣-科擧文臣 세력에 의해서 제기되었다. 이들이 지향한 현실인식은 對元관계에서 事大에 입각한 世祖舊制의 준수를 목표로 하면서, 국내에서는 국왕의 측근세력에 의해 무너진 人事權의 정상화를 통하여 君臣關係의 회복과 田民辨正 등을 통한 民生의 안정을 추구하였다. 이러한 인식은 크게 "聽斷田民之訟 必先整治選法"으로 요약될 수 있으며, 이를 실현하는 방법으로 우선 "罷政房 復祿科田"을 요구하고 나섰다.

비록 이들의 개혁의지가 원의 압력으로 실패하고, 충정왕의 즉위로 개혁의 흐름이 일시 위축되었지만, 개혁성향을 지닌 공민왕의 즉위로 개혁에 대한 기대감을 가지고 있었다. 이러한 이유로 이들은 공민왕을 적극 지지하였고, 공민왕의 개혁의지와 개혁정치에 편승하여 측근세력의 정치·경제적 영향력을 약화시키는 한편 이들에 의하여 노정되었던 고려사회의 모순을 해결하고자 하였다. 따라서 공민왕이 원으로부터 왕위 계승을 허락받은 뒤 곧바로 이제현을 수상에 임명하여 자신이 귀국할 때까지 고려의 정계를 정리하도록 한 것은 당시의 상황에서 자연스러운 것이었고, 어느 면에선 공민왕 귀국 이후에도 그들 개혁세력이 공민왕의 협력을 얻어 국정을 주도하는 한편, 개혁을 주도할 것으로 예상되었다.

그러나 공민왕은 이러한 기대와 달리 귀국 이후 전대의 국왕들과 마찬가지로 燕邸隨從功臣들을 비롯한 측근세력들을 중심으로 정국을 운영하기 시작하였다. 趙日新을 대표로 하는 측근세력들에 의해 정국이 운영되면서 공민왕 즉위 직후 정국을 주도할 듯했던 개혁관료들의 영향력은 미약해져 갔다. 공민왕의 이러한 방식은 정치안정을 통해 사회경제 개혁을 구상하였던 李齊賢 등 과거문신세력과는 다른 것이었다.

이제현이 공민왕 귀국 후 얼마 되지않아 수상직을 사임한 것은 그러한 상황에 대한 불만에서 비롯된 것이다. 공민왕의 후견인으로서 공민왕의 즉위를 위해 노력하였던 尹澤 역시 국정운영에 대해 건의를 하였다가 받아들여지지 않자 은퇴한 것도 같은 이유에서였다.

공민왕의 현실인식은 원간섭기에 제기된 사회경제적 개혁과 國王權强化를 통한 世祖舊制의 부정이라는 두 가지 과제 가운데 후자를 우선하였다. 특히 공민왕이 즉위 이후 燕邸隨從功臣 계열의 側近勢力의 育成을 통하여 1차 목적인 국왕권 강화와 국왕 주도의 반원개혁을 단행한 점은 이를 입증해 준다.

공민왕의 이러한 정치운영 방식은 원갑섭기의 국왕들과 달리 독특한 면모를 보이는 것이다. 즉 원간섭기 국왕들의 일반적 정치운영 형태인 측근 중심의 정치운영을 계승하면서도 소수 측근들로 하여금 일반 관료들을 견제하게 하는 한편, 그러한 측근과 자기를 분리함으로써 측근들이 국왕권을 제약할 때는 정국전환을 통하여 이들을 견제하였다. 공민왕은 왕권강화나 개혁정치에 제약이 되면 언제든지 이들을 제거할 명분을 찾아 과감히 숙청했던 것이다. 그러한 점은 자신의 즉위에 가장 공이 컸던 조일신이 난을 일으킴으로써 자신의 국왕권 행사에 제약될 소지가 발생하자, 그를 신속히 제거하는 것에서도 알 수 있다.

이와 아울러 사회·경제적 개혁을 추구한 개혁성향을 가진 관료들의 경우, 자신의 즉위에 크게 기여하였음에도 불구하고 실제적인 정국의 운영에서는 배제하는 정책을 취하였다. 이러한 점은 공민왕이 추구한 정치적 지향점인 군주 중심의 정국주도와 그들이 추구하는 관료 중심의 정책이 서로 달랐기 때문으로 생각된다.

이런 차이로 개혁 성향의 과거문신세력은 정국운영 과정에서 상대적으로 위축될 수밖에 없었다. 더구나 이들이 지속적인 폐지를 요구한 政房을 그대로 존속시키며 공민왕과 가까운 인물을 政房提調로 임명하고 人事權을 장악, 행사한 점은 그들의 정치활동을 제약하는 것이었다.

그러나 그들이 개혁의 입장을 취하며 일반 관료들을 비롯한 여론의 지지를 받고 있었기 때문에 측근세력들을 이용한 개혁이 한계에 부딪칠 때에는 정국의 안정을 위하여 그들에 의지하지 않을 수 없었다. 사회적 폐단의 원천으로서 직접 제거의 대상이었던 親元·權門世族들과 달리 그들은 공민왕과 직접 대결할 이유는 없었지만 정국운영의 주도권을 둘러싸고 일정한 갈등이 존재하였던 것이다.

공민왕은 즉위 직후 당시 사회적 모순의 주체였던 친원세력을 중심으로 한 권문세력들을 제거하기 위한 개혁을 시도하고자 측근세력만을 이용하였지만, 그 결과는 조일신의 난으로 실패로 끝나게 되었고, 그 결과 오히려 그들을 재등장시키면서 국왕권을 위축시켰다. 그러나 趙日新과 奇氏一派 등 국왕권을 제약하는 정치적 불안요인을 해결한 공민왕은 자신의 측근세력인 外戚, 嬖幸과 국내지지 세력을 대거 등용시켜 정국을 주도하게끔 하는 조처를 추진하였다.

공민왕 5년에 단행된 본격적인 반원개혁과 친원세력의 제거 역시 국왕 측근세력의 육성에 의해서 단행될 수 있는 것이었다. 이는 친원세력의 정치천단으로 미약해진 왕권을 강화시켜 갈 수 있는 기반과 자신의 측근세력으로 개혁의지를 다시금 재정비할 수 있는 여건이 동시에 마련되는 것이기도 하다. 반원개혁 직후 개혁관료의 대표격인 이제현을 다시 수상에 임명하였지만, 국왕 측근세력들이 중심이 되어 공민왕이 지향하는 방향으로 개혁을 진행하였다.

반원개혁 성공 이후 측근세력들을 중심으로 한 공민왕의 정국운영은 공민왕 10년 대규모의 紅巾賊 침입으로 위기에 부딪치게 되었다. 鄭世雲·安祐 등 측근들과 崔瑩·李成桂 등 신진 무장들의 활약으로 홍건적을 물리치기는 하였으나, 국왕의 권위가 실추된 데다 홍건적 격퇴 후 측근세력들의 자기 항쟁과 金鏞에 의해 일어난 興王寺의 亂으로 주요한 측근세력이었던 洪彦博 등이 모두 제거되기에 이르렀던 것이다. 또한 이러한 위기를 틈타 12년 5월에 공민왕을 폐위시키고 德興君을 옹립하려는 원의 시도까지 겹쳐 공민왕은 안팎으로 심각한 어려움을 겪게 되었다. 이에 따라 홍건적과 원의 간섭을 격퇴하는 데 공을 세운 무장들의 영향력이 강화되었고, 국왕권을 지탱해 주던 측근세력의 상실로 말미암아 공민왕의 정국 주도력은 크게 약화되었다.

때문에 이 시기 사회경제적 모순의 주체인 권세가와 국왕권을 제약하는 무장세력에 대응하는 새로운 정치세력의 등장을 필요로 하였다. 辛旽의 등용과 공민왕 16년 成均館 重營을 통한 새로운 정치세력의 육성 -新興儒臣-이 그러한 것이었다. 주요 측근이 제거되고 외적 퇴치와 내란 수습을 통해 신흥 무장들이 정치에 강력한 영향력을 행사하고 있는 상황을 타개하기 위해 공민왕은 아무런 정치적 기반을 가지고 있지 않던 신돈을 새로운 측근으로 만든 후 그를 통해 자신이 원하는 방향으로 정계변화를 이루려 했던 것이다. 이 과정에서 공민왕은 世臣大族·草野新進·儒生 모두를 비난하고 있는데, 그것은 결국 민의 입장을 확대 포용하지 않으려 하는 당시 지배층에 대한 비난이었다.

이러한 배경하에서 공민왕 14년 '離世獨立之人'인 辛旽이 전격적으로 등용되고, 田民辨正事業등 對民安定을 위한 개혁이 추진되었다. 신돈은 정권을 잡은 후 곧 최영을 비롯한 주요 무장세력들을 제거하고 공민왕의 측근이었던 인물들을 중심으로 정국을 운영하였는데, 그것은 바로 공민왕의 의지를 반영한 것이었다.

그러나 공민왕의 절대적인 후원하에 국왕의 대행자로 자처하던 신돈은 이전의 측근세력들과는 구별될 정도로 강력한 권력을 행사하였지만, 국왕의 결단에 의해 하루 아침에 제거되는 것에서도 알 수 있듯이 국왕의 의지를 대행하는 측근일 수밖에 없었다.

신돈 집권기에 중요 요직을 담당했던 사람들 대부분이 공민왕과 긴밀한 관계를 갖는 사람들로서 그들은 신돈이 제거되고 공민왕이 다시 親政을 하게 된 이후에도 계속 정권의 핵심을 이루었다. 따라서 신돈 집권기는 본질적으로 국왕 측근세력들이 중심이 되어 정국을 운영한 시기로서 공민왕 즉위 이후의 정국운영 형태와 비슷한 것이었다. 이러한 점은 이후 정상적인 관료체제를 지향하는 개혁적 성향의 과거 출신 문신들의 비판의 대상이 되었다.

공민왕 20년 신돈의 失脚을 계기로 정계에서 축출되었던 權門世族과 武將勢力이 재집권하게 되면서 신흥유신의 정치적 입지는 약화되었다. 공민왕은 子弟衛의 설치와 都堂의 위상 강화와 폐행의 등용을 통하여 국왕권을 강화한 반면, 무장세력 역시 도당의 위상 변화를 계기로 정국 주도권을 장악하면서 李仁任과 崔瑩 등이 새롭게 부상하였다.

禑王代는 공민왕의 개혁정치의 실패와 그에 따른 문제점이 여러 부면에서 드러난 시기였다. 정국주도권을 장악한 李仁任과 신흥유신간의 갈등은 심화되고, 토지탈점과 국가재정의 부족, 민의 저항 등 여러 모순은 계속되고 있었다.

이 시기의 신흥유신들은 恭愍王 16년 成均館 重營을 계기로 李穡을 중심으로 결집하면서 공민왕과 辛旽에 의해서 추진된 개혁정치에 함께 참여하고, 공민왕의 明에 대한 적극적 외교정책을 지지하거나 주도한 사람들이었으며, 한편으로 권문세족과 대립하면서 비판적 정치활동을 전개하는 중견관료로 성장 활동하였던 인물들이었다. 따라서 北元과의 관계 개선보다는 공민왕대 추구했던 명과의 외교적 관계를 계속 유지하려는 자세를 보였다. 따라서 이 시기의 개혁세력인 新興儒臣들은 정국 주도와 함께 공민왕대 추진되어 왔던 개혁의 지속과 완성이라는 시대적

과제를 안고 있었다. 때문에 이들은 여러 모순에 대한 해결방안으로서 改革案을 제시하며, 그들의 정치적 입장을 실현하기 위하여 정국의 주도권을 장악해야 했다.

이와 같은 모습은 신흥유신들이 우왕 초년에 정치적 운명을 함께할 정도로 그들의 결속력을 강화하고, 집단적으로 李仁任의 對外政策에 반대할 정도로 정치세력화하고 있음을 보여주는 것이다. 때문에 이인임의 입장에서는 자신의 대외정책에 강력히 반대하는 이들을 축출하지 않을 수 없었다.

신흥유신들이 이인임 등 권문세족과 대립하면서 정치활동을 재개한 시기는 대체로 우왕 즉위 후반인 우왕 6~10년경으로 파악된다. 이들 가운데 우왕 초반 이인임과의 개인적인 관계로 재등용된 인물들은 우왕의 親政과 정상적인 인사행정의 개편 등 제도개선을 요구하는 등 꾸준히 정치활동을 하는 동안, 다른 한 계열의 신흥유신들은 李成桂를 중심한 武將勢力의 결합이라는 새로운 정치세력, 이른바 "改革派 新興儒臣"으로 결집하고 있었다. 그리고 이들이 정국주도 세력으로 전면에 등장할 수 있었던 것은 우왕 14년 정월 최영과 李成桂의 共助로 이인임을 제거한 것이 그 계기가 되었다. 물론 이인임 제거는 기본적으로 권문세족 내부에서 정치권력을 둘러싸고 일어난 정쟁의 성격을 지닌 것이나, 다른 한편으로는 이인임 등에 의해 야기된 사회적 혼란과 그에 대한 신흥유신의 비판, 그리고 민의 동요에 따른 국가적 위기상황을 해결하기 위한 것이었다.

신흥유신의 전면적인 부상은 명나라의 鐵嶺衛 설치와 이에 대한 대응책을 마련하는 과정에서 보다 구체적으로 드러났다. 이러한 점은 이인임 세력의 제거과정에서 共助體制를 이루었던 최영과 이성계가 대립하는 예에서도 잘 드러난다. 그러나 당시 우왕의 지원을 받고 있던 최영이 정국을 戰時體制로 전환함으로써 정국을 주도하려고 하였다. 이것이 이른바 우왕 14년의 遼東征伐(1388)로 나타났지만, 이성계가 曹敏修와 함께 회군함으로써 최영과 우왕의 몰락으로 이어지게 되었다. 이러한 정치적 상황은 신흥유신들의 정치참여에 새로운 국면을 여는 계기가 되었다. 위화도 회군은 공민왕 16년 성균관 중영을 계기로 성장한 신흥유신이 정국 주도세력으로서 완전한 등장을 의미하는 것이기 때문이다.

이 과정에서 위화도 회군을 계기로 그동안 정계에서 소외되어 있던 鄭道傳, 趙浚 중심으로 한 개혁파 신흥유신들은 정치세력의 재편이라는 새로운 형태를 구상하게 되었다. 昌王代 제기된 田制改革論을 전개한 것은 바로 그러한 정치운영 구조 안에서 일어난 필연적인 결과였다.

신흥유신 내부의 분열은 위화도 회군 직후에 이루어진 昌王 擁立이 계기가 되었다. 창왕 즉위후 禑昌非王說의 제기와 함께 시작된 전제개혁 논의과정과 명나라에 대한 대외인식의 차이에서 改革派와 改善派의 차이가 보다 더 극명하게 드러나게 되었다.

신흥유신으로 대별되는 이 시기의 정치 주도세력은 고려말 제모순을 시정하려 하면서도 개혁의 방법과 강도에 있어서는 일정한 차이가 있었다. 당시 제모순에 대한 문제의식과 그 해결방안을 강구했다고 하더라도 모든 신흥유신이 정치적 입장을 같이한 것은 아니었다. 權門世族에 의한 폐단을 시정하려 하면서도 개혁의 방법과 정도에 대해서는 견해를 달리하고 있었다. 오히려 그들에 의해 제기된 政治運營論을 둘러싸고 분기, 대립하였다.

특히 정치운영 과정에서 側近세력의 등용을 통하여 國王權 중심으로 權力構造를 개편하려는 노력과 이에 반발하는 政治勢力의 갈등관계 뿐만 아니라 사회경제적 제모순의 해결을 국가 차원의 문제로 인식하거나 아니면 부차적인 것으로 보는 측면들, 그리고 元·明의 對外關係에 있어서는 각각의 名分論에 따라 그 方向을 수립하는 예에서 구체적으로 나타나고 있었다. 이를 달리 표현하면 政治支配 秩序의 위상을 君臣關係나 士庶關係의 재조정을 통하여 국가체제를 확립하려는 측면과 이를 실현하는 과정에서 제기된 富國强兵에 대한 인식의 차이가 그들의 對

民施策에 어떻게 반영되는가로 설명될 수 있을 것이다.

즉 원간섭기로부터 제기된 정치·사회경제적 諸모순에 대한 해결방안을 제시한 李齊賢으로 대표되는 改革儒臣-科擧文臣 세력이 지향한 현실인식은 대원관계에서 世祖舊制의 준수를 목표로 측근정치 구조에 의해서 무너진 관료체제의 정상화와 田民辨正 등을 통한 民生의 안정을 추구한 것으로 보았다. 이러한 인식은 이제현 등이 충목왕대부터 끊임없이 요구한 "聽斷田民之訟"·"必先整治選法"으로 요약될 수 있다.

우선 충목왕대 科擧文臣勢力이 요구한 "聽斷田民之訟"으로 정리된 토지문제의 해결방식은 고려말 新興儒臣들에 의해 고려후기이래의 사회경제적 모순의 원인은 결국 土地奪占과 倭寇侵入 등으로 생산기반을 잃거나[恒産], 윤리도덕[恒心]을 잃게 된 민의 생활에 있다고 보고, 그들을 보호해주기 위하여 그 해결방안으로써 儒敎를 체득한 守令의 책임의식과 經世論을 강구하였다.

그러나 여말 신흥유신의 이러한 공통 인식에도 불구하고 그들 내부의 대립은 결국 토지문제를 田民辨正 차원과 賦稅의 완화를 통하여 自營農 중심의 地主經營 안정으로 할 것인가, 私田改革을 통한 영세한 小農의 경제안정을 우선할 것인가에 따라 그 이해방향이 어디로 귀착되는가에 달려 있었다. 즉 對民施策에 있어서 토지제도의 개선과 收取體制의 완화를 통한 民生安定化와 새로운 토지제도에 기반한 賦稅收取의 강화를 통한 國家財政의 확대와 軍備의 증강을 도모하는 富國强兵策으로 나누어 볼 수 있을 것이며, 그 결과가 新興儒臣 내의 改革派에 의해 "正田制"라는 田制改革의 실현과정으로 나타났다.

또한 "整治選法"의 문제는 원간섭기 이후에 대두한 국왕 측근세력과 친원세력의 정국주도가 私的 權力機構에 의존하게 되면서 정상적인 人事權의 運營과 함께 官僚體制의 확립을 통하여 公的인 君臣關係의 회복을 위한 의도였다. 그러나 공민왕대 반원개혁 이후 새로이 설정된 대외관계에 따라 世祖舊制가 소멸되었음에도 불구하고, 여전히 국왕권의 강화를 목적으로 국왕의 측근을 육성하고 있었다. 더구나 대외정세에 따른 무장세력의 등장과 국왕권의 실추, 그리고 신돈의 집권은 그들이 추구한 정상적 관료체제가 아니었다. 따라서 일부의 과거문신세력은 이에 반발하여 신돈집권에 반발하기도 하였고, 成均館의 重營을 계기로 성장한 新興儒臣은 李齊賢·白文寶·李穡이 요구한 "罷政房"을 통하여 관제와 인사제도의 개혁을 줄기차게 요구하였다.

그러나 그들이 추구한 君臣關係의 회복을 통한 정상적인 관료체제의 운영은 정치의 주체로 참여해야 할 공민왕대 개혁정치와 우왕대 이인임의 정국독주 과정에서 소외되어 권력의 핵심에서 밀려남에 따라 실현될 수 없었다. 결국 위화도 회군과 최영의 제거를 계기로 정국주도권을 장악하면서 실현을 전망하게 되었던 것이다. 이 과정에서 인사권의 회복을 목적으로 "罷政房"을 주장한 과거문신세력들이 추구한 국왕을 중심으로 한 정상적인 관료체제의 회복이라는 제도개혁의 명분은 고려말 新興儒臣 개혁파의 趙浚, 鄭道傳에 의해서 관료 중심의 "擇人才"의 방식으로 새로이 정리 발전되었다.

이러한 점은 田制改革의 실시, 官制改革과 地方制度와 같은 제도개혁의 추진과정에서 분명한 차이를 보이고 있는 점에서도 알 수 있다. 이 과정에서 신흥유신 내의 개혁파 관인과 이성계를 중심한 武將勢力의 결합을 통하여 새로운 정치세력, 이른바 "改革派 新興儒臣"이라는 정치세력이 대두하기도 하였고, 이들에 의해 "正田制 擇人才"의 정치운영 방식이 모색되기도 하였다.

따라서 新興儒臣의 분기 원인이 국가체제의 확립과정에서 제기한 "正田制 擇人才"의 실현 방식의 차이에서 비롯되었으며, 그 결과 富國强兵을 목표로 對民施策과정에서 國家對 民을 우선하는 계열과 官僚對 民을 우선하는 계열로 나누어질 수 있다. 즉 民生安定에 대한 여러 방안을 국가에서 주도하느냐와 개별적인 관료에 의해서 행해지느냐에 따라 현실인식의 차이가 나타나고, 이를 반영하는 과정에서 정국 주도세력간에 분기, 대립하게 되었다.

이러한 신흥유신내의 개혁파와 개선파의 차이를 가장 잘 드러내는 것이 정치운영 주체로서의 국왕권에 대한 입장의 차이와 관료가 중심이되는 정치체제의 구상이라 할 수 있다. 이를 표현하면 君主 中心의 體制維持論과 宰相 中心의 體制改革論으로 나눌 수 있을 것인데, 이는 바로 개혁파가 제기한 '擇人才'의 실현 방식이자, 어떻게 국가를 운영할 것인가의 가장 기본적인 지배방식의 문제였으며 정치운영 방식의 대립이었다.

공양왕의 擁立 이후 朝鮮이 건국될 때까지의 4년 동안은 제도개혁을 둘러싼 개혁파 신흥유신과 이를 반대하는 반개혁세력 간의 치열한 대립이 전개된 기간이다. 이 기간 동안 일어난 일련의 金佇, 尹彛·李初, 金宗衍 사건은 政爭의 과정에서 일어난 것이지만, 그 이면에는 그들이 지닌 이념적 차이를 분별해 내는 것이었다.

즉 신흥유신 내의 개선파와 개혁파간에 그들의 정치 이념을 어떻게 정치운영에 반영할 것인가를 두고 대립하고, 그 실현과정에서 정국주도권을 장악하기 위한 갈등의 문제였다. 결국 그들 내부의 분열과 이념적 대립의 원인은 기존의 고려의 지배체제에 대한 인정여부에 있었다.

이 과정에서 전개된 田制改革은 그들의 경제적 이해관계를 보여주는 출발점이었으며, 인사권과 관련한 職制, 官署의 行政體系와 같은 정치제도 개혁은 기존의 관료체제에 대한 정치적 입장의 차이를 보여주는 것이다.

신흥유신 내의 개혁파가 추구한 職制와 官制등 政治制度 개혁의 요점은 정상적인 관료의 선발과 王·宰相·6部·百司가 서로 유기적으로 연결되는 『周禮』의 六典體制로의 시행에 있었다. 이들은 관제개혁을 통하여 六典體制의 정상화와 인사제도의 개혁을 통해 관료 지배체제의 회복을 달성하고자 하였다. 관제의 문란이 農工商 등의 관직진출을 의미하는 인사의 문란을 초래하여 관료가 중심이 되는 신분질서에 위기를

가져왔다고 인식하였다. 때문에 그들의 진출을 억제하기 위해서 6부의
정상화, 그 밑의 百司의 통폐합, 冗官의 혁파, 添設職 혁파 등의 조치가
필요하였다. 이와 같은 정치체제 정비의 주목적은 良賤과 士農工商의
신분질서를 회복, 유지하는 한편 정상적인 관료에 의해서 對民支配를
관철시키려는 것이었다.

결국 개혁파 신흥유신이 추진한 정치제도 개혁은 "擇人才"의 실현방
식인 都堂을 중심으로 하는 일원적 지배체제가 유지되는 가운데 재상과
6부 기능의 활성화를 꾀하려는 의도였다. 그리고 이를 뒷받침하기 위하
여 정치적으로 공양왕의 失政과 不德을 강조하여 君主 資質論을 거론
하면서 宰相 중심의 政治體制論을 주장하였다.

공양왕은 이성계에 의해 즉위하였음에도 불구하고, 개혁파의 정국주
도에 비판적인 입장을 취하고 있었다. 그러나 고려의 軍權을 완전히 장
악한 개혁파는 점차 군주와 고려왕조 자체를 문제삼기 시작하였다. 君
主修身論뿐만 아니라 天譴說·天命論까지 내세워 공양왕이 군주수신
을 등한시하고 군주권의 행사를 잘못했다고 하면서 당시의 天災地變·
自然災害와 연결시켰다. 禑王非王說을 통해 王氏를 세워야 한다고 주
장하고 王氏를 세우는 것이야말로 春秋大義·名分論에 충실한 것이라
고 말하던 개혁파는 한걸음 더 나아가 공양왕을 대신할 수 있는 天命을
받은 有德者를 내세웠다. 고려의 왕씨가 아닌 새로운 성씨를 즉위시켜
군신관계·지배질서를 재조정하려는 것이었다.

이러한 이성계 세력의 신왕조 개창에 대하여 鄭夢周가 반대하였다.
정몽주는 고려왕조를 부정하는 개혁파의 주장을 인정할 수 없었다. 이
에 정몽주는 체제유지를 위하여 이색 계열과 결합하여 개혁파에 대항하
였다. 이러한 움직임은 易姓革命을 둘러싼 신흥유신 내의 體制維持와
體制改革을 둘러싸고 이에 반대하는 정몽주와 개혁파의 정치적 대립이
보다 치열하게 전개되었음을 의미한다.

나아가 개혁파는 개선파가 취한 佛敎에 대한 호의적인 입장을 비판

하고, 斥佛論을 제기한 것은 그들과의 사상적 차이를 극명하게 보여줌으로써 주자성리학에 대한 정통과 명분을 강조하는 것이었다. 이러한 점은 사회적으로 불교를 기반으로 하는 고려 지배세력에 대한 비윤리성을 공격하는 정치적 수순이었다. 즉 權門과 佛敎寺院의 私的 지배력을 억제하고 국가의 公權力에 의한 對民支配를 완성하려는 것이다.

신흥유신 내의 개선파는 二帝三王과 같은 이상군주가 되기 위하여 君主聖學論·君主修身論을 요구하였다. 이에 정몽주 등은 仁政을 베푸는 政事의 주체를 君主로 보고 군주의 직분을 강조하여 신하와 엄격히 구별해서 군주의 國王權 중심으로 국가가 운영되어야 한다고 보았다. 또한 이들은 정몽주를 중심으로 결집하면서 軍權과 人事權이 모두 개혁파에게 넘어간 상황에서도 고려를 유지하고자 하였다. 따라서 바로 군주가 善政을 통해서 민심을 잃지 않는 것이 국가를 보존하는 유일한 방법이었으므로 천명사상에 의해 군주의 善治를 강조하였으며, 군주의 통치를 보완해 주는 제도적 장치로서 臺諫의 역할을 중시하였다.

정몽주를 중심으로 한 체제유지론자들은 공양왕을 옹립했던 名分論에서 다시 공양왕을 지키려는 義理論으로 전환한 한편 집권관료의 입장에서 唐 太宗이라는 理想君主象을 받아들이고 기존의 군신관계에 충실하였다. 이들은 군신관계를 혈연적으로 의제된 절대불변의 변경할 수 없는 관계로 보았기 때문이다. 특히 주자학 가운데 人倫道德, 君主修身論을 적극 받아들이면서도 패도정치를 추구한 당 태종을 理想君主象으로 제시하여 당시의 위기상황을 극복하려고 하였다. 따라서 이들은 집권층의 이해를 충족시켜 주는 기존의 군신관계를 원하였고, 이를 통하여 고려의 정치운영 방식을 고수하면서 국가의 중흥을 바랬던 것이다.

그러나 개혁파는 공양왕을 즉위시키고 반대파의 제거가 어느 정도 성공하면서 군주와 고려왕조 자체를 문제삼기 시작하였다. 君主修身論 뿐만 아니라 天譴說·天命論까지 내세우며, 공양왕에게 군주의 역할을 강조하고 이상정치의 구현을 요구하고 나섰다. 그러나 공양왕의 정치 방식을 失政・不德으로 규정하고 공양왕은 군주로서의 존엄성을 잃었기 때문에 天命이 떠났다는 이유를 들어 공양왕을 폄하하였다. 禑王非王說을 통해 王氏를 세워야 한다고 주장하고 王氏를 세우는 것이야 말로 春秋大義・名分論에 충실한 것이라고 말하던 이들이 오히려 이를 부정하였다. 즉 공양왕을 대신할 天命을 받은 有德者를 구하게 되었고, 고려의 왕씨가 아닌 새로운 성씨를 즉위시켜 군신간의 지배질서를 재조정하려는 것이었다.

조준과 정도전이 추구한 宰相中心論은 이러한 제도개혁을 통하여 사대부의 정치참여를 보장하려는 것으로, 재상은 실질적인 통치의 주체자로서 국왕의 專制權을 억제하고 국정의 중심이 되어야 한다는 것이다. 이는 재상이 명분질서를 확립하는 주체로서 사대부의 정치참여를 정당화하는 한편, 사대부의 輿論(公論)의 집약자・대변자로서 정제상 최고의 주재자가 되어야 했기 때문이다. 즉, 사대부는 현실정치의 담당주체로서 자임하고 능력 위주의 인재등용, 進賢退不肖 등을 내걸고 제도적으로 관리임용이 보장되고 항구적으로 정치에 참여할 수 있는 정치체제・권력구조를 지향하였다. 이러한 노력이 사대부가 정치를 주도하는 재상정치론으로 나타났던 것이다.

이러한 차이는 고려 국가의 체제를 유지할 것인가, 아니면 체제변혁을 통하여 새로운 국가 건설을 목표로 설정할 것인가란 그들의 정치적 지향성과 관련이 있는 것이다. 그 결과 이성계와 연결된 일단의 정치세력인 '改革派 新興儒臣'은 새로운 국가 건설로 그 목표가 설정되었고, 공양왕대의 치열한 이념논쟁을 거쳐 세워진 朝鮮의 建國이 이에 해당한다.

그러나 麗末의 新興儒臣은 그들이 지닌 體制維持와 體制變革的 政治理念의 차이로 分岐・對立하였지만, 그들이 추구한 두 방향의 政治運營論은 朝鮮 建國 이후 새로운 국가이념으로 부각됨에 따라서 또 한 차례의 치열한 이념대립을 보였다. 특히 조선 건국의 이념적 틀을 제공한 鄭道傳 계열의 宰相中心의 理想君主論은 체제안정과 守成의 논리가 요구되었던 太宗에 의해서 다시 君主 中心으로 전환되었으며, 여말 정치세력의 하나였던 李穡 계열의 權近, 河崙과 인물들은 국가 안정과 體制 强化를 위한 이념적 틀을 제시하면서 다시 정치주도 세력으로 재등장할 수 있었다. 이들의 재등장 요인은 새로운 국가 이념으로 체제변혁적 논리보다는 체제안정적 이념이 필요하게 되었던 까닭이다. 이러한 이념의 차이는 이미 고려말부터 비롯되었지만, 조선 건국 이후 체제변혁이 요구되거나 군주의 위상과 관련하여 줄곧 제기되는 문제였다.

參考文獻

Ⅰ. 資 料

[史書]

『高麗史』, 亞細亞文化社 影印本.

『高麗史節要』, 亞細亞文化社 影印本.

『朝鮮王朝實錄(太祖~太宗)』.

『元史』, 中華書局 標點校勘本/景仁文化社 影印本.

『新元史』, 中國書店 影印本, 北京.

『元史新編』, 淸・魏源 撰/江蘇廣陵古籍刻印社 影印本, 揚州.

『明史』, 中國書店 影印本, 北京.

[文集]

『高麗名賢集』1~5, 成均館大學校 大東文化研究院, 1973~1980.

『韓國文集叢刊』1~8, 民族文化推進會 影印標點本, 1991.

『益齋亂藁』(李齊賢, 1287~1367), 『高麗名賢集』2 ; 『韓國文集叢刊』2.

『淡庵逸集』(白文寶, 1303~1374), 『高麗名賢集』5 ; 『韓國文集叢刊』3.

『雪谷集』(鄭誧, 1309~1345), 『韓國文集叢刊』3.

『埜隱逸稿』(田祿生, 1318~1375), 『高麗名賢集』4 ; 『韓國文集叢刊』3.

『景濂亭集』(卓光茂, ? ~?), 『高麗名賢集』5 ; 『韓國文集叢刊』6.

『牧隱集』(李穡, 1328~1396), 『高麗名賢集』3 ; 『韓國文集叢刊』3・4・5.

『圓齋稾』(鄭樞, 1333~1382), 『韓國文集叢刊』5.

『松隱集』(朴翊, 1332~1398), 『韓國文集叢刊』5.

『柳巷集』(韓脩, 1333~1384), 『高麗名賢集』4 ; 『韓國文集叢刊』5.

『三峯集』(鄭道傳, 1342~1398), 『韓國文集叢刊』5.

『石灘集』(李存吾, 1341~1371), 『高麗名賢集』4 ; 『韓國文集叢刊』6.

『惕若齋集』(金九容, 1338~1384), 『高麗名賢集』4 ; 『韓國文集叢刊』6.

『霽亭集』(李達衷, 1309~1384), 『高麗名賢集』4 ; 『韓國文集叢刊』3.

『圃隱集』(鄭夢周, 1337~1392), 『高麗名賢集』4 ; 『韓國文集叢刊』5.

『獨谷集』(成石璘, 1338~1423),『韓國文集叢刊』6.

『陶隱集』(李崇仁, 1347~1392),『高麗名賢集』4 ;『韓國文集叢刊』6.

『遁村遺稿』(李集, 1327~1387),『高麗名賢集』4 ;『韓國文集叢刊』3.

『耘谷行錄』(元天錫, 1330~?),『韓國文集叢刊』6.

『雙梅堂篋藏集』(李詹, 1345~1405),『韓國文集叢刊』6.

『松堂集』(趙浚, 1346~1405),『韓國文集叢刊』6.

『浩亭集』(河崙, 1347~1416),『韓國文集叢刊』6.

『陽村集』(權近, 1352~1409),『韓國文集叢刊』7.

『冶隱集』(吉再, 1353~1419),『高麗名賢集』4 ;『韓國文集叢刊』7.

『騎牛集』(李行, 1352~1432),『高麗名賢集』4 ;『韓國文集叢刊』7.

『東文選』, 太學社 影印本.

『新增東國輿地勝覽』, 景仁文化社 影印本.

　[其他]

金龍善編,『高麗墓誌銘集成』, 翰林大 아시아文化研究所, 1993.

張東翼,『元代麗史資料集錄』, 서울大學校出版部, 1997.

朴宗基 外,『譯註『高麗史』食貨志』, 韓國精神文化研究院, 1996.

『登科錄』, 奎章閣圖書 No.古4650-10.

『前朝科擧事蹟』, 奎章閣圖書 No.520.2

『海東榜目』, 延世大學校圖書館 古圖書.

『氏族源流』(趙從耘, 1607~1683 編), 保景文化社 影印本, 1991.

　Ⅱ. 著書

姜晉哲,『高麗土地制度史研究』, 高麗大出版部, 1980.

姜晉哲,『韓國中世土地所有研究』, 一潮閣, 1989.

姜晉哲,『韓國社會의 歷史像』, 一志社, 1992.

高柄翊,『東亞交涉史의 研究』, 서울大學校出版部, 1970.

高惠玲,『高麗後期 士大夫와 性理學 수용』, 일조각, 2001.

金光哲,『高麗後期世族層研究』, 東亞大出版部, 1991.

金基德,『高麗時代 封爵制 研究』, 청년사, 1998.

金庠基,『東方文化交流史論攷』, 乙酉文化社, 1948.

金庠基,『新編 高麗時代史』, 서울大學校出版部, 1985.

金成俊,『韓國中世政治法制史研究』, 一潮閣, 1985.

金龍善,『高麗蔭敍制度研究』, 一潮閣, 1997.

金仁昊,『高麗後期 士大夫의 經世論 研究』, 혜안, 1999.

金昌賢,『高麗後期 政房研究』, 高麗大學校出版部, 1998.

金忠烈,『高麗儒學史(增補)』, 高麗大出版部, 1987.

金泰永,『朝鮮前期 土地制度史 研究』, 知識産業社, 1983.

羅鐘宇,『韓國中世對日交涉史研究』, 圓光大 出版局, 1996.

남인국,『고려중기 정치세력연구』, 신서원, 1999.

盧啓鉉,『高麗 外交史』, 甲寅出版社, 1994.

都賢喆,『高麗末 士大夫의 政治思想研究』, 一潮閣, 1999.

牧隱研究會,『牧隱 李穡의 生涯와 思想』, 一潮閣, 1996.

文炯萬,『高麗諸司都監各色研究』, 第一文化社, 1986.

閔賢九,『朝鮮初期의 軍事制度와 政治』, 韓國研究院, 1983.

朴京安,『高麗後期 土地制度 研究』, 혜안, 1996.

朴龍雲,『高麗時代 臺諫制度研究』, 一志社, 1981.

朴龍雲,『高麗時代史 (上·下)』, 一志社, 1985·87.

朴龍雲,『高麗時代 蔭敍制와 科擧制 研究』, 一志社, 1990.

朴恩卿,『高麗時代 鄉村社會研究』, 一潮閣, 1996.

朴宗基,『高麗時代 部曲制研究』, 서울大出版部, 1990.

朴宗基,『지배와 자율의 공간, 지방사회』, 푸른역사, 2002.

朴鍾進,『高麗時期 財政運營과 租稅制度』서울大出版部, 2000.

白南雲,『朝鮮封建社會經濟史』, 改造社, 1937.

邊東明,『高麗後期性理學受容研究』, 一潮閣, 1995.

邊太燮,『高麗政治制度史研究』, 一潮閣, 1971.

邊太燮 編,『高麗史의 諸問題』, 三英社, 1985.

申採湜,『高麗後期 性理學의 受用과 敎育思想』, 明知大學校出版部, 1998.

申採湜,『牧隱 李穡의 學問과 學脈』, 一潮閣, 1998.

申採湜,『高麗敎育制度史研究』, 螢雪出版社, 1983.

安秉佑,『高麗前期의 財政構造』서울大出版部, 2002.

魏恩淑,『高麗後期 農業經濟 研究』, 혜안, 1998.

劉承源,『朝鮮初期身分制研究』, 乙酉文化社, 1987.

尹漢宅,『高麗前期 私田研究』, 高大民族文化研究所 出版部, 1995.

尹薰杓,『麗末鮮初 軍制改革研究』, 혜안, 2000.

李景植,『朝鮮前期土地制度研究 - 土地分給制와 農民支配 - 』, 一潮閣, 1986.

李基白,『高麗兵制史研究』, 一潮閣, 1968.

李基白,『高麗貴族社會의 形成』, 一潮閣, 1990.

李範稷,『韓國中世禮思想研究』, 一潮閣, 1991.

李丙燾,『高麗時代 研究(改訂版)』, 亞細亞文化社, 1980.

李炳赫,『高麗末 性理學 受用期의 漢詩 研究』, 太學社, 1989.

李相佰,『李朝建國의 研究』, 乙酉文化社, 1949.

李相佰,『韓國文化史研究論攷』, 乙酉文化社, 1949.

李成茂,『朝鮮初期 兩班研究』, 一潮閣, 1980.

李樹健,『嶺南士林派의 形成』, 嶺南大學校出版部, 1979.

李樹健,『韓國中世社會史研究』, 一潮閣, 1984.

李佑成,『韓國中世社會研究』, 一潮閣, 1991.

李佑成,『韓國의 歷史像』, 創作과 批評社, 1982.

李佑成,『韓國中世社會研究』, 一潮閣, 1991.

李載龒,『朝鮮初期社會構造研究』, 一潮閣, 1984.

李貞信,『高麗 武臣政權期 農民・賤民抗爭 研究』, 高大民族文化研究所 出版
部, 1991.

李泰鎭,『韓國社會史研究 - 農業技術 발달과 社會變動 - 』, 知識産業社, 1986.

李泰鎭,『朝鮮儒敎社會史論』, 知識産業社, 1989.

李熙德,『高麗 儒敎 政治思想의 研究』, 一潮閣, 1984.

張東翼,『高麗後期外交史研究』, 一潮閣, 1994.

全海宗,『韓中關係史研究』, 一潮閣, 1970.

鄭杜熙,『朝鮮初期 政治支配勢力研究』, 一潮閣, 1983.

정용숙,『고려시대의 后妃』, 民音社, 1992.

제임스 류, 李範鶴 譯,『왕안석과 개혁정책』, 지식산업사, 1991.

周藤吉之,『高麗朝官僚制の研究』, 法政大學出版局, 1980.

周采赫,『元朝 官人層 研究 - 征服王朝期 中國社會身分構成의 한 分析 - 』, 정
음사, 1986.

池斗煥,『朝鮮前期 儀禮研究』, 서울大學校出版部, 1994.

池斗煥,『朝鮮時代 思想史의 再照明』, 역사문화, 1998.

蔡尙植,『高麗後期 佛敎史 研究』一潮閣, 1991.

蔡雄錫,『高麗時代의 國家와 地方社會』, 서울大學校出版部, 2000.

崔承熙,『朝鮮初期 言官・言論研究』, 서울大出版部, 1976.

崔貞煥, 『高麗·朝鮮時代 祿俸制 研究』, 慶北大學校出版部, 1991.

河炫綱, 『韓國 中世史 研究』, 一潮閣, 1988.

河炫綱, 『韓國 中世史論』, 新丘文化社, 1989.

한국역사연구회(14세기 고려사회 성격 연구반), 『14세기 고려의 정치와 사회』, 民音社, 1994.

한국중세사료講讀모임, 『養浩堂 禹玄寶 研究』, 養浩堂先生記念事業會, 1997.

韓永愚, 『鄭道傳思想의 研究(改正版)』, 서울大學校出版部, 1983.

韓永愚, 『朝鮮前期社會經濟研究』, 乙酉文化社, 1983.

韓儒林(主編), 『元朝史』, 人民出版社(北京), 1986.

許興植, 『高麗科擧制度史研究』, 一潮閣, 1981.

許興植, 『高麗社會史研究』, 亞細亞文化社, 1981.

許興植, 『高麗 佛敎史 研究』, 一潮閣, 1986.

洪承基, 『高麗 貴族社會와 奴婢』, 一潮閣, 1983.

黃雲龍, 『高麗 閥族 研究』, 東亞大學校 出版部, 1990.

黃雲龍, 『韓國中世社會研究』, 東亞大學校 出版部, 1990.

III. 博士學位論文

姜芝嫣, 『高麗 禑王代(1374年~88年) 政治勢力의 研究』, 梨花女大 박사학위논문, 1996.

權寧國, 『高麗後期 軍事制度 研究』, 서울大 박사학위논문, 1995.

金順子, 『麗末鮮初 對元·明關係研究』, 延世大 박사학위논문, 1999.

金永壽, 『고려말과 조선조 건국기의 정치적 위기와 극복과정에 관한 연구』, 서울대 정치학과 박사학위논문, 1997.

金惠苑, 『高麗後期 藩王研究』, 梨花女大 박사학위논문, 1998.

朴天植, 『朝鮮開國功臣의 研究-政治勢力 규명의 일환으로-』, 全南大 박사학위논문, 1985.

梁鍾國, 『宋代 士大夫社會의 形成過程과 發展形態에 관한 研究』, 高麗大 박사학위논문, 1992.

吳宗祿, 『朝鮮初期 兩界의 軍事制度와 國防體制』, 高麗大 박사학위논문, 1992.

劉璟娥, 『鄭夢周의 政治活動 研究』, 梨花女大 박사학위논문, 1996.

柳昌圭, 『李成桂勢力과 朝鮮建國』, 西江大 박사학위논문, 1995.

李益柱, 『高麗·元關係의 構造와 高麗後期 政治體制』, 서울대 박사학위논문, 1996.

374

李廷柱,『麗末鮮初 儒學者의 佛敎觀 - 鄭道傳과 權近을 중심으로 -』, 高麗大 박사학위논문, 1997.

李亨雨,『高麗 禑王代의 政治的 推移와 政治勢力 研究』, 高麗大 박사학위논문, 1999.

黃乙順,『高麗 恭愍王代의 改革과 그 性格에 관한 研究』, 東亞大 박사학위논문, 1989.

Ⅳ. 論 文

姜順吉,「忠肅王代의 察理辨違都監에 대하여」,『湖南文化研究』15, 1985.

姜順吉,「忠宣王의 鹽法改革과 鹽戶」,『韓國史研究』48, 1985.

姜恩卿,「高麗後期 辛旽의 政治改革과 理想國家」,『韓國史學報』9, 2000.

姜尙雲,「麗中(韓中) 國際關係研究 - 元·明交替期에서 鐵嶺 立衛까지 -」,『中央大學校論文集』4, 1959.

姜芝嫣,「威化島 回軍과 그 推進勢力에 대한 검토」,『梨花史學研究』20·21合, 1993.

姜芝嫣,「李仁任 執權期 政治勢力과 政治活動研究」,『梨花史學研究』22, 1995.

姜芝嫣,「高麗末 尹紹宗의 政治活動 研究」,『梨花史學研究』28, 1995.

姜芝嫣,「李崇仁의 政治活動에 대한 一考察」,『全州史學』4, 1996.

姜晉哲,「高麗의 農莊에 대한 一研究 - 民田의 奪占에 의하여 형성된 權力型 農莊의 實體追求 -」,『史叢』24, 1980.

姜晉哲,「高麗時代의 地代에 대하여 - 특히 農莊과 地代問題를 중심으로 -」,『震檀學報』53·54合, 1982.

姜晉哲,「高麗末期의 私田改革과 그 成果 - 農民의 處地에서 본 改革과 그 成果의 問題點 -」,『震檀學報』66, 1988.

高柄翊,「麗代 征東行省의 研究」(上·下),『歷史學報』14·19, 1961·62.

高柄翊,「高麗 忠宣王의 元 武宗 擁立」,『歷史學報』17·18合, 1962.

高柄翊,「元과의 關係의 變遷」,『한국사』7, 1973.

高惠玲,「李仁任政權에 대한 一考察」,『歷史學報』91, 1981.

高惠玲,「稼亭 李穀과 元 士大夫와의 交遊」,『碧史李佑成敎授定年紀念論叢 民族史의 展開와 그 文化(上)』, 1990.

高惠玲,「高麗後期 士大夫의 槪念과 性格」,『許善道先生停年紀念 韓國史學論叢』, 1992.

高惠玲, 「崔瀣(1287~1340)의 생애와 사상」, 『李基白先生古稀紀念 韓國史學論叢』(上), 1994.

權寧國, 「14세기 權鹽制의 成立과 運用」, 『韓國史論』 13, 1985.

權寧國, 「14세기 전반 '개혁정치'의 내용과 그 성격」, 『역사와 현실』 7, 1992.

權寧國, 「고려말 中央軍制의 변화」, 『史學研究』 47, 1994.

權寧國, 「원 간섭기 고려 군제의 변화」, 『14세기 고려의 정치와 사회』, 1994.

金光哲, 「洪子藩研究 - 忠烈王代 政治와 社會의 一側面 - 」, 『慶南史學』 1, 1984.

金光哲, 「高麗 忠烈王代 政治勢力의 動向」, 『昌原大論文集』 7-1, 1985.

金光哲, 「高麗 忠宣王의 現實認識과 對元活動 - 忠烈王 24年 受禪以前을 중심으로」, 『釜山史學』 11, 1986.

金光哲, 「高麗 忠肅王 12年의 改革案과 그 性格」, 『考古歷史學志』 5·6合, 1990.

金光哲, 「충렬왕대 측근세력의 분화와 그 정치적 귀결」, 『考古歷史學志』 9, 1993.

金光哲, 「고려 충혜왕의 왕위계승」, 『釜山史學』 28, 1995.

金光哲, 「麗末鮮初 世族層의 動向」, 『釜山史學』 35, 1998.

金光哲, 「高麗後期 都評議使司 研究」, 『한국중세사연구』 5, 1998.

金基德, 「14세기 후반 개혁정치의 내용과 그 성격」, 『14세기 고려의 정치와 사회』, 1994.

金琪燮, 「高麗末 私田救弊論者들의 田柴科 인식과 그 한계」, 『歷史學報』 127, 1990.

金琪燮, 「14세기 倭寇의 동향과 고려의 대응」, 『韓國民族文化』 9, 1997.

金塘澤, 「忠烈王의 復位 과정을 통해 본 賤系 출신 관료와 '士族' 출신 관료의 정치적 갈등 - '士大夫'의 개념에 대한 검토 - 」, 『東亞研究』 17, 1989.

金塘澤, 「忠宣王의 復位敎書에 보이는 '宰相之宗'에 대하여 - 소위 '權門世族'의 구성분자와 관련하여 - 」, 『歷史學報』 131, 1991.

金塘澤, 「高麗 忠肅王代의 瀋王 옹립 운동」, 『歷史學研究』 12, 1993.

金塘澤, 「元 干涉期末의 反元的 분위기와 高麗 政治史의 전개」, 『歷史學報』 146, 1995.

金塘澤, 「高麗 忠惠王과 元의 갈등」, 『歷史學報』 142, 1995.

金塘澤, 「高麗 恭愍王初의 武將勢力 - 공민왕 3년(1354) 元에 파견된 武將을 중심으로 - 」, 『韓國史研究』 93, 1996.

金塘澤, 「高麗 禑王 元年(1375) 元과의 외교관계 再開를 둘러싼 정치세력간의 갈등」, 『震檀學報』 83, 1997.

金塘澤, 「高麗 禑王代 李成桂와 鄭夢周·鄭道傳의 정치적 결합」, 『歷史學報』 158, 1998.

金塘澤, 「高麗末 私田改革」, 『韓國史研究』 104, 1999.

金大中, 「高麗 恭愍王代 京軍의 再建試圖」, 『軍史』 21, 1990.

金東哲, 「高麗末의 流通構造와 商人」, 『釜大史學』 9, 1985.

金東旭, 「樵隱 田祿生의 生涯와 詩世界」, 『碧史李佑成敎授停年紀念論叢 民族史의 展開와 그 文化(上)』, 1990.

金杜珍, 「高麗時代 思想의 歷史的 특징」, 『傳統과 思想』 2, 한국정신문화연구원, 1986.

金杜珍, 「高麗時代 思想 및 學術」, 『韓國史論』 23, 국사편찬위원회, 1993.

金庠基, 「李益齋의 在元生涯에 對하여」, 『大東文化研究』 1, 1964.

金成俊, 「麗代 元公主出身王妃의 政治的 位置에 對하여」, 『韓國女性文化論叢』 1, 1958.

金成俊, 「文益漸과 木棉傳來의 역사적 배경」, 『東方學志』 77·78合, 1993.

金順子, 「高麗末 東北面의 地方勢力 研究」, 延世大 碩士學位論文, 1987.

金順子, 「원간섭기 민의 동향」, 『역사와 현실』 7, 1992.

金順子, 「고려말 대중국관계의 변화와 신흥유신의 사대론」, 『역사와 현실』 15, 1995.

金永眞, 「宋代 士大夫研究에 대하여」, 『民族文化』 4, 1989.

金潤坤, 「麗末鮮初의 尙瑞司 - 政房에서 尙瑞司로의 變遷過程을 中心으로 - 」, 『歷史學報』 25, 1964.

金潤坤, 「新興士大夫의 擡頭」, 『한국사』 8, 국사편찬위원회, 1974.

金仁昊, 「이규보의 현실이해와 정치경제 개선론」, 『學林』 15, 1993.

金仁昊, 「여말선초 군주수신론과 『대학연의(大學衍義)』」, 『역사와 현실』 29, 1998.

金仁昊, 「김지(金祉)의 『주관육익(周官六翼)』 편찬과 성격」, 『역사와 현실』 40, 2001.

김인호, 「원간섭기 이상적 인간형의 역사상 추구와 형태」, 『역사와 현실』 49, 2003.

金貞子, 「소위 '杜門洞72賢'의 정치성향」, 『釜大史學』 15·16合, 1992.

金貞子, 「騎牛子 李行(1351~1432)의 生涯와 學風」, 『釜山史學』 19, 1995.

金宗鎭,「李穀의 對元 意識」,『泰東古典研究』1, 1984.

金昌賢,「고려말기 政房의 변화와 提調의 등장」,『史叢』44, 1995.

金昌賢,「高麗末 尙瑞司의 구성과 역할」,『民族文化』20, 1995.

金昌賢,「高麗後期 都評議使司 體制의 성립과 발전」,『史學研究』54, 1997.

金昌賢,「고려말 조선초기 정치체제 개편의 방향과 그 의미」,『史叢』47, 1998.

金哲埈,「益齋 李齊賢의 史學」,『東方學志』8, 1967.

金泰永,「高麗後期 士類層의 現實認識」,『創作과 批評』12-2, 1977.

金泰永,「科田法의 成立과 그 性格」,『韓國史研究』37, 1982.

金泰永,「려말선초 성리학 왕정론의 전개」,『朝鮮時代史學報』14, 2000.

金翰奎,「高麗時代의 薦擧制에 대하여」,『歷史學報』73, 1977.

金惠苑,「麗元王室婚姻의 成立과 特徵 - 元公主出身王妃의 家系를 중심으로 - 」,『梨大史苑』24·25合, 1989.

金惠苑,「高麗後期 瀋(陽)王의 政治·經濟的 基盤」,『國史館論叢』49, 1993.

金惠苑,「원 간섭기 立省論과 그 성격」,『14세기 고려의 정치와 사회』, 1994.

金惠苑,「麗末 國際情勢의 變動과 瀋王擁立運動」,『高麗後期 瀋王研究』, 梨花女大 박사학위논문, 1998.

金惠苑,「高麗 恭愍王代의 對外政策과 漢人群雄」,『白山學報』51, 1999.

盧啓鉉,「高麗 恭愍王 初期 復興外交政策」,『방송통신대 논문집』15, 1992.

盧明鎬,「高麗後期의 族黨勢力」,『李載龒博士還曆紀念 韓國史學論叢』, 1990.

盧鏞弼,「洪子藩의 '便民十八事'에 대한 研究」,『歷史學報』102, 1984.

都賢喆,「牧隱 李穡의 政治思想研究」,『韓國思想史學』3, 1990.

都賢喆,「高麗後期 儒子者 學問論」,『國史館論叢』45, 1993.

都賢喆,「高麗後期 朱子學 受容과 朱子書 普及」,『東方學志』77·78·79合, 1993.

都賢喆,「14세기 전반 유교지식인의 현실인식」,『14세기 고려의 정치와 사회』, 1994.

都賢喆,「高麗末期 士大夫의 理想君主論」,『東方學志』88, 1995.

都賢喆,「고려말기 사대부의 불교인식과 대응」,『역사와 현실』20, 1996.

都賢喆,「高麗末期 敎化論과 生業安定論」,『韓國思想研究』9, 1997.

都賢喆,「高麗末期 士大夫의 分岐와 政治·經濟基盤」,『京畿史學』창간호, 1997.

都賢喆,「高麗末期의 禮認識과 政治體制論」,『東方學志』97, 1997.

都賢喆,「高麗末期 官僚制 運營의 禮的 原理」,『韓國史研究』101, 1998.

378

都賢喆, 「高麗末期 士大夫의 對外觀」,『震檀學報』86, 1998.

都賢喆, 「高麗末期 士大夫의 四禮認識」,『歷史敎育』65, 1998.

都賢喆, 「鄭道傳『經濟文鑑』의 朱子 글 援用과 그 意圖」,『實學思想研究』10, 1999.

都賢喆, 「鄭道傳의 政治體制論과 宰相政治論」,『韓國史學報』9, 2000.

도현철, 「원간섭기『사서집주』이해와 성리학 수용」,『역사와 현실』49, 2003.

文喆永, 「麗末 新興士大夫들의 新儒學 수용과 그 특징」,『韓國文化』3, 1982.

文炯萬, 「河崙의 勢力基盤과 그 家系」,『碧史李佑成敎授停年紀念論叢 民族史의 展開와 그 文化(上)』, 1990.

閔丙河, 「遁村 李集」,『素軒南都泳博士古稀紀念 歷史學論叢』, 民族文化社, 1993.

閔賢九, 「辛旽의 執權과 그 政治的 性格」(上·下),『歷史學報』38·40, 1968.

閔賢九, 「高麗의 祿科田」,『歷史學報』53·54合, 1972.

閔賢九, 「月南寺址 眞覺國師碑의 陰記에 대한 一考察」,『震檀學報』36, 1973.

閔賢九, 「高麗後期 權門世族의 成立」,『湖南文化研究』6, 1974.

閔賢九, 「高麗後期의 權門世族」,『한국사』8, 1974.

閔賢九, 「趙仁規와 그의 家門」(上·中),『震檀學報』42·43, 1976·77.

閔賢九, 「整治都監의 設置經緯」,『國民大論文集』11, 1977.

閔賢九, 「高麗의 對蒙抗爭과 大藏經」,『韓國學論叢』1, 1978.

閔賢九, 「整治都監의 性格」,『東方學志』23·24合, 1980.

閔賢九, 「李藏用小考」,『韓國學論叢』3, 1980.

閔賢九, 「高麗 恭愍王의 卽位背景」,『韓㳰劤博士停年紀念 史學論叢』, 1981.

閔賢九, 「益齋 李齊賢의 政治活動 - 恭愍王代를 中心으로 -」,『震檀學報』51, 1981.

閔賢九, 「高麗後期의 軍制」,『高麗軍制史』, 陸軍本部, 1983.

閔賢九, 「高麗後期의 班主制」,『千寬宇先生還曆紀念 韓國史學論叢』, 1985.

閔賢九, 「閔漬와 李齊賢 - 李齊賢 所撰 <閔漬 墓誌銘>의 紹介 檢討를 중심으로 -」,『李丙燾博士九旬紀念 韓國史學論叢』, 1987.

閔賢九, 「白文寶研究 - 政治家로서의 活躍을 中心으로 -」,『東洋學』17, 1987.

閔賢九, 「高麗 恭愍王의 反元的 改革政治에 대한 一考察 - 背景과 發端 -」,『震檀學報』68, 1989.

閔賢九, 「高麗 恭愍王代 反元的 改革政治의 展開過程」,『許善道先生停年紀念 韓國史學論叢』, 一潮閣, 1993.

閔賢九,「高麗 恭愍王代의「誅奇轍功臣」에 대한 檢討 : 反元的 改革政治의 主
　　導勢力」,『李基白先生古稀紀念 韓國史學論叢(上)』, 一潮閣, 1994.

閔賢九,「高麗後期 安東權氏 家門의 展開 - 元 干涉期의 정치적 위상을 중심
　　으로 - 」,『道山學報』5, 1996.

閔賢九,「政治家로서의 恭愍王」,『亞細亞學報』100, 1998.

朴京安,「高麗後期의 陳田開墾과 賜田」,『學林』7, 1985.

朴京安,「14世紀 甲寅柱案의 運營에 대하여」,『李載龒博士還曆紀念 韓國史學
　　論叢』, 1990.

朴京安,「甲寅柱案考 - 忠宣王代의 田制 釐正을 중심으로 - 」,『東方學志』66,
　　1990.

朴京安,「13~14세기 收租權 分給制의 運營」,『東方學志』77·78·79合, 1993.

朴京安,「麗末 儒者들의 田制 改革論에 대하여」,『東方學志』85, 1994.

朴京安,「高麗後期 土地問題와 '祖宗田制'」,『金容燮敎授停年紀念 史學論叢
　　韓國 古代·中世의 支配體制와 農民』, 1997.

박영제,「원 간섭기 초기 불교계의 변화」,『14세기 고려의 정치와 사회』, 1994.

朴恩卿,「高麗後期 地方品官勢力에 관한 硏究」,『韓國史硏究』44, 1984.

朴宰佑,「高麗 忠宣王代 政治運營과 政治勢力 動向」,『韓國史論』29, 1993.

朴宰佑,「高麗 恭讓王代의 官制改革과 權力構造」,『震檀學報』81, 1996.

朴宗基,「12세기 高麗 政治史 硏究論」,『許善道先生停年紀念 韓國史學論叢』,
　　1992.

朴宗基,「14세기의 고려사회 - 원 간섭기의 이해문제」,『14세기 고려의 정치와
　　사회』, 1994.

朴宗基,「14세기 군현구조의 변동과 향촌사회」,『14세기 고려의 정치와 사회』,
　　1994.

박종기,「원간섭기 유교지식인의 사상적 지형」,『역사와 현실』49, 2003.

박종기,「원간섭기 사회현실과 개혁론의 전개」,『역사와 현실』49, 2003.

朴鍾進,「忠宣王代의 財政改革策과 그 性格」,『韓國史論』9, 1983.

朴鍾進,「高麗末의 濟用財와 그 性格」,『蔚山史學』2, 1988.

朴鍾進,「고려후기 재정 운영의 변화」,『14세기 고려의 정치와 사회』, 1994.

朴晉君,「高麗末 改革派士大夫의 奴婢辨正策 - 趙浚·鄭道傳系의 方案을 중
　　심으로 - 」,『學林』19, 1998.

朴天植,「朝鮮 開國功臣에 對한 一考察 - 冊封 過程과 待遇를 中心으로 - 」,
　　『全北史學』1, 1977.

朴天植, 「戊辰回軍功臣의 冊封顚末과 그 性格」, 『全北史學』 3, 1979.

朴天植, 「高麗 禑王代의 政治權力의 性格과 그 推移」, 『全北史學』 4, 1980.

朴天植, 「開國原從功臣의 檢討 - 張寬 開國原從功臣錄券을 中心으로 - 」, 『史學研究』 38, 1984.

朴平植, 「高麗末期의 商業問題와 抹弊論議」, 『歷史敎育』 68, 1998.

朴漢男, 「恭愍王代 倭寇侵入과 禹賢寶의 上恭愍疏」, 『軍史』 34, 1997.

朴洪培, 「高麗 鷹坊의 弊政 - 主로 忠烈王代를 중심으로 - 」, 『慶州史學』 5, 1986.

方東仁, 「麗・元關係의 再檢討 - 雙城總管府와 東寧府를 中心으로 - 」, 『國史館論叢』 17, 1990.

白仁鎬, 「恭愍王 20년의 改革과 그 性格」, 『考古歷史學志』 7, 1991.

邊東明, 「高麗 忠烈王代의 萬戶」, 『歷史學報』 121, 1989.

邊東明, 「性理學의 初期 受容者와 佛敎」, 『李基白先生古稀紀念 韓國史學論叢』(上), 1994.

邊東明, 「高麗後期 性理學 受用階層의 政治思想 - 尹澤과 『大學衍義』를 중심으로 - 」, 『高麗後期 性理學受用研究』, 一潮閣, 1995.

邊太燮, 「高麗都堂考」, 『歷史敎育』 11・12合, 1969.

邊太燮, 「高麗의 政治體制와 權力構造」, 『韓國學報』 4, 1976.

邊太燮, 「高麗의 會議都監」, 『國史館論叢』 61, 1995.

宋炳基, 「高麗時代의 農莊 - 12世紀 以後를 中心으로 - 」, 『韓國史研究』 3, 1969.

宋寅州, 「元壓制下 高麗王朝의 軍事組織과 그 性格」, 『歷史敎育論集』 16, 1991.

宋寅州, 「恭愍王代 軍制改革의 實態와 그 한계」, 『한국중세사연구』 5, 1998.

宋昌漢, 「鄭道傳의 斥佛論에 대하여 - 佛氏雜辨을 중심으로 - 」, 『大丘史學』 15・16合, 1978.

宋昌漢, 「金貂의 斥佛論에 대하여 - 恭讓王 3년의 上疏文을 중심으로 - 」, 『大丘史學』 27, 1985.

宋昌漢, 「朴礎의 斥佛論에 대하여 - 恭讓王 3년의 上疏文을 중심으로 - 」, 『大丘史學』 29, 1986.

宋昌漢, 「金子粹의 斥佛論에 대하여 - 恭讓王 3년 5월의 上疏文을 중심으로 - 」, 『歷史敎育論集』 13・14合, 1990.

宋昌漢, 「趙仁沃의 斥佛論에 대하여 - 昌王 卽位年 12월의 上疏文을 중심으로

- 」, 『大丘史學』 58, 1999.

宋昌漢, 「牧隱 李穡의 斥佛論에 대하여 - 恭愍王 元年 4월의 上疏文을 중심으로 - 」, 『大丘史學』 59, 2000.

申安湜, 「대몽항쟁기 민의 동향」, 『역사와 현실』 7, 1992.

申千湜, 「高麗後期 敎育政策과 國子監運營」, 『明知史論』 6, 1994.

沈在錫, 「中國皇帝에 의한 高麗國王의 冊封」, 『里門論叢』 13, 1993.

安秉佑, 「高麗末·朝鮮初의 公廨田 - 財政의 構造運營과 관련하여 - 」, 『國史館論叢』 5, 1989.

安秉佑, 「고려후기 농업생산력의 발달과 농장」, 『14세기 고려의 정치와 사회』, 1994.

安秉佑, 「高麗後期 臨時稅징수의 背景과 類型」, 『한신대학논문집』 15, 1998.

梁元錫, 「麗末의 流民問題 - 特히 對蒙關係를 中心으로 - 」, 『李丙燾博士華甲紀念論叢』, 1956.

吳定燮, 「高麗末·朝鮮初 各司位田을 통해선 본 중앙재정」, 『韓國史論』 27, 1992.

吳宗祿, 「高麗末의 都巡問使 - 下三道의 都巡問使를 中心으로 - 」, 『震檀學報』 62, 1986.

吳宗祿·박진우, 「高麗末 朝鮮初 鄕村社會秩序의 재편」, 『역사와 현실』 3, 1990.

吳宗祿, 「高麗後期의 軍事指揮 體系」, 『國史館論叢』 24, 1991.

魏恩淑, 「『元朝正本農桑輯要』의 농업관과 간행주체의 성격」, 『한국중세사연구』 8, 2000.

劉璟娥, 「麗末鮮初 李詹의 정치활동과 사상」, 『國史館論叢』 55, 1994.

劉璟娥, 「高麗末 鄭夢周 同助勢力의 形成과 活動」, 『梨花史學硏究』 25·26合, 1996.

劉璟娥, 「鄭夢周(1337~1392)의 政治活動」, 『白山學報』 46, 1996.

劉璟娥, 「鄭夢周勢力의 高麗中興을 위한 改革方案」, 『梨花史學硏究』 27, 2000.

劉英淑, 「圓證國師 普愚와 恭愍王의 改革政治」, 『韓國史論』 20, 국사편찬위원회, 1990.

柳柱姬, 「元天錫硏究 - 그의 現實認識을 중심으로 - 」, 『水邨朴永錫敎授華甲紀念論叢 韓國史學論叢(上)』, 1992.

柳柱姬, 「河崙의 生涯와 思想」, 『史學硏究』 55·56合, 1998.

382

柳昌圭, 「李成桂의 軍事的 基盤 - 東北面을 중심으로 - 」, 『震檀學報』 58, 1984.

柳昌圭, 「高麗末 趙浚과 鄭道傳의 改革 방안」, 『國史學論叢』 46, 1993.

柳昌圭, 「高麗末 崔瑩勢力의 형성과 遼東攻略」, 『歷史學報』 143, 1994.

尹薰杓, 「高麗末 偰長壽의 築城論」, 『韓國思想史學』 9, 1997.

李景植, 「高麗末期의 私田問題」, 『東方學志』 40, 1983.

李景植, 「高麗末 私田의 家産化와 私田救弊論」, 『歷史敎育』 35, 1984.

李景植, 「高麗末의 私田捄弊策과 科田法」, 『東方學志』 42, 1991.

李景植, 「高麗時期의 作丁制와 祖業田」, 『李元淳敎授停年紀念 歷史學論叢』, 1991.

李啓杓, 「辛旽의 華嚴信仰과 恭愍王」, 『全南史學』 창간호, 1987.

李起男, 「忠宣王의 改革과 詞林院의 設置」, 『歷史學報』 52, 1971.

李楠福, 「麗末鮮初의 座主・門生關係에 關한 一考察」, 『鄭在覺博士古稀紀念 東洋學論叢』, 1984.

李楠福, 「遁村 李集研究」, 『한국중세사연구』 4, 1997.

李南隱, 「白文寶의 性理學 受容과 排佛論」, 『韓國史研究』 74, 1991.

李範鶴, 「宋代 朱子學의 成立과 發展」, 『講座中國史』 Ⅲ, 1989.

李範鶴, 「南宋 後期 理學의 普及과 官學化 背景」, 『韓國學論叢』 16, 1989.

李秉烋・朱雄英, 「麗末鮮初의 興學運動」, 『歷史敎育論集』 13・14合, 1990.

李相佰, 「高麗末 李朝初에 있어서의 李成桂一派의 田制改革運動과 그 實積」, 『東洋學報』 28-1, 1941.

李相佰, 「高麗의 田制改革運動과 李成桂와의 關係」, 『東洋學報』 1, 1941.

李相佰, 「李成桂의 田制改革運動과 그 實績」, 『震檀學報』 15, 1941.

李相瑄, 「恭愍王과 普愚 - 恭愍王 初 王權安定의 一助를 中心으로 - 」, 『李載龔博士還曆紀念 韓國史學論叢』, 1990.

李成茂, 「朝鮮初期의 鄕吏」, 『韓國史研究』 5, 1970.

李成茂, 「公田・私田・民田의 概念」, 『韓㳓劤先生停年紀念 韓國史學論叢』, 1981.

李成茂, 「朱子學이 14・15세기 韓國敎育・科擧制度에 미친 影響」, 『韓國史學』 4, 1983.

李樹健, 「麗末鮮初 土姓吏族의 성장과 분화 - 安東權氏를 중심으로 - 」, 『李基白先生古稀紀念 韓國史學論叢』(上), 1994.

李淑京, 「李齊賢勢力의 形成과 그 役割 - 恭愍王 前期(1351~1365) 改革政治의 推進과 관련하여 - 」, 『韓國史研究』 64, 1989.

李淑京,「高麗後期 賜牌田의 분급과 그 변화」,『國史館論叢』49, 1993.

李淑京,「고려말 冒受賜牌田과 兼幷」,『實學思想研究』10・11合, 1999.

李昇漢,「高麗 忠宣王의 瀋陽王 被封과 在元 政治活動」,『全南史學』2, 1988.

李永東,「忠勇衛考」,『육군제삼사관학교논문집』13, 1981.

李映珍,「高麗後期 恭愍王代의 白文寶의 현실인식 - 백문보의 施政 8箚子를 중심으로 - 」,『宇松趙東杰先生停年紀念 韓國史學史論叢』, 1997.

李龍範,「奇皇后의 冊立과 元代의 資政院」,『歷史學報』17・18合, 1962.

李用柱,「恭愍王代의 子弟衛에 관한 小研究」,『南都泳博士華甲紀念 史學論叢』, 1984.

李佑成,「麗代 百姓考 - 高麗時代 村落構造의 一斷面 - 」,『歷史學報』14, 1961.

李佑成,「高麗朝의 '吏'에 對하여」,『歷史學報』23, 1964.

李源明,「高麗後期 性理學 受容에 關한 研究 - 元 干涉期 歷史認識의 變化를 中心으로 - 」,『國史館論叢』55, 1994.

李銀順,「李穡의 思想과 社會改革論」,『外大史學』4, 1992.

李益柱,「高麗 忠烈王代의 政治狀況과 政治勢力의 性格」,『韓國史論』18, 1988.

李益柱,「충선왕 즉위년(1298) '개혁정치'의 성격 - 관제(官制) 개편을 중심으로」,『역사와 현실』7, 1992.

李益柱,「공민왕대 개혁의 추이와 신흥유신의 성장」,『역사와 현실』15, 1995.

李益柱,「고려말 신흥유신의 성장과 조선건국」,『역사와 현실』29, 1998.

李益柱,「14세기 전반 성리학 수용과 李齊賢의 정치활동」,『典農史學』7, 2001.

이익주,「14세기 유학자의 현실인식과 성리학 수용과정의 연구-민지의 사례를 중심으로-」,『역사와 현실』49, 2003.

李仁在,「高麗末 安廉使와 道觀察黜陟使」,『역사연구』2, 1993.

李仁在,「高麗末 元天錫의 生涯와 社會思想」,『한국사상사학』12, 1999.

李廷柱,「조선건국을 둘러싼 正統과 異端의 격돌 - 高麗 恭讓王 3년 斥佛論爭 參加者 分析 - 」,『韓國史學報』10, 2001.

李廷柱,「恭讓王代의 政局動向과 斥佛運動의 性格」,『한국사연구』120, 2003.

李宗峯,「高麗後期 勸農政策과 土地開墾」,『釜大史學』15・16, 1992,.

李泰鎭,「15世紀後半期의 '鉅族'과 名族意識 -『東國輿地勝覽』人物條의 分析을 통하여」,『韓國史論』3, 1976.

李泰鎭,「14・5세기 農業技術의 발달과 新興士族」,『東洋學』9, 1978.

384

李泰鎭, 「高麗末·朝鮮初의 社會變化」, 『震檀學報』 55, 1983.

李泰鎭, 「高麗後期의 인구증가 要因 生成과 鄕藥醫術 발달」, 『韓國史論』 19, 1988.

李泰鎭, 「朋黨政治 成立의 역사적 배경」, 『朝鮮儒敎社會論』, 1989.

이평래, 「고려후기 수리시설의 확충과 수전(水田)개발」, 『역사와 현실』 5, 1991.

李亨雨, 「鄭夢周의 政治活動에 대한 一考察」, 『史學研究』 41, 1990.

李亨雨, 「萬卷堂에 대한 일고찰 - 고려의 性理學 수용에 끼친 영향을 생각하며 - 」, 『元代 性理學』, 포은사상연구원, 1993.

李亨雨, 「禑王 初期의 政治狀況과 池奫 - 禑王 3년 3월 이전을 중심으로 - 」, 『韓國史研究』 94, 1996.

李亨雨, 「우왕의 왕권강화노력과 그 좌절 - 우왕 6년 이전을 중심으로 - 」, 『역사와 현실』 23, 1997.

李亨雨, 「高麗 恭愍王代의 政治的 추이와 武將勢力」, 『軍史』 39, 1999.

이혜옥, 「고려후기 수취체제의 변화」, 『14세기 고려의 정치와 사회』, 1994.

임용한, 「麗末鮮初의 守令制 整備와 運營」, 『人文學研究』 창간호, 1997.

張東翼, 「高麗後期 銓注權의 行方」, 『大丘史學』 15·16合, 1978.

張東翼, 「前期征東行省의 置廢에 대한 檢討」, 『大丘史學』 32, 1987.

張東翼, 「征東行省의 研究」, 『東方學志』 67, 1990.

張東翼, 「麗·元 文人의 交遊 - 性理學 導入期 高麗文人의 學問的 基盤 檢討를 위해 - 」, 『國史館論叢』 31, 1992.

張東翼, 「元의 政治的 干涉과 高麗政府의 對應」, 『歷史敎育論集』 17, 1992.

張得振, 「趙浚의 政治活動과 그 思想」, 『史學研究』 38, 1984.

張得振, 「高麗末 倭寇侵略期 '民'의 動向」, 『國史館論叢』 71, 1996.

田炳武, 「고려 충혜왕의 상업활동과 재정정책」, 『역사와 현실』 10, 1993.

田炳武, 「高麗 恭愍王代 銀錢鑄造論의 擡頭와 그 性格」, 『北岳史論』 6, 1998.

全炯澤, 「'東國輿地勝覽' 全羅道 人物條의 分析을 통해 본 朝鮮初期의 支配勢力」, 『歷史學研究』 X, 1981.

鄭求福, 「李齊賢의 歷史意識」, 『震檀學報』 51, 1981.

鄭求福, 「雙梅堂 李詹의 歷史敍述」, 『東亞研究』 17, 1989.

鄭杜熙, 「朝鮮建國初期 統治體制의 成立過程과 그 歷史的 意味」, 『韓國史研究』 67, 1989.

鄭杜熙, 「『三峯集』에 나타난 鄭道傳의 兵制改革案의 性格」, 『震檀學報』 50, 1990.

鄭杜熙, 「高麗末 新興武臣勢力의 成長과 添設職의 設置」, 『李載龒博士還曆紀念 韓國史學論叢』, 1990.

鄭杜熙, 「朝鮮前期 支配勢力의 形成과 變遷 - 그 研究史的인 成果와 課題」」, 『韓國社會發展史論』, 一潮閣, 1992.

鄭萬祚, 「朝鮮後期 鄕村敎學振興論에 대한 檢討 - 地方官의 興學策을 중심으로」, 『韓國學論叢』 12, 1990.

鄭萬祚, 「朝鮮時代 朋黨論의 展開와 性格」, 『朝鮮後期 黨爭의 綜合的 檢討』, 정문연, 1992.

鄭玉子, 「麗末 朱子性理學의 導入에 대한 試考 - 李齊賢을 中心으로 - 」, 『震檀學報』 51, 1981.

鄭容淑, 「元 간섭기 高麗 政局分裂의 원인에 대한 일고찰 - 忠烈·忠宣王 父子의 갈등관계를 중심으로 - 」, 『趙恒來敎授華甲紀念 韓國史學論叢』, 1992.

鄭治憲, 「麗末鮮初 科擧文臣勢力의 政治動向」, 『韓國學報』 64, 1991.

鄭希仙, 「高麗 忠肅王代 政治勢力의 性格」, 『史學研究』 42, 1990.

趙啓纘, 「朝鮮建國과 都評議使司」, 『釜山史學』 8, 1984.

趙啓纘, 「朝鮮建國과 尹彛·李初事件」, 『李丙燾博士九旬紀念 韓國史學論叢』, 1987.

朱碩煥, 「辛旽의 執權과 失脚」, 『史叢』 30, 1986.

周采赫, 「高麗內地의 達魯花赤 置廢에 관한 小考」, 『淸大史林』 1, 1974.

周采赫, 「元 萬卷堂의 設置와 高麗 儒者」, 『孫寶基博士停年紀念韓國史學論叢』, 1988.

池斗煥, 「朝鮮前期 君子小人論議 - 『大學論議』 王安石論을 中心으로 - 」, 『泰東古典研究』 9, 1993.

池斗煥, 「朝鮮前期 『大學衍義』 이해과정」, 『泰東古典研究』 10, 1993.

車美嬉, 「高麗末期 恭愍王代의 科擧制 改革」, 『祥明史學』 7, 1999.

蔡尙植, 「高麗後期 佛敎史의 전개양상과 그 경향」, 『歷史敎育』 35, 1984.

蔡雄錫, 「고려 중·후기 '무뢰(無賴)'와 '호협(豪俠)'의 행태와 그 성격」, 『역사와 현실』 8, 1992.

蔡雄錫, 「高麗後期 流通構造의 조건과 樣相」, 『金容燮敎授停年紀念 史學論叢 韓國 古代·中世의 支配體制와 農民』, 知識産業社, 1997.

채웅석, 「원간섭기 성리학자들의 하이관과 국가관」, 『역사와 현실』 49, 2003.

千寬宇, 「科田法과 그 崩壞 - 朝鮮初期 土地制度 一班」, 『韓國土地制度史(下)』 고려대 민족문화연구소, 1965/『近世朝鮮史研究』, 一潮閣, 1979.

崔根成,「高麗 萬戶府制에 관한 研究」,『關東史學』3, 1988.

崔柄憲,「太古普愚의 佛敎史的 位置」,『韓國文化』7, 1986.

崔俸準,「高麗 禑王代 士大夫의 成長과 分岐」,『學林』24, 2003.

崔先惠,「高麗末·朝鮮初 地方勢力의 動向과 觀察使의 派遣」,『震檀學報』78, 1994.

蔡守煥,「高麗 恭愍王代의 改革과 정치적 支配勢力」,『史學硏究』55·56合, 1998.

崔承熙,「太宗朝의 王權과 政治運營體制」,『國史館論叢』30, 1991.

최연식,「공민왕의 정치적 지향과 정치운영」,『역사와 현실』15, 1995.

崔永好,「高麗末 慶尙道地方의 木棉普及과 그 主導勢力」,『考古歷史學志』5·6合, 1990.

崔壹聖,「高麗의 萬戶」,『淸大史林』4·5合, 1985.

최종택,「麗末鮮初 地方品官의 成長 過程」,『學林』15, 1993.

河元洙,「宋代 士大夫論」,『講座 中國史』Ⅲ, 1989.

韓永愚,「朝鮮初期의 上級胥吏 '成衆官' - 成衆官의 錄事로의 一元化過程 - 」,『東亞文化』10, 1971.

韓永愚,「朝鮮王朝의 政治·經濟基盤」,『한국사』9, 국사편찬위원회, 1973.

韓永愚,「朝鮮前期의 社會階層과 社會移動에 관한 試論」,『東洋學』8, 1978.

韓永愚,「麗末鮮初 巡軍研究 - 麗初 巡檢制에서 起論하여 鮮初 義禁府成立에까지 미침 - 」,『震檀學報』22, 1961.

韓永愚,「勳官「檢校」考 - 그 淵源에서 起論하여 鮮初 整備過程에 미침 - 」,『震檀學報』29·30合, 1966.

韓㳆劤,「麗末鮮初의 佛敎政策」,『서울대학교논문집』6, 1958.

韓忠熙,「朝鮮前期(太祖~宣祖 24년)의 權力構造研究 - 議政府·六曹·承政院을 중심으로 - 」,『國史館論叢』30, 1991.

韓嬉淑,「趙浚의 社會政策方案」,『淑大史論』13·14·15合, 1989.

許興植,「高麗末 李成桂(1335~1408)의 세력기반」,『高柄翊先生回甲紀念 史學論叢』, 1984.

許興植,「1377년 國子監試 同年錄의 分析」,『書誌學報』17, 1996.

洪承基,「高麗末 兼倂에 대하여」,『史學硏究』39, 1987.

洪承基,「高麗時代의 私田」,『李丙燾博士九旬紀念 韓國史學論叢』, 1987.

洪承基,「高麗後期 事審官制度의 運用과 鄕吏의 中央進出」,『東亞研究』17, 1989.

洪榮義,「恭愍王 初期 改革政治와 政治勢力의 推移」(上・下),『史學研究』42, 43・44合, 1990, 1992.

洪榮義,「恭愍王의 反元政策과 廉悌臣의 軍事活動 - 國防政策을 中心으로 - 」, 『軍史』23, 1991.

洪榮義,「高麗後期 富戶層의 存在形態」,『許善道先生停年紀念 韓國史學論叢』, 1992.

洪榮義,「고려말 신흥유신의 추이와 분기」,『역사와 현실』15, 1995.

洪榮義,「高麗末 新興士大夫의 軍制認識」,『軍史』32, 1996.

洪榮義,「高麗後期 大藏都監刊『鄕藥救急方』의 刊行經緯와 資料性格」,『于松 趙東杰先生停年紀念 韓國史學史論叢』, 1997.

洪榮義,「高麗末 田制改革論의 基本方向과 그 性格」,『國史館論叢』95, 2001.

洪榮義,「高麗末 軍制改編案의 基本方向과 性格」,『軍史』45, 2002.

洪榮義,「고려말 정치사 연구의 현황과 과제」,『北岳史論』10, 2003.

洪榮義,「高麗末 昌王代 '改革派' 新興儒臣의 結集과 分岐過程」,『한국중세사 연구』16, 2004.

洪榮義,「高麗末 恭讓王代 新興儒臣의 對立과 政治運營論」(上・下),『史學研 究』75, 76, 2003, 2004.

洪榮義,「공민왕의 반원개혁과 안동몽진의 추이」,『고려공민왕과 임시수도 안 동』, 안동대 민속학연구소, 2004.

黃雲龍,「高麗 恭愍王代의 對元明關係 - 官制改革을 중심으로 - 」,『東國史學』 14, 1980.

江原謙,「三峯 鄭道傳の改革思想」,『朝鮮史研究會論文集』9, 1972.

末松保和,「麗末鮮初に於ける對明關係」,『史學論叢』2, 1941,.

北村秀人,「高麗末に於ける立省問題について」,『北海道大學文學部紀要』14- 1, 1965.

浜中昇,「麗末鮮初の閑良について」,『朝鮮學報』42, 1967.

浜中昇,「高麗末期の田制改革について」,『朝鮮史研究會論文集』13, 1976.

浜中昇,「高麗後期の賜給田について」,『朝鮮史研究會論文集』19, 1982.

浜中昇,「高麗末期政治史序說」,『歷史評論』437, 1986.

浜中昇,「高麗後期 賜給田에 대하여」,『朝鮮古代의 經濟와 社會』, 1986.

周藤吉之,「高麗朝에서 朝鮮初期에 이르는 田制改革」,『東亞學』3, 1940.

池內宏,「高麗恭愍王の元に對する反抗の運動」,『東洋學報』7-1, 1917.

ABSTRACT

The Political History in the Late Koryo Dynasty

Hong Young Eui

The ongoing political shakeup of the Koryo government in its ending period was originally set in motion with the government's trying to effectively respond to the domestic and foreign changes that have become apparent since the days of King Gongmin-wang's reign. The dynasty was cornered into a situation where it was forced to resolve many social and economical problems which had been accumulated since the early 1350s'. It also had to endure heavy impacts from foreign power shifts as the Chinese were experiencing switches between dynasties(from Yuan to Ming), and the Japanese were also witnessing political transitions.

The Koryo society in the latter half of the 14th century, was witnessing many social and economical problems of which the causes or origins were dating back to the early 12th century, but there were other contemporary causes as well. The interference from the reigning Yuan dynasty was indeed an aggravating factor to the situation. Several officials or other personnel who were summoned by the King to support his own actions, along with other pro-Yuan officials, were responsible for many cases of illegal & monopolistic land collection. And there was also the intrusions from the Japanese pirates and Honggeon-jeok(紅巾賊) marauders. All these problems were causing the nation some serious financial problems, and were also devastatingly threatening the lives of the general public.

The public was no longer able to launch huge peasant revolts against the government, or to resort to guerilla-type raids of several regions as they did during the 12th and 13th centuries. But the predicaments they were facing forced them to leave their homeland and even surrender to the Mongol military during wartime and later to the Yuan authorities which had established its presence inside the Koryo realm. These actions were hardly insurgent activities, but was present widely enough to threaten the stability of national control.

At this point it was a necessity for the Koryo government to break free from the century-old Yuan's oppressive interferences, and reform the society to remedy the accumulated social problems in the process. But the task was not an easy one, as obstacles were lying everywhere in and out of the country. The King, and the senior officials inside the government, just had to find a way.

There were several attempts, such as the '18 issues to be addressed in order to help the public[Pyeonmin-Shibpal-sa(便民十八事)]' forwarded by official Hong Ja Beon(洪子藩) in the 22nd year of King Chungryeol-wang's reign, or the reformations proclaimed by King Chungseon-wang both when he was enthroned and was later reinstated, or the reformation efforts through the activities of the Jeongchi Dogam office(整治都監), during the reign of King Chungmok-wang. Among these efforts, King Chungseon-wang's policies to secure financial resources were partially successful, but there were also problems as they were basically designed to merely temporarily ease the budgetary stresses. The government's resources were still diminishing, while the expenditure was growing. The activities of the Jeongchi Dogam office of the 3rd year of King Chungmok-wang's reign, though it initially had the support of the Yuan dynasty, were primarily targeted at the illegal land collection of the pro-Yuan officials, and eventually failed because of the intervention of the pro-Yuan officials and the Yuan dynasty government itself.

The officials who led the reformation at this point were the Neo-Confucian scholars who entered the political arena through national examinations. Their inter-personal relationships were mostly based on their relationships formed between the master and the pupil, or the teacher and the disciple, yet blood relationships and marital ones were also there. Their rising was also supported by the coinciding reforms of the national examination system which marked the inclusion of the Four Classical Chinese texts as part of the examination curriculum. This reform led the Confucian scholars into a new direction as it enabled them to almost exclusively assume the exam-overseer roles of the Yaebu-shi (禮部試) office under the guidance of Lee Jae Hyeon(李齊賢), and firmly establish their political voice in the future. Armed with intentions and methods for reformation, they began to step forward, with the enthronement of King Chungmok-wang.

Regarding the diplomatic relationship with the Yuan dynasty, they acknowledged Koryo's obligation to uphold and maintain the traditional toadeating policy based on the age-old principles established by Yuan Emperor Saejo/Saejo Gujae(世祖舊制). And regarding the domestic problems they argued (1) the restoration of the rightful relationship between the King and the officials, through rectifying the official-selection system which had been tampered with by the surrounding officials of the King, and (2) the necessity of Jeonmin-Byeonjeong(田民辨正) campaigns designed to verify the rightful ownership of land or men, in order to stabilize the ordinary life of the public. They tried to bring their vision to reality by first attempting to dismantle the Jeongbang(政房) office, and then restoring the practice of bestowing land in the place of salary(the Nokgwa-jeon(祿科田)) practice] to the officials.

Their first series of attempts were made through the activities of the Jeongchi Dogam office, though it failed by Yuan intervention as said earlier. The reformative officials were initially disappointed by the enthronement of King Chungjeong-wang, but the appointment of King Gongmin-wang to succeed that short-lived regime was a very encouraging news for them. They actively supported the new King, tried to subdue the political and economical influence of the King's surrounding personnel, and rectify the problems of the Koryo dynasty.

Yet things did not go as predicted by the officials. King Gongmin-wang considered the restoration of the King's ruling authority, and total denial of the traditional 'Saejo Gujae' principles, to be a more pressing priority over the needs to remedy the social and economical problems that have cropped up since the interference of the Yuan dynasty had begun. The fact that he deliberately supported and nurtured several personnel who had earlier delivered distinguished service for him when he was still residing at the Yuan capital in order to have them support himself now, and the fact that he led the task of restoring his own authority and the anti-Yuan reformation himself, clearly showed his primary intentions.

The approach of the King was clearly different from the intentions of Lee Jae Hyeon and his fellow Confucian scholars who sought for political stability and also social &

economical reformations. As a result, their voice was reduced considerably. The Jeongbang office which the scholars continuously attempted to dismantle was decided to be maintained, and officials close to the King were even appointed as head of that office(Jeongbang Jaejo(政房提調)), further weakening the political influence of the scholars upon official-selection matters. But these officials who rose to their positions through national examinations, continuously asked for reformations, and several accomplishments of theirs such as the renovation of the Seonggyun-gwan(成均館) academy and the remodification of the national examination system helped a new breed of Confucian scholars be nurtured. They grew up, and later participated in the reformation task led by priest Shindon, as a mature political faction.

Yet when Shindon was kicked out of power in the 20th year of King Gongmin-wang's reign, powerful Houses and other military generals who have been out of power for quite some time managed to gain political superiority and took some initiatives which rendered the newly arrived Confucian officials' position rather unpredictable. This was all the result of King Gongmin-wang's attempt to reinforce the King's ruling authority through establishing Jajae-wi(子弟衛) personnel and relying upon the Dodang(都堂) committee, and the rising of officials like Lee In Im(李仁任) or Choi Yeong(崔瑩) through the mechanism of Dodang politics.

Later, Gongmin-wang's successor King U-wang had to face the results of the failed reformation attempts made during his predecessor's reign. The clashes between Lee In Im and the newly arrived Confucian officials were intensifying. Monopolistic land collection, draining of national finance, and the resistance of the public were still major issues. Those Confucian officials had to seize power in order to bring their reformative intentions to reality.

Their collective objection to the government's policy devised by King U-wang and Lee In Im which contained the government's decision to reopen diplomatic relationship with the Yuan dynasty(which pulled back itself to the Northern area at the time), and their subsequent dismissal from the government for their protests, were all vivid evidences of their unstable position. Actually some of them were recalled to the government because of their personal relationships with Lee and was therefore allowed to continue serving.

Officials of those cases tried to raise their voice requesting the direct ruling of King U-wang and the restoration of the normal official-selection system. In the meantime, the others who were expelled quietly continued to garner support from here and there. Later they participated in the incident of the Wihwa-do(威化島) return or actively supported the reformation of the land distribution system. In the process, particularly reformative officials inside the newly arrived Confucian officials group, and military generals such as Lee Seong Gyae, formed a coalition and tried to introduce a new way to the Koryo politics.

The newly arrived Confucian officials were all trying to solve the problems that were haunting the dying Koryo dynasty, but differed in their methods and range of activities. People who supported the approach to enlist personnel to be stationed around the King and to privately support the Royal ruling power, clashed with people who opposed that kind of approach. People who considered resolving social and economical problems as top priorities, faced other people who thought otherwise. People's opinion over the diplomatic relationship with Yuan and Ming also significantly varied. And policies of the time had to mirror all these variances.

The biggest reason for this diverse nature of the newly arrived Confucian officials' policies was their various attitudes toward issues like dismantling the Jeongbang office, or resurrecting the Nokgwa-jeon practice, or bringing justice to the land system or selecting right persons for the job armed with sincere intentions and needed talents. In the end they were all pursuing to enrich and strengthen the country(富國强兵). They were just not being unanimous in terms of the methods and the methods' viability, as some insisted the role of the government, while some insisted the role of the officials.

The issue of resurrecting the Nokgwa-jeon practice had already been suggested by officials who were selected through the national examination during the reign of King Chungmok-wang. The newly arrived Confucian officials raised this issue again, because they thought that the biggest problem of the period was the general public, which was denied of a fair chance to secure a stable environment of their own for uninterrupted agricultural production and as a result was also deprived of any possibility to afford the least amount of moral standards, because of the monopolistic land collection and the continuing pirate raids. In order to rectify the situation, they argued the necessity of responsible local prefects (Suryeong(守令)) armed with Confucian background and visions of making a better world to be stationed everywhere. And in the process their opinions differed as they forwarded different ideas of viable methods and approaches. Whether the government should be in charge of that task, or other individual officials should lead the move, were the biggest issue of debate.

Some of them supported the approach of stabilizing the landlord system based on independent agricultural units(peasant households) by ownership verification over men and land, and alleviating the taxational pressure imposed upon the public. Some of them insisted a full scale reformation of private land ownerships and tried to protect the interest of the minor peasants. In other words, the former pursued to improve the existing land system and mitigate the tax pressure in order to stabilize the public life, while the latter argued that a new land system(the Jeongjeon-jae(正田制) practice) was required, and the taxation must be reformed to secure more income in order to support the national finance and a buildup of a stronger army.

The latter's approach was quite different from that of the officials during the reign of King Chungmok-wang, and was quite provocative even compared to the other voices inside the realm of newly arrived Confucian officials, as they were targeting the basic problems such as the land system, instead of conventionally tackling political matters such as dismantling the Jeongbang office. Their view of the world's problem was quite unique.

The dismantling of the Jeongbang office had been a hot issue because they had to eliminate an abnormal management of the government's personnel- selection system which was in the first place tampered with by the surrounding personnel of the King or the pro-Yuan officials who had gained power due to the Yuan intervention. They had to put the system back on track in order to restore the rightful relationship between the King and the officials. Even after the Yuan interventions were ended, the Kings, especially King Gongmin-wang, were still nurturing close personnel around him to support his ruling actions. And in the meantime other entities, like the military generals or priest Shindon were rising and threatening the King's authority. Situation like this was not what the Confucian officials wanted or desired. They opposed Shindon's administration, and officials like Lee Jae Hyeon, Baek Mun Bo(白文寶) and Lee Saek(李穡) continued to ask for the reformation of the personnel system.

   But their attempts were blocked when Shindon's administration was established during King Gongmin-wang's reign, and also when Lee In Im gained power and led the government during King U-wang's reign. Only after the incident of the Wihwa-do return and general Choi Yeong was eliminated they were able to pursue their vision again. And their cause of dismantling the Jeongbang office, which had been primarily set to pursue the reestablishment of the King's ruling authority, was modified by Cho Jun(趙浚) and Jeong Do Jeon(鄭道傳) to the argument of 'Able persons should be secured', which was basically a very official-oriented argument in itself. This was the most vivid difference from certain factions inside the realm of the newly arrived Confucian officials. To maintain the existing system based on the authority of the King, or change the system with officials as the practical leading figures, was the subject of the most vivid clashes of ideas. This confrontation ultimately resulted in political clashes between entities who wished to uphold the traditional paradigm and guard the Koryo dynasty, and entities who pursued to found a new dynasty with all the new administration and reformations in place. The reformative officials sided with general Lee Seong Gyae, and set their objective to found the new Chosun dynasty.

찾아보기